Lieferung 1

HANDWÖRTERBUCH DER KRIMINOLOGIE

Begründet von

ALEXANDER ELSTER und HEINRICH LINGEMANN

in völlig neu bearbeiteter zweiter Auflage

herausgegeben von

Rudolf Sieverts und Hans Joachim Schneider

Ergänzungsband, erste Lieferung

Vergleichende Kriminologie: Japan; Internationale Verbrechensbekämpfung; Gewaltkriminalität; Reform des Strafverfahrensrechts; Strafzumessung.

Berlin 1977

WALTER DE GRUYTER · BERLIN · NEW YORK

ISBN 3 11 007111 8

Printed in Germany

Satz und Druck: Walter de Gruyter & Co., Berlin

Buchbindearbeiten: Lüderitz & Bauer, Berlin

VERGLEICHENDE KRIMINOLOGIE: JAPAN*

A. Sozial- und Rechtsgeschichte in Japan

Um die Situation der Kriminalität in Japan deutlich werden zu lassen, ist es notwendig, die sozialen Hintergründe der Kriminalität und das Werden des japanischen Rechtssystems aufzuzeigen. Da die Volksmentalität nicht zuletzt auf Tradition und Sitte beruht, ist zum Verständnis der Kriminalitätsphänomene ein Überblick über die japanische Geschichte, insbesondere die Rechtsgeschichte, unerläßlich.

Die Geschichte Japans kann in den letzten hundert Jahren seit Mitte des 19. Jahrhunderts als Übergang aus einem stagnierenden, mittelalterlich-feudalistischen Staatsgebilde in eine hochentwickelte, moderne Industrienation gekennzeichnet werden. Für Japan war dieser Weg mit vielerlei Opfern und Rückschlägen verbunden, die dem Volk immer wieder das Letzte abverlangt haben. Den großen Einschnitt bildete die Restauration des Jahres 1868, in deren Verlauf der erst fünfzehnjährige Kaiser Meiji die Herrschaftsgewalt in seine Hände nahm, die bis dahin für mehr als 250 Jahre von den Shogunen der Tokugawa-Familie beansprucht wurde. Ein Überblick über die Geschichte Japans bis zur Meiji-Periode vermittelt die historische Tafel 1. Sie verdeutlicht die jahrhundertelange Vorherrschaft der Kaiser und Fürsten, die innere Zerrissenheit des Landes und die Isolation, in die sich Japan im Laufe seiner Geschichte brachte.

Es war das Lebensziel jedes mächtigen Landesherren, die damalige Hauptstadt Kyoto, den Kaiser-Sitz, zu besuchen, um dort vom Kaiser zum Seii-Taishogun (kurz Shogun) ernannt zu werden. Der Seii-Taishogun war der Oberbefehlshaber in ganz Japan, der die Aufgabe hatte, das Land zu einigen. Während der Bürgerkriegszeit, die im 16. Jahrhundert begann, versuchten mehrere Landesherren, Shogune zu werden. Im Jahre 1590 konnte Toyotomi Hideyoshi (1535—1598) zum ersten Mal die anderen mächtigen Landesherren besiegen und an die Spitze des Samurai-Standes — des Schwertritterstandes — treten. Da er jedoch seiner Herkunft nach zur allerniedrigsten Schicht gehörte, wurde er vom Kaiser nicht zum Shogun, sondern zum höchsten Adeligen am Kaiserhof ernannt. Nach seinem Tode im Jahre 1598 kam die Unruhe. Sein Sohn Hideyori war damals zu jung, und der zweitmächtigste Landesherr Tokugawa Ieyasu (1541—1616) wollte daher an seine Stelle treten. Die treuen Samurai, die zu der Familie Toyotomi gehörten, versuchten die Ambitionen von Tokugawa zu verhindern und infolgedessen war ganz Japan bald in die zwei verfeindeten Kriegslager gespalten. Nach dem Sieg in der Schlacht von Sekigahara in Zentraljapan im Jahre 1603 ließ sich Tokugawa Ieyasu vom Kaiser zum erblichen Shogun ernennen und sicherte damit seiner Familie die tatsächliche Regierungsgewalt über ganz Japan. Der Kaiser war — wie stets — nur nominell das Staatsoberhaupt, und der Kaiserhof hatte auch weiterhin seinen Sitz in der formellen Hauptstadt Kyoto, während die Shogune der Tokugawa-Familie, in deren Händen die tatsächliche Regierungsgewalt lag, das Land von Edo, dem heutigen Tokio, aus verwalteten. Durch diese Umstände hatte Edo, d. h. Tokio, bereits im 17. Jahrhundert einige Millionen Einwohner und konnte so innenpolitisch die Rolle der wirklichen Hauptstadt Japans spielen. Es kommt also nicht von ungefähr, daß Tokio eine der größten Städte in der Welt geworden ist. Unter der Herrschaft der Shogune war das gesamte japanische Reich in 260 Clan- oder Feudalländereien gegliedert, über die die Daimyo, die Landes- oder Provinzialherren, herrschten, die ihre Länder entweder direkt vom Shogun als Lehen erhalten oder aber ihre Clangebiete dem Shogun unterstellt und diesem die Treue geschworen hatten. So standen alle Lehensherren als Vasallen zum Shogun in einem persönlichen Treueverhältnis. Die gleiche Beziehung herrschte auch zwischen den Daimyos und deren Gefolgsmannen,

* Die Verfasser danken der Deutschen Forschungsgemeinschaft, ohne deren finanzielle Unterstützung dieser Artikel nicht hätte geschrieben werden können. Koichi Miyazawa (Tokio) dankt der DFG für die Finanzierung einer Gastprofessur an der Universität Münster/Westf. im Wintersemester 1975/76. Hans Jochim Schneider dankt der DFG für eine finanzielle Beihilfe zu einer Kriminologischen Vortragsreise nach Japan im Herbst 1974.

Geschichtliche Tafel 1

1. Jahrhundert:	Sippenverband (Japan war in etwa 100 Sippen geteilt)
239 n. Chr.:	Königin „Himiko" entsandte einen Boten nach Ghi (China)
Mitte des 4. Jahrhunderts:	Japan war unter dem Yamato-Kaiserhof vereinigt
	Asuka Periode (4. bis Mitte des 7. Jahrhunderts)
604 n. Chr.:	Kronprinz Shotoku erläßt eine 17-Paragraphen-Verfassung
645 n. Chr.:	Restauration Taika (enger Kontakt mit der Tang-Dynastie)
	Hakuho Periode (645 bis 694 n. Chr.)
	Nara Periode (694 bis 794 n. Chr.)
701 n. Chr.:	Taihoritsu Strafgesetz unter dem Einfluß des Tang-Rechts erlassen
718 n. Chr.:	Yororitsu (Strafgesetz)
	Heian Periode (794 bis 1192 n. Chr.)
893 n. Chr.:	Bushi-Stand (Samurai = Schwertritter) gegründet
	Die Fujiwara-Familie übernimmt die politische Herrschaft im Kaiserhof (857 bis 1094 n. Chr.)
1167 n. Chr.:	Die Taira-Familie reißt die politische Herrschaft an sich
1185 n. Chr.:	Minamoto Yoritomo besiegt Heike (aus der Taira-Familie)
1192 n. Chr.:	Yoritomo wird vom Kaiserhof zum „Seii-taishogun" (Oberbefehlshaber in Japan) ernannt
	„Kamakura-Bakufu" (Fürstenregierung) gegründet
	Kamakura Periode (1192 bis 1333 n. Chr.)
1219 n. Chr.:	Die Hojo-Familie erlangt die politische Hoheit
1232 n. Chr.:	Goseibai-shikimoku (Gesetzbuch mit 51 Paragraphen) erlassen
	Nanbokucho Periode (1334 bis 1399 n. Chr.)
	Die Kaiser-Familie teilt sich in zwei Teile (Süd- und Nord-Kaiserhöfe), die sich bekämpfen
	Muromachi Periode (1405 bis 1576 n. Chr.) (Bürgerkriegszeit)
1543 n. Chr.:	Portugiesen landen in Japan und bringen moderne Waffen (Gewehre) mit
1549 n. Chr.:	Franzisco Sabiel kommt in Kagoshima an und besucht die Hauptstadt Kyoto
1568 n. Chr.:	Oda Nobunaga nimmt die politische Herrschaft in seine Hände
1582 n. Chr.:	Nobunaga wird von seinen Untertanen ermordet
1590 n. Chr.:	Toyotomi Hideyoshi (1535 bis 1598 n. Chr.) erobert ganz Japan
1600 n. Chr.:	Schlacht bei Sekigahara
1603 n. Chr.:	Tokugawa Ieyasu (1541 bis 1616 n. Chr.) wird zum Shogun (Oberbefehlshaber in Japan) ernannt
	Edo Periode (1603 bis 1867 n. Chr.)
1612 n. Chr.:	Verbot der Verbreitung der christlichen Lehre
1615 n. Chr.:	Toyotomi-Familie wird im Schloß Osaka umgebracht
1641 n. Chr.:	Isolationspolitik wird vollständig durchgeführt
1742 n. Chr.:	Osadamegaki-Gesetz mit 100 Paragraphen erlassen
1774 n. Chr.:	Anatomie-Tafel (Kaitai-shinsho) wird veröffentlicht

Geschichtliche Tafel 1 (Fortsetzung)

1792 n. Chr.:	Die Russen tauchen um die Hokkaido-Insel auf
1797 n. Chr.:	Die Engländer tauchen um die Hokkaido-Insel auf
1853 n. Chr.:	Amerikanischer Kommodore Perry kommt nach Edo (heute Tokio)
1854 n. Chr.:	Handels- und Schiffahrtsabkommen geschlossen
1864 n. Chr.:	Innere Unruhe wächst
1867 n. Chr.:	Tokugawa Yoshinobu tritt zurück
	Meiji Periode (1868 bis 1912 n. Chr.)
1868 n. Chr.:	Karikeiritsu (vorläufiges StGB) wird erlassen
1870 n. Chr.:	Shinritsu-Koryo (neues StGB) wird erlassen
1873 n. Chr.:	Kaitei-ritsurei (revidiertes StGB) wird erlassen
1880 n. Chr.:	Altes StGB und alte StPO sind unter dem Einfluß des Code pénal und des Code d'instruction criminelle erlassen
1889 n. Chr.:	Reichsverfassung unter dem Einfluß der preußischen Verfassung erlassen
1907 n. Chr.:	Das geltende StGB wird unter dem Einfluß des deutschen StGB von 1871 erlassen

den Samurai oder Schwertrittern. Die Daimyos bildeten als erbliche Territorialfürsten mit ihren Vasallen einen festen Lehensverband. Verlor ein Daimyo die Gunst des Shogun und damit sein Lehen, so waren davon auch seine Gefolgsleute betroffen. Gelang es seinen Samurai nicht, sich einem neuen Daimyo anzuschließen, blieb ihnen nur der Weg, sich als Ronin, als herrenlose Wandernde, durchs Leben zu schlagen oder aber ihren Rang als Samurai abzulegen und Mitglied des gewöhnlichen Volkes zu werden. Nach damaliger Samurai-Sitte durfte der ordentliche Samurai keinem anderen Herrn als Untertan dienen. Diese Sitte spielt im heutigen Japan noch eine gewisse Rolle. So ist es z. B. selten, daß Universitätsprofessoren von einer zur anderen Universität gehen, und für Studenten ist es unmöglich, während ihrer Studienzeit die Universität zu wechseln. Sie bleiben bis zum Ende des Studiums an derselben Universität, an der sie sich immatrikuliert haben. Dies ist bei den Angestellten und Berufstätigen in Industrie, Handel und Behörden ebenso. Falls sie in einer Firma oder in einem Geschäft einmal die Arbeit aufgenommen haben, bleiben sie meistens bis zum Ende ihrer Berufstätigkeit in derselben Firma. Auf diese Weise gibt es in der heutigen japanischen Gesellschaft noch Spuren der feudalistischen Lebensart.

Der erste Shogun Tokugawa Ieyasu wollte seiner Familie möglichst dauerhaft die Spitze der herrschenden Klasse sichern. Um dies zu erreichen, hat er die Streitkräfte der anderen Landesherren, insbesondere die der damaligen Toyotomi-Angehörigen, geschwächt. Dies ist ihm dadurch gelungen, daß er seine eigenen Familienangehörigen und seine treuen Gefolgsleute an die wichtigsten Schaltstellen der Mächte setzte, um auf diese Weise die Verräter seines Herrschaftssystems möglichst schnell erkennen und einsperren zu können. Die allermächtigsten Landesherren mußten in der Provinz ihre Ländereien bewirtschaften. Die politische Strategie der Tokugawa-Regierung war äußerst geschickt. Jeder Daimyo mußte jedes zweite Jahr in Edo, dem Regierungssitz der Tokugawa-Shogune, verbringen. Während der übrigen Zeit, in der der Daimyo auf seinem Lehen wohnte, hatten die nächsten Familienangehörigen, die Frau oder die Kinder, als Sicherstellung für die Treue und den Gehorsam ihres Herrn in Edo zu leben. Dieses sogenannte San-Kin-Kotai-System ermöglichte dem Shogunat eine nahezu vollkommene Kontrolle über alle Daimyos, stellte aber für die Fürsten eine wirtschaftliche Belastung dar, da sie gezwungen waren, in Edo einen zweiten Hof zu unterhalten, der sich vielfach in eine Hauptresidenz und eine Zweitresidenz für die im Rang niedrigeren Gefolgsleute teilte. Dieses System ließ Edo zu einer blühenden Stadt mit einem hohen Konsumstandard werden, da natürlich die einzelnen Daimyos in ihrer Hofhaltung mit dem Hof des Shoguns, aber auch mit den anderen Fürsten wetteiferten. Die Daimyos mußten indessen bei ihrer Reise von ihrem Lehen nach Edo und zurück viele Gefolgsleute mit ihrem Gepäck transportieren, und das bedeutete eine besondere Belastung für jeden Feudalherren. Diese Politik der Tokugawa-Regierung muß deshalb als Verarmungsstrategie gegenüber den Landesherren bezeichnet werden. Im Hinblick auf die Schwächung dieser Territorialherren muß noch erwähnt werden, daß die Zentralregierung ein strenges Verbot für Neubauten sowohl bei Burgen und

Schlössern wie auch für die Herstellung moderner Waffen, wie z. B. für Kanonen, erlassen und dessen Durchführung genau überwacht hat. Im Gegensatz zu den einzelnen Landesherren besaß die Tokugawa-Regierung auf diese Weise eine der stärksten Streitkräfte.

Nach Weisung des ersten Tokugawa-Shogun, Ieyasu, lebte Japan — seit 1603 von den erblichen Shogunen der Tokugawa-Familie regiert — in Abgeschiedenheit vom Geschehen in der übrigen Welt. In der rund 250 Jahre dauernden Absperrungszeit von ausländischen Einflüssen, während der im Lande Friede herrschte, entwickelten sich Kultur, Kunst und Wissenschaft zu einer für mittelalterlich feudale Verhältnisse erstaunlichen Höhe und großartigen Blüte. Den einzigen und äußerst beschränkten Kontakt des Inselreichs während seiner langen Isolationsperiode mit der westlichen Welt bildete die kleine Handelsstation der Holländer auf der künstlich geschaffenen kleinen Insel Dejima in der Bucht von Nagasaki. Über diesen von der Zentralregierung streng kontrollierten Handelsposten durfte ein begrenzter Warenaustausch mit chinesischen und holländischen Kaufleuten stattfinden. Diese kleine Faktorei der Holländer war zugleich auch die einzige Informationsquelle, durch die das Abendland einiges über dieses seltsame Inselreich erfahren konnte. Vor allem sind hier die Berichte der beiden deutschen Ärzte Engelbert Kämper und Philipp Franz von Siebold zu nennen, die von 1690 bis 1692 und von 1823 bis 1828 auf der Insel Dejima und letzterer abermals von 1859 bis 1862 in Edo gewirkt haben. Sie konnten allein deshalb in Japan leben und arbeiten, weil sie für Holländer gehalten wurden. Die japanischen Übersetzungsbeamten, die die holländische Sprache nicht so gut beherrschten, hielten die deutsche Sprache für einen holländischen Dialekt.

Maßgeblich für die ethischen Grundlagen des von den Shogunen der Tokugawa-Familie regierten Staates war der Neo-Konfuzianismus. Die japanische Gesellschaft umfaßte gemäß dieser Lehre vier Klassen: Samurai, Bauern, Handwerker und Kaufleute. Soziale Mobilität zwischen diesen vier Klassen war nicht erlaubt. Die herrschende Klasse waren die Samurai, die als einzige ein Schwert tragen durften. Gewöhnlich trugen sie ein langes und ein kurzes Schwert, die Symbole ihrer sozialen Stärke waren. Innerhalb dieser herrschenden Klasse, deren Mitglieder Gefolgsleute der verschiedenen Daimyos oder des Shoguns selbst waren, bestand wiederum eine vielschichtige Ranggliederung. Diese reichte angefangen vom Shogun an der Spitze über die Daimyos, Hatamato und Gokenin, die direkten Hausvasallen, hinunter bis zu den Ashigaru, den gemeinen Fußsoldaten. Die Samurai waren Soldaten, Politiker, Regierungsbeamte oder Gelehrte, deren Stellung erblich war. Die Daimyos waren in ihren Lehen, den Feudalprovinzen, oberste Herren mit eigener Gerichtsbarkeit über ihre Untertanen. Sie standen indessen unter scharfer Kontrolle des Bakufu, der Shogunatsregierung, die durch die sogenannten Ometsuke, Kontroll- und Sicherheitsorgane, ausgewählt wurde, deren Aufgabe es war, die Durchführung der vom Bakufu erlassenen Gesetze und Verfügungen zu überwachen, und die so etwas wie eine Sicherheitspolizei des Staates waren. Die Säule des Tokugawa-Staates waren die Bauern. Der Reis war nicht nur das Hauptnahrungsmittel, sondern bildete auch die Währungsgrundlage. Mit Reis wurden die Steuern bezahlt. Auf Reis gründeten sich die Renten der Samurai. Nach der Ertragshöhe war die Größe der Lehensgebiete festgelegt, und durch den Verkauf überschüssigen Reises war es den einzelnen Feudalländereien möglich, Bargeld zu bekommen und überdies andere Waren zu erstehen. Alle diese Handelsgeschäfte wurden damals über Osaka abgewickelt, wo alle Feudalprovinzen Handelsniederlassungen unterhielten.

Die langdauernde Friedensperiode brachte zusammen mit einer Änderung der Machtverhältnisse im Bereich der Wirtschaft eine moralische Degeneration mit sich, die sich in allen Gesellschaftsschichten bemerkbar machte. Die Samurai, die durch die langen Friedensjahre zur Untätigkeit verurteilt waren, verloren ihren traditionell kämpferischen Geist. Sie wurden träge, überheblich und lebenslustig. Die unter der gewaltigen Steuerlast stöhnenden Bauern verarmten immer mehr. Die Kaufleute, die auf der untersten Stufe der sozialen Rangleiter standen, wurden wirtschaftlich immer stärker. Hier lag eine Wurzel zu jener Krise, die schließlich den Zusammenbruch der Herrschaft der Tokugawa-Regierung herbeiführen sollte. Vor allem waren es die Samurai der niedrigeren Ränge, die als erste in wirtschaftliche Not gerieten, dadurch mit der bestehenden Ordnung unzufrieden wurden und nach neuen Wegen und Möglichkeiten zu suchen begannen. Der Großteil dieser Samurai war gebildet und hatte einen gesunden Sinn für Realität. Sie erkannten, daß sich die alte, feste Ordnung zu lockern begann, ja beginnen mußte, wollte Japan nicht an Selbstvergiftung zugrunde gehen. Was diesen jungen Samurai niedrigen Ranges so große Hoffnung gab, war die Ausbildung in den modernen Wissenschaften, d. h. in den Wissenschaften, wie sie von Holländern in Japan gelehrt wurden. In der neueren Geschichte Japans hat die damalige Außenpolitik, die sogenannte Abkapselungspolitik, d. h. die Politik äußerster Isolation gegenüber den Europäern (mit der einzigen Ausnahme Hollands), in der Edo-Periode (1603—1867) unvergleichliche Einflüsse auf das Land und sein kulturelles Leben gehabt. Dank dieser Politik spielte die Fürstenregierung Tokugawa innenpolitisch die mächtigste Rolle. Diese völlige Isolation gegenüber den Weltmächten der damaligen Zeit hat zwar zur Entwicklung der traditionellen Kultur Japans in Poesie, Malerei und Musik beigetragen. Sie bewirkte indessen auch, daß sich die modernen Wissenschaften, insbesondere die Naturwissenschaften, im 17. Jahrhundert in Japan nicht genügend zu entfalten vermochten. Nachdem die Isolation im Jahre 1641 vollständig durchgeführt war, blieb der kulturelle Austausch zwischen Europa und Japan ausschließlich den Holländern überlassen. So konnten die Japaner nur durch holländische medizinische Bücher die medizinischen Fortschritte kennenlernen. Der Import sonstiger Bücher, insbesondere der Bücher über die moderne Kriegstechnik, wie z. B. über Kanonen- und Gewehrherstellungsmethoden, wurden vom Tokugawa-Bakufu streng verboten. Diejenigen, die Holländisch einigermaßen beherrschten, waren lediglich Übersetzungsbeamte, die als Beamte zum niedrigen Rang der Samurai gehörten. Damals war die chinesische Naturwissenschaft, insbesondere die chinesische Medizin, in Japan vorherrschend. Im Laufe der Zeit waren einige Gelehrte, insbesondere Mediziner, mit der chinesischen Medizin unzufrieden. Im Jahre 1771 haben daher drei Ärzte, die mit Genehmigung der Regierung zum ersten Mal die Leiche eines Hingerichteten seziert und mit einer ins Holländische übersetzten deutschen Anatomie-Tafel verglichen haben, damit angefangen, den Anatomie-Atlas ins Japanische zu übersetzen. Drei Jahre später — nach unvorstellbar mühsamer Arbeit — erschien die japanische Übersetzung. Diese Übersetzungsleistung fand ein großes Echo unter den jungen Medizinern, und danach wuchs die Zahl der Japaner, die Holländisch studieren wollten, immer mehr. Im Jahre 1783 wurden das erste holländische Lehrbuch der Grammatik und im Jahre 1796 das erste holländisch-japanische Wörterbuch herausgegeben.

Um die Jahrhundertwende tauchten russische und englische Kriegsschiffe rings um die japanischen Inseln auf und bedrängten die Regierung, ihre Isolationspolitik aufzugeben. Unter diesen Umständen wollten die jungen, den unteren Rängen angehörenden Samurai holländische Wissenschaften studieren. Schließlich wurde im Jahre 1838 von dem Mediziner Ogata Koan in Osaka eine private Schule für holländische Wissenschaft „Tekijuku“ eröffnet. Obwohl es für diese jungen Leute damals wegen des strengen feudalistischen Statussystems keine Möglichkeit sozialer Mobilität entsprechend ihren Fähigkeiten und ihrer Intelligenz gab, konnten sie dank ihrer Kenntnisse moderner Wissenschaft von ihren Landesherren zu Sonderoffizieren ernannt werden. Nach der zwangsweisen Öffnung des Landes, die im Jahre 1853 mit dem Besuch des amerikanischen Kommodore Perry in Tokio begann, erlebte Japan eine etwa 15jährige Periode innerer Unruhen. Während dieser Bürgerkriegszeit konkurrierten einige mächtige Landesherren, die ihren Sitz in entfernten Provinzen hatten, mit der Tokugawa-Regierung um die Herrschaft über ganz Japan. Daher unterstützten sie die europäisch ausgebildeten jungen Samurai, gaben ihnen einen neuen hohen Status und nutzten ihre Kenntnisse. Die Tokugawa-Regierung selbst mußte sich dieser Entwicklung anschließen, da die Samurai der höheren Ränge, die aufgrund des feudalistischen Systems erbliche Privilegien genossen, den revolutionären Bewegungen in der Gesellschaft verständlicherweise wenig positiv gegenüberstanden. Nach der Übernahme der Herrschaft durch Kaiser Meiji (1867) versuchte Japan in dieser als Restauration bezeichneten Zeit, einige hundert Jahre Entwicklung nachzuholen. Das führte zur totalen Umkehrung allen politischen und auch wissenschaftlichen Denkens. War vorher Japan, der nach außen fast völlig abgeriegelte Inselstaat, der Angelpunkt allen Denkens und Handelns, so zählte plötzlich fast nur noch das, was aus dem Ausland, d. h. aus Amerika und Europa, kam. Hierdurch wurde es Japan möglich, trotz innenpolitischer Kämpfe und Bürgerkriege, die erst 1877 endeten und das Land erstmals seit knapp 1000 Jahren wieder unter kaiserlicher Herrschaft vereinten, seinen Entwicklungsrückstand in unglaublich kurzer Zeit wettzumachen. Die allzu schnelle Veränderung der Gesellschaft und des kulturellen Lebens brachte zwar viele positive Leistungen, jedoch gleichzeitig auch Negatives mit sich. Die neue Regierung betrieb die Modernisierung Japans mit allen Kräften und suchte alle möglichen Institutionen, etwa des Rechtssystems und des Wirtschaftswesens, nach dem Modell der nordamerikanischen und europäischen Länder einzuführen. Der Versuch der Regierung, möglichst schnell Systeme aus dem Ausland zu errichten, ihre Inhalte aber erst später allmählich zu praktizieren, entspricht einer alten japanischen Volksweisheit: „Ohne religiöse Gesinnung baut man Buddhas Statue.“ Die europäische Wissenschaft und Kultur wurde in Japan planlos, willkürlich und zufällig übernommen, ein Phänomen, das nicht nur für die Edo- und Meiji-Perioden, sondern auch für die Gegenwart gilt.

B. Geschichtliche Entwicklung des japanischen Straf- und Jugendrechts

Im 8. Jahrhundert wurde das erste Strafgesetz in Japan unter chinesischem Einfluß erlassen (siehe Geschichtliche Tafel 1). Japan war damals mit der Tang-Dynastie eng verbunden und unterstand ihrem kulturellen Einfluß. Es hat viel Kulturelles, wie den Buddhismus und die chinesische Kunst, aus China übernommen und auch die chinesischen Rechtsinstitutionen eingeführt. Im Jahre

701 wurde das „Taihoritsu“-Strafgesetz erlassen, dessen Inhalt verlorengegangen ist. Im Jahre 718 ist das revidierte „Yororitsu“-Strafgesetz entstanden (Koichi Miyazawa 1965). Dieses Gesetz war zwar ein vollständiges Gesetzgebungswerk. Jedoch mangelte es damals an einem passenden Rechtswesen, das das Rechtssystem hätte praktizieren können. So blieb das „Yororitsu“ auf dem Papier stehen. Im Jahre 1232 wurde zwar das „Goseibaishikimouk“-Gesetzbuch erlassen, das aus 51 Paragraphen bestand und ausschließlich für den Samurai-Stand bestimmt war (siehe Geschichtliche Tafel 1). Die mangelhafte Lage der Rechtsinstitutionen war jedoch weiter so geblieben wie zuvor. Nach einer unruhigen Bürgerkriegszeit gelangte die Fürstenregierung Tokugawa im Jahre 1615 auf fester politischer Basis in ganz Japan zur Herrschaft. Diese Regierung, die vom Samurai-Stand geprägt war, stand politisch und militärisch an der Spitze. Der Kaiser war nur noch formell Staatsoberhaupt. Sowohl das Rechts- als auch das Verwaltungswesen blieben unverändert. Die Gesellschaft war hierarchisch in vier Klassen unterteilt, und es war keine soziale Mobilität zwischen den einzelnen Schichten erlaubt: Bushi (Offiziere und Soldaten), Bauern, Handwerker und (als niedrigster Stand) Kaufleute. Es gab kein einheitliches Strafgesetz, sondern einige mächtige Landesherren hatten partikulare Strafgesetze für ihre eigenen Territorien erlassen, die nach wie vor unter dem Einfluß des chinesischen Strafrechts der Ming- und Ching-Dynastie standen. Die damaligen Strafgesetze waren Standesgesetze, die zwischen dem Samurai- und den anderen drei Ständen strenge Trennungen vorsahen. Das galt insbesondere für das Strafensystem. Der Strafprozeß verlief der Gewohnheit gemäß und nach gesundem Menschenverstand. Adressat der Gesetze war der Richter. Dem Volk wurden sie nicht bekanntgemacht. Das zeigt eine auf der Rückseite eines Gesetzes („Osadamegaki“, 1742) verlautbarte allgemeine Bemerkung: Keinem anderen als einem Richter darf dieses Gesetz gezeigt werden! Die Fürsten-Regierung Tokugawa hatte im Jahre 1854 mit den Amerikanern, den Engländern und Russen, im Jahre 1855 mit den Franzosen und im Jahre 1860 mit Preußen ungleiche Abkommen, Handels- und Schiffahrtsverträge, abgeschlossen, die Japan weitgehend seiner Zollfreiheit beraubten und in denen den fremden Kaufleuten Exterritorialrechte eingeräumt worden waren. Es war eine der wichtigsten Aufgaben der neuen Regierung, die im Jahre 1868 unter der Herrschaft des Kaisers Meiji an die Macht gekommen war, diese Verträge zu verbessern und neue, gleichberechtigte Abkommen zu schließen. Die westlichen Länder wollten hingegen die Verträge erst reformieren, wenn Japan die vollständige Rechtsstaatlichkeit erlangt hatte. Die Regierung mußte deshalb so schnell wie möglich ihre Gesetze vervollständigen, und sie hat, insbesondere bei der Strafgesetzgebung, die chinesischen Strafgesetzbücher als Modell benutzt. So wurden drei Strafgesetzbücher, nämlich Karikeiritsu (1867), Shinritsukoryo (1870) und Kaitei-ritsurei (1872), erlassen. Im Vergleich zu den früheren japanischen Gesetzen war das chinesische Recht fortschrittlich. An den Maßstäben europäischer Gesetzgebung und Rechtsstaatlichkeit gemessen, war sein Inhalt jedoch altmodisch und zu stark an der ostasiatischen Ethik ausgerichtet. Es kannte hierarchisch begründete Strafunterschiede und sehr grausame harte Strafen. Die westlichen Mächte waren mit dem Strafrecht sehr unzufrieden und lehnten die Vorschläge der japanischen Regierung, die mit der Tokugawa-Regierung geschlossenen Abkommen zu reformieren, weiterhin ab. Die Meiji-Regierung versuchte daraufhin, die Strafgesetzgebung nach europäischem Modell schnell in Gang zu setzen. Dabei wurde der „Code pénal“ deshalb ausgewählt, weil Japan bereits am Ende der Tokugawa-Regierung mit Frankreich eng verbunden war und die anderen Länder, wie England und Amerika, „Common-law“-Länder waren. Im Jahre 1873 wurde Gustave Boissonade, Professor der Rechte an der Universität Paris, zum Ratgeber im Justizministerium ernannt. Er hat zunächst Vorlesungen über französisches Recht an der neu gegründeten Rechtsakademie des Justizministeriums gehalten. Erstaunlicherweise hielt er fast alle Vorlesungen in französischer Sprache, die die Studenten durchaus beherrschten. Nach zweijährigen Vorbereitungen wurde im Jahre 1875 die Kommission für Strafrechtsreform berufen. In der konstituierenden Sitzung wurden folgende drei Vereinbarungen beschlossen: a. Das System des kommenden StGB soll nach dem Muster der westlichen Länder, ähnlich dem der kontinentalen und anglo-amerikanischen Staaten, gestaltet werden. b. Dabei sollen japanische Wertvorstellungen und traditionelle Gebräuche berücksichtigt werden. c. Die Gesetzessprache soll traditionsgemäß die chinesischen Fachausdrücke verwenden. Für die heutige Betrachtung ist besonders Punkt b. von Bedeutung. Es war zweifelhaft, welche Wertvorstellungen und traditionellen Gebräuche bei der Abfassung des neuen Strafgesetzbuchs berücksichtigt werden sollten. Aus politischen Gründen wurde seinerzeit die Schaffung eines starken Hausvaterwesens von der Regierung gewünscht. Der pater familias besaß absolute Autorität den anderen Familienangehörigen gegenüber. Die Ehefrau war zur bedingungslosen Treue dem Mann gegenüber verpflichtet, während er selbst durchaus andere Bindungen eingehen konnte. Alle Kinder — mit Ausnahme des ersten Sohnes — mußten sich dem Willen des Hausvaters fügen, der sich insbesondere bei der Wahl des Ehegatten des Kindes entscheidend durchzusetzen vermochte. Diese Wertvorstellungen im Bereich der Familie

konkretisierten sich strafrechtlich z. B. in der Ausgestaltung der Ehebruchsvorschriften und in der Strafverschärfung im Fall der Aszendententötung. Insbesondere im Familienbereich sollte den modernen europäischen Ideen von der freien Eigenbestimmung jedes einzelnen entgegengewirkt werden. Zur Verwirklichung dieser japanischen Grundvorstellungen und um das Eindringen allzu westlich bestimmter Ideen zu verhindern, bestand die Kommission ausschließlich aus Japanern, während Boissonade zunächst nur als außenstehender Berater tätig sein durfte. Die Mitglieder der Kommission hatten an Boissonades Vorlesung über französisches Strafrecht, die am 15. September 1875 an der Akademie begonnen hatte, teilgenommen und konnten ihn über vieles befragen. So entstand der erste Entwurf des StGB, Allgemeiner Teil, der aus 82 Paragraphen bestand. Er war jedoch — inhaltlich betrachtet — vom chinesischen Rechts- und Systemdenken beeinflußt und wurde von Boissonade vernichtend kritisiert. Daraufhin durfte er an den Sitzungen einer zweiten Kommission teilnehmen und seine Formulierungshilfen vortragen. Im Mai 1876 waren zwei Entwürfe (Allgemeiner Teil) mit 103 bzw. 117 Paragraphen fertig, am Ende desselben Jahres dann weitere zwei Entwürfe (Allg. und Bes. Teil) mit 479 bzw. 524 Paragraphen. Das alte japanische StGB von 1880 ist auf der Basis dieses Entwurfs von 1876 entstanden und besteht aus 430 Paragraphen, die im Jahre 1882 in Kraft getreten sind. Wenngleich Boissonade das Gesetz eindeutig geprägt hat, wurde sein Ziel, eine gereinigte, perfektionierte Fassung des „Code pénal“ zu schaffen, nicht erreicht. Vor seiner Rückkehr nach Frankreich gab er daher noch einen Text zum reformierten StGB in französischer Sprache heraus, der seinen Vorstellungen entsprach. Auch die Japaner waren mit der Fassung des Gesetzes nicht vollends zufrieden. Als Gründe dafür sind folgende Tatsachen zu nennen: Die gesetzlich angedrohten Strafen, insbesondere die zahlreichen Spielarten der Freiheitsstrafe, waren allzu verschiedenartig. Für Japan praktisch bedeutungslose Strafen, wie z. B. die Verbannung, waren gesetzlich geregelt. Die Systematik sowohl des Allgemeinen wie des Besonderen Teils war nicht korrekt. Der Hauptgrund der Reformbedürftigkeit bestand allerdings darin, daß 1890 eine stark an das preußische Recht angelehnte Verfassung in Kraft getreten war und daß man der Meinung war, republikanisches französisches Strafrecht sei mit kaiserlichem deutschen Verfassungsrecht nur schwer zu vereinbaren. Die wirklichen geschichtlichen Hintergründe der Annäherung Japans an Preußen waren folgende: Die Tokugawa-Regierung hat gegen Ende ihrer Herrschaft ihr Militärwesen nach dem Muster Frankreichs modernisiert, und die Meiji-Regierung hat das so reformierte Militärwesen übernommen. Nach dem französisch-preußischen Krieg (1870/71) aber hat sie ihren Blick auf die neuerlich aufgestiegene Macht Preußens gerichtet. Im Jahre 1882 besuchte die Kommission zur Verfassungsgebung Preußen und erforschte auch das Militär- und Polizeiwesen. Die Meiji-Regierung entschloß sich danach, das japanische Staatssystem nach preußischem Muster zu modernisieren. Nach vergleichenden Untersuchungen war man der Meinung, daß das deutsche StGB von 1871 viel moderneres Recht sei als der „Code pénal“ von 1810. Seit 1893 hat die Kommission für Strafrechtsreform einige Entwürfe veröffentlicht, die auf der Grundlage des deutschen StGB verfaßt waren. Im Jahre 1907 ist das neue StGB erlassen worden, das am 1. 10. 1908 in Kraft getreten ist. Es ist eine Ironie der Geschichte, daß in Deutschland gerade zu dieser Zeit der Schulenstreit zwischen der klassischen und der modernen Strafrechtsschule heftig tobte und die Reformbewegung unter Leitung des führenden Strafrechtslehrers Franz von Liszt in Gang kam. Im Jahre 1909 wurde der Vorentwurf zu einem deutschen Strafgesetzbuch veröffentlicht. Das Hauptanliegen der folgenden Entwürfe in Deutschland war es, wie und in welchem Umfang man die modernen Mittel der Verbrechensbekämpfung, d. h. die Sicherungs- und Besserungsmaßnahmen, in das kommende StGB einführen sollte, wovon freilich das japanische neue StGB nichts wußte und die es immer noch vergebens aufzunehmen versucht.

Das alte StGB von 1880 hat dem geltenden japanischen StGB von 1907 als Muster gedient. Es wurde inzwischen mehrmals novelliert, und im Jahre 1947 hat es eine große Teilrevision erfahren. In der japanischen Strafrechtsreform, die im Jahre 1953 begonnen hat, wurde der amtliche deutsche Strafgesetzentwurf 1962 als Vorbild in vielen Punkten berücksichtigt. Diese Tendenz beruht auf der langen Verbundenheit des japanischen Rechtssystems mit dem deutschen, aber auch auf der gemäßigt verlaufenden Reformbewegung in der Bundesrepublik Deutschland. Anders verhält es sich im Fall der Strafprozeßordnung. Im Jahre 1880 ist die erste StPO unter dem Einfluß des französischen „Code d'instruction criminelle“ erlassen und im Jahre 1890 den japanischen Verhältnissen entsprechend revidiert worden. Dabei wurde die deutsche Reichs-StPO (1877) berücksichtigt. Bei der Entstehung der zweiten japanischen StPO (1922) wurde die deutsche StPO dann in vielen Punkten zum Vorbild. Nach dem zweiten Weltkrieg ist die gegenwärtig geltende StPO entstanden. Diesmal wurde die StPO des Staates Illinois als Modell genommen. So ist eine völlig reformierte StPO in Japan in Kraft getreten. Im japanischen Strafvollzugsgesetz überwiegt indessen wieder der deutsche Einfluß. Bereits im Jahre 1889 stand das kaiserliche Edikt über den Strafvollzug unter dem Eindruck des deutschen Rechtsdenkens auf diesem Gebiet. Dieser Eindruck geht auf Kurt von Seebach, einen jungen Beamten der Strafanstalt Berlin-Moabit, einen Schüler Carl Krohnes, zurück. Er war Direktor der japanischen Strafvollzugsakademie. Er hat nicht nur Gefängniskunde und Vollzugsrecht gelehrt, sondern auch den Anstaltsbediensteten europäische Gymnastik beigebracht. Seebachs Ideen wurden durch seinen Schüler Ogawa Shigejiro fortgeführt. Sie haben einige Niederschläge in der Gesetzgebung gefunden, und zwar in der erneuerten Durchführungsverordnung des Innenministeriums über den Strafvollzug von 1899 und auch im gegenwärtigen (geltenden) Strafvollzugsgesetz und in der Durchführungsverordnung des Justizministeriums zum Vollzugsgesetz von 1908. Ein aktuelles Problem des geltenden japanischen StGB ist die Gesetzessprache. Das Strafgesetz ist selbst für Fachjuristen schwer zu lesen. Dieser Umstand widerspricht der Garantiefunktion und der vorherigen Bestimmtheit des Strafgesetzes. Nach § 38 Abs. 3 jap. StGB schließt Unkenntnis des Gesetzes den Willen, eine Straftat zu begehen, nicht aus. Die schwere Verständlichkeit der Bestimmungen des japanischen StGB sind auf die Vereinbarung der Strafrechtskommission aus dem Jahre 1875 zurückzuführen: Die Gesetzessprache sollte die chinesischen Fachausdrücke verwenden. Diese Vereinbarung hat nicht nur auf die Fassung des alten, sondern auch auf die des geltenden StGB eingewirkt. Die meisten schwer lesbaren Fachausdrücke gehen auf die chinesische Gesetzessprache des 8., 15. und 17. Jahrhunderts zurück.

Im japanischen, unter dem chinesischen Tang-Strafrecht beeinflußten StGB „Yororitsu" (718 n. Chr.) gab es Sonderbestimmungen über die Strafmilderung gegenüber den alten und jungen Rechtsbrechern. Täter über 70 Jahre und unter 16 Jahren wurden milder bestraft. 8- bis 15jährige galten als beschränkt Schuldfähige. Dieser Gedanke beruhte auf dem ostasiatischen Toleranzprinzip. Strafmilderungsmöglichkeiten für junge und alte Täter waren auch nach den drei Strafgesetzbüchern möglich, die unmittelbar nach der Meiji-Restauration erlassen und von dem chinesischen Strafgesetzbuch der Ming- und Ching-Dynastie beeinflußt worden waren. Die modernen Grundsätze für die Behandlung krimineller Jugendlicher stammten freilich aus Gedankengut, das im Rahmen der Rezeption westlicher Errungenschaften in Japan wirksam geworden ist. In dem Strafgesetzbuch aus dem Jahre 1880 wird die Strafmündigkeit auf 12 Jahre festgesetzt. Bei mangelnder Einsichtsfähigkeit kann ein Jugendlicher bis zum Alter von 16 Jahren wie ein Strafunmündiger behandelt werden. Bei Jugendlichen bis zum Alter von 20 Jahren muß die Strafe gemildert werden. Strafunmündige von 8 bis 12 bzw. 16 Jahren können in eine Art Erziehungsanstalt, in chōjijō, eingewiesen werden. Von der Konzeption her waren die chōjijō bereits recht bedeutsam. Die Insassen sollten unter der Leitung von Sonderschullehrern täglich drei bis vier Stunden Lesen, Schreiben, Rechnen und Zeichnen üben. Die Realität sah jedoch anders aus. Die chōjijō waren meist nichts anderes als Abteilungen in Gefängnissen für Erwachsene, und für eine Sonderbehandlung der Jugendlichen war kein geeignetes Personal vorhanden. Die Bestimmungen über die chōjijō im alten Strafrecht von 1880 standen daher nur auf dem Papier. Während die Behandlung jugendlicher Straftäter durch den Staat unwirksam blieb, war es die private Initiative, die den Sinn des Gesetzes eher erfüllte. 1884 stiftete Frau Ikegami aus Osaka das erste kanka-in, eine Fürsorgeanstalt für delinquente Jugendliche. Weitere Stiftungen folgten, unter anderen auch die einiger buddhistischer Tempel in Chiba, deren Mönche in den durch ihre finanzielle Unterstützung errichteten kanka-in als Lehrer tätig wurden. Wenngleich das Strafgesetzbuch die kanka-in nicht erwähnt, nutzten die Gerichte diese privaten Institutionen und sandten Kinder und Jugendliche zumeist lieber dorthin als in die chōjijō. Im Jahre 1900 wurden die kanka-in durch Gesetz (Kankaho) in der Art anerkannt, in der sie schon seit Jahren benutzt worden waren. Nunmehr wurden sie allerdings staatlicher Verwaltung unterstellt. Sie unterstanden unmittelbar der Präfektur, also in letzter Instanz dem Innenministerium. Die weiterhin bestehenden chōjijō wurden hingegen vom Justizministerium verwaltet. Trotz reger Diskussion der Reformierung der Vorschriften über die Behandlung delinquenter Jugendlicher brachte die Strafrechtsänderung von 1907 diesbezüglich nur wenige Ergebnisse: Die chōjijō wurden abgeschafft, und das Alter der Strafmündigkeit wurde von 12 auf 14 Jahre heraufgesetzt. Ebenfalls im Jahre 1907 gab ein Ereignis den Anstoß zur echten Fortentwicklung des japanischen Jugendrechts. Der Rechtsphilosoph Hozumi Nobushige hielt vor der Arbeitsgemeinschaft für Rechtstheorie einen Vortrag über das „Jugendgericht in den USA", in dem er seine in Amerika gesammelten Erfahrungen auswertete. Dieser Vortrag regte die Diskussion derart an, daß kurz darauf eine parlamentarische Debatte stattfand, die in die Bildung einer Sonderkommission zur Schaffung eines Jugendrechts mündete. Den Vorsitz in dieser Kommission hatte Hozumi inne. 1913 wurde von diesem Gremium ein erster und 1918 ein zweiter Entwurf vorgelegt. Der dritte Entwurf aus dem Jahre 1919 wurde dann am 17. 4. 1922 als neues Jugendgesetz verkündet und trat am 1. 1. 1923 in Kraft. Die wesentliche Neuerung dieses Gesetzes bestand zunächst darin, daß ein besonderes Spruchorgan vorgesehen war, das über delinquente Jugendliche, die nicht älter als 18 Jahre waren, ebenso wie über noch nicht kriminell gewordene, aber gefährdete und verwahrloste Jugendliche gleichen Alters entscheiden konnte. Diese Shōnen-shimpan-jo (wörtlich übersetzt: Stellen zur Tatsachenbeurteilung Jugendlicher) waren keine formellen Jugendgerichte. Abgesehen von ihrer organisatorischen Zuordnung zum Justizministerium waren die Shōnen-shimpan-jo allerdings im Verfahren im Hinblick auf die Auswirkung ihrer Entscheidungen Jugendgerichten sehr ähnlich. Der Shōnen-shimpan-kan (wörtlich übersetzt: Beamter für die Tatsachenbeurteilung bei Jugendlichen) leitete das Verfahren und fällte die Entscheidung. Ihm assistierten die Shōnen-hogoshi (wörtlich übersetzt: Amtsträger für Jugendfürsorge) und der Shoki (Sekretär). Erstere waren für die Ermittlungen zuständig und nahmen somit Staatsanwälten vergleichbare Positionen ein, wenngleich die Staatsanwaltschaft selbst auch im Verfahren vor dem Shōnen-shimpan-jo noch Aufgaben wahrnahm. Gleichzeitig war der Shōnen-hogoshi für die Untersuchung der sozialen Umgebung der Jugendlichen zuständig, also für alle nur erreichbaren Daten, die auf die Persönlichkeit des Jugendlichen und seine Entwicklungsmöglichkeiten schließen lassen. Über die Zuständigkeit des Shōnen-shimpan-jo entschied der Staatsanwalt. Stieß er im Laufe seiner Ermittlungen auf jugendliche Täter, so konnte er entscheiden, ob die Sache als Fürsorgeangelegenheit dem Shōnen-shimpan-jo zugewiesen oder aber als Strafsache vor Gericht angeklagt werden sollte. Überdies hatte er im Rahmen seiner praktisch unbegrenzten Opportunität auch die Möglichkeit, keine der beiden Maßnahmen zu treffen und die Sache trotz hinreichenden Tatverdachts nicht weiter zu verfolgen. Übrigens war diese Entscheidung über das kompetente Entscheidungsgremium keine gerichtlich zu regelnde Zuständigkeitsfrage, weil der Shōnen-shimpan-jo kein Gericht, sondern Verwaltungsbehörde war. Der Shōnen-shimpan-jo hatte die Auswahl zwischen neun verschiedenen Maßnahmen, die er verhängen konnte, falls er der Ansicht war, der Jugendliche benötige staatliche Fürsorge. Er konnte den Jugendlichen z. B. einem buddhistischen Kloster, einer shintoistischen oder auch christlichen Glaubensgemeinschaft oder Fürsorgevereinigung oder einer geeigneten Einzelperson zur weiteren Erziehung übergeben. Der Shōnen-shimpan-kan konnte den Jugendlichen der Beobachtung eines Hogoshi unterstellen. Diese Maßnahme kann als Behandlung in Freiheit bezeichnet werden, die gesetzlich in Japan zum ersten Mal vorgesehen war. Meistens blieb der Jugendliche bei seinen Eltern und wurde des öfteren von seinem Hogoshi besucht. Eine weitere bedeutsame Neuerung bestand darin, daß erstmalig auch Maßnahmen zur Rehabilitierung angeordnet werden konnten, die außerhalb von Anstalten und Institutionen, also innerhalb des im übrigen ungestörten Privatlebens der Betroffenen, wirkten. Die Shōnen-shimpan-jo hatten somit unter der Kontrolle der Staatsanwaltschaft außerordentliche Möglichkeiten, um auf die Bekämpfung der Jugenddelinquenz Einfluß zu nehmen. Im Jahre 1922 gab es allerdings nur insgesamt zwei Shōnen-shimpan-jo, eines in Osaka und ein weiteres in Tokio. Bis zum Jahre 1942 hatten sich diese Zahlen nur unbedeutend verbessert. Denn es gab nunmehr sieben Shōnen-shimpan-jo, also in jedem der damaligen japanischen Oberlandesgerichtsbezirke eines. Für das Gerichtsverfahren gegen Jugendliche sah das Jugendgesetz von 1922 Sonderregelungen vor. Verfahren gegen Jugendliche mußten von Verfahren gegen Erwachsene getrennt werden. Die Verhängung einer innerhalb eines begrenzten Rahmens unbestimmten Strafe war möglich. Schließlich durfte bei Uneinbringlichkeit einer Geldstrafe diese nicht in eine Ersatzfreiheitsstrafe umgewandelt werden.

Seit dem Jahre 1900 gab es in Japan ein Jugendfürsorgegesetz (Kanka-ho), das neben dem Jugendgesetz aus dem Jahre 1922 galt. An seine Stelle trat im Jahre 1933 ein Jugendzuchtgesetz (Shōnen-kyogo-ho), das bis heute neben dem Jugendgesetz in Kraft ist. Es regelt Maßnahmen, die das Innenministerium zum Schutz der Jugend ergreifen kann.

C. Die gegenwärtige Situation der Kriminalität in Japan

Im Jahre 1974 hatte Japan 110 049 000 Einwohner, davon 84 789 000 strafmündige, über 14jährige und 9 667 000 14- bis 20jährige Jugendliche. Ohne Straßenverkehrsdelikte sind in Japan im Jahre 1974 1 211 005 Straftaten verübt worden. Die Häufigkeitszahl (die Zahl der bekanntgewordenen Fälle auf 100 000 Einwohner) betrug 1100,4. Die Bundesrepublik Deutschland hatte im Jahre 1974 62040900 Einwohner. In ihr wurden im selben Jahr ohne Straßenverkehrsdelikte 2 741 728 Rechtsbrüche begangen. Die Häufigkeitszahl betrug im Jahre 1974 4419. Die kriminelle Belastung beläuft sich nach den offiziellen polizeilichen Kriminalstatistiken also in Japan auf ein Viertel derjenigen, die in der Bundesrepublik vorhanden ist. Die Kriminalität ist in der Bundesrepublik nicht nur höher als in Japan. Sie steigt vielmehr auch an, während sie in Japan — wenn auch nur leicht, aber beständig — abfällt. Die Häufigkeitszahlen wuchsen in der BRD von 3031 im Jahre 1965 über 3924 im Jahre 1970 auf 4419 im Jahre 1974 an. Demgegenüber fielen sie in Japan von 1367,2 im Jahre 1965 auf 1233,9 im Jahre 1970, auf 1100,4 im Jahre 1974 ab.

Die Entwicklung der Gesamtkriminalität und der Kriminalität mit Ausnahme der Körperverletzung und Tötung im Straßenverkehr nach Beendigung des 2. Weltkriegs ergibt sich aus Abbildung 1. Die Kriminalität wuchs in Japan in der

Abbildung 1: Entwicklung der polizeilich bekanntgewordenen Fälle nach dem StGB in Japan nach dem 2. Weltkrieg

———— : Gesamtkriminalität

— — — — : Kriminalität mit Ausnahme der Körperverletzung und Tötung im Straßenverkehr

Quelle: Japanisches Justizministerium (Hrsg.): Weißbuch der Kriminalität. Tokio 1975, S. 2

Nachkriegszeit. Von 1950 bis 1955 hatte sie eine fallende Tendenz. Die Gesamtkriminalität stieg von Mitte der fünfziger Jahre bis Ende der sechziger Jahre an. Dieser Anstieg wurde durch die Straftaten im Straßenverkehr (→ Verkehrsdelikte) bewirkt. Denn die Kriminalität mit Ausnahme der Körperverletzung und Tötung im Straßenverkehr zeigte seit Ende der fünfziger Jahre eine fallende Tendenz. Seit Ende der sechziger Jahre fällt auch die Gesamtkriminalität. Die Entwicklung der Anzahl der Kraftfahrzeuge und der Zahlen für Verletzte und Tote im Straßenverkehr seit 1965 zeigt Abbildung 2. Im Jahre 1970 gab es in Japan 18586503 Autos. Bis zum Jahre 1974 stieg die Zahl der Autos auf 26182062 an. Trotz dieser Zunahme gingen die Zahlen für Verkehrsunfälle, für Tote und Verletzte bei Straßenverkehrsdelikten zurück. Im Jahre 1970 gab es in Japan 718080 Unfälle mit 16765 Toten und 981096 Verletzten. Diese Zahlen sanken bis zum Jahre 1974 auf 586713 Unfälle mit 14574 Toten und 789948 Verletzten. Der Gesetzgeber hatte zwischenzeitlich die Freiheitsstrafe für fahrlässige Straßenverkehrsdelikte erheblich erhöht. Ferner sind in jüngster Zeit viele Sicherheitszäune und Fußgängerüberwege an den Autostraßen gebaut worden. Ganz allgemein kann gesagt werden, daß sich die Zahlen für die Unfälle im Straßenverkehr nicht mit den Zahlen der Kraftfahrzeuge und nicht einmal mit zunehmender Verkehrsdichte erhöhen. Ab einer bestimmten Anzahl von Kraftfahrzeugen und einer bestimmten Verkehrsdichte nehmen die Unfälle mit Verletzten und Toten im Straßenverkehr nicht mehr zu, sondern sogar ab. Die Verkehrsteilnehmer haben einen Lernprozeß durchgemacht, der sie vorsichtiger fahren läßt.

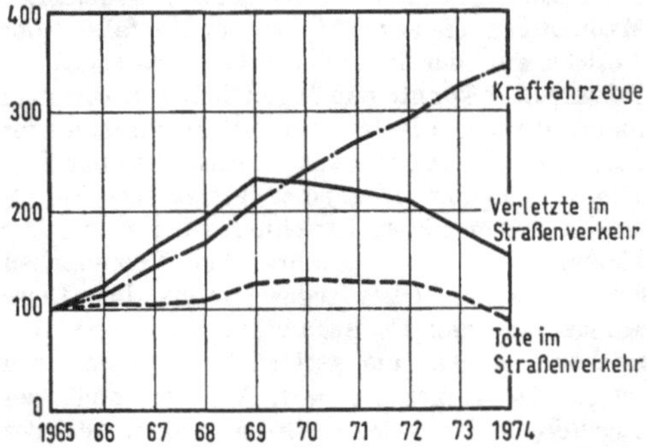

Abbildung 2: Entwicklung der Anzahl der Kraftfahrzeuge, der Unfalltoten und -verletzten

Anmerkung: 1965 = 100 (Indexzahl)

Quelle: Japanisches Justizministerium (Hrsg.): Weißbuch der Kriminalität. Tokio 1975, S. 438

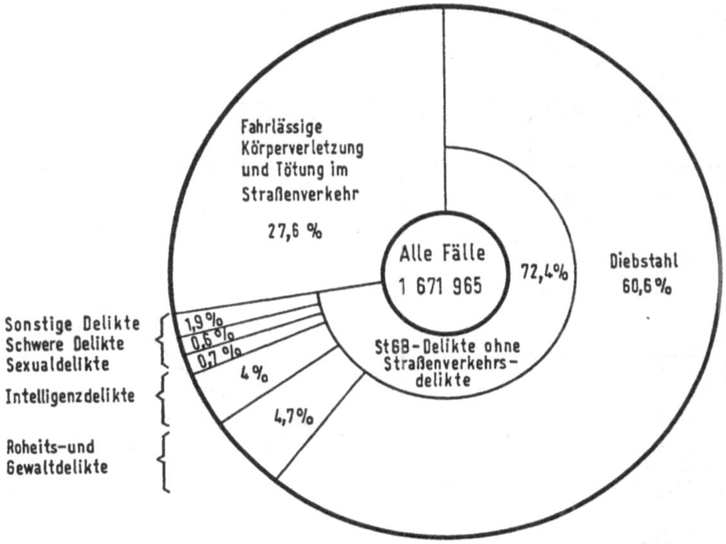

Abbildung 3: Prozentsätze der polizeilich bekanntgewordenen Fälle (StGB-Delikte) im Jahre 1974

Quelle: Japanisches Kriminalamt (Hrsg.): Polizeiliche Kriminalstatistik 1974. Tokio 1975, S. 1

Die zunehmende Verkehrsdichte erlaubt kein Fahren ohne relative Rücksichtnahme auf die anderen Verkehrsteilnehmer (vgl. auch Günther Kaiser 1973, S. 192). Allerdings wächst mit der Anzahl der Kraftfahrzeuge ihr Mißbrauch zu kriminellen Zwecken (Hans Joachim Schneider 1964). Beim Einbruchsdiebstahl wurden im Jahre 1966 in Japan zu 11,8%, im Jahre 1974 zu 21% Autos benutzt. Die entsprechenden Zahlen lauten beim Raub für das Jahr 1966 22% und für das Jahr 1974 29,3%. Bei der Vergewaltigung wurde das Auto im Jahre 1974 sogar zu 45,9% gebraucht (→ Viktimologie).

Die Kriminalitätsstruktur in Japan wird aus Abbildung 3 ersichtlich. Der Diebstahl spielt eine zentrale Rolle (wie in der BRD). Von den 1211005 im Jahre 1974 polizeilich bekanntgewordenen Fällen (außer Straßenverkehrsdelikten) wurden 696535 aufgeklärt. Die Gesamtaufklärungsquote betrug in Japan im Jahre 1974 57%, während sich die Gesamtaufklärungsquote in der BRD im Jahre 1974 auf 45,6% und in den USA im Jahre 1974 auf 21% belief. Beim Diebstahl wurden in Japan im Jahre 1974 immerhin 51,1% der Taten aufgeklärt (gegenüber einer Aufklärungsquote für Einbruchsdiebstahl in der BRD von 20,4% und für einfachen Diebstahl in der BRD von 40,7% und gegenüber einer Aufklärungsquote für Einbruchsdiebstahl in den USA von 18% und für einfachen Diebstahl in den USA von 20%). Der Ladendiebstahl wurde in Japan sogar zu 96,7% aufgeklärt. Diese hohe Aufklärungsquote rührt indessen aus folgender Praxis: Falls ein Täter auf frischer Tat gefaßt wird und falls man feststellt, daß er vor dieser Tat weniger als dreimal Ladendiebstahl begangen hat, wird der Fall informell erledigt. Die größeren Verkaufszentren haben eigene Abwehrapparate entwickelt, oder sie beauftragen Detektivgesellschaften mit dem Schutz ihrer Waren gegen Diebstahl. Die Firmendetektive haben Befugnisse, jeden Fall nach den Tatumständen und den Täterpersönlichkeiten zu lösen (informelle Entkriminalisierung). In Japan zieht man es vor, die Bagatellkriminalität durch die primäre Sozialkontrolle zu verhüten. Nach dem Diebstahl nehmen in der Begehungshäufigkeit die fahrlässige Körperverletzung und Tötung im Straßenverkehr den zweiten Platz ein. Ihnen folgen die Roheits- und Gewaltdelikte: Versammlung mit Waffen (im untechnischen Sinne), Gewalttaten (nach japanischem Verständnis: Vorstufen der Körperverletzung), Körperverletzungen, Drohungen und Erpressungen. Die Intelligenzdelikte umfassen nach japanischem Sprachgebrauch Betrug, Unterschlagung, Urkundenfälschung, aktive und passive Bestechung und Untreue. Nach den Sexualdelikten stehen die schweren Delikte: vorsätzliche Tötung, Raub, vorsätzliche Brandstiftung und Notzucht — abgesehen von der sonstigen Kriminalität — an letzter Stelle in der Häufigkeitsskala. Bei der Analyse der Gesamtkriminalität in der BRD und den USA hat die Gewaltkrimi-

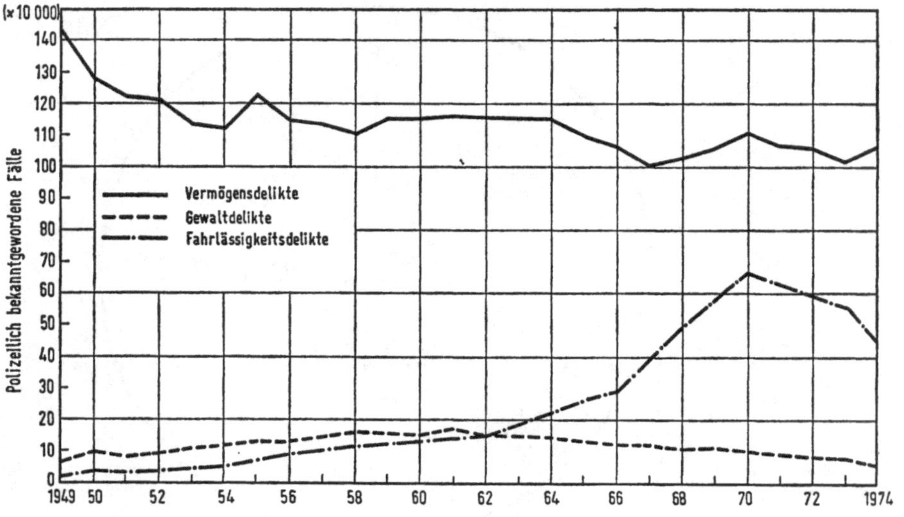

Abbildung 4: Entwicklung der Kriminalität nach Deliktsarten

Quelle: Japanisches Justizministerium (Hrsg.): Weißbuch der Kriminalität. Tokio 1975, S. 10

nalität sowohl lang- wie kurzfristig einen wesentlich geringeren Stellenwert als die Vermögenskriminalität. Die Gewaltkriminalität verläuft in ihrer Entwicklung auch entscheidend flacher als die Vermögenskriminalität. Das Hauptproblem der Kriminologie liegt in der Vermögenskriminalität, der ein hoher Stellenwert bei der Analyse der Gesamtkriminalität eingeräumt werden muß und deren Anstieg lang- wie kurzfristig in der BRD und den USA sehr steil verläuft. Aus Abbildung 4 folgt, daß auch in Japan die Vermögenskriminalität eine wesentlich größere Bedeutung hat als die Gewalt- und auch die Fahrlässigkeitskriminalität. Während die Gewaltdelikte auf etwa gleich niedriger Basis seit 1949 verblieben sind, gehen die Vermögensdelikte zurück. Diese Entwicklung steht im Gegensatz zur Entwicklung der Vermögens- und Gewaltkriminalität in der BRD und den USA (vgl. hierzu Hans Joachim Schneider 1974, S. 73—75). In diesen Ländern stellt insbesondere der steile Anstieg der Vermögenskriminalität eine „Fieberkurve der Kriminalität" dar. Die Aufklärungsquoten der Gewaltkriminalität sind in Japan ebenfalls höher als in der BRD und den USA: kriminelle Tötung 96,1% in Japan, 95,1% in der BRD und 80% in den USA; Raub 76,9% in Japan, 53,8% in der BRD und 27% in den USA; Vergewaltigung 91,3% in Japan, 72% in der BRD und 51% in den USA; Körperverletzung 92,5% in Japan, 83,8% in der BRD und

Tabelle 1: Tatsächliche Situation der Ausländerkriminalität in der BRD und in Japan

Kategorie / Land	BRD	Japan
Gesamte Einwohnerzahl	61967200	108710000
Ausländer	3858269	738410
Prozentsätze der Ausländer	6,2	0,7
Polizeilich festgenommene Verdächtige	1023129	521554
Ausländer als Tatverdächtige	126559	15335
Prozentsätze der Ausländer an den Tatverdächtigen	12,4	2,9

Quelle: Japanisches Polizeiamt (Hrsg.): Weißbuch der Polizei. Tokio 1975, S. 122

63% in den USA. Die Zahlen beziehen sich auf das Jahr 1974. Die BRD liegt in der Effektivität ihrer Kriminalpolizei, die sich in den Aufklärungsquoten ausdrückt, zwischen Japan und den USA. Das Risiko, als Krimineller entdeckt zu werden, hat eine abschreckende Wirkung.

Wie sich aus den Tabellen 1 und 2 ergibt, spielt die Ausländerkriminalität in Japan im Vergleich zur BRD eine untergeordnete Rolle, weil der Ausländeranteil an der Bevölkerung in Japan sehr gering ist. Es handelt sich um eine noch homogenere Gesellschaft als in der BRD, so

Tabelle 2: Anteile der Ausländer an einigen wichtigen Delikten in der BRD und in Japan

Land / Kategorie / Verbrechensart	BRD			Japan		
	Festgenommene Personen	Davon Ausländer	Prozent	Festgenommene Personen	Davon Ausländer	Prozent
Vorsätzliche Tötung	2804	642	22,9	2113	59	2,8
Notzucht	5612	1695	30,2	4786	172	3,6
Diebstahl	460366	40708	8,8	174003	4413	2,5
Betrug	126030	11826	9,4	15908	430	2,7
Urkundenfälschung	17530	3240	18,5	1857	66	3,6
Glücksspiel	1674	834	49,8	15631	693	4,4

Quelle: Japanisches Polizeiamt (Hrsg.): Weißbuch der Polizei. Tokio 1975, S. 123

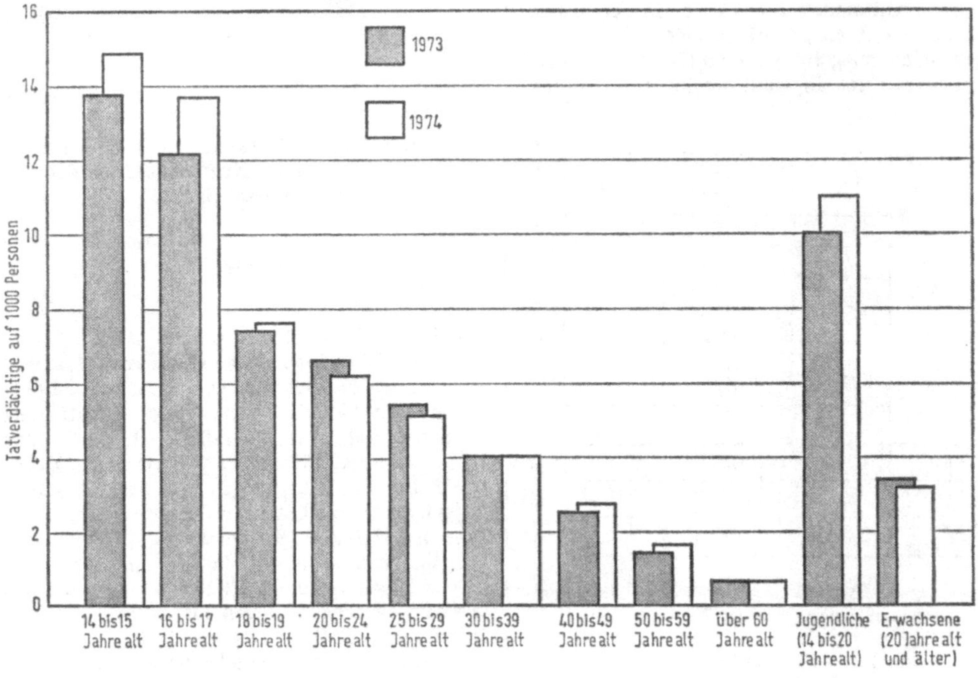

Abbildung 5: Kriminalitätsbelastung auf 1000 Personen und nach Altersgruppen

Quelle: Japanisches Kriminalamt (Hrsg.): Polizeiliche Kriminalstatistik 1974. Tokio 1975, S. 42

daß Kulturkonflikte nur in äußerst geringem Maße entstehen können. Die Kriminalitätsbelastung nach Altersgruppen veranschaulicht Abbildung 5. Während die größte kriminelle Belastung in der BRD auf den 18- bis 21jährigen Heranwachsenden ruht (vgl. Hans Joachim Schneider 1974, S. 81/82), sind in Japan die 14- bis 15jährigen und die 15- bis 16jährigen Jugendlichen am stärksten kriminell belastet. Der starke Rückgang der Kriminalität nach dem 30. und besonders nach dem 40. Lebensjahr ist in Japan genauso wie in der BRD zu beobachten. In beiden Ländern ist die Jugendkriminalität höher als die Kriminalität der Erwachsenen. Drogenkriminalität kommt in Japan im Verhältnis zu anderen Industrieländern, z. B. in den USA und der BRD, selten vor. Man kann dieses Phänomen nicht nur mit der Insellage und der somit besseren Überwachbarkeit der Grenzen erklären. Die japanische Gesellschaft ist wegen ihrer Tradition nicht so drogenanfällig wie die Gesellschaften in den USA und in der BRD. Das Problem des Mißbrauchs von Rauschmitteln konzentriert sich in Japan auf den Erregungsmittelmißbrauch, der aber auch in jüngster Zeit zurückgegangen ist. Der Japaner ist nicht leicht stimulierbar und nicht so durchhaltefähig wie der Europäer oder Nordamerikaner. Diese nicht so ausgeprägten Eigenschaften sollen durch Erregungsmittel ersetzt werden. Während die Kriminalitätsrate der Männer in den letzten zehn Jahren stabil geblieben oder sogar zurückgegangen ist, stieg die Kriminalität der weiblichen Erwachsenen und Jugendlichen an. Die Entwicklung der polizeilichen Festnahmen der weiblichen Jugendlichen seit 1970 wird aus Abbildung 6 deutlich. Der Anteil der Kriminalität der weiblichen Jugendlichen an der Gesamtjugendkriminalität wächst (Abbildung 7). Der Anstieg der Kriminalität ist auf die 14-/15jährigen und die 16-/17jährigen weiblichen Jugendlichen konzentriert (Abbildung 8). Es handelt sich vor allem um Gewaltkriminalität (Abbildung 9). Diese Entwicklung verläuft parallel zu demselben Ablauf in den USA. Zwischen 1965 und 1973 stieg die Delinquenz der 10- bis 17jährigen Mädchen um 110%, diejenige der gleichaltrigen Jungen um 52% an. Zwischen 1960 und 1973 wuchsen die Festnahmen der Mädchen unter 18 Jahren um 393% für Gewaltdelikte und um 333% für Vermögensdelikte. Die entsprechenden Zahlen für die gleichaltrigen Jungen in den USA betrugen 236% und 82%. Ursachen für diesen Wandel liegen in der aktiveren, unabhängigeren und aggressiveren Rolle der Frauen und Mädchen in der Gesellschaft. Das weibliche Geschlecht ist in die „Männergesellschaft“ stärker integriert. Es hat mehr Gelegen-

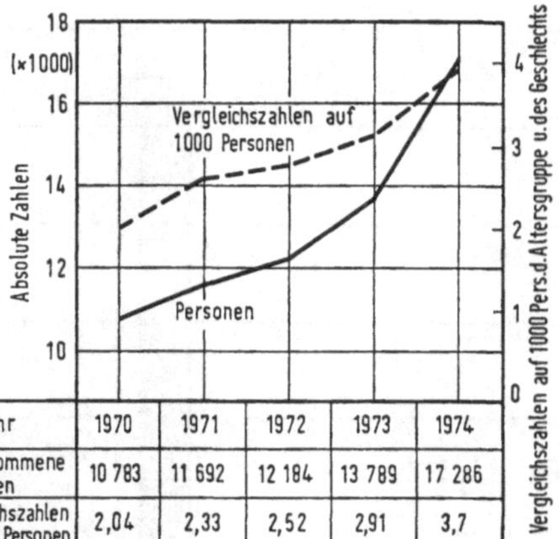

Jahr	1970	1971	1972	1973	1974
Festgenommene Personen	10 783	11 692	12 184	13 789	17 286
Vergleichszahlen auf 1000 Personen	2,04	2,33	2,52	2,91	3,7

Abbildung 6: Entwicklung der polizeilichen Festnahmen der weiblichen Jugendlichen

———— : weibliche Jugendliche

— — — — : Vergleichszahl auf 1000 Personen

Quelle: Japanisches Polizeiamt (Hrsg.): Weißbuch der Polizei. Tokio 1975, S. 187

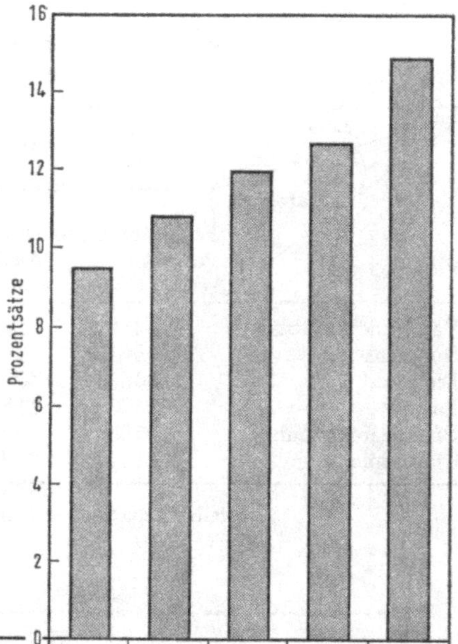

Jahr	1970	1971	1972	1973	1974
Prozentsätze	9,5	10,8	12	12,7	14,9

Abbildung 7: Prozentsätze der von weiblichen Jugendlichen begangenen Kriminalität an der Gesamtjugendkriminalität

Quelle: Japanisches Polizeiamt (Hrsg.): Weißbuch der Polizei. Tokio 1975, S. 188

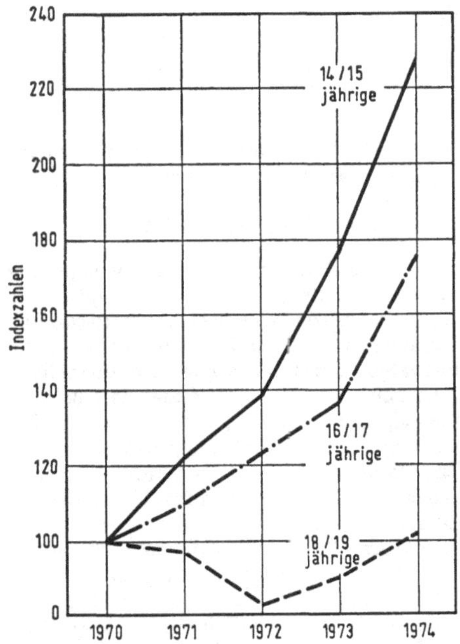

Abbildung 8: Entwicklung der weiblichen Jugendkriminalität nach Altersgruppen

———— : 14- bis 15jährige
—·—·— : 16- bis 17jährige
– – – – : 18- bis 19jährige
Anmerkung: 1970 = 100 (Indexzahl)

Quelle: Japanisches Polizeiamt (Hrsg.): Weißbuch der Polizei. Tokio 1975, S. 188

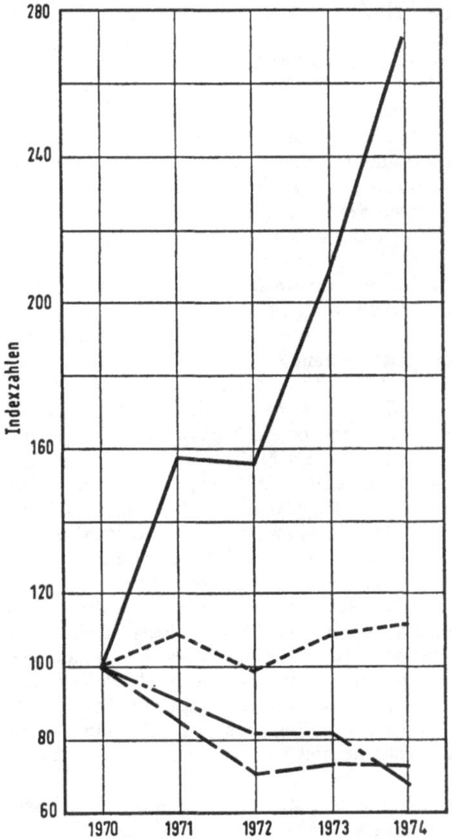

Abbildung 9: Entwicklung der polizeilichen Festnahmen der jugendlichen Gewalttäter

--------- : Gesamtzahl weiblicher Jugendlicher
———— : weibliche jugendliche Gewalttäter
—·—·— : männliche jugendliche Gewalttäter
– – – – : Gesamtzahl männlicher Jugendlicher
Anmerkung: 1970 = 100 (Indexzahl)

Quelle: Japanisches Polizeiamt (Hrsg.): Weißbuch der Polizei. Tokio 1975, S. 188

heit zur Kriminalität und ist stärker Konflikten ausgesetzt. Es genießt nicht mehr so stark den Schutz der familiären Gemeinschaft, weil es sich dieses Schutzes durch Berufstätigkeit und freieres Freizeitverhalten weitgehend begibt. Die Frauen und Mädchen haben sich zum großen Teil der primären Sozialkontrolle entzogen. Die informelle Konfliktregelung ist stark abgeschwächt. Die Instanzen der Sozialkontrolle, z. B. Polizei und Gerichte, üben gegenüber Frauen und Mädchen weniger Nachsicht, weil sie „gleichberechtigt" sind. Trotz einer sich immer mehr anbahnenden emanzipatorischen Entwicklung sind die Frauen und Mädchen in Japan immer noch gegenüber den Männern stark in ihrem sozialen Status, z. B. im Berufsleben, diskriminiert. Nicht wenige japanische Kriminologen beurteilen den Anstieg der Kriminalität der Frauen und Mädchen als Protesthandlungen gegenüber andauernder Diskriminierung und Frustration.

Das Sinken der Gesamtkriminalität in Japan wird demgegenüber auf folgende Gründe zurückgeführt: Die Wirtschaft hat sich gut entwickelt. Dank der Erhöhung des allgemeinen Lebensstandards gibt es kaum noch Armut. Trotz der gegenwärtigen Wirtschaftskrise (1976) steigt die Arbeitslosenrate nicht wesentlich. Die Solidarität am Arbeitsplatz ist in typisch japanischer traditioneller Weise ausgeprägt. In Japan hat sich der Charakter einer familiären Gemeinschaft für die Gesamtgesellschaft noch stärker erhalten als in westlichen Industriestaaten. Die politische Situation ist seit Jahrzehnten stabil. Die primäre Sozialkontrolle, insbesondere durch Familie,

Schule, Nachbarschaft und Berufsgemeinschaft, ist immer noch effektiver als in vergleichbaren Industriestaaten, obwohl sie — an der japanischen Tradition gemessen — lockerer geworden ist. Die Verstädterung wirkt sich auf die primäre Sozialkontrolle negativ aus. Innerhalb der Schulgemeinschaft kommen Schwierigkeiten vor, weil die Schüler unter starkem Leistungsdruck, z. B. unter dem Druck der Zugangsexamina, stehen und weil es große qualitative Unterschiede im Schul- und Universitätssystem gibt. Die japanische Gesellschaft ist nur theoretisch eine „offene" Gesellschaft. Denn es gibt gute, weniger gute und schlechte Schulen und Universitäten. Nach dem Besuch der jeweiligen Schule und Universität richten sich nicht nur das Sozialprestige, sondern auch die Zugangschancen in der Gesellschaft. Der Ausbildungsstand ist hoch entwickelt. Es gab im Jahre 1974 etwa 1,9 Millionen Studenten an 900 Universitäten und 4 Millionen Schüler an 4861 Gymnasien. Die Vielzahl der Hochschulabsolventen ist selbst in einem so hochindustrialisierten Land wie Japan nicht in ihrer Ausbildung angemessene Berufe zu vermitteln. Immerhin wird Jugendarbeitslosigkeit vermieden, und die jungen Leute können in der Schule besser kontrolliert werden, was die Kriminalitätszahlen senkt. Die Instanzen der Sozialkontrolle, z. B. Polizei und Gerichte, funktionieren in Japan gut. Sie werden gleicherweise von Regierung und Bevölkerung in einem Maße unterstützt, wie es in vergleichbaren Industriestaaten, wie z. B. in den USA und der BRD, nicht der Fall ist. Die Polizei und Justiz verhalten sich diszipliniert, und sie genießen das Vertrauen des Volkes. Durch die sich vergrößernde Anonymität der Großstädte läßt allerdings die Unterstützung der Polizei durch das Volk nach: Während im Jahre 1969 noch 43,2% der Kriminalfälle durch die Mithilfe der Bevölkerung aufgeklärt wurden, sank diese Unterstützungsrate im Jahre 1973 auf 31,7%.

D. Ursachen der Kriminalität, insbesondere der Jugendkriminalität

1. *Nachkriegskriminalität*

Jugendkriminalität wirkt wie ein Fieberthermometer. Wenn sie steigt, ist das ein Symptom für eine Erkrankung der Gesellschaft. Verbesserung der Sozialpolitik heißt deshalb die fundamentale Stellungnahme der japanischen Kriminalpolitik. Was allerdings eine „Verbesserung" ist, darüber kann in zahlreichen Fällen gestritten werden. Die Entwicklung der Jugendkriminalität in Japan wird an Hand der Zahlen der polizeilichen Festnahmen seit 1949 aus Abbildung 10 ersichtlich. Die Jugendkriminalität erreichte ihren ersten Höhepunkt im Jahre 1951. Danach fiel sie ab, bis sie im Jahre 1955 wieder anstieg. Sie gelangte im Jahre 1966 zu ihrem zweiten Höhepunkt. Danach fällt sie kontinuierlich ab. Die historische Entwicklung Japans macht die geschichtliche Tafel 2 deutlich.

Seit 1933 herrschte eine nationalistisch-militaristische Stimmung in der japanischen Gesellschaft. An der Spitze des Staates stand der Kaiser mit der Generalität. Seit dem Ausbruch des China-Krieges im Jahre 1937 mußten viele junge Leute Wehrdienst leisten. Wegen der strengen polizeilichen Kontrolle war das Land im Hinblick auf die Kriminalitätsrate sehr stabil. Die Entwicklung der Jugendkriminalität zwischen den Jahren 1941 und 1950 folgt aus der Tabelle 3. Die Zahlen waren während des 2. Weltkriegs

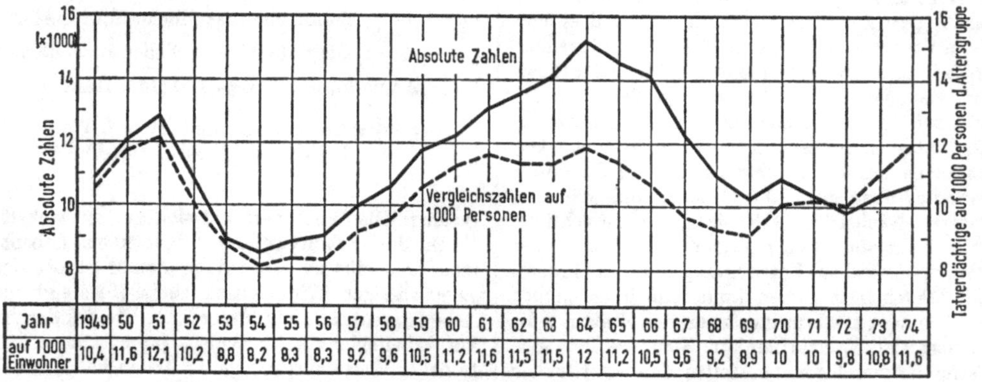

Jahr	1949	50	51	52	53	54	55	56	57	58	59	60	61	62	63	64	65	66	67	68	69	70	71	72	73	74
auf 1000 Einwohner	10,4	11,6	12,1	10,2	8,8	8,2	8,3	8,3	9,2	9,6	10,5	11,2	11,6	11,5	11,5	12	11,2	10,5	9,6	9,2	8,9	10	10	9,8	10,8	11,6

Abbildung 10: Entwicklung der polizeilichen Festnahmen der delinquenten Jugendlichen auf 1000 Einwohner der Altersgruppe

Quelle: Japanisches Polizeiamt (Hrsg.): Weißbuch der Polizei. Tokio 1975, S. 174

Geschichtliche Tafel 2: Entwicklung Japans nach dem zweiten Weltkrieg

1945:	Ende des 2. Weltkriegs. Kontrollrat der alliierten Mächte
1946:	Eröffnung des Militärgerichtshofs in Tokio
1948:	Verurteilung der Hauptkriegsverbrecher
1950:	Ausbruch des Korea-Krieges. Japanische Sicherheitsstreitkräfte. Wiederbelebung der Schwerindustrie
1948—1951:	Zahlreiche Landfriedensbrüche durch die Leitung der kommunistischen Partei Japans
1951:	Friedensvertrag und Sicherungsabkommen mit den USA
1959:	Widerstand der Linksstudenten gegen das Sicherungsabkommen, Unruhe um das Parlament
1961:	Intensivierung der Industrialisierung Japans
1966:	Unruhen an mehreren Universitäten
1967—1968:	Starke soziale Reaktionen auf Wasser- und Luftverschmutzung
1970:	Ende 1970 lagern 4,3 Milliarden US-Dollar in der Nippon Bank. Höhepunkt der japanischen Wirtschaftsentwicklung
1973:	Ölkrise, Preissteigerungen, Wirtschaftskrise, Inflation

Tabelle 3: Entwicklung der Jugendkriminalität von 1941 bis 1950

Jahre	Anzahl der Delikte	Anzahl der Jugendlichen zwischen 14 und 19 Jahren	Zahl der Delikte auf 1000 Jugendliche der gesamten Bevölkerung
1941	42601	8955000	4,7
1942	55905	9084000	6,2
1943	51543	9147000	5,6
1944	63358	9664000	6,6
1945	45778	9785000	4,7
1946	99389	9962000	10,0
1947	92551	10003000	9,3
1948	113763	10127000	11,2
1949	113530	10242000	11,1
1950	118809	10384000	12,4

Anmerkung: Im Jahre 1941 brach für Japan der 2. Weltkrieg aus. Seit 1937 kämpfte es gegen China.

Fundstelle: Hatakeyama Katsumi-Hiyama Shiro: Geschichte der Jugendkriminalität. Tokio 1974

niedrig, weil sich die Jugend bei den Streitkräften befand, die im Jahre 1944 eine Stärke von 5 Millionen Soldaten erreichten. Die Jugendkriminalität stieg dann sprunghaft nach Beendigung des 2. Weltkrieges an. Nach dem Zusammenbruch waren überall Ruinen, Bunker und Schotterhügel übrig geblieben. Die größten Städte, wie z. B. Tokio, Osaka, Nagoya, waren völlig durch Bomben zerstört. Mit wenigen Ausnahmen wurden die Städte während des Krieges bombardiert. Die Soldaten kamen aus der Gefangenschaft zurück. Sie waren arbeitslos. Das Staatssystem war gelähmt und die polizeiliche Kontrolle schwach, das Wirtschaftssystem zerstört. Hungrige Leute suchten nach Lebensmitteln, auf den total zerstörten Plätzen unter dem freien Himmel verkauften Schwarzhändler einige bescheidene Waren. Wegen der Inflation stiegen die Preise an. Die Waisen und die wohnungslosen Menschen sammelten sich in den Bahnhöfen wie in den Untergrundtunneln und nahmen dort Quartier. Als Folge der Schwächung der Polizeikräfte stieg die Kriminalität im Land, insbesondere in den Großstädten, stark an. Japan geriet in eine anomische Situation. Charakteristisch für diese Periode war, daß der Anteil der Diebstähle über 70% wuchs. Am schlimmsten waren die Jahre 1946 bis 1948, in denen die Diebstähle von den gesamten Delikten über 80% ausmachten. Jedoch wurde diese ansteigende Tendenz dank der Verbesserung des sozialen Klimas allmählich vermindert. Nach dem Ausbruch des koreanischen Krieges im Jahre 1950 konnte die Schwerindustrie wieder produzieren, die die amerikanische Besatzungsregierung nach dem 2. Weltkrieg völlig zerstören wollte. Nun widerrief sie ihren Befehl, um sich das japanische Industriepotential nutzbar zu machen. Mit erstaunlicher Geschwindigkeit stieg die Produktivität der japanischen Industrie an. Das Volksleben normalisierte sich. Beeinflußt durch diese günstigen Umstände fiel die Kriminalitätsrate der Jugendlichen allmählich ab. Andererseits stieg die Rate der Kriminalität auf dem Gebiet des Nebenstrafrechts, insbesondere im Hinblick auf den Mißbrauch von Erregungsmitteln, rasch an. Diese Tendenz beruhte auf der unruhigen Stimmung unter den Besatzungsstreitkräften, die während des Korea-Krieges überall in Japan auf Militärbasen waren. Sie brauchten diese Mittel im langdauernden und hoffnungslosen Krieg zur psychischen Erregung, um die abscheulichen Kriegsträume zu verdrängen. Sie verkauften diese Mittel auch an Japaner. Das organisierte Verbrechertum macht damit auf dem Schwarzmarkt ein gutes Geschäft. Die japanische Regierung hat im Jahre 1951 das Gesetz gegen Erregungsmittelmißbrauch erlassen und die Polizei bekämpft diese Kriminalität aus ganzen Kräften. Seit 1954 flaute sie erheblich ab und ist jetzt fast völlig verschwunden. Die Kriminalitätsrate stieg seit 1956 wieder an, und im Jahre 1966 erreichte sie ihren höchsten Punkt. Hier spielten die Roheitsdelikte eine große Rolle. Dieser Trend bezog sich auf die unruhige politische Situation in dieser Zeit. Im Jahre 1960 wollte die japanische Regierung das Staatssicherheitsabkommen mit den USA, das sie im Jahre 1951 mit dem Friedensvertrag zusammen abgeschlossen hatte, verlängern, und die Oppositionspartei versuchte, mit radikalisierten Gewerkschaften und Studenten das Vorhaben der Regierung zu verhindern. Viele Menschen demonstrierten um das Parlament, und es kam zu Situationen, die Gewaltdelikte begünstigten. Alltäglich berichteten die Massenkommunikationsmittel über die heftigen Zusammenstöße auf den Straßen und in den Universitätsgebieten. Seit 1965 fällt die Rate der Roheitsdelikte, wie z. B. Erpressung, Drohung, Körperverletzung und Notzucht, erheblich ab. Statt dessen steigt die Rate der passiven Kriminalität, d. h. wiederum der Erregungsmittelmißbräuche, des Inhalierens von Leim- und Farbverdünnern, an.

In den Jahren nach dem Zusammenbruch lebte Japan in chaotischen Zuständen. Kinder ohne Familie, ohne Wohnungen lebten überall auf den Straßen. Die japanische Regierung hatte keine finanziellen Mittel, damit sie die Kinder retten konnte. Die traditionellen japanischen Wertvorstellungen wurden von den Besatzungsmächten total vernichtet. Statt dessen sollte der „American way of life" treten. Da alle Familien den Kampf gegen Hunger führen mußten, konnten sie keine Rücksicht auf jugendliche Verfehlungen nehmen. Überall waren Hunger und Armut erkennbar. Nach der Überwindung der Wirtschaftskrise kam die politische Unruhe. Die Jugendlichen, die nach dem 2. Weltkrieg geboren waren, standen unter dem Einfluß der Konfliktkultur. Zwar waren die wirtschaftlichen Verhältnisse in den meisten Familien inzwischen viel besser geworden, aber die Eltern konnten keine vernünftigen Antworten über die politische Gegenwartssituation geben. Es gibt keine Übereinstimmung in den Wertvorstellungen einer pluralistischen Gesellschaft. Die nachdrückliche Ablehnung von Gewalttätigkeiten konnten sie nicht glaubhaft machen. Die Linksradikalen, wie z. B. Studenten und Journalisten, benutzten das deutsche Wort „Gewalt", um ihre rechtswidrigen Gewalttätigkeiten zu rechtfertigen. „Verbrechen ist falsch, aber die Gewalt gegenüber der Gewalt des Establishments, insbesondere gegen die Polizei, ist erlaubt." Trotz der mächtigen Protesttätigkeiten und der großen Opfer konnten die Oppositionskräfte gar keine durchgreifenden Erfolge erzielen. Sowohl die sozialistische als auch sogar die kommunistische Partei haben nach der Vereitelung der Gegenbewegung gegen die Verlängerung des amerikanisch-japanischen Sicherheitsvertrages den richtigen Weg der Oppositionsparteien eingeschlagen, d. h. auch sie werden zum „Establishment". Die ultralinken Studentenschaften, die im Jahre 1960 mit der Opposition zusammen gekämpft hatten, sind vor allem von der kommunistischen Partei als „Trotzkisten" abqualifiziert worden. Sie begehen ab und zu radikale Akte im In- und Ausland. Im Vergleich zu den sechziger Jahren ist unter den jungen Leuten eine gewisse Resignationsstimmung spürbar. Die jugendlichen Kriminellen von heute, die meistens nach der Aufstiegsperiode Japans geboren sind und deswegen nie die Armut und Hungersnot erlebt haben, kommen mit der Rückzugskultur in Kontakt. Weil sie nur schwer Narkotika in die Hand bekommen, verwenden sie „Terpentin" als Rauschmittel. Wegen der Erhöhung des Lebensstandards in vielen Familien haben die Hausfrauen viel freie Zeit, die sie nicht für sich selbst, sondern für die „Erziehung" ihrer Kinder zu verwenden pflegen. Sowohl in der Schule als auch zu Hause müssen die japanischen Jugendlichen unter strenger Kontrolle ständig studieren, um eine „gute" Schule besuchen zu dürfen. Der übertriebene Leistungsdruck lastet auf den Jugendlichen und verursacht Kinder- und Jugendkriminalität. Als Ergebnisse der verfehlten Familien- und Schulverhältnisse stammen die japanischen jugendlichen Delinquenten jetzt nicht mehr aus armen und unvollständigen, sondern aus wirtschaftlich tadellosen, normalen Familien.

2. Störungen in Familien und Schulen

Im japanischen Gesellschaftsleben spielt die Familie eine große Rolle. Während der feudalistischen Zeit hatte die Familie vielseitige Funktionen: So war sie z. B. die kleinste Kampfeinheit, übte polizeiliche Kontrolle aus und besaß quasigerichtliche Entscheidungsbefugnisse. Der Hausvater herrschte in seiner eigenen Familie unumschränkt, und in den genannten Angelegenheiten war er ein Souverän in der ganzen Familie, die nicht Kern-, sondern Großfamilie bedeutete. Alle Familienangehörigen standen unter der Kontrolle eines Familienoberhaupts, also des Hausvaters. Nach der Meiji-Restauration hat die Familie viele ihrer Befugnisse verloren: So durfte — mit Ausnahme der Offiziere der Armee — niemand mehr Schwerter tragen, niemand ohne Sonderbefugnisse einen anderen festnehmen oder gar bestrafen. Im Zuge der Industrialisierung hat die Familie ihre Funktion als Handwerksbetrieb, im Zuge der Entwicklung des Bank- und Kreditsystems ihre Aufgabe als Kreditträger verloren. Das neu entwickelte Schulsystem trat an die Stelle der Familie. Der Familie blieben lediglich Funktionen wie die Nachwuchsausbildung und die Überlieferung der sittlichen und der besonderen familieneigenen Wertvorstellungen übrig. Das Hausvatersystem war das Rückgrat der sittlichen Wertordnung in der japanischen Gesellschaft bis zum Kriegsende. Nach dem Krieg wurde im Jahre 1946 eine neue Verfassung erlassen und das Familien- und Erbrecht völlig geändert. Das Hausvatersystem wurde abgeschafft. Die Tendenz zur Kernfamilie schritt rasch voran. Das zeigen die folgenden Zahlen: Im Jahre 1950 war die durchschnittliche Mitgliederzahl der japanischen Familie 4,97, was der Situation in den USA im Jahre 1870 entspricht. Im Jahre 1966 war die Anzahl der Familienangehörigen in den größeren Städten durchschnittlich 3,86, was der sozialen Lage in den USA im Jahre 1940 vergleichbar ist. In ganz Japan betrug die durchschnittliche Familiengröße 4,06, was der Situation in den USA im Jahre 1930 entspricht. Also hat Japan innerhalb von 15 Jahren das durchgemacht, was in den USA 60 Jahre dauerte. Diese rasche Kern-Familien-Entwicklung beruht auf der Veränderung des Lebensbewußtseins in Japan: Man strebt eine friedliche Koexistenz der Generationen an. Man will einen „Generationenkonflikt" möglichst vermeiden. Durch enge Verbundenheit der Eltern mit ihren Kindern kann die Einzelfamilie friedvoll ihr eigenes Leben führen. Das geht so lange gut, wie es keine Schwierigkeiten gibt. Falls irgendein Problem auftaucht, besitzt die Kernfamilie keine passende schiedsrichterliche Position und gerät in eine untragbare Situation (→ Ehe und Familie). Seit 1960 sind viele Schwierigkeiten entstanden. Eine große Generationenkluft ist offenbar geworden. Generationenkonflikte sind in vielen Familien entstanden. Dazu kommen noch Unzuträglichkeiten in den Schulen. Aus Tabelle 4 wird die Entwicklung der Mitgliederzahl der japanischen Familie im Laufe von 15 Jahren deutlich. Die Kernfamilie bis zu vier Personen hat ihren Anteil von 45,4% im Jahre 1955 auf 71,4% im Jahre 1970 vergrößert. Demgegenüber ist die Achtpersonenfamilie von 6,5% im Jahre 1955 auf

Tabelle 4: Entwicklung der Mitgliederzahl der japanischen Familie im Laufe von 15 Jahren

Familiengröße	1955	1960	1965	1970
Gesamt	100,0%	100,0%	100,0%	100,0%
Einpersonfamilie	3,5	5,2	8,1	10,8
Zweipersonenfamilie	10,8	12,7	14,3	15,5
Dreipersonenfamilie	14,5	15,9	18,2	19,7
Vierpersonenfamilie	16,6	18,7	22,3	25,5
Fünfpersonenfamilie	16,7	17,1	16,2	14,4
Sechspersonenfamilie	14,1	13,1	10,6	8,4
Siebenpersonenfamilie	10,3	8,5	6,1	3,6
Achtpersonenfamilie	6,5	4,6	2,5	1,4
Neunpersonenfamilie	3,6	2,3	1,1	0,5
Familie mit zehn und mehr Personen	3,5	1,9	0,8	0,3
Prozentsätze der Ein- bis Vierpersonenfamilien an den Gesamtfamilien	45,4	52,5	62,9	71,4

Quelle: Japanisches Justizministerium (Hrsg.): Weißbuch der Kriminalität. Tokio 1975, S. 48

Tabelle 5: Situation der Familien delinquenter Jugendlicher

Jahre	Insgesamt	Leibliche Eltern	Nur der Vater	Nur die Mutter	Stief-mutter	Stief-vater	Adoptiv-eltern	Sonstige	Keine Angaben	völlig unklar
1955	131512	59262	22141	23406	5356	2394	1946	—	17007	—
	(100)	(45,1)	(16,8)	(17,8)	(4,1)	(1,8)	(1,5)		(12,9)	
1960	158902	74821	30591	28337	4203	2695	2058	14379		1818
	(100)	(47,1)	(19,3)	(17,8)	(2,6)	(1,7)	(1,3)	(9)		(1,1)
1965	202158	145265	8571	27424	5912	3548	2173	4526	839	3900
	(100)	(71,9)	(4,2)	(13,6)	(2,9)	(1,8)	(1,1)	(2,2)	(0,4)	(1,9)
1971	113619	72843	3859	11942	3277	1913	877	1918	333	16657
	(100)	(64,1)	(3,4)	(10,5)	(2,9)	(1,7)	(0,8)	(1,7)	(0,3)	(14,7)
1972	105050	66972	3807	10948	3006	1828	784	1713	213	15779
	(100)	(63,8)	(3,6)	(10,4)	(2,9)	(1,7)	(0,7)	(1,6)	(0,2)	(15)
1973	106737	67706	3727	10588	2766	1838	739	1699	226	17448
	(100)	(63,4)	(3,5)	(9,9)	(2,6)	(1,7)	(0,7)	(1,6)	(0,2)	(16,3)

Anmerkung: Die Angaben beziehen sich auf die im Familiengericht behandelten Fälle. Zahlen in Klammern sind Prozentangaben.

Quelle: Japanisches Justizministerium (Hrsg.): Weißbuch der Kriminalität. Tokio 1975, S. 312

1,4% im Jahre 1970 zurückgegangen. Die jugendlichen Delinquenten stammten im Jahre 1955 überwiegend aus unvollständigen Familien und aus der Unterschicht. Delinquente aus vollständigen Familien gab es 1955 nur zu 45,1%, aus der Ober- und Mittelschicht nur zu 30,6%. 1973 kamen 63,4% der delinquenten Jugendlichen aus vollständigen Familien und 83,7% aus der Ober- und Mittelschicht. Aus Tabelle 5 wird die Situation der Familien delinquenter Jugendlicher im Ablauf der Jahre zwischen 1955 bis 1973 deutlich. Der Trend geht von der unvollständigen Familie zur vollständigen. Hier zeigt sich die große kriminologische Bedeutung der funktional gestörten, äußerlich vollständigen, innerlich aber zerrütteten Familie (→ Ehe und Familie).

Zwischen den Familienverhältnissen und der Jugendkriminalität sind drei Beziehungen wichtig. Erstens übt die Familie eine kontrollierende Wirkung auf die Jugendkriminalität aus. Zweitens wirkt sie in zahlreichen Fällen kriminogen. Drittens wird sie von der Kriminalität eines Kindes tief beeinflußt. Das Familienleben hat zwei Seiten: Es fördert das Wohlbefinden der Einzelmitglieder. Es wirkt sich auf die Gestaltung ihrer Persönlichkeit aus. In normalen Familien sind die Eltern zu Hause. Die familiären Verhältnisse sind in einem stabilen Zustand, und die Eltern haben ihren Beitrag zur Persönlichkeitsgestaltung geleistet. In diesen Familien sind die Kinder zufrieden. Es fragt sich aber dann, wie der plötzliche Anstieg der Jugendkriminalität in den normalen Familien zu erklären ist. Man kann diese Entwicklung auf folgende Gründe zurückführen: Erstens vergrößern sich wegen der Pluralisierung der Wertvorstellungen und der vermehrten Ansprüche der Familienangehörigen die Wert- und Anspruchskonflikte innerhalb der Familie. Zweitens gibt es unter den „normalen" Familien diejenigen, die formell betrachtet zwar vollständig, materiell aber zerrüttet sind. Seit langem streiten sich die Eltern. Es ist keine Harmonie mehr in der Familie. Drittens wird die elterliche Kontrolle allmählich schwächer, beeinflußt von der Erhöhung des individualistischen Trends in der Allgemeinheit. Schließlich ist viertens die Faszination des Lebens außerhalb der Familie auf die Moralvorstellungen der Jugendlichen in der Familie außerordentlich groß. Das Alter der Eltern der kriminell hoch belasteten Jugendlichen zwischen 14 und 15 Jahren ist durchschnittlich 35 bis 40 oder 45 Jahre. Gerade zu dieser Zeit sind die meisten Familien in einem instabilen Zustand. Die Kinder sind in dem Alter zwischen 14 und 15 Jahren seelisch leicht zu verletzen. Sie werden schwer erziehbar und geraten in ihre Trotzphase. Ausgerechnet in dieser Zeit müssen sie sich auf die Aufnahmeprüfung zur Mittelschule vorbereiten. Die älteren Jugendlichen von 18 bis 19 Jahren haben eher die Chance, psychisch Entspannung zu finden. Bei den 14/15jährigen kommt die physische Akzeleration noch hinzu. Der Aufwand der japanischen Familie für die Ausbildung ihrer Kinder steht in keinem Verhältnis zum durchschnittlichen Einkommen. Der Vater ist gewöhnlich als Arbeitnehmer in seiner Firma bis zum Abend beschäftigt. Er kann sich nicht der familiären Erziehung seiner Kinder widmen, die dann seine Frau übernehmen muß. Hieraus entsteht bei den Jungen ein „männlicher Protest“ (Talcott Parsons). Das Eintrittsexamen in die Mittelschule verursacht einen großen psychischen Druck auf die Jugend im heutigen Japan. Das Hauptanliegen der Mutter ist nicht mehr so sehr die gesunde Persönlichkeitsentwicklung des Kindes. Es geht vielmehr um die Ergebnisse der Tests, also um gute Noten. Sie versucht, ihr Kind möglichst lange Zeit am Studientisch zu fesseln. Das japanische Schulsystem wirkt kriminogen. Der Anteil der Schüler und Studenten an der Gesamtzahl der polizeilich festgenommenen Jugendlichen betrug im Jahre 1970 56,2%, im Jahre 1972 62,7% und im Jahre 1974 70,8%. Im japanischen Schulsystem besteht Schulpflicht bis zur Mittelschule, also bis zum 15. Lebensjahr. Die Anzahl der schulpflichtigen Kinder und Jugendlichen belief sich auf insgesamt 14996129. Im Jahre 1973 besuchten 1380000, also 89,4%, aller Mittelschulabsolventen die höhere Schule. Im Jahre 1954 waren es noch etwa 50%, danach steigt der Prozentsatz ständig. Im Jahre 1970 beträgt er bereits über 80% und drei Jahre später steigt er auf 89,4%. Der Prozentsatz der Mädchen wächst hierbei viel schneller als der der Jungen. Im Jahre 1954 besuchten 45% der weiblichen Mittelschulabsolventen die höhere Schule, und im Jahre 1973 waren es 90,6%. Diese Entwicklung verursacht einige ernste Sozialprobleme. Es mangelt an jungen Arbeitskräften. Der Anteilprozentsatz der Schüler und Studenten an der gesamten Jugendkriminalität wächst erheblich an. Obwohl dieses Phänomen die Dysfunktion des heutigen japanischen Schulsystems zeigt, ist diese sozialpathologische Situation für die Bekämpfung der Jugendkriminalität nicht absolut ungünstig. Weil die delinquenten Jugendlichen meistens aus normalen und wirtschaftlich ziemlich guten Familien stammen (vgl. Tabelle 6), könnten die Familiengerichte wie die anderen staatlichen Instanzen Einwirkungsmöglichkeiten nutzen. Die Familiengerichte pflegen unter diesen Umständen die delinquenten Jugendlichen lieber in der freien Gesellschaft, d. h. zu Hause, zu belassen und durch ambulante Maßnahmen zu behandeln. Das japanische Schulsystem war bis zum Jahre 1947 sehr vernünftig, und zwar stand es unter deutschem Einfluß. Damals bestand Schulpflicht in der Volksschule. Ein kleiner Teil der Kinder besuchte dann entweder das humanistische Gymnasium oder die Fachhochschule. Die Besatzungsregierung hat versucht, das System völlig umzuformen und alles nach dem nordamerikanischen Modell auszurichten. Früher besuchten die Kinder mit 6 Jahren die Volksschule. Dann wechselten wenige Absolventen zur 4jährigen Mittelschule. Schließlich war für eine ganz kleine Elite entweder die Fachhochschule oder die Universität für die Dauer von 3 Jahren vorbehalten. Nach 6 Jahren Volksschule folgen nunmehr 3 Jahre Mittelschule, die der nordamerikanischen „Junior high school“ entspricht, und sodann 3 Jahre Höhere Schule, die ebenfalls der nordamerikanischen „High school“ nachgebildet ist. Die Universität wird schließlich vier Jahre lang besucht. Innerhalb der ersten eineinhalb bis zwei Jahre der Universitätszeit müssen die Studenten eine allgemeine Ausbildung als Pflichtfach durch-

Tabelle 6: Schichtzugehörigkeit der Familien delinquenter Jugendlicher

Jahre	Insgesamt	Oberschicht	Mittelschicht	Unterschicht	Unterste Unterschicht
1955	116976 (100)	972 (0,8)	34838 (29,8)	69618 (59,5)	11548 (9,9)
1960	141523 (100)	1188 (0,8)	49395 (34,9)	82477 (58,3)	8463 (6)
1965	189794 (100)	4373 (2,3)	136466 (71,9)	43426 (22,9)	5529 (2,9)
1971	96064 (100)	2701 (2,8)	74288 (77,3)	16314 (17)	2761 (2,9)
1972	88669 (100)	2496 (2,8)	69806 (78,7)	13797 (15,6)	2570 (2,9)
1973	88722 (100)	2828 (3,2)	71414 (80,5)	12016 (13,5)	2464 (2,8)

Anmerkung: Die Zahlen in Klammern sind Prozentangaben.

Quelle: Japanisches Justizministerium (Hrsg.): Weißbuch der Kriminalität. Tokio 1975, S. 313

laufen. Nach der Ausbildungsreform wurden alle Hochschulen und sogar Gymnasien „Universitäten“. In vielen Städten wurden Universitäten neu gegründet, die „Kiosk-Universitäten“ genannt wurden, weil sie wie Kioske auf den Bahnsteigen überall herumstehen. Japan hat jetzt alles in allem 900 Universitäten aller Art und beinahe 2 Millionen Studenten. Die Qualität der Universitäten ist außerordentlich unterschiedlich, weil man nicht so viele qualifizierte Wissenschaftler als Universitätsprofessoren haben kann.

Wenn man die absoluten Zahlen, insbesondere die Entwicklung der Zahlen der delinquenten Mittel- und Höheren Schüler, einmal vergleicht, kann man erkennen, wie die Kriminalitätsrate unter den Höheren Schülern seit dem Jahre 1970 ansteigt. Dieser Anstieg kann abhängig sein von der Zunahme der Schüler, die trotz fehlender Intelligenz die Höhere Schule besuchen, also abhängig von einer unerfreulichen sozialen Modeerscheinung. Die negativen Auswirkungen des Schulsystems im Kriminalisierungsprozeß werden deutlich. Es kann nicht geleugnet werden, daß der Einfluß der Schule auf den Kriminalisierungsprozeß sekundär ist. Die latente Neigung zur Kriminalität, die meistens auf Persönlichkeitseigenschaften der Probanden und verschiedenen Störungen innerhalb ihrer Familien beruht, wird als Anpassungsstörung an das Schulverhältnis manifest. Als Symptome der Nichtanpassung an das Schulleben sind die rapide Verschlechterung der Noten und Schulschwänzen zu nennen. Während in der gegenwärtigen japanischen Gesellschaft bereits ohnehin mehrere kriminogene Faktoren, wie z. B. die Unvollständigkeit der Familien, die Desorganisation der Wohnviertelgemeinschaften und die Übertreibung des Wettbewerbs bei den Eintrittsexamen vorhanden sind, funktioniert zudem noch das Schulsystem schlecht, das zur Überwindung dieser negativen Faktoren beitragen und durch seine Einwirkung auf die Jugendlichen eine positive Entwicklung ihrer Persönlichkeiten herbeiführen sollte. Die Jugendlichen, die zur sozialen Unterschicht gehören und in der feudalistischen Zeit keine Möglichkeit zum sozialen Aufstieg hatten, könnten je nach ihren Fähigkeiten, ihrer Intelligenz und ihren Leistungen einen besseren Sozialstatus gewinnen. Bis zum 2. Weltkrieg funktionierte das Schulsystem in Japan als Auswahlmechanismus gut. Gegenwärtig ist der Zugang zur Schule und Universität für alle theoretisch offen. Praktisch ist jedoch der Zugang zur guten Schule sehr schmal. Bei den Auswahlexamen besteht häufig nur einer aus 10, 15 oder 20 Kandidaten, nicht selten einer von 50 oder noch mehr. Die Examen finden in Japan im Frühling statt. Von Mitte Februar bis Anfang April prüfen alle Schulen und Universitäten schriftlich und mündlich. Ein Kandidat kann sich theoretisch täglich um ein Examen an verschiedenen Fakultäten und Universitäten nacheinander bewerben. Von den unterschiedlichen Schulen, zu denen er Eintrittserlaubnis bekommen konnte, kann er die Schule auswählen, die seinem Wunsch am besten entspricht. Wenn er Pech hat, muß er ein Jahr warten, manchmal sogar mehrere Jahre. Das alles ähnelt einer großen Lotterie. Der Akademiker wird danach beurteilt, an welcher Universität er studiert hat. Wenn er eine „gute“ Universität besuchen konnte, ist es ihm möglich, ohne weiteres einen lukrativen Beruf in seinem künftigen Arbeitsleben zu bekommen. Wenn nicht, muß er lebenslang mit einer niedrigen Stelle zufrieden sein. Hier wirkt sich immer noch die traditionelle hierarchische Ordnung der japanischen Gesellschaft aus. Seit zehn Jahren werden diese unzuträglichen Umstände immer untragbarer. Die Mütter, die sich mit der Betreuung ihrer Kinder befassen, streben danach, ihre Kinder zum Studium, meistens zum Erlernen von Examenskenntnissen, zu zwingen und zum Wettbewerb mit ihren Mitschülern anzuhalten. In der „guten“ Schule sind die Klassenkameraden nicht mehr Freunde, sondern Feinde und Konkurrenten. Dieser absurde Wettbewerb wirkt auf den Jugendlichen deprimierend und belastet ihn psychisch außerordentlich. Für die „guten“ Schüler liegt das Schwergewicht ihres Interesses auf ihren Noten und auf der Wahrscheinlichkeit, ob sie als Sieger der lang dauernden Konkurrenz die „gute“ Schule besuchen können oder nicht. Die kausale Kette dieser Wettbewerbe läuft so: Um eine gute Universität besuchen zu können, muß man ein Examen einer „guten“ Höheren Schule bestehen. Dafür muß man wiederum an einer „guten“ Mittelschule gelernt haben. Um für eine „gute“ Mittelschule zugelassen zu werden, muß man zunächst eine „gute“ Volksschule besucht haben, und vorher muß man bereits in einem „guten“ Kindergarten gewesen sein. Wenn es zu spät ist, um in einem „guten“ Kindergarten aufgenommen zu werden, muß für das Kleinkind ein Privatlehrer engagiert werden. Überall in Japan gibt es „Vorbereitungskurse zum Examen“. Man sagt, daß die aussichtsreichste Industrie jetzt „die Erziehungsindustrie“ ist. In einem Fernsehprogramm „Kinder in den Vorbereitungskursen“ wurde eine eindrucksvolle und charakteristische Szene gezeigt. Ein Interviewer fragte einige Kinder: „Was willst du denn heute gern tun?“ Die Antwort lautete: „Ich möchte genug schlafen.“ Daraufhin fragte der Interviewer: „Kannst du denn nicht so lange schlafen, wie du willst?“ „Ach nein, Onkel, das geht nicht.“ „Warum denn nicht?“ „Meine Mutter verbietet es mir. Sie sagt: „Paß mal auf, dein Klassenkamerad schläft nicht so lange wie du. Du darfst nicht so lange schlafen, sonst verpaßt du eine gute Chance! Oder willst du wie dein Vater werden? Er war faul. Darum konnte er keine „gute“ Universität besuchen.

Gerade deswegen muß er niedriger Angestellter sein. Findest du nicht, daß das sehr peinlich ist?" Dieses Fernsehinterview ist für die Schul- und Hochschulsituation in Japan kennzeichnend. Das Lehrer-Schüler-Verhältnis verschlechtert sich immehr mehr. In der Schule lehrt der Lehrer unter dem Druck der mächtigen „Pressure group" der Mütter nur das, was beim Examen nützlich ist. Daß die Schüler durch die Persönlichkeit ihres Lehrers seelisch und geistig beeinflußt und kulturell begeistert werden, ist ein unrealistischer Traum geworden: Das Examen wird nach nordamerikanischem Vorbild nach dem „Multiple choice test Verfahren" durchgeführt. Deshalb denken die Jugendlichen nicht so gründlich. Denn sie müssen möglichst schnell und genau auf die Fragen reagieren. Zwischen „falsch" und „richtig" gibt es keinen Mittelweg. Das Endergebnis eines solchen Trainings ist deprimierend. Denn die Menschen werden von ihrer Kindheit an ausschließlich an die Findung der einzigen richtigen Antwort unter verschiedenen möglichen Lösungsversuchen gewöhnt. Für die jungen Leute sind Schlagwörter, Eigennamen, Fachausdrücke wichtig. Der Inhalt der Ideologie interessiert sie nicht. Auf dem Universitätsgelände spricht ein Student von der Notwendigkeit der „Revolution". Er sagt oft: „nach der Lehre von Marx-Lenin". Auf Befragen stellt sich heraus, daß er nicht weiß, daß Marx und Lenin zwei verschiedene Personen sind. Für ihn ist es völlig gleich, was die beiden geschrieben haben und wer sie eigentlich sind.

Trotz der Erhöhung des Einkommens und des allgemeinen Lebensstandards ist es im heutigen Japan unmöglich, den Kindern genug Geld zu geben, damit sie die Luxuswaren kaufen können, die sie haben wollen. Von Kindheit an hat die Mutter vieles erlaubt, um ihr Kind zum Studium anzuspornen. Dadurch ist das Kind verwöhnt, seine Toleranzgrenze zur Verführung ist schwächer geworden. Die Jugendlichen sind unzufrieden. Was sie gerade reizt, wollen sie sofort haben. Was die Jugendlichen heute stehlen, sind keineswegs Gegenstände, die sie zum täglichen Leben brauchen, sondern Luxusgegenstände wie Modellcars, Briefmarken, Transistorradios und Schmuck. Bei der weitgehend von außen kommenden Zerstörung der japanischen traditionellen Sozialstruktur durch Europäisierung und Amerikanisierung verwundert es, warum die Jugendkriminalität nicht noch höher ansteigt. Es liegt nahe, daß sich die familiäre Kontrolle doch noch stark auswirkt. Ferner ist die traditionelle Sozialkontrolle immer noch wirksam. Im Falle einer verbrecherischen Handlung eines Jugendlichen wird die gesamte Familie als verbrecherisch beurteilt. Die Familienangehörigen werden als Mitschuldige einem sozialen Vorwurf unterworfen. Im Falle eines 27jährigen Jungtäters, der als Mitglied einer radikalen Studentenorganisation einen Polizisten erschoß, wurde sein Vater zum Selbstmord gezwungen. Die Mitgliedschaft von Jugendlichen in radikalen Organisationen führt oft zu tragischen Auswirkungen auf ihre Familien, speziell auf ihre Eltern. In anderen Fällen werden die Familien von ihren Nachbarn isoliert. Der Vater kann sogar seine berufliche Stellung verlieren. Nach Ruth Benedict (1887—1948) ist die japanische Kultur eine „Shame culture". Die Scham wirkt sich kriminalitätsverhindernd aus. Wegen der Verstädterung wird Japan jedoch, vor allem in den Großstädten, zur anonymen Gesellschaft, die immer weniger soziale Solidarität kennt. Ein Schamgefühl gegenüber Unbekannten gibt es kaum.

3. *Industrialisierung und Urbanisierung*

In den letzten zehn Jahren ist eine Abwanderung der Bevölkerung aus den kleineren Präfekturen in die Großstädte, meist Millionenstädte, unverkennbar. In ganz Japan gibt es zehn Städte mit über einer Million Einwohner: Tokio 11621598, Osaka 2811205, Yokohama 2568251, Nagoya 2080970, Kyoto 1438714, Kobe 1348879, Sapporo 1178224, Kita-Kyushu 1052368, Kawasaki 1004600 und Fukuoka 941467. In den letzten zehn Jahren haben die folgenden Präfekturen einen großen Zustrom von neuen Einwohnern erhalten: Kanagawa (Hauptstadt Yokohama) 1794000, Osaka 1503000, Aichi (Hauptstadt Nagoya) 1048000, Tokio 650000, Hyogo (Hauptstadt Kobe) 622000. Die Bevölkerung hat in Handels- und Industriestädten zugenommen, in ländlichen Gebieten dagegen abgenommen. Die Veränderung der Sozialstruktur in Japan seit 1951 wird aus Abbildung 11 deutlich. Japan war bereits im Jahre 1951 ein Land des Handels und der Dienstleistungen und eine moderne Industriegesellschaft. Der Anteil der Land- und Forstwirtschaft und der Fischerei am Sozialprodukt machte nur 25,3% aus. Die Entwicklung Japans zur Handels- und Industrienation hat sich bis zum Jahre 1973 entschieden vollzogen. Die Land- und Forstwirtschaft und die Fischerei waren nur noch mit 7,1% am Sozialprodukt, die Industrie war dagegen mit 36,5% und Handel und Dienstleistungen waren sogar mit 56,5% am Sozialprodukt beteiligt. Hier wird die radikale Industrialisierung Japans in den letzten zwanzig Jahren sehr deutlich.

Wenn Japan ein flaches Land wie Frankreich oder Westfalen wäre und die Grundstücke für die Industrie leicht verfügbar wären, hätten die Japaner keine so großen Probleme mit der Umweltverschmutzung (vgl. hierzu Abbildung 12). In ganz Japan gibt es zu etwa 70% Gebirge, in denen fast kein Mensch wohnen kann. Auf dem engen Staatsgebiet wohnen etwa 110 Millionen Menschen, die meist auf dem am Meer entlang liegenden flachen Land dicht gedrängt leben. Die

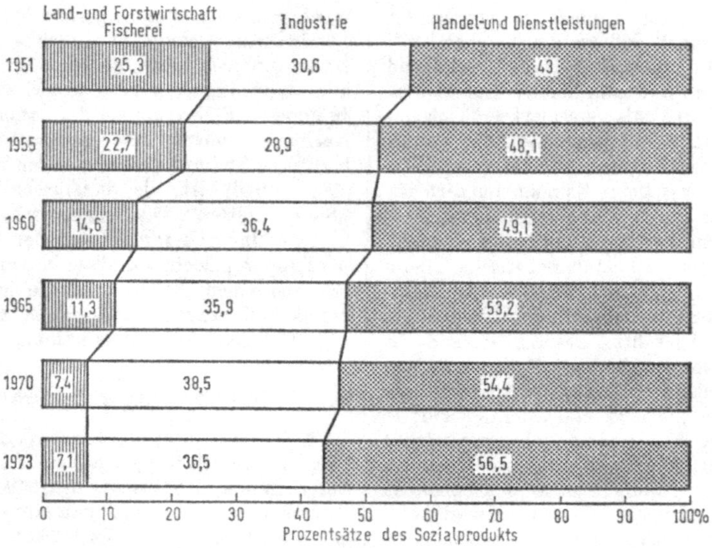

Abbildung 11: Veränderung der Sozialstruktur in Japan

Quelle: Japanisches Justizministerium (Hrsg.:) Weißbuch der Kriminalität. Tokio 1975, S. 41

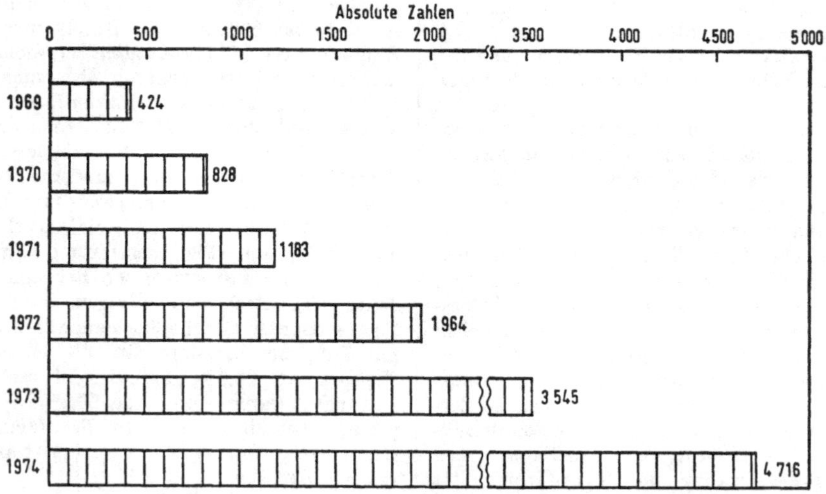

Abbildung 12: Entwicklung der Umweltverschmutzungskriminalität

Anmerkung: Die absoluten Zahlen beziehen sich auf die Fälle, die von der Polizei zur Staatsanwaltschaft weitergegeben worden sind.

Quelle: Japanisches Justizministerium (Hrsg.): Weißbuch der Kriminalität. Tokio 1975, S. 28

Industrie braucht viele Grundstücke, die unweit vom Meer liegen. Fischer- und Bauerndörfer werden zum Zwecke des Aufbaues der Industrie verkauft und die in Landwirtschaft und Fischerei Beschäftigten arbeiten in den Fabriken und verdienen gut. In den Bauerndörfern klagt man hingegen über Mangel an Arbeitskräften und an Nachwuchs.

Nach dem zweiten Weltkrieg hat die japanische Regierung im Jahre 1950 ihren Plan des Wiederaufbaus der Industrie in Gang gesetzt, um die Industriegebiete planmäßig und organisatorisch über das ganze Land zu verteilen. Im Jahre 1962 hat sie diesen Plan noch weiter entwickelt und einige neue Industriestädte und Sondergebiete zur Industrialisierung ausgewiesen. Im Jahre 1969 hat sie zum zweiten Mal ihren Plan erneuert, um die wirtschaftliche Entwicklung voranzutreiben. Im Laufe dieser Planung wurden viele Dörfer, die seit langem Landwirtschaft oder Fischerei betrieben haben, zu Industriegebieten umgeformt. Da die neuen Industriestädte Arbeitskräfte haben und in den verkehrsgünstigen Orten angesiedelt werden wollten, mußten die Fabriken inmitten großer Wohnbezirke gebaut werden. Im Laufe der Zeit traten ernste Probleme der Luft- und Wasserverschmutzung in Erscheinung. Die Minamata-Krankheit war unter diesen Umständen entstanden. Eine große Chemiefabrik hatte ihr ungereinigtes Gebrauchtwasser in eine Meeresbucht fließen lassen. Dort pflegten die Fischer der Nachbardörfer immer wieder zu fischen oder Muscheln zu züchten. Menschen, die die Fische und Muscheln gegessen haben, wurden von den chemischen Stoffen vergiftet, die allmählich Fische und Muscheln verschmutzt hatten. Sowohl die Erwachsenen als auch die Embryonen wurden dadurch geschädigt. Es handelt sich hier um eine direkte Nachwirkung der Industrialisierung. Man muß indessen auch ihre indirekte Wirkung berücksichtigen, die sich in der Kriminalitätsentwicklung vor allem im Anwachsen der Jugendkriminalität zeigt.

Unter dem Begriff der „Urbanisierung" versteht die Kriminologie zwei verschiedene Kategorien. Die Stadt, die sich bereits zu einer großen Stadt entwickelte, erstreckt sich wegen Wandels in der Gesellschaft (oder wegen Änderung der Struktur der Gesellschaft) auf die Nachbargebiete und schließt sie in den eigenen Kreis ein, um eine noch größere Stadt hervorzubringen, wie z. B. Tokio, Osaka und Nagoya. Wegen der Industrialisierung wurden aber auch zahlreiche Bauern- und Fischerdörfer zu Industriegebieten umgeformt. Viele fremde Leute ziehen dorthin um, und es entwickeln sich künstlich gestaltete Industriestädte. Beispiele sind die Keiyo- und Kashima-Industriegebiete, in denen große Kraftwerke, Eisen-, Ölverfeinerungs- und Chemieindustrien als Kombinate nebeneinander stehen. Sie brauchen einen großen Hafen zum Transport der Rohstoffe und Fertigprodukte. Daher müssen sie am Strand liegen. In beiden Fällen stehen die Einwohner früherer Zeit unter dem Einfluß der größeren Städte. Selbst in Tokio lebten die Einwohner der Randgebiete lange Zeit unter ihrer eigenen Kultur. Sie arbeiteten auf dem Feld oder im Wald und feierten das Dorffest. In den letzten zehn Jahren wurden Felder zu Wohnvierteln völlig umgewandelt, viele Wälder kahlgeschlagen und als Grundstücke für neue Hochhäuser verwandt. Diese Urbanisierungstendenz erstreckt sich auch auf die Nachbarpräfektur. Vom Zentrum Tokios stehen die Häuser ununterbrochen 100 km nebeneinander. In ihnen leben Menschen, die meist erst in den letzten zwanzig Jahren nach Tokio gekommen sind. Wie es meist in Großstädten der Fall ist, haben die Einwohner keine einheitlichen Wertvorstellungen und keine übereinstimmenden moralischen Standards und Leitbilder. Sie leben isoliert und wollen möglichst wenig Kontakt mit ihren Nachbarn haben. Diese sogenannte städtische Kultur beeinflußt die Ureinwohner der neuen Territorien sehr, und es kommen Kulturkonflikte zwischen alten und neuen Einwohnern vor. Da die Ureinwohner in diesen Gebieten seit Jahrhunderten dort gelebt haben und eigene Traditionen und Sitten entwickelt haben, leben die Neuankömmlinge mit völlig verändertem Lebensgefühl. Weil die Struktur der Gesellschaft verändert und die Grundlage des Volkslebens völlig zerstört ist, hat das Volksfest nur eine symbolische Bedeutung, Symbol dafür, was hier früher einmal war. Falls es sich um ein Fischerdorf handelte, hatte das Fest Bedeutung im Zusammenhang mit der Fischerei. Zu allen Jahreszeiten muß man die Arbeit nach der Art des Fanges gemeinsam vorbereiten. Im Winter repariert man gemeinschaftlich Fischernetze oder -boote. Im Frühling sammelt man Meerwürmer oder junge Sardinen, um im Sommer damit große Fische zu fangen. Am Strand züchtet man Muscheln, die im Sommer von den Gästen aus den großen Städten gesammelt werden. Das Volksfest war das gemeinsame Vergnügen nach harter gemeinschaftlicher Vorbereitungsarbeit. Falls es sich um ein Bauerndorf handelte, war das Fest vom Bauernleben charakterisiert. Im Frühling sät man die Reiskörner. Dann pflückt man die 15 cm langen jungen Reisstämme und verpflanzt sie gemeinschaftlich auf die neugepflügten Reisfelder. Im Sommer muß man die Reisfelder bewässern und das Unkraut jäten. Im Herbst muß man gemeinsam ernten, bevor ein Taifun die Felder verwüstet. Also war das Frühlings- und Herbstfest im Bauerndorf das Vergnügen nach mühsamer gemeinsamer Arbeit. In den neuen industriellen Gebieten feiert man das Fest. Man feiert jedoch aus Nostalgie. Obwohl die Sitte übrig bleibt, verstehen die neuen Einwohner sie nicht. Die traditionelle Lokalsitte beherrscht die gesamten Einwohner nicht mehr. Die Mehrheit der Einwohner fühlt sich keineswegs der Sitte verbunden. Dadurch entstehen Kulturkonflikte. Aus einer dörflichen Gemeinschaft ist eine großstädtische Gesellschaft geworden.

Die Häufigkeit der Verbrechensbegehung in einzelnen Gebieten Japans veranschaulicht Abbildung 13. Die ländlichen Gebiete mit gesunder Sozialstruktur weisen die wenigste Kriminalität auf. Dort, wo eine hohe Bevölkerungsdichte vorhanden ist, wie in bestimmten Gebieten der Hauptinsel Honshu, ist auch eine hohe Kriminalitätsbelastung zu erkennen. Das gilt für das Ballungsgebiet um Tokio, aber auch für die Ballungsräume Kyoto und Osaka. Das am höchsten mit Kriminalität belastete Gebiet der Insel Kyushu ist gleichfalls ein Bevölkerungsballungsraum (Kitakyushu). Demgegenüber ist die hohe kriminelle Belastung aller Bezirke der Insel Hokkaido und zweier Bezirke der Insel Schikoku darauf zurückzuführen, daß in diesen Gebieten die Industrialisierung stark vorangetrieben wird und daß sich diese Räume im Sinne einer Verstädterung in starkem Wandel befinden.

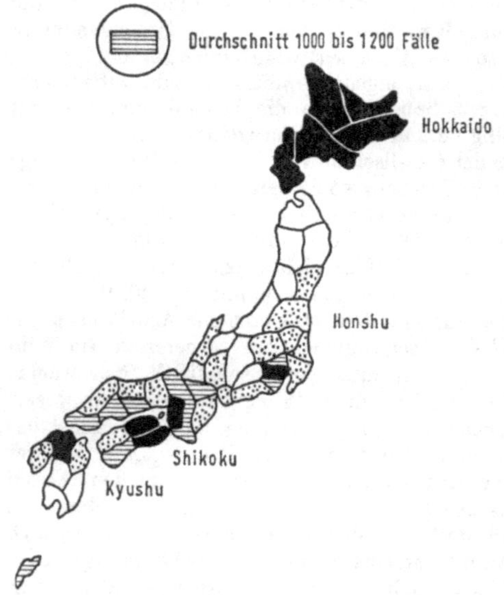

Abbildung 13: Häufigkeit der Verbrechensbegehung in einzelnen Bezirken

- über 1200 Fälle
- 1000 bis 1200 Fälle
- 800 bis 1000 Fälle
- unter 800 Fälle

Anmerkung: Stand 1. 10. 1974, ohne Delikte im Straßenverkehr, Häufigkeit auf 100000 Einwohner

Quelle: Japanisches Kriminalamt (Hrsg.): Polizeiliche Kriminalstatistik 1974. Tokio 1975, S. 38

Der Einfluß der Industrialisierung auf die Jugendlichen im Industriegebiet Keiyo kann aus folgenden Gründen hergeleitet werden: Auf der anderen Seite der Tokio-Bucht liegt die Chiba-Präfektur. Am Strand entlang befanden sich idyllische Fischerdörfer. Seit 15 Jahren baut man dort eine riesige Industriestadt. Jetzt stehen überall auf neuerschlossenen Grundstücken am Strand die verschiedensten Fabriken. Die Fischer haben ihre Fischereirechte den Unternehmern abgetreten und arbeiten jetzt entweder als Arbeiter in den Fabriken oder sie betreiben mit dem Entschädigungsgeld kleine Geschäfte, wie z. B. Restaurants oder kleine Warenhäuser. Ein Team des kriminologischen Forschungsinstituts im japanischen Justizministerium hat eine empirisch-kriminologische Untersuchung der Jugendlichen in diesem Gebiet im Jahre 1965 durchgeführt. Probanden waren insgesamt 701 Volks- und Mittelschüler, die aus 6 Schulen dreier verschiedener Wohnbezirke ausgewählt worden waren. Eine Stichprobe aus dem Fischerwohnbezirk wurde mit einer zweiten aus einem Bauerngebiet und einer dritten aus einem Zuzugsraum verglichen. Die Ergebnisse der einheitlich durchgeführten Tests verschiedener Art zeigen statistisch signifikante Unterschiede unter diesen drei Stichproben. In der ersten Stichprobe, d. h. unter den Kindern und Jugendlichen aus dem Fischerbezirk, befinden sich zahlreiche Problemkinder und -jugendliche. Früher war es noch schlimmer, da ihre Eltern ihren Beruf völlig änderten und bei dem Berufswechsel einige Konflikte in ihren Familien durchzustehen hatten. Diese Probanden standen unter dem tiefen seelischen Einfluß des Gesellschaftswandels. Nach der gesellschaftlichen Strukturänderung gerieten die Probanden in chaotische familiäre Situationen. Der Vater verlor seine Selbstachtung, Lebensform und Landschaft änderten sich völlig, und die fest verbundene Nachbarschaft lockerte sich. Die Probanden besaßen jedoch einen guten Sinn für Anpassungsfähigkeit an die Wandlungen und eine zufriedenstellende Intelligenz. Eine niedrige Intelligenz und geringe Anpassungsfähigkeit zeigten die Probanden aus dem Bauernbezirk. Viele quasischwachsinnige Probanden wurden erkennbar. Jugendkriminalität war allerdings wenig vertreten. Da ihr Wohnbezirk noch wenig unter dem Einfluß der Industrialisierung stand und ihre Familie noch in landwirtschaftlichen Gemeinschaften lebte, war das Leben dort verhältnismäßig ruhig und stabil. Die Probanden mit niedrigem Intelligenzniveau und geringer Anpassungsfähigkeit können vom gesellschaftlichen Leben nicht abweichen und sind gut integriert. Die Probanden im Zuzugsbezirk zeigten beste Ergebnisse in allen Tests. Es gibt fast keine Problemkinder. Unter den Probanden erkennt man indessen sofort, daß eine Art Resignationsstimmung vorherrschend ist. Sie fühlten sich als „Versager“ bei der Konkurrenz mit ihren Kameraden. Sie hatten einen ziemlich ausgeprägten Minderwertigkeitskomplex, obwohl sie im Vergleich zu den Probanden der anderen beiden Bezirke ein qualitativ hohes Intelligenzniveau aufwiesen. Folgende Prognosen wurden vom kriminologischen Forschungsinstitut des japanischen Justizministeriums gestellt: Die Probanden des Fischerbezirkes haben ihre Schwierigkeiten überwunden. Ihre Verwendungsfähigkeit in dem neuen gewandelten sozialen Leben signalisiert ihre positive Zukunft. Bedenklich sieht es für die Probanden im Bauernbezirk aus, da ihr Wohngebiet im Laufe der Zeit unter den unvermeidbaren Einfluß der Industrialisierung kommen und sich das soziale Leben bei ihnen schnell ändern wird. Es ist dann zweifelhaft, ob sich die Probanden mit einer schlechten Intelligenz und mit niedriger Anpassungsfähigkeit überhaupt an die rapide Änderung ihres Lebens anzupassen vermögen. Das ist ein großes Problem. Denn bei ihnen ist die Gefahr der sozialen Abweichung sehr groß. Bei den Probanden im Zuzugsgebiet war zur Zeit der Untersuchung alles in Ordnung. Ihre Resignationsstimmung muß man allerdings berücksichtigen. Sie befanden sich zur Zeit der Untersuchung als Mittelschüler in der Schule ihres Wohnbezirks und standen unter familiärer und nachbarschaftlicher Kontrolle. Falls sie als Gymnasiasten die Schulen außerhalb ihres engeren Kreises besuchen sollten und unterwegs mit abweichenden Schülern anderer Schulen in Kontakt kommen und von ihnen beeinflußt würden, bestünde für sie doch die Gefahr der Sozialabweichung. Ihre Eltern und Lehrer wurden auf ihre Gefährdung aufmerksam gemacht.

Die Kriminalität und ihre Bekämpfung im Industriegebiet Kashima stellt sich folgendermaßen dar: Kashima liegt direkt am Meer. Früher wohnten sehr wenig Menschen dort. Man lebte von unproduktiver Landwirtschaft. Der Spitzname für dieses Gebiet hieß „Tibet“ im Kanto-Flachland. Seit 1964 hat die Bezirksregierung hier mit einem großen Projekt der Industrialisierung angefangen. Sie hat einen Hafen bauen lassen, in dem 4 bis 5 große Transportschiffe über 1000000 Tonnen gleichzeitig be- und entladen werden können. Im Laufe der Bauzeit kamen viele Verbrechen in verschiedenen Phasen vor. Man hat mit dem Kashima-Projekt im Jahre 1964 begonnen. Im Jahre 1972 wurden die Bauten und Industriebetriebe in Gang gesetzt. Die Einwohnerzahl des Kashima-Gebietes betrug im Jahre 1960 57000. Es handelte sich hauptsächlich um kleine Bauern. Im Jahre 1975 beläuft sich die Einwohnerzahl auf etwa 300000. Sie hat sich also innerhalb von 15 Jahren um etwa das Fünffache vermehrt. Sowohl die allgemeinen als auch die Verkehrsdelikte wuchsen in den letzten zehn Jahren stark an. Man kann allerdings Unterschiede zwischen dem Kashima- und dem Süd-Okayama-Industriegebiet feststellen. In Kashima gab es früher keine große Gemeinde. Überall breitete sich Wüste aus. In Süd-Okayama befanden sich zahlreiche Fischerdörfer. Die meisten Einwohner in Kashima waren zur Zeit der Untersuchung Zugezogene. Sie ziehen nach einigen Jahren immer wieder weg. Die Einwanderer gehören ausnahmslos zur Mittelschicht und haben eine große soziale Mobilität. In Süd-Okayama wohnen viele Ureinwohner. Sie arbeiten als Fabrikarbeiter. In Kashima war die Situation vor allem in den Jahren zwischen 1965 und 1969 schwierig, weil zahlreiche Bau- und Straßenbauarbeiter aus ganz Japan hierher eingewandert waren und in Barakken wohnten. In dieser Aufbauphase kamen sie mit anderen zugewanderten Arbeitern in Konflikt. Es gab also viele Delikte gegen die Person. Qualitativ betrachtet, sind die Begehungsformen der Vermögensdelikte völlig anders geworden. Bevor das Kashima-Projekt auf dem Papier stand, waren die Leute in diesem Gebiet sehr arm, und es spiegelt sich die Armut in den Kriminalfällen wider, die meist aus Not begangen wurden, wie z. B. Feld- oder Ladendiebstähle. Während des Aufbaus der Industriegebiete findet man Fundunterschlagung oder Einbruchsdiebstähle aus den Lagern für Baumaterialien. Inzwischen sind die Bauern schnell reich geworden, weil sie ihre Grundstücke den Fabrikunternehmern veräußert haben. Der Lebensstandard der Einwohner steigt, und fast alle Bauern wurden Millionäre. Die Art der Jugendkriminalität spiegelt die Änderung der Gesellschaftsstruktur wider. Die Jugendlichen stehlen nicht mehr das, was sie für ihren täglichen Bedarf benötigen, sondern sie begehen Fahrrad-, Moped- und Autodiebstähle. Sie begehen diese Fahrzeugdiebstähle, um das neueste Modell möglichst schnell zu besitzen und damit ihren Luxusansprüchen zu genügen.

Seit einigen Jahren führt ein Projektteam im kriminologischen Forschungsinstitut des japanischen Justizministeriums eine empirische Untersuchung durch. Es wurden 47 Präfekturen und ihre Kriminalitätsstrukturen überprüft. Als Indexdelikte sind Diebstahl, Betrug, vorsätzliche Tötung, Körperverletzung, Notzucht und fahrlässige Tötung und Körperverletzung im Verkehr ausgewählt worden. Zu diesen einzelnen Delikten untersuchte man einerseits die Häufigkeitszahlen und andererseits die demographischen Daten der einzelnen Präfekturen mit ihren sozialen Änderungen, also z. B. soziale Faktoren wie Ausbildungskosten, Anzahl der Krankenbetten und der Autos, Faktoren der ökonomischen Prosperität, also z. B. die Anzahl der Beschäftigten im Handels- und Dienstleistungsgewerbe, die Anzahl der verkauften Zeitungen und die Zahl der Ärzte,

Faktoren der Urbanisierung, wie z. B. Einkommen der Einwohner, Heiratsrate, Produktivität. In jeder Deliktskategorie spiegeln sich die ortsbedingten Eigenschaften der jeweiligen Präfektur wider. Die größten Städte, wie z. B. Tokio, Osaka, Kobe, nehmen eine höhere Stelle in der Rangordnung der Häufigkeit beim Diebstahl, beim Betrug und bei der Körperverletzung ein, während sie bei der Tötung und bei der Notzucht an niedriger Stelle der Häufigkeitsskala einzuordnen sind. Präfekturen mit landwirtschaftlichem Charakter sind mit vorsätzlicher Tötung, Körperverletzung und insbesondere mit Notzucht hoch belastet. Eine ähnliche Tendenz besteht in den Fällen der im Verkehr begangenen fahrlässigen Tötung und Körperverletzung. Seit 1950 fällt die Häufigkeitszahl des Diebstahls allmählich ab. Sein Prozentsatz an der klassischen Kriminalität (also außer Straßenverkehrsdelikten) steigt dagegen von 67,2% im Jahre 1950 auf 82% im Jahre 1973 an. Die Präfekturen, in denen Diebstähle häufig begangen werden, enthalten die größten Städte (Tokio, Fukuoka, Osaka, Kanaqawa, Hyogo und Kyoto), während die Diebstahlsrate in den landwirtschaftlichen Präfekturen, z. B. in Nord-Japan, überall niedrig ist. Die Faktoren, die einer instabilen Sozialstruktur zuzuschreiben sind, wirken kriminalitätsfördernd: Arbeitslosigkeit, Ehescheidung, Selbstmord und Sozialhilfeunterstützung, während sich die Faktoren, die sich auf eine stabile Sozialstruktur beziehen, kriminalitätshemmend auswirken: Höhe der Ausbildungs- und Baukosten, Höhe der Versicherungsbeträge, Größe der Wohnungen und Bettenzahlen in der Klinik. Die Tötungsdelikte zeigen seit 1950 eine fallende Tendenz. Die Präfekturen, deren Häufigkeitszahlen bei Tötungsdelikten hoch sind, liegen ausnahmslos im westlichen und südlichen Teil Japans. Aus den Untersuchungen des Justizministeriums in den Jahren 1973 und 1974 sind die folgenden Daten hervorzuheben: In den Fällen der vorsätzlichen Tötung bei Jugendlichen sind die Prozentsätze der Opferbeteiligung sowohl bei Verwandten als auch bei Freunden und Bekannten sehr hoch: 78,6% und 55,5% (→ Viktimologie). Da in Notzuchtfällen Sitte und Gewohnheit jeder Gemeinde eine große Rolle spielen und die Anklage von der Mentalität der Einwohner stark abhängig ist, muß man die wirkliche Situation vorsichtig beurteilen. Die Häufigkeitsrate ist bei Vergewaltigung sehr hoch — im Gegensatz zu den Fällen der vorsätzlichen Tötung — in den landwirtschaftlichen Präfekturen in Nord-Japan und in einigen westlichen Präfekturen mit Entwicklungscharakter, während sie in den Präfekturen mit größeren Städten ziemlich niedrig ist. Im Jahre 1974 sind 3956 Notzuchtfälle in Japan polizeilich bekanntgeworden. Davon sind 1058 Opfer Schülerinnen und Studentinnen (26,7%), 594 Opfer Angestellte in Klubs, Bars, Kabaretts und Lokalen (15,0%), 417 Opfer Firmenangestellte (10,5%), 343 Opfer Hausfrauen (8,7%), 267 Opfer Angestellte in Läden (6,7%) und 236 Opfer Fabrikarbeiterinnen (6,0%). Nach Altersgruppen teilen sich die Opfer folgendermaßen auf: 6- bis 13jährige 349 (8,8%), 14- bis 19jährige 1380 (34,9%), 20- bis 24jährige 986 (24,9%), 25- bis 29jährige 416 (10,5%), 30- bis 39jährige 451 (11,4%) und 40- bis 49jährige 226 (5,7%).

E. Reaktion auf Kriminalität, insbesondere auf Jugendkriminalität

1. Das japanische Familiengericht

Nach dem Krieg wollte die amerikanische Besatzungsmacht das traditionelle japanische Rechtssystem völlig reformieren. Im Rahmen dieser Besatzungspolitik wurde das Innenministerium abgeschafft, und seine Verwaltungsfunktionen wurden auf untergeordnete Behörden verteilt. Das Justizministerium wurde verkleinert. Früher unterstanden ihm die Staatsanwaltschaft und die Gerichte. Diese wurden nunmehr verselbständigt. Lediglich die Staatsanwaltschaft unterstand weiterhin dem Justizministerium. Der Grund dieser Reform liegt darin, daß die Staatsanwaltschaft, insbesondere deren Sonderabteilung „Staatsschutz", einen mächtigen Impuls auf die Gerichtspraxis ausübte und die Selbständigkeit der Richterschaft beeinträchtigt hatte. Im Rahmen einer allgemeinen Rechtsreform sollte auch das Jugendgesetz neu gefaßt werden. Gegen den hierzu von der japanischen Regierung vorgelegten Entwurf wandte sich der Chef der Abteilung für Vollzugswesen beim Hauptquartier der amerikanischen Besatzung, Burdett G. Lewis, energisch. Ihm mißfiel insbesondere, daß das nichtgerichtliche Verfahren vor dem Shōnen-shimpan-jo mit der starken Einflußmöglichkeit der Staatsanwaltschaft beibehalten werden sollte. Lewis erzwang ein neues Jugendgesetz, das stark am amerikanischen „Standard Juvenile Court Act" ausgerichtet war. Diese neue Fassung wurde als Gesetz Nr. 168 (Jugendgesetz, JG, Shōnenhō) am 15. 7. 1948 verkündet und trat am 1. 1. 1949 in Kraft.

Es gibt im wesentlichen drei verschiedene Kategorien von Jugendgerichten: das Jugendgericht innerhalb der ordentlichen Strafgerichtsbarkeit, das Jugendgericht als selbständige Institution und das „Jugendgericht" als Jugendwohlfahrtskommission. Die erste Kategorie findet sich zumeist auf dem europäischen Kontinent, wie z. B. in der BRD, in Österreich, Italien und der Schweiz. Das Verfahren kann als kleiner Strafprozeß für Kleinerwachsene bezeichnet werden. Der Prozeß verläuft zeremoniell. Zeugenverhör und Beweiserhebung sind ebenso wie im Strafprozeß für Erwachsene geregelt. Anders verläuft das Verfahren im Fall der zweiten Kategorie, zu der die

Jugendabteilung des Familiengerichts in Japan gehört. Das Verfahren ist informell. Der Jugendrichter, der Erzieher und der Erziehungsberechtigte, der Untersuchungs- und Fürsorgebeamte und der Jugendliche selbst nehmen am runden Tisch Platz. Sie erörtern die Zukunft des Jugendlichen wie in einer Konferenz. Man bezweckt keineswegs eine Vergeltung seiner Tat, sondern vielmehr seine reibungslose Rückkehr in die von ihm geschädigte Gesellschaft. Hier spielen weniger rechtliche Erwägungen als vielmehr die tatsachenwissenschaftlichen Kenntnisse über seine körperlichen wie psychischen Zustände und seine Milieuverhältnisse eine Rolle. Das Jugendgericht hat mehr den Charakter einer Klinik als den eines Rechtsprechungsorgans. Die dritte Kategorie gründet sich auf die skandinavische Selbstverwaltung. Schweden plante, das amerikanische Jugendgericht einzuführen, hielt dann aber doch an seiner kommunalen Lösung der Behandlung der Jugenddelinquenz fest. Nach seinem Jugendwohlfahrtsgesetz aus dem Jahre 1962 besitzt die Jugendwohlfahrtskommission die Zuständigkeit für Delikte, die Jugendliche unter 18 Jahren begangen haben. Sie kann den delinquenten Jugendlichen einer Pflegefamilie zuweisen, ihn unter die Aufsicht eines Bewährungshelfers stellen oder aber ihn in die Jugendfürsorgeanstalt einweisen. Bei Behandlungsschwierigen kann sie die Sache an die Staatsanwaltschaft abgeben. Bei Jungtätern von 19 bis 23 Jahren bearbeitet der Staatsanwalt die Sache. Er kann vor dem Kriminalgericht Klage erheben. Falls er es für angemessen hält, kann er das Verfahren einstellen und den Jungtäter an die Jugendwohlfahrtskommission seines Wohnsitzes überweisen, damit diese Fürsorgemaßnahmen ergreife.

Eine entscheidende Änderung im neuen japanischen Jugendrecht ist die Einführung des Familiengerichts nach amerikanischem Muster. Dadurch wurde die Institution des Shōnen-shimpanjo endgültig abgelöst. Um die Stellung des Familiengerichts im Gesamtsystem zu verdeutlichen, soll zunächst ein Abriß der japanischen Gerichtsverfassung gegeben werden. Anders als die Einteilung in fünf Gerichtsbarkeiten wie in der Bundesrepublik Deutschland kennt das japanische Gerichtsverfassungsgesetz nur die ordentliche Gerichtsbarkeit. Innerhalb dieser gibt es dann lediglich die Abteilung für Zivilsachen, Strafsachen und öffentlich-rechtliche Streitigkeiten. Laienrichter sind für keine dieser Verfahrensarten vorgesehen. Im allgemeinen Rechtszug können vier verschiedene Gerichtsinstanzen tätig werden. In Zivilsachen und öffentlich-rechtlichen Streitigkeiten ist bis zu einem Streitwert von umgerechnet 3.000 DM das Kan'i-saibansho (wörtlich übersetzt: Gericht für kleine Angelegenheiten) zuständig. Das Gericht ist mit einem Richter besetzt. Das Distriktsgericht (auf Japanisch: Chiho-saibansho) hat die allgemeine Zuständigkeit als Gericht erster Instanz bei Streitwerten über umgerechnet 3.000.— DM. Es ist zweite Instanz für die Berufung gegen Urteile des Kan'i-saibansho, also dem deutschen Landgericht vergleichbar. Das Obergericht (auf Japanisch: Koto-saibansho) ist Berufungs- bzw. Revisionsgericht gegen Entscheidungen des Distriktgerichts und des Kan'i-saibansho. Erstinstanzliche Zuständigkeit besteht u. a. für Streitigkeiten bei öffentlichen Wahlen, für Disziplinarsachen gegen Richter und für das habeas-corpus-Verfahren. Bei allen Fragen entscheidet das Gericht in der Besetzung mit drei Richtern. Der Oberste Gerichtshof (auf Japanisch: Saiko-saibansho) dient als Revisionsgericht für Verfahren, die erstinstanzlich von Distriktgerichten entschieden wurden. Gleichzeitig ist der Oberste Gerichtshof alleiniges Verfassungsgericht. Darüber hinaus hat er die Aufgabe, das Verfahrensrecht, also ZPO, StPO und Jugendgesetz durch „Regeln“, das sind ergänzende und ausführende Verfahrensnormen, zu vervollständigen, deren Verletzung wie eine Gesetzesverletzung behandelt wird. Endlich nimmt der Oberste Gerichtshof die Aufgabe der Justizverwaltung für Rechtsanwälte und Gerichte wahr. Der Oberste Gerichtshof tagt entweder in drei Senaten zu je fünf oder als großer Senat mit allen 15 Richtern. Für Strafsachen gilt ein entsprechender Aufbau. Das Kan'i-saibansho ist für Kleinkriminalität zuständig und kann regelmäßig nicht mehr als Geldstrafe verhängen. In Ausnahmefällen darf es zu Zuchthaus bis zu drei Jahren verurteilen. Das Distriktgericht ist für alle übrigen Delikte, die keinem besonderen Gericht zugewiesen sind, in erster Instanz zuständig. Das Obergericht ist in Drei-Richter-Besetzung Berufungsgericht für Entscheidungen des Kan'i-saibansho- und des Distriktgerichts. Mit fünf Richtern besetzt ist es erstinstanzliches Gericht für Hochverrat. Die Aufgaben des Obersten Gerichtshofes sind in Zivil- wie in Strafsachen gleich.

Das Familiengericht greift in diesen Aufbau ein, indem es teilweise die zivil- und die strafrechtliche Zuständigkeit für sich beansprucht. Seine Jurisdiktion erstreckt sich auf Fälle nichtdeliktischer familienrechtlicher Problematik (wie z. B. Ehescheidung, Adoption, Erbstreitigkeiten) wie auf Angelegenheiten delinquenter oder auch nur prädelinquenter verwahrloster Jugendlicher (§ 3 JG). In diesen Angelegenheiten besteht absoluter Vorrang der Zuständigkeit des Familiengerichts, das allerdings von sich aus Verfahren an Zivil- oder Strafgerichte zurückverweisen kann. Das Familiengericht ist mit einem Richter besetzt und befindet sich jeweils am Sitz eines Distriktgerichts. Entscheidungen des Familiengerichts können in zweiter Instanz beim Obergericht und in letzter Instanz beim Obersten Gerichtshof angefochten werden, was aber sehr selten vorkommt, da nur der Jugendliche anfechtungsberechtigt ist, keineswegs die Staatsanwaltschaft. Die Grundidee, warum Familien- und Jugendsachen im selben Gericht behandelt werden, beruht auf der Argumentation, daß die Ursachen der Jugendkriminalität meist in gestörten Familienverhältnissen wurzeln und daß man deshalb im selben Gericht genaue Informationen über die Behandlung der betreffenden Sachen wirksam sammeln kann. Das Familiengericht ist im Verfahren nach dem Jugendgesetz mit einem Berufsrichter besetzt. Es ist zuständig für alle Delikte Jugendlicher. Das sind Personen unter 20 Jahren. Bei Jugendlichen unter 14 Jahren spricht das Gesetz nicht mehr von Delikten und Delinquenten, sondern nur noch von Personen, die Strafgesetze verletzen. Hiermit wird Bezug genommen auf das, was früher als Strafmündigkeit bezeichnet wurde. Da jedoch das Jugendgesetz im Fürsorgeverfahren einerseits keine Strafe kennt und andererseits für Jugendliche jeder Altersstufe Fürsorgemaßnahmen vorsieht, kann der Begriff der Strafmündigkeit nicht mehr verwandt werden. Bei besonders schweren Verbrechen, begangen von Jugendlichen über 16 Jahren, kann das Familiengericht indessen die Sache an den zuständigen Staatsanwalt verweisen, der dann gemäß Art. 45 JG Anklage erheben muß. Weiterhin ist das Familiengericht zuständig für kriminell gefährdete Jugendliche, die noch nicht delinquent geworden sind. Nach Art. 3 Abs. 3 JG hat das Familiengericht Gerichtsbarkeit über diejenigen Jugendlichen, die unter Berücksichtigung ihres Charakters oder ihrer Umgebung dazu neigen, Delikte oder Verletzungen eines Strafgesetzes zu begehen, wenn sie sich gewohnheitsmäßig keiner vernünftigen Kontrolle ihrer Erzieher unterwerfen, wenn sie ohne Gründe ihrem Elternhaus fernbleiben, wenn sie Umgang mit Personen pflegen, die einen kriminellen Hang oder unmoralischen Charakter haben, oder wenn sie häufig Plätze schlechten Rufs aufsuchen und wenn sie einen Hang zur Begehung von Taten zeigen, die für ihre oder die Moral anderer Personen schädlich sind. Die recht weite Formulierung der gesetzlichen Merkmale, die eine solche Gefährdung indizieren, ermöglicht eine umfangreiche präventive Tätigkeit der Familiengerichte. Das Vorgehen des Familiengerichts ist bei steter Berücksichtigung des Erziehungsgedankens auf äußerste Behutsamkeit angelegt. Hierzu regelt Art. 22, Abs. 1 JG: „Die mündliche Verhandlung soll in milder Atmosphäre mit gütigem Wohlwollen geführt werden.“ Da das Gericht selbst oder durch seinen Beauftragten die Untersuchung führt, hat es bei der mündlichen Verhandlung Kenntnis über alle Fakten des Falles. Das ist anders als im Strafverfahren gegen Erwachsene, in dem der Richter keinerlei Kenntnis von den Ermittlungen des Staatsanwalts noch von den Einlassungen des Beschuldigten hat und lediglich als Schiedsrichter im Parteienstreit zwischen Staatsanwalt und Angeklagtem bzw. dessen Verteidiger tätig ist. In allen Verfahrensabschnitten sind beim Familiengericht ausschließlich Personen und Beamte beschäftigt, die in keiner Verbindung zum Strafgericht stehen. Der in Japan sonst so mächtige Staatsanwalt hat im Fürsorgeverfahren nach dem Jugendgesetz keinerlei Befugnisse. Das Gesetz versucht, die formelle Gerichtsverhandlung möglichst zu vermeiden oder aber doch hinauszuschieben. Es möchte Regelungen bereits in den Vorstufen des Verfahrens ermöglichen. Auf diese Weise soll die Stigmatisierung verhindert werden, die selbst noch mit der „Verurteilung“ durch das Familiengericht in Fürsorgesachen bewirkt wird. So können etwa nach Art. 6 Abs. 2 JG Polizeibeamte und Erzieher unmittelbar dem Beratungs- und Fürsorgezentrum für Kinder Meldung über kriminelle oder gefährdete Jugendliche machen, wenn dem Anzeigenden das günstiger erscheint als ein Verfahren vor dem Familiengericht. Hat das Familiengericht Kenntnis von einem solchen Jugendlichen, wird die Voruntersuchung durch den Chōsakan, d. h. einen gerichtlichen Voruntersuchungs- und Fürsorgebeamten, geführt. In Japan versucht man seit langem, möglichst viele Kriminalpsychologen, -soziologen oder -pädagogen für die Strafverfolgungsorgane zu gewinnen, um ihre Kenntnisse für eine wirksame Verbrechensverhütung und -bekämpfung nutzbar zu machen. In den Familiengerichten arbeiten etwa 1500 gerichtliche Voruntersuchungs- und Fürsorgebeamte, die an der Universität Kriminologie studiert haben. In den Jugendabteilungen der Familiengerichte arbeitet etwa die Hälfte solcher kriminologischen Empiriker. Vor der Hauptverhandlung im Familiengericht untersuchen sie die Täterpersönlichkeit und ihren sozialen Hintergrund (Haruo Nishihara, Hans Joachim Schneider 1963). Sie behandeln die Jugendlichen sowohl fürsorglich als auch ratgeberisch, was alles informell durchgeführt wird. Sie stellen die Täterprognose (→ Kriminalprognose) und schlagen dem Richter vor, wie man den jugendlichen Delinquenten am besten behandeln soll. Der Chōsakan spielt deshalb eine große Rolle bei dem endgültigen Beschluß über die Behandlung der delinquenten Jugendlichen. In den Akten der einzelnen Fälle haben seine Gutachten große Bedeutung. Der Jugendrichter ist als Rechtskundiger und der Chōsakan als Tatsachenwissenschaftler tätig. Beide arbeiten zusammen. In der Tat erfüllt der Chōsakan eine wichtige Aufgabe im japanischen Behandlungssystem der kriminellen und kriminell gefährdeten Jugendlichen. Im Verfahren nach dem Jugendgesetz kann der Jugendliche durch Übersendung einer schriftlichen Mahnung gerügt werden. Er kann aber auch durch Gerichtsbeschluß für eine begrenzte Zeit (meist unter einem Monat) in ein Klassifikationszentrum eingewiesen oder der Aufsicht des Chōsakan unterstellt werden (Shikenkansatsu: wörtlich übersetzt: Probeaufsicht). Diese Aufsicht kann in einer Weise angeordnet werden, die den Jugendlichen in seiner Bewegungsfreiheit im wesentlichen uneingeschränkt läßt und ihm lediglich verschiedene Verhaltensanordnungen (Meldung beim Chōsakan, Meidung gewisser Lokale usw.) auferlegt. Die Aufsicht kann ferner die Form einer Einweisung annehmen. Nach Art. 25 Abs. 2 Nr. 3 JG kann der Jugendliche im Rahmen der Hodō-itaku (Beauftragung zur erzieherischen Führung) beispielsweise einem buddhistischen Kloster, einer aufnahmebereiten Familie oder einem Geschäftsbetrieb überwiesen werden. Die Dauer dieser Maßnahme beträgt durchschnittlich drei Monate. Die den Jugendlichen aufnehmende Person, Institution oder Vereinigung muß bei ihrer Bewerbung lediglich einen guten Ruf und einen Schlafplatz für den Jugendlichen nachweisen. Da es sich herumgesprochen hat, daß man auf diese Weise ohne allzu großes Risiko billige und in diesen Altersstufen auf dem Arbeitsmarkt praktisch nicht zu bekommende Hilfskräfte bekommen kann, bewerben sich häufig kleinere und mittlere Geschäftsleute. Die Jugendlichen kosten nur Unterbringung und Verpflegung, und auch diese Unkosten können ganz oder teilweise vom Familiengericht erstattet werden. Da einem geregelten Arbeitsleben erzieherische Bedeutung nicht abzusprechen ist, kann kaum eine Grenze zum Mißbrauch gezogen werden, zumal von den Jugendlichen niemals unzumutbare Arbeit (Schwerarbeit oder gesundheitsgefährdende Arbeit) verlangt wird. Die durchschnittliche Länge einer solchen informellen Einweisung beträgt drei Monate. Das ist eine erstaunlich lange Zeit, wenn man bedenkt, mit welcher Sorgfalt in Art. 17 JG die Dauer der Einweisung in ein Klassifikationszentrum auf vier Wochen begrenzt worden ist. Häufig werden die der Erleichterung der Untersuchung dienenden Möglichkeiten dazu genutzt, informell, d. h. ohne Eröffnung der Verhandlung, dem Jugendlichen Fürsorge angedeihen zu lassen oder ihm einen Denkzettel zu geben. Art. 26 a JG stützt eine solche Handhabung, weil dort bestimmt wird, daß auch bei Absehen von einer mündlichen Verhandlung, also bei einer Verfahrenseinstellung aus besonderen, meist durch Geringfügigkeit des Delikts und Besserungsfähigkeit des Jugendlichen bestimmten Gründen, die Einweisung in ein Klassifikationszentrum bis zu sieben Tagen weiter aufrechterhalten werden darf. Außerdem kann das Gericht jederzeit einen Haftbefehl gegen den Jugendlichen erlassen, wenn das „zum Wohl des Jugendlichen, der dringend der Fürsorgemaßnahmen bedarf", notwendig erscheint. Der Haftbefehl ist entweder im Klassifikationszentrum oder in der Obhut des Chōsakan zu vollziehen. Art. 13 Abs. 2 JG verfolgt die gleichen Ziele wie die bereits erwähnten Maßnahmen. In diesem Zusammenhang werden die Gefahren deutlich, die ein solches System der informellen, nicht stigmatisierenden Regelungen mit sich bringt. Im Widerstreit zwischen Erziehungspriorität und institutionalisierter rechtsstaatlicher Sicherung ist es schwierig, wenn nicht unmöglich, eine Lösung zu finden, die in beiden Richtungen befriedigend ist und einen Mißbrauch ausschließt. Hält das Familiengericht die Eröffnung einer mündlichen Verhandlung für angebracht, so beschließt es in diesem Sinne. Da in dieser Verhandlung nur Beschlüsse erlassen werden dürfen, kann Art. 22 Abs. 2 JG die Öffentlichkeit bei der Verhandlung generell ausschließen, ohne damit die Verfassungsbestimmungen des Art. 82 der japanischen Verfassung zu verletzen, die anordnet, daß ein Urteil und die dazu führende Verhandlung öffentlich sein müssen. Art. 61 JG schließlich verbietet Angaben, aus denen sich die Identität eines in ein Verfahren vor dem Familiengericht verwickelten Jugendlichen ergeben könnte. Möchte das Familiengericht im Anschluß an die mündliche Verhandlung Fürsorgemaßnahmen verhängen, so kann es den Jugendlichen gem. Art. 24 JG der Aufsicht eines Amtes für Bewährungshilfe unterstellen oder ihn in ein Ertüchtigungsheim für Jugendliche (Kyōgo-in), ein Heim für unterstützungsbedürftige Jugendliche (Yōgoshisetsu) oder in eine Erziehungsanstalt für Jugendliche (Shōnen-in) einweisen.

Im Jugendschutzverfahren nach Art. 37 JG werden vom Familiengericht die Delikte Erwachsener behandelt, die mittelbar oder unmittelbar gegen das Wohl von Jugendlichen gerichtet sind. Im Gegensatz zum Fürsorgeverfahren entscheidet das Familiengericht hier durch Urteil. Ist ein Verfahren gegen Jugendliche vom Familiengericht zum Staatsanwalt überwiesen worden, so soll dieses Verfahren selbst dann, wenn Erwachsene mitverwickelt sind, möglichst vom Verfahren gegen andere Erwachsene abgetrennt werden. Untersuchungshaft soll gegen Jugendliche nur bei ganz außergewöhnlichen Umständen verhängt werden. Sie soll anstatt in der Untersuchungshaftanstalt im Klassifikationszentrum für Jugendliche vollzogen werden. Führt ein Strafverfahren gegen Jugendliche zur Verurteilung, so muß die Strafe gemindert werden und die Fristen bei der Aussetzung des Strafrestes, bei der bedingten Entlassung, sind günstiger als bei Erwachsenen. Bei Uneinbringlichkeit einer Geldstrafe darf diese nicht in eine Ersatzfreiheitsstrafe umgewandelt werden. Die Verhandlungen sind gemäß den allgemeinen Vorschriften zwar öffentlich. Doch gilt das bereits erwähnte Verbot der Publikation von Daten, die den Jugendlichen identifizieren könnten, auch hier. Nach Verbüßung der Strafe oder deren Erlaß im Wege der Aussetzung des Strafrestes (parole) wird die Tatsache der Verurteilung sozusagen aus der Lebensgeschichte des Jugendlichen gestrichen, indem er in bezug auf alle gesetzlich für irgendeinen Beruf aufgestellten Qualifikationserfordernisse als nicht vorbestraft gilt.

2. *Klassifikationszentrum, Trainingsanstalt und Jugendstrafanstalt*

In Japan behandelt man die delinquenten Jugendlichen im Verfahren vor dem Jugendgericht „fürsorgerisch". Falls der Jugendrichter es für angezeigt hält, die Sache im Strafprozeß abzuhandeln, weist er den Jugendlichen der Staatsanwaltschaft seines Wohnsitzes zu. Als Vollzugsanstalten gibt es in Japan drei verschiedene Kategorien: Klassifikationszentrum, Trainingsanstalt für Jugendliche (auf Japanisch: Shōnen-in) und Jugendstrafanstalt. Die Zentralverwaltung dieser Vollzugsanstalten ist die Abteilung für Vollzugswesen im Justizministerium. Anders als in der Bundesrepublik Deutschland ist der Vollzug in Japan nicht die Sache der Länder, sondern er gehört zur Zuständigkeit der Zentralregierung. Der Etat für alle Vollzugsanstalten wird von ihr getragen. Dieses System hat insofern einen Vorteil, als die Einrichtungen aller Anstalten und deren Lebensbedingungen im einzelnen möglichst standardisiert werden können. In Japan gibt es Klassifikationssysteme für Erwachsene und für Jugendliche. Bei den erwachsenen Insassen werden die Verurteilten vor dem Beginn ihrer Strafvollstreckung in die Klassifikationszentren der Vollzugsbezirke eingewiesen. Die jugendlichen Probanden werden vor der Eröffnung der Hauptverhandlung vor dem Familiengericht im zuständigen Klassifikationszentrum körperlich und seelisch-geistig untersucht, damit das Gericht eine zuverlässige Prognose für ihre Behandlung (→ Kriminalprognose) stellen kann. Aufgrund der Testergebnisse im Klassifikationszentrum und der Milieuforschung der gerichtlichen Voruntersuchungs- und Fürsorgebeamten beschließt der Jugendrichter, wie man den Jugendlichen behandeln soll. In ganz Japan gibt es 51 Klassifikationszentren (mit einer Zweigstelle), die in den Zuständigkeitsbezirken aller Familiengerichte liegen. Die gesetzliche Belegzahl der Bediensteten beträgt 1201 und die der Häftlinge 2573. Unter den 1201 Angehörigen des Personals befinden sich 17 hauptamtliche Ärzte, 13 Psychiater, 179 Psychologen und 657 Pädagogen. In allen Zentren arbeiten einige Ärzte und Psychiater zeitweise. Die Regierung brachte als Etat für diese Institutionen im Jahre 1975 umgerechnet 35238166 DM auf. Innerhalb der letzten 10 Jahre wurden 18 Anstalten neu- oder umgebaut. 10 Anstalten sind im Bau. Die japanische Regierung hat diese Neu- und Umbauten mit umgerechnet 14768758 DM finanziert. Die personellen und finanziellen Verhältnisse in den Klassifikationsanstalten sind gut. Anders war die Situation kurz nach der Einführung dieses Systems. Fast alle Gebäude waren früher als Kasernen, Feldkrankenhäuser oder Munitionslager genutzt worden. Alle Anstalten waren überfüllt. Überall kamen Ausbrüche und Lynchfälle vor. Die wenigen Inhaftierten werden gegenwärtig (1976) unter idealen Bedingungen tatsachenwissenschaftlich untersucht. Unter den drei Inhaftierungsmaßnahmen: Einweisung in ein Ertüchtigungsheim für Jugendliche (auf Japanisch: Kyōgo-in), in ein Heim für unterstützungsbedürftige Jugendliche (auf Japanisch: Yōgo-shisetsu) und in eine Trainings- oder Erziehungsanstalt für Jugendliche (auf Japanisch: Shōnen-in), die das Familiengericht unter den Fürsorgemaßnahmen auswählen kann, ist die Einweisung in die letztgenannte Anstalt am schwierigsten. Die anderen beiden Anstalten unterstehen dem Ministerium für Sozialwesen und Wohlfahrt. Das Heim „Yōgo-shisetsu" ist mit Ausnahme von Säuglingen für verwahrloste oder sonst fürsorgebedürftige Jugendliche bestimmt. Das Kyōgo-in versorgt Jugendliche, die Verfehlungen begangen haben oder kriminell gefährdet sind. Demgegenüber untersteht das Shōnen-in dem Justizministerium. Es kennt vier verschiedene Kategorien: Das Shotō shōnen-in ist die Elementar- oder Grundstufe für Jugendliche von 14 bis 16 Jahren, die keine erheblichen körperlichen oder seelischen Störungen besitzen. Das Chūtō shōnen-in ist die Mittelstufe für Jugendliche von 16 bis 20 Jahren. Das Tokubetsu shōnen-in ist eine Sonderanstalt für Personen von 16 bis 23 Jahren, die bereits fortgeschrittene verbrecherische Tendenzen erkennen lassen. Iryō-shōnen-in ist eine Krankenanstalt für Personen von 14 bis 26 Jahren, die unter erheblichen körperlichen und/oder seelischen Störungen leiden. Die gesetzliche Grundlage ergibt sich aus § 2 des Gesetzes über Trainingsanstalten für Jugendliche vom 15. 5. 1948, Gesetz Nr. 169. Die Vorschrift des § 4 dieses Gesetzes bestimmt: Erziehungshilfen für Jugendliche in Erziehungsanstalten sollen darauf abzielen, die Jugendlichen zur Führung eines ordentlichen Lebens zu befähigen, das sich auf den Ansporn gründet, sich selbst zu helfen und sich so dem sozialen Leben anzupassen. Die Erziehungshilfen auf den Gebieten des Schulunterrichts, der Berufsausbildung und der medizinischen Pflege sind wie folgt gegliedert: In den Erziehungsanstalten der Grundstufe soll Schulunterricht der Grund- und Mittelschule erteilt werden. In den Erziehungsanstalten der Mittelstufe und in den Sonderanstalten soll neben diesem Unterricht bei Bedarf auch akademischer Unterricht erteilt werden, der dem Niveau an Höheren Schulen, an Höheren Berufsschulen und an der Universität entspricht. In Krankenanstalten soll Unterricht entsprechend dem von Schulen erteilt werden, der dem Unterricht an Schulen für Behinderte oder an anderen Sonderschulen entspricht. Die Trainingsanstalten Japans ähneln sehr stark denen der USA und Kanadas (Hans

Joachim Schneider 1967). Auf weiten Geländen stehen Verwaltungs-, Wohn-, Schul- und Gymnastikgebäude. In den Klassenräumen gibt es moderne Einrichtungen für alle Unterrichtsgegenstände, wie z. B. chemische, physikalische, biologische, geologische und mathematische Unterrichtsmaterialien. Die meisten Anstalten liegen in reizvoller Landschaft. Die finanziellen und personalen Zustände sind für diese Institutionen sehr günstig. Japan hat 62 Trainingsanstalten mit zwei Zweigstellen. Die Zahl der Planstellen für das Personal beträgt 2849, die gesetzliche Belegzahl für jugendliche Häftlinge 9758. In Wirklichkeit befinden sich gegenwärtig allerdings nur 2414 Probanden in allen Anstalten. Als Behandlungspersonal sind in den japanischen Trainingsanstalten 69 Ärzte, 6 Psychiater, 7 Pharmakologen und 2344 Pädagogen tätig. Theoretisch besteht ein Verhältnis von einem Pädagogen zu einem Häftling. Der Etat für die Trainingsanstalten für Jugendliche betrug im Jahre 1975 umgerechnet etwa 87.056.950 DM. Innerhalb der letzten zehn Jahre hat die Regierung 18 Anstalten neu- oder umgebaut. Es sind weitere zwei im Bau, und sie hat für Baukosten umgerechnet etwa 26.311.000 DM aufgewandt. Die durchschnittliche Zahl der jugendlichen Häftlinge in allen Anstalten hat sich im Jahre 1974 (2414) im Vergleich zu der bisher höchsten Zahl im Jahre 1951 (10858) um etwa drei Viertel verringert. Die Atmosphäre in den Trainingsanstalten ist im Vergleich zu den Jugendstrafanstalten fürsorgerisch. Die Trainingsanstalten sind lediglich umzäunt. Einige Sonderanstalten haben eine Mauer. Das sind allerdings Ausnahmen. Zum Personal der Trainingsanstalten zählen meist Pädagogen, die ihre Aufgabe als fürsorgerische Erziehung, keineswegs als Bewachung verstehen. Außer dem Schulunterricht können die Insassen Berufsausbildung, z. B. in Holzverarbeitung, in Elektronik und Autoreparatur, durchmachen und Unterstützung in Lebensführung, z. B. durch Einzel- und Gruppenberatung, erhalten. Die freiwilligen Helfer im Strafvollzug geben Unterricht im Malen, in buddhistischer und christlicher Lehre.

Es gibt gegenwärtig (1976) in ganz Japan neun Anstalten, die den Namen „Jugendstrafanstalt“ tragen: im Tokio-Vollzugsbezirk drei (Kawagoe, Mito, Matsumoto), im Osaka-Vollzugsbezirk zwei (Himeji und Nara), im Hiroshima-Vollzugsbezirk eine (Iwakuni), im Fukuoka-Vollzugsbezirk eine (Saga), im Sendai-Vollzugsbezirk eine (Morioka) und im Sapporo-Vollzugsbezirk eine (Hakodate). In den anderen zwei Vollzugsbezirken Nagoya und Takamatsu befindet sich keine solche Anstalt. Die „Jugend“-strafanstalten sind praktisch keine Anstalten für „Jugendliche“. Die Insassen sind dort meist „erwachsene“ Jungtäter. Unter den tatsächlichen Strafgefangenen in den neun Jugendstrafanstalten sind die jugendlichen Häftlinge wie folgt vertreten: in Kawagoe: 97 Jugendliche unter 715 Strafgefangenen insgesamt (also 13,6%), in Mito: kein Jugendlicher unter 387 Strafgefangenen, in Matsumoto: 7 Jugendliche unter 236 Strafgefangenen insgesamt (also 2,96%), in Himeji: 4 Jugendliche unter 189 Strafgefangenen insgesamt (also 2,1%), in Nara: 67 Jugendliche unter 322 Strafgefangenen insgesamt (also 20,8%), in Iwakuni: 26 Jugendliche unter 148 Strafgefangenen insgesamt (also 17,6%), in Saga: 14 Jugendliche unter 417 Strafgefangenen insgesamt (also 33,6%), in Morioka: 16 Jugendliche unter 247 Strafgefangenen insgesamt (also 6,5%) und in Hakodate: 4 Jugendliche unter 395 Strafgefangenen insgesamt (also 1%). Aus diesen Zahlen ergibt sich, daß die kleine Anzahl der jugendlichen Gefangenen den „Jugendstrafanstalten“ zwar ihren Namen gibt und daß sie gleichzeitig bei der Abfassung des Vollzugsplans aber eine Belastung bedeutet. Diese sonderbare Situation in den „Jugendstrafanstalten“ ist auf die abnehmende Tendenz sowohl bei den Strafgefangenen überhaupt als auch bei den jugendlichen Strafgefangenen im besonderen zurückzuführen. Die höchste tatsächliche Belegzahl war bei den erwachsenen Strafgefangenen im Jahre 1950 85254. Die Anzahl im Jahre 1974 beläuft sich auf 38598. Also macht die jetzige Belegzahl im Vergleich zu der vor 25 Jahren 45,3% aus. Die Anzahl der jugendlichen Strafgefangenen beträgt 249. Im Vergleich mit der Zahl vor 4 Jahren, 891, macht sie 27,9% aus. Innerhalb von fünf Jahren ist die Anzahl der jugendlichen Strafgefangenen auf ein Viertel zusammengeschmolzen. Die Anstaltsatmosphäre in den „Jugendstrafanstalten“ ist im Vergleich mit der in den Trainingsanstalten für Jugendliche streng und auf Disziplin orientiert. Alle Anstalten haben fünf Meter hohe Mauern, und die Insassen müssen Anstaltsarbeiten leisten. Außer der Arbeit können die jungen Häftlinge dort entweder Schulunterricht oder Berufsausbildung haben. Architektonisch betrachtet sind die meisten „Jugendstrafanstalten“ altmodisch, ausgenommen Kawagoe und Marioka. Die erste ist im Jahre 1969 neugebaut und die letzte im Jahre 1974. Den Umstand, daß die Anzahl der jugendlichen Häftlinge in den Jugendstrafanstalten so gering ist, kann man darauf zurückführen, daß der Strafprozeß im Vergleich mit den Fürsorgeverfahren vor dem Familiengericht länger dauert und viele jugendliche Angeklagte auf diese Weise im Laufe des Strafverfahrens über 20 Jahre alt werden.

3. *Die Folgen der Straftat in Japan*

Es gibt in Japan sechs Hauptstrafen und eine Nebenstrafe. Hierzu bestimmt § 9 des japanischen StGB. „Todesstrafe, Zuchthausstrafe, Einschließung, Geldstrafe, Haft und Geldbuße sind Hauptstrafen. Die Einziehung ist Nebenstrafe". Die Zuchthausstrafe und die Einschließung sind lebenslänglich oder zeitig. Die zeitige Zuchthausstrafe oder die zeitige Einschließung beträgt mindestens einen Monat, höchstens fünfzehn Jahre. Der zu Zuchthausstrafe Verurteilte wird in einer Strafanstalt untergebracht und ist dem Arbeitszwang unterworfen. Die Einschließung unterscheidet sich von der Zuchthausstrafe dadurch, daß sie keine Arbeitspflicht kennt. Im Fall der Milderung der zeitigen Zuchthausstrafe oder Einschließung kann unter einen Monat heruntergegangen werden. Die Geldstrafe beträgt umgerechnet mindestens 40 DM, im Fall der Milderung kann unter 40 DM heruntergegangen werden. Die Haft beträgt mindestens einen Tag und höchstens dreißig Tage. Der zu Haft Verurteilte wird nach dem Gesetz in einer Haftanstalt untergebracht. In Wirklichkeit wird die Haft jedoch in der Haftstelle der Polizeibehörde vollstreckt und hat keine kriminalpolitische Bedeutung. Die Geldbuße beträgt mindestens zwanzig Pfennige und höchstens 40 DM. Diese Strafe hat praktisch keine Bedeutung.

Die höchste Zahl der zu → Todesstrafe Verurteilten betrug 116 im Jahre 1948. Diese Zahl spiegelt die gestörten sozialen Zustände nach dem 2. Weltkrieg wider. In den letzten 15 Jahren vermindern sich die Fälle der Verurteilung zu Todesstrafe allmählich. Insbesondere im letzten Jahr sind nur 2 Täter zu Todesstrafe verurteilt worden: die geringste Zahl in der Geschichte der Strafrechtspflege in Japan. Dennoch will das japanische Volk grundsätzlich an der Todesstrafe festhalten. Nach einer repräsentativen Umfrage aus dem Jahre 1974 haben sich 57% der Befragten für die Todesstrafe ausgesprochen. Nach einer Meinungsumfrage aus dem Jahre 1967 lauteten noch 70% der Antworten für die Beibehaltung der Todesstrafe. Die Dauer zwischen der Verurteilung und der Hinrichtung ist sehr unterschiedlich, weil einmal das Gesuch um Wiederaufnahme oder Gnade genau geprüft werden muß und weil der Justizminister den Hinrichtungsbefehl nur sehr ungern unterschreibt. Die Anzahl der zu Todesstrafe Verurteilten betrug zwischen 1946 und 1974 806. Innerhalb dieser 29 Jahre wurden 524 Personen hingerichtet (also durchschnittlich pro Jahr 18). In den letzten fünf Jahren wurden 57 Personen hingerichtet (also durchschnittlich pro Jahr 11). In diesem Zusammenhang wird die abnehmende Tendenz der Vollstreckung der Todesstrafe erkennbar. Nach begangenen Delikten sind die in den letzten fünf Jahren Hingerichteten wie folgt verurteilt worden: Raubmord 39 Fälle, Mord 16 Fälle, vorsätzliche Brandstiftung ein Fall, Notzucht beim Raub ein Fall. Die tatsächliche Belegzahl sowohl der jugendlichen als auch der erwachsenen Strafgefangenen ist in Japan in den letzten 10 Jahren erheblich gesunken. Die Entwicklung der Anzahl der in Strafanstalten neu aufgenommenen Gefangenen im Zeitraum zwischen 1945 und 1974 ergibt sich aus Abbildung 14. Aus diesem Schaubild wird die insgesamt stark abnehmende Tendenz seit Ende der fünfziger Jahre erkennbar. Bei einer Einwohnerzahl von 110049000 hatte Japan im Jahre 1974 37769 Strafgefangene; die BRD hatte im selben Jahr bei 62040900 Einwohnern 36763 Strafgefangene.

Für die Gefangenen hat Japan seit langem ein Klassifikationssystem eingeführt. Es gibt acht Klassifikationszentren, die in jedem Oberlandes-

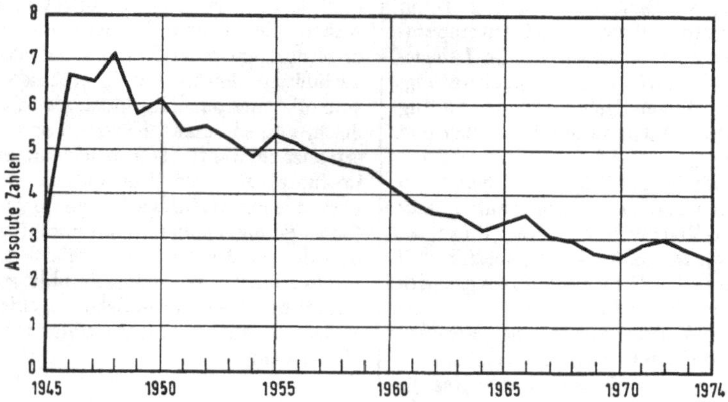

Abbildung 14: Entwicklung der Anzahl der in Strafanstalten neu aufgenommenen Gefangenen
Anmerkung: Maßstab 1:10000.

Quelle: Japanisches Justizministerium (Hrsg.): Weißbuch der Kriminalität. Tokio 1975, S. 163

gerichtsbezirk liegen, so daß 8 Vollzugsbezirke gebildet werden: Sapporo, Miyagi, Tokio, Nagoya, Osaka, Hiroshima, Takamatsu und Fukuoka. Für die neuaufgenommenen Insassen, d. h. die zum ersten Mal in die Strafanstalt Eingewiesenen, gilt das folgende Programm: Während einer Untersuchungsperiode von 15 Tagen werden Orientierung, körperliche und seelisch-geistige Untersuchungen mittels Tests durchgeführt, um die passende Anstalt und Arbeit — der Persönlichkeit der Insassen gemäß — auszuwählen. Damit die Arbeitsfähigkeit und eine richtige Arbeitsstelle gefunden werden können, wird der einzelne Insasse durch Probearbeit und Leistungsfähigkeitstests während einer Probezeit von weiteren 30 Tagen genau beobachtet. Man kennt schließlich eine Vorbereitungsperiode zur Verlegung, die 10 Tage lang dauert und in der Beratung, Disziplinierung und Orientierung auf das künftige Anstaltsleben durchgeführt werden. Für die Insassen, die unmittelbar in die Strafanstalt eingewiesen werden, führt man das gleiche Programm in etwas verkürzter Form in den zuständigen Anstalten durch. In das Klassifikationszentrum wird außerdem derjenige Insasse geschickt, der wegen Abartigkeit sowohl seiner Persönlichkeit als auch seines Benehmens einer intensiven Untersuchung bedürftg ist.

Japan hat seit dem 1. 4. 1972 das sogenannte Doppelsystem in der Klassifikation eingeführt. Es kennt die Klassifikation nach den Kategorien der Inhaftierung und die Klassifikation nach den Kategorien der Behandlung. Die Strafgefangenen werden nach Geschlecht, Nationalität, Strafart, Alter und Strafdauer eingestuft: Klasse W Frauen (women), Klasse F Ausländer (foreigner), Klasse I Einschließung (imprisonment), Klasse J Jugendliche (juveniles), Klasse L Strafdauer von mehr als acht Jahren (long term imprisonment), Klasse Y Jungerwachsene (young adults). Die Insassen werden ferner nach dem Grad ihrer Kriminalitätsneigung eingeteilt: Klasse A für diejenigen, deren Kriminalitätstendenz noch nicht weit entwickelt ist, und Klasse B für diejenigen, deren kriminelle Karriere bereits weit fortgeschritten ist. Geistig (mental) und persönlich (personal) Behinderte und Kranke werden folgendermaßen klassifiziert: Klasse Mx Schwachsinnige, Klasse My Psychopathen, Klasse Mz Psychotiker, Neurotiker und Süchtige, Klasse Px körperlich Kranke, Klasse Py körperlich Behinderte, Blinde, Taubstumme, Klasse Pz körperlich Schwache und Alte (über 60 Jahre alt). Die Schwerpunkte der Behandlung werden nach folgenden Maßstäben bestimmt: Klasse V (vocation) beruflich Auszubildende, Klasse E (education) erzieherisch zu Beeinflussende, Klasse G (guidance) der Führung in der Lebensgestaltung Bedürftige, Klasse T (therapy) zu Therapierende, Klasse S (speciality) der besonderen fürsorgerischen Betreuung Bedürftige, Klasse O für den offenen Vollzug Geeignete und Klasse N als Gehilfen der Vollzugsverwaltung Geeignete. Die Strafanstalten sind in Japan folgendermaßen differenziert; JY 13, JYA 4, Y 3, YA 4, YB 4, A 12, B 14, BL 4, L 4, AI 4, I 3, M 2, P 1, MP 2, W 5 und F 1. Die 37769 Insassen aller japanischen Strafanstalten sind am Ende des Jahres 1974 in folgender Weise klassifiziert worden: A 6451, FA 179, IA 675, JA 50, LA 1124, YA 3209, MA 119, PA 115, WA 427, B 17792, FB 1, IB 46, JB 30, LB 1738, YB 3235, MB 457, PB 308, WB 369. Hinzu kommen noch 1444 Nichtklassifizierte. Der Stand der Klassifikation bezieht sich auf den 31. 12. 1974. Der Ablauf der Klassifikation im konkreten Fall wird in Abbildung 15 verdeutlicht. Die Anstaltsarbeiten, die die Insassen leisten, sind recht vielseitig: Holzbearbeitung 2572 (7,1%), Druckerei 2679 (7,3%), Schneiderei 3451 (9,5%), Metallverarbeitung 7801 (21,4%), Lederverarbeitung 1100 (3%), leichte Handarbeit 1590 (4,4%) und Verwaltungsarbeit

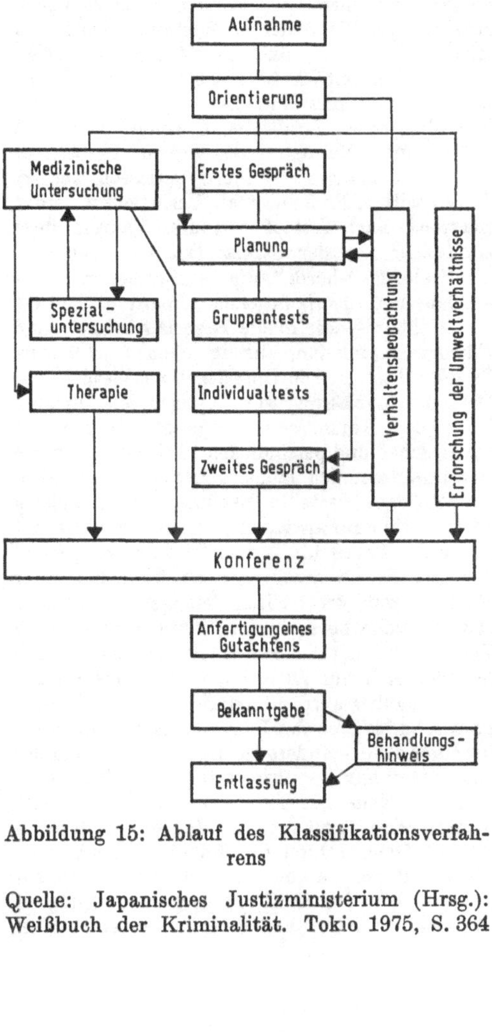

Abbildung 15: Ablauf des Klassifikationsverfahrens

Quelle: Japanisches Justizministerium (Hrsg.): Weißbuch der Kriminalität. Tokio 1975, S. 364

in der Anstalt 6843 (18,8%). Die Gefangenen arbeiten 48 Stunden in der Woche. Sie bekommen umgerechnet durchschnittlich 13 DM Belohnung im Monat, höchstens jedoch umgerechnet 25 DM. Die Einführung einer leistungsgerechten Entlohnung scheiterte.

59,2% der Verurteilten wurden im Jahre 1973 Strafaussetzung zur Bewährung zugebilligt. Das System der Strafaussetzung zur Bewährung wurde unter dem Einfluß des französisch-belgischen Rechts bereits im Jahre 1905 in Form eines Sondergesetzes in das japanische Rechtswesen eingeführt. Die Bedingungen für die Gewährung der Strafaussetzung wurden im Laufe zahlreicher Reformen immer mehr gelockert. Zunächst konnten nur Strafen bis zu einem Jahr Einschließung ausgesetzt werden, später auch solche bis zu zwei Jahren. Heute können Freiheitsstrafen bis zu drei Jahren oder Geldstrafen bis zu umgerechnet 1670 DM ausgesetzt werden. Die Vorschriften und die Praxis der bedingten Entlassung, insbesondere bei Lebenslänglichen, sind im Vergleich zu den deutschen Verhältnissen wesentlich fortschrittlicher. Wenn der zu Zuchthausstrafe oder Einschließung Verurteilte aufrichtige Reue zeigt, kann er bei zeitlich begrenzter (zeitiger) Strafe nach Ablauf eines Drittels der Strafdauer, bei lebenslänglicher Strafe nach Ablauf von zehn Jahren durch Verfügung der Verwaltungsbehörde aus der Strafanstalt vorläufig entlassen werden. Die zu zeitiger Freiheitsstrafe Verurteilten werden praktisch nach Ablauf von drei Vierteln ihrer Strafdauer aus der Strafanstalt entlassen. Die „Verwaltungsbehörde“, die darüber bestimmt, ist — dem nordamerikanischen „Board of Parole“ vergleichbar — die lokale Resozialisierungs- und Fürsorgekommission, die in allen 8 Vollzugsbezirken besteht. Die Unterlagen des Gesuchs zur bedingten Entlassung werden durch den Anstaltsleiter der Kommission vorgelegt. Wegen der schriftlichen und persönlichen Prüfung dauert das Verfahren ziemlich lange. Die vom Gesetzgeber zur Verfügung gestellte Institution wird, obgleich sie immerhin nur als Kann-Vorschrift ausgestaltet ist, in der Praxis für Lebenslängliche weitgehend genutzt. Die Mehrzahl der zu lebenslänglicher Freiheitsstrafe verurteilten Gefangenen wird nach etwa vierzehn bis sechzehn Jahren bedingt in die Freiheit entlassen. Länger als achtzehn Jahre befinden sich nur noch 8% in der Strafanstalt. Demgegenüber werden immerhin etwa 18% schon nach zehn bis dreizehn Jahren entlassen. In Japan bedeutet also — anders als bis heute (1976) in der Bundesrepublik — „lebenslänglich“ nicht mehr „bis ans Ende des Lebens“, sondern der Verurteilte kann damit rechnen, daß sich nach ungefähr fünfzehn Jahren für ihn die Gefängnistore wieder öffnen. Gerade der Gedanke, die Gefangenen nicht jeder Hoffnung berauben zu dürfen, war eine der Grundüberlegungen, die bei der Einführung des Instituts der bedingten Entlassung in Japan maßgebend gewesen ist. Die erstaunlich frühe Einführung, die nicht einmal erst im Jahre 1880, sondern noch früher, mit dem StGB-Entwurf aus dem Jahre 1877, begonnen hat, sah bereits die Möglichkeit der bedingten Entlassung „Lebenslänglicher“ nach zwanzig Jahren vor. Der französische Rechtsgelehrte Gustave Boissonade, der 1873 zur Beratung der Regierung nach Japan gekommen und maßgeblich an der Fassung des neuen japanischen Strafrechts beteiligt gewesen ist, spricht in seiner Kommentierung des StGB-Entwurfs 1877 den Gedanken aus: Obwohl die lebenslange Freiheitsstrafe (neben der Todesstrafe) die höchste Strafe sei, dürfe man den Verurteilten die Hoffnung auf Rückkehr in die Gesellschaft nicht nehmen. An gleicher Stelle findet sich auch der Hinweis auf den zweiten Pfeiler, der im japanischen Bewußtsein die Gewährung vorzeitiger Entlassung selbst für „Lebenslängliche“ trägt: die in östlicher Toleranz verankerte Idee des Erbarmens, der religiösen (buddhistischen) Barmherzigkeit und der väterlichen Güte des Kaisers. Demgegenüber bleibt in Deutschland den zu lebenslanger Freiheitsstrafe Verurteilten bis heute — bald hundert Jahre nach Einführung einer kriminalpolitisch nützlichen und human notwendigen Regelung in Japan — nur die unsichere Hoffnung auf Gnade, eine Gnade, die oft nie oder aber spät, viel zu spät kommt. Die Praxis in den einzelnen Bundesländern ist unterschiedlich, aber jedenfalls liegen die Mittelwerte teilweise über zwanzig Jahre, und auch dieses ferne Datum ist keineswegs ein Fixpunkt, auf den die Gefangenen eine begründete Hoffnung richten können. Für viele endet auch heute noch die lebenslängliche Freiheitsstrafe mit dem Tod im Gefängnis. Die Geldstrafe ist die in Japan am meisten verhängte Strafart. Sie macht im Jahre 1974 95,8% aller Verurteilungen aus. Eine Verhängung der Geldstrafe in Tagessätzen ist bisher in Japan nicht eingeführt. Der Freispruch kommt in den Ergebnissen der japanischen erstinstanzlichen Verurteilung nur in 0,02% der Fälle im Jahre 1974 vor. Die geltende japanische Strafprozeßordnung steht unter dem Einfluß des amerikanischen Rechts, und zwar ist sie nach dem Modell der StPO des Staates Illinois gestaltet. Sie hält am Prinzip des Parteienprozesses fest. Trotz dieser prozessualen Struktur wird der japanische Angeklagte, der in der Hauptverhandlung seine Unschuld aktiv zu beweisen versucht, als „nicht aufrichtige Reue Zeigender“ beurteilt und zu schwerer Strafe verurteilt, da er durch seine Prozeßtätigkeit die freie Beweisführung des Richters beeinträchtigt habe. Im deutschen Strafprozeß, unter dessen Einfluß die japanische Strafprozeßordnung von 1922 stand, kämpft der Angeklagte aus ganzen Kräften um seine Unschuld oder wenigstens um eine geringe Strafzumessung. Dagegen benimmt sich der japanische Angeklagte im Gerichtssaal wie auf einer Trauerfeier, um die Überzeugung der Richter im Sinne einer aufrichtigen Reue zu beeinflussen. Der nordamerikanische Parteienprozeß, der sich auf Individualismus und aktive Verfechtung eigenen Rechtes gründet, paßt nicht zur patriarchalischen hierarchisch orientierten Mentalität der Japaner.

4. Die Selektionstätigkeit der japanischen Staatsanwaltschaft

Seit 1968 ist die Gesamtzahl der rechtskräftigen Strafurteile zurückgegangen. Der Grund hierfür liegt in einer Gesetzesänderung auf dem Gebiet des Verkehrsstrafrechts. Während bis Mitte 1968 jede Verkehrsübertretung, sei sie auch noch so geringfügig (etwa falsches Parken), im Gerichtsverfahren geahndet werden mußte, können seit dem 1. 7. 1968 (für erwachsene Rechtsbrecher) und seit dem 1. 8. 1968 (für jugendliche Täter) kleinere Verkehrsverstöße im Verwaltungsverfahren erledigt werden, das den deutschen Regelungen im OWiG ähnelt (→ Ordnungswidrigkeiten). Die verschwindend geringe Zahl von Freisprüchen ist bemerkenswert, wenn man sich vergegenwärtigt, daß das japanische Strafprozeßrecht um die Wahrung der Rechte des Angeklagten bemüht ist. Die Verwunderung des ausländischen Beobachters wird noch verstärkt, wenn man die Statistiken bis zur Zeit nach dem 2. Weltkrieg, also bis zur Schaffung der neuen japanischen StPO, zurückverfolgt: Mit Ausnahme der Jahre 1948 bis 1952, in denen die Quote bis nahe an 1% herankam, ist seither der Anteil an Freisprüchen beständig im Bereich zwischen 0,01% und 0,02% geblieben. Sucht man nach den Gründen für diese Ergebnisse, so findet man zwei Anhaltspunkte. Einmal mag zu einem Teil die besondere Ausgestaltung der Hauptverhandlung ein Faktor sein. Der tiefere Grund liegt zum andern in der besonderen Stellung des japanischen Staatsanwalts, der im Untersuchungsverfahren praktisch richterliche Gewalt ausübt und auch während der Hauptverhandlung Rechte in Anspruch nehmen kann, die ihn, wenn nicht dem Richter gegenüber überlegen, so doch gleichberechtigt erscheinen lassen. Der japanische Strafprozeß ist eine Mischform aus angloamerikanischem und deutschem Recht mit einigen Rechtseinflüssen aus dem französischen Prozeßrecht. Genauso wie im Fall des StGB entwarf Gustave Boissonade die erste japanische StPO nach dem Vorbild des französischen „Code d'instruction criminelle"; sie trat 1880 in Kraft. Weil sie inhaltlich veraltet war und weil der Erlaß eines unter dem preußischen Einfluß entstandenen Verfassungsrechts im Jahre 1889 auch eine Reform der StPO notwendig machte, wurde eine neue StPO (sogenannte Meiji-StPO) im Jahre 1890 geschaffen. Diese neue StPO fußte auf der alten StPO von 1880, war aber durch die deutsche StPO von 1877 stark beeinflußt worden. Etwa zehn Jahre danach begann man aufgrund der Erfahrungen in der Praxis mit der Reform der Meiji-StPO. Reformentwürfe wurden 1901, 1916 und 1921 vorgelegt. Die deutsche StPO von 1877 wurde in vielen Punkten berücksichtigt. Endlich fand der letzte Entwurf von 1921 die Billigung des japanischen Parlaments. Die neue StPO wurde im Jahre 1922 verkündet und trat im Jahre 1924 in Kraft. Die Entstehung dieser revidierten StPO (sogenannte Taisho-StPO) wurde von dem deutschen Entwurf der StPO von 1920 tief beeinflußt. Die Taisho-StPO galt — mehrfach geändert — bis kurz nach dem zweiten Weltkrieg. Viel verdankt das japanische Strafprozeßrecht der deutschen Gerichtspraxis und Rechtslehre. Dies beruht vor allem darauf, daß der im deutschen Prozeßrecht vorgesehene Büro- und Beamtenapparat den feudalistischen japanischen Verhältnissen leicht angepaßt werden konnte. Die Änderung der japanischen Verfassung nach dem zweiten Weltkrieg machte eine Anpassung der StPO an die neue Verfassung notwendig. Am 1. 1. 1949 löste eine völlig neue japanische StPO, deren Fassung auf die StPO des Staates Illinois zurückgeht, die Taisho-StPO ab. Am selben Tag trat die vom Obersten Gerichtshof erlassene „Regelung" in Kraft, durch die die technischen Einzelheiten des Verfahrens festgelegt wurden und deren Verletzung die gleichen Folgen wie die Verletzung von Vorschriften der StPO hat. Eine gerichtliche Entscheidung über die Eröffnung der Hauptverhandlung im Sinne der deutschen StPO gibt es nicht (→ Strafverfahren, Strafverfahrensrecht). Das Gericht **muß** eröffnen. Entspricht die Anklage in ihren Formalien nicht den gesetzlichen Erfordernissen, so stellt das Gericht der Hauptverhandlung das Verfahren mittels Urteil ein. Das Fehlen einer gerichtlichen Entscheidung über die Eröffnung der Hauptverhandlung findet seinen Grund in der Übernahme des angloamerikanischen Gedankens des Parteienprozesses. Da hiernach die Beweisbeschaffung im wesentlichen Aufgabe von Staatsanwalt und Angeklagtem oder dessen Verteidiger ist und das Gericht dabei als unparteiischer Dritter die vorgebrachten Argumente und Beweise unvoreingenommen beurteilen soll, hat die japanische StPO folgerichtig vorgesehen, daß Richter keinerlei Vorinformation erhalten dürfen, die sie beeinflussen könnte, andere Ergebnisse als die in der mündlichen und öffentlichen Hauptverhandlung vorgebrachten zusätzlich bei der Entscheidung zu berücksichtigen. Da der Richter die Ergebnisse der staatsanwaltschaftlichen Untersuchung nicht kennt und auch nicht weiß, wie und mit welchen Beweismitteln der Angeklagte sich einlassen wird, ist die in der japanischen StPO vorgesehene richterliche Verhandlungsleitung weitestgehend theoretisch

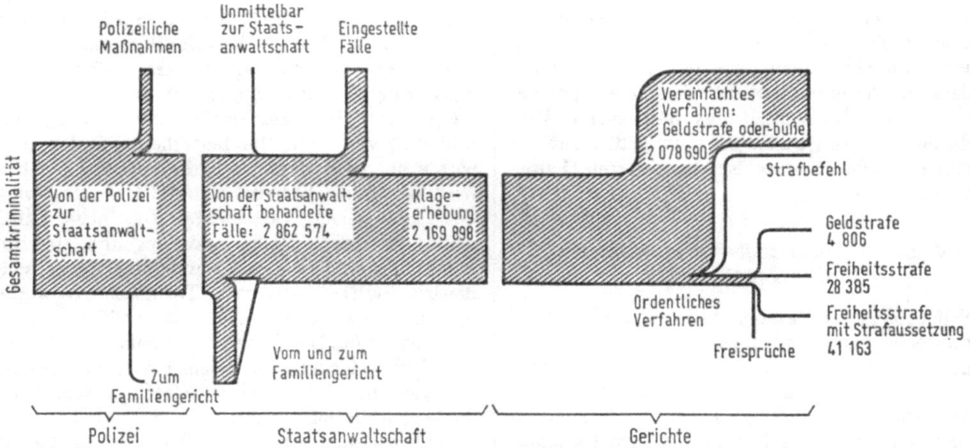

Abbildung 16: Der tatsächliche Ablauf des Strafverfahrens in Japan

Quelle: Japanisches Justizministerium (Hrsg.): Weißbuch der Kriminalität. Tokio 1975, S. 125

und im Regelfall darauf beschränkt, die von Staatsanwalt und Angeklagtem oder dessen Verteidiger gestaltete Verhandlung zu überwachen und ergänzende Fragen zu stellen. Neben dem bisher skizzierten Normalverfahren gibt es noch das vereinfachte und das summarische Verfahren. Im ersteren können Beweise zwangloser vorgetragen werden, und mit Zustimmung des Staatsanwalts und des Angeklagten ist der mittelbare Beweis unbeschränkt zulässig. Das summarische Verfahren ist nach dem Vorbild des deutschen Strafbefehlverfahrens geschaffen worden und ermöglicht ein rein schriftliches Vorgehen. Das Gesetz zum summarischen Verfahren in Verkehrssachen vom 18. 5. 1949 gestattet eine Art Strafverfügungsverfahren, allerdings mit mündlicher Verhandlung, die weitgehend formfrei durchgeführt werden kann. Der tatsächliche Ablauf des japanischen Strafverfahrens ergibt sich aus Abbildung 16. Bemerkenswert ist, daß eine sehr große Zahl der Fälle im vereinfachten Verfahren erledigt wird. Von 2,8 Millionen Fällen, die die Staatsanwaltschaft bearbeitet hat, gelangen nur rund 75000 ins ordentliche Strafverfahren. Zu Freiheitsstrafe, die verbüßt werden muß, werden schließlich nur rund 28500 Rechtsbrecher verurteilt.

Wird die Erhebung einer Anklage durch Berücksichtigung der Persönlichkeit, des Alters und der Umweltverhältnisse des Täters, der Schwere und der Umstände der Straftat und des Verhaltens des Rechtsbrechers nach der Straftat unnötig, so kann von der Erhebung der Anklage abgesehen werden. Die Umstände, die in diesen strafprozessualen Vorschriften genannt werden, sind eindeutig darauf gerichtet, Täter zu erfassen, die ohne die Stigmatisierung einer strafrechtlichen Verurteilung noch (Re)-Sozialisierungschancen haben. Insofern geht die japanische Strafprozeßordnung davon aus, daß die im Strafvollzug durchgeführten (Re)-Sozialisierungsbemühungen wenn nicht ineffizient, so doch wenigstens weit unwirksamer sind als andere, nicht strafgerichtlich verhängte Maßnahmen. Die Erwähnung der Schwere der Tat geht auf eine Anregung des Hauptquartiers der amerikanischen Besatzungsmacht zurück und bringt einen generalpräventiven Gesichtspunkt in die Strafprozeßordnung. Die praktische Bedeutung dieses Gesichtspunkts ist jedoch gering. Allein wegen der Schwere der Tat verzichtet kein japanischer Staatsanwalt — von den wenigen Ausnahmen wirklich grausamer Verbrechen einmal abgesehen — auf seine relative Ermessensfreiheit nach dem Opportunitätsprinzip, wenn er meint, der Täter könne ohne gerichtliche Hilfe besser in die Gesellschaft wiedereingegliedert werden. In den Jahren 1970, 1971 und 1974 sind beispielsweise 11,2%, 9,7% bzw. 9,8% aller vorsätzlichen Tötungen trotz hinreichender Beweise nicht angeklagt worden. Bei vorsätzlicher Brandstiftung, einem im Lande der Holzhäuser überaus ernstgenommenen Delikt, lag in denselben Jahren der Anteil der Nichtverfolgungen gar bei 30,3%, 28,4% bzw. 20,7%. Die Durchschnittsquote der Klageerhebung beträgt im Jahre 1974 61,6%. Die Klageeinstellungsquote im eigentlichen Sinne beläuft sich im Jahre 1974 auf 33,3% (im Jahre 1973 auf 31,8%). Rein formalistisch betrachtet, beeinträchtigt die Tätigkeit des Staatsanwalts die Rechtsprechung nicht, weil nur der Richter ein Urteil im Sinne des Gesetzes, eine endgültige Entscheidung also, fällen kann. De facto sind jedoch auch die Entscheidungen des Staatsanwalts häufig endgültig und werden von den Beschuldigten auch so verstanden. Historisch betrachtet waren es Gesichtspunkte der Prozeßökonomie, die zum Opportunitätsprinzip führten. Bereits im Jahre 1899, also zur Zeit der Meiji-Restauration, meinte der damalige Justizminister Oura — nachdem sein Vorgänger im Amte Yamada 1885 Polizei und Staatsanwaltschaft zur Nichtverfolgung von Kleindelinquenz zum Zweck der Entlastung von Untersuchungshaftanstalten und Gerichten ermutigt hatte —, daß die Opportunität zwar nicht so sehr dem rechtsstaatlichen Denken, aber desto mehr der Prozeßökonomie wie auch der japanischen Tradition entspräche. Im Jahre 1913 äußerte Justizminister Matsuda, der Gebrauch staatsanwaltschaftlicher Opportunität solle nicht nur auf Kleindelinquenz, sondern auch auf schwere Straftaten Anwendung finden, falls Besserungsfähigkeit bestehe. Damit war der Erziehungsgedanke klar formuliert und gleichzeitig das Bekenntnis abgelegt, daß in Strafanstalten keine positive Erziehung von Rechtsbrechern erzielt werden könne. Durch die außergerichtliche Regelung von Straftaten wird die soziale Stigmatisierung vermieden, die allein schon die öffentliche Hauptverhandlung hervorruft. Die Formlosigkeit des Verfahrens hat ihre positiven Seiten. Das „Verfahren" ist kurz und kann deshalb der polizeilichen Aufklärung unmittelbar folgen. Es gibt keine auf bloße Formalien gestützte Diskussionen. Man kann deutlich miteinander reden. So bringt denn auch, seltsam wie es klingen mag, der Japaner dem Staatsanwalt eher als dem Richter persönliches Vertrauen entgegen, weil er mit ersterem unjuristisch sprechen kann. Vergleicht man die europäische Geschichte des Strafrechts bezüglich des Problems: Strafen oder Bessern? mit der japanischen, so nimmt die Selbstverständlichkeit wunder, mit der die Japaner sich so früh für die Besserung entschieden haben, ist es doch selbst heute in der BRD nicht ins allgemeine Bewußtsein gedrungen, daß Besserung das vornehmste und vernünftigste Ziel jeden Strafrechts ist. Man stelle sich nur vor, in Deutschland werde ein Mörder ohne jedes Gerichtsverfahren freigelassen, etwa weil die psychologischen und psychiatrischen Gutachter übereinstimmend bekundet hätten, der Täter habe aus einer psychischen Ausnahmesituation heraus gehandelt, die nicht wiederholbar sei (beispielsweise Geliebtenmord). Der Mangel an aggressivem Vergeltungswillen bei den Japanern ist durch ihre von der europäischen so unterschiedliche Kulturgeschichte und ihre besondere gesellschaftliche Struktur bedingt.

5. Behandlung in Freiheit

In Japan gebraucht man als Oberbegriff für die in der freien Gesellschaft lebenden Straffälligen und die Entlassenen unter staatlicher Kontrolle das Wort „Schutzbeobachtung", besser gesagt „fürsorgerische Aufsicht", das der deutschen Bewährungshilfe entspricht. Die Grundidee dieses Systems entspricht der Probation und Parole im angloamerikanischen Sinne. Das japanische System gründet sich auf Ergebnisse der modernen Wissenschaften vom Menschen und zieht die Konsequenzen aus den Überlegungen über die negativen Wirkungen der Freiheitsstrafe in ihrer jetzigen Form. Dieses Bedenken erstreckt sich inzwischen auf jegliche Form der Inhaftierung. Statt dessen versucht man neue Verbrechensbekämpfungsmittel zur Verwirklichung der Resozialisierungsfürsorge zu praktizieren. Um die Kriminalität zu bekämpfen, vermeidet man es, den Verbrecher in einer Anstalt zu inhaftieren. Man beläßt ihn statt dessen in der freien Gesellschaft. Gleichzeitig versucht man, auf den Straffälligen selbst und seine Umwelt einzuwirken, um damit seine Resozialisierung zu bewirken und ihm zu helfen. Man beabsichtigt also mit dem Rechtsinstitut der „fürsorgerischen Aufsicht" einerseits den Schutz der Gesellschaft vor dem Verbrecher, zum anderen die soziale Fürsorge für den Straftäter. In Japan gibt es heute fünf Formen der „Schutzbeobachtung", die für folgende Personengruppen bestimmt sind: Jugendliche, die vom Familiengericht unter „Schutzbeobachtung" gestellt worden sind; Jugendliche, die aus der Trainingsanstalt bedingt entlassen worden sind; Erwachsene, die aus der Strafanstalt bedingt entlassen worden sind; Erwachsene, denen Strafaussetzung zur Bewährung zugebilligt worden ist; Prostituierte, die aus der Fürsorgeanstalt für Prostituierte vorläufig entlassen worden sind. Die Entstehungsgeschichte der „Schutzbeobachtung" ist belastet durch den Mißbrauch dieser Maßnahme gegen politische Täter während des Zweiten Weltkriegs. Als die „Schutzbeobachtung" gesetzlich geregelt wurde, hatte dieser Mißbrauch bereits schlimme Formen angenommen. Im Jahre 1936 wurde das System der „Schutzbeobachtung" durch das Sondergesetz zum Staatssicherheitsschutz sehr weit ausgedehnt. Die damalige Regierung bediente sich dieser neuen kriminalpolitischen Maßnahme, um ein dringendes Problem, nämlich die Bekämpfung der Ideologietäter (nicht nur der Kommunisten und Sozialisten, sondern auch der Liberalen) zu lösen. Die „Schutzbeobachtung" wurde nicht nur bei Strafaufschub oder vorläufiger Entlassung angewandt, sondern auch beim Aufschub der staatsanwaltschaftlichen Anklageerhebung und sogar bei der Entlassung nach Verbüßung der gesamten Strafe. Vor diesem Sondergesetz bestimmte bereits das alte Jugendrecht aus dem Jahre 1922, daß ein Jugendlicher unter die Beobachtung des Jugendfürsorgers gestellt werden konnte. Diese Maßnahme war eine Art Verwaltungsakt, den das damalige Jugendfürsorgeamt erlassen konnte. Die „Schutzbeobachtung" ist nunmehr als eine der Fürsorgemaßnahmen im Jugendgesetz vorgesehen, von denen das Familiengericht Gebrauch machen kann. Außerdem haben zwei Gesetze das angloamerikanische Probation- und Parolesystem in Japan eingeführt: Im Jahre 1949 wurde das Gesetz zum Zwecke der Verbrechensvorbeugung und der Resozialisierung des Verbrechers erlassen und 1954 das Gesetz zum Zwecke der „Schutzbeobachtung" bei Gewährung von Strafaufschub. Im Gesetz von 1949 ist der substantielle Teil der „Schutzbeobachtung" geregelt. Zur Durchführung der „Schutzbeobachtung" wurden 50 Beobachtungsstellen in allen Präfekturen Japans neu geschaffen. Das Gesetz bestimmt 8 Ausschüsse der Bezirksresozialisierungsfürsorge in den jeweiligen Zuständigkeitsbereichen der Obergerichte, die die Anträge auf vorläufige Entlassung prüfen. Das Gesetz von 1954 sieht Strafaussetzung zur Bewährung für weitere Erwachsenengruppen vor, und das Strafrechtsänderungsgesetz von 1953 erweitert den Anwendungsbereich der obligatorischen und fakultativen Schutzbeobachtung, die mit der Benennung des leitenden Bewährungsbeamten in der zuständigen Schutzbeobachtungsstelle ihren Anfang nimmt. Der unter „Schutzbeobachtung" Gestellte muß sich selbst zur zuständigen Schutzbeobachtungsstelle begeben. Der leitende Beobachtungsbeamte spricht mit dem Probanden und seiner Begleitperson, prüft gleichzeitig die Untersuchungsakten des Familiengerichts, die Unterlagen des Bezirksresozialisierungs- und -fürsorgeausschusses und etwaige Akten anderer Behörden. Anhand dieser Unterlagen muß er versuchen, sich ein Bild über die psychische und physische Verfassung des Probanden und über seine Lebensführung zu verschaffen. Er muß die Ursachen, die zu den Verfehlungen geführt haben, herauszufinden versuchen. Sodann hat er festzulegen, auf welche Art und Weise der Proband behandelt werden soll; er muß ferner notwendige Behandlungsmaßnahmen treffen. Danach benennt der Leiter einen bestimmten Beauftragten (meistens einen freiwilligen Fürsorger), der für den Probanden zuständig ist, und veranlaßt den Probanden zum Besuch seines Aufsichtsbeauftragten, damit mit der „Schutzbeobachtung" begonnen werden kann. Mit der Durchführung der „Schutzbeobachtung" sind die Beobachtungsstellen betraut. Es gibt 50 Beobachtungsstellen, die jeweils für die Distriktgerichtsbezirke zuständig sind. Diese Beobachtungsstellen führen die Maßnahmen der „Schutzbeobachtung" innerhalb ihres Zuständigkeitsbereichs durch. Jede Schutzbeobachtungsstelle ist mit Beobachtungsbeamten und freiwilligen Fürsorgern besetzt, in deren Händen die praktische Durchführung der Schutzbeobachtung liegt. Schutzbeobachtungsbeamte sind Staatsbeamte, die Psychologie, Pädagogik, Soziologie oder Psychiatrie studiert oder sich auf andere Weise spezielle Kenntnisse oder Techniken in Menschenkenntnis angeeignet haben. Ihre Aufgabe besteht hauptsächlich in der Durchführung von Schutzbeobachtungsmaßnahmen. Außerdem bereiten sie die Rückkehr der vorläufig aus dem Gefängnis oder der Erziehungsanstalt für Jugendliche Entlassenen vor und ordnen die Umwelt, in die diese nach der Entlassung zurückkommen. Unter diesen Umständen leiten sie sogar die verbrechensvorbeugende Tätigkeit innerhalb ihres Zuständigkeitskreises. Im Jahre 1975 gab es in ganz Japan insgesamt nur 871 Beobachtungsbeamte; davon sind 84 in Bezirksresozialisierungs- und -fürsorgeausschüssen tätig, so daß sich nur 789 Beamte mit praktischen Fällen befassen. Deshalb nehmen meist die freiwilligen Fürsorger die Aufgaben der Beobachtungsbeamten wahr, sind dem Rechtsbrecher bei der Besserung und Resozialisierung behilflich, sind bestrebt, die Meinung der Öffentlichkeit über die Resozialisierung von Rechtsbrechern zu beeinflussen, und versuchen, das Milieu zu verbessern, in dem der Proband lebte und in das er nach seiner Entlassung zurückkehren wird. Die gesetzliche Anzahl der Fürsorger beträgt 52500. Tatsächlich waren im Jahre 1975 etwa 46000 Fürsorger tätig, die auf 927 Fürsorgebezirke in ganz Japan verteilt sind. Sie arbeiten zwar im Auftrag des Justizministers, sind aber private und freiwillige Helfer. Voraussetzung für die Aufgabe des Fürsorgers sind: soziales Vertrauen, Fleiß und genügend Zeit für die Erledigung der Aufgaben, ein gesicherter Lebensunterhalt und gute Gesundheit. Inhaltlich besteht die Methode der „Schutzbeobachtung" darin, den Probanden zu leiten und zu beaufsichtigen und ihn zur Befolgung bestimmter Auflagen zu veranlassen oder, falls er über genügend Selbstverantwortung verfügt, ihn zu leiten und ihm zu helfen. Als allgemeine Auflagen sind zu nennen: Aufenthalt in einer bestimmten Wohnung, Ergreifen eines Berufs, ordentliche Lebensführung, Meiden des Kontaktes mit Kriminellen, Einholen der Genehmigung des Schutzbeobachters bei Wohnungswechsel oder Antritt einer längeren Reise. Spezielle Auflagen sind z. B.: Rückkehr an einen bestimmten Ort, Verbot, eine unsittliche Arbeit anzunehmen oder mit bestimmten Personen zu verkehren, Alkoholverbot, Wiedergutmachung des Schadens, Pflege der eigenen Familie. Handelt der Betroffene den Auflagen zuwider, stellt der Leiter der Beobachtungsstelle den Antrag, die Person wieder in die Anstalt aufzunehmen oder den Widerruf der vorläufigen Entlassung auszusprechen. Die freiwilligen Fürsorger kommen aus folgenden Berufen: Land-, Forst- und Fischereiwirtschaft 22%, Geschäftsleute und Beamte 19%, religiöse Berufe 15%, Kaufleute 10%, Wohlhabende ohne bestimmten Beruf 9%, Hausfrauen 9%, Sonstige 16%. Nach den Altersgruppen teilen sich die freiwilligen Fürsorger folgendermaßen auf:

60- bis 70jährige 37,4%, über 70 Jahre 17,7%, unter 50 Jahre 16,2% und 51 bis 60 Jahre 29,6%. Die vorläufige Entlassung aus der Strafanstalt wird sorgfältig vorbereitet. Vor der Entlassung setzt sich der Leiter der Strafanstalt mit dem Direktor der zuständigen Beobachtungsstelle in Verbindung. Daraufhin ordnet der Beobachtungsbeamte oder der Fürsorger die Umwelt des Strafgefangenen und gibt den Familienangehörigen oder sonstigen Personen passende Hinweise, zu denen der Häftling entlassen wird. Die Beobachtungsstelle erfährt also bereits vorher von der Entlassung des unter Schutzbeobachtung Gestellten. Bedenklich muß die allzu kurze Dauer der „Schutzbeobachtung" dieser Personengruppe stimmen: Bei 27% liegt sie unter einem Monat, bei 40,4% beträgt sie 2 bis 3 Monate. Sehr augenfällig ist gegenwärtig die Zunahme der Einwohnerzahl der großen Städte und ihrer Nachbargemeinden und die Verminderung der Einwohnerzahl der Fischer- und Bauerndörfer. Die Zahl der unter „Schutzbeobachtung" Gestellten vergrößert sich in den Großstädten und damit vermehren sich auch die Fälle der Amtshilfe zwischen den Schutzbeobachtungsstellen und die Anzahl der Aktenversendungen an die Umzugsorte. Trotz dieser ungünstigen Umstände für die Bewährungshilfe, insbesondere für die Bewährungsämter in den größeren Städten, vermindert sich die Zahl der Vermißten: Im Jahre 1970 waren 8,4% der gesamten unter „Schutzbeobachtung" Gestellten Vermißte, und 1974 waren es 6,8%. Im Jahre 1974 wurden 68652 Probanden unter „Schutzbeobachtung" gestellt. Also hat ein Beamter durchschnittlich 87 Personen zu betreuen. Im Jahre 1966 war das Verhältnis eins zu 170,6. Von wichtigen Fällen abgesehen, führen die Beobachtungsbeamten nur das Anfangsinterview durch und behandeln die Sache im übrigen aufgrund der Berichte der beauftragten Fürsorger. Die unmittelbare Berührung mit den unter „Schutzbeobachtung" Gestellten und ihre Behandlung bleibt daher meist den Fürsorgern überlassen. Unter den zu diesem Problemkreis abgegebenen Stellungnahmen ist die Meinung hervorzuheben, daß man die Behandlung der unter „Schutzbeobachtung" Gestellten nicht allein freiwilligen Helfern überlassen dürfe, sondern daß die Beobachtungsbeamten als Sachkenner eine intensive Behandlung betreiben müßten. Als eine Zwischenlösung ist hervorzuheben: Seit Mai 1965 führen in Tokio, Osaka und Nagoya die Beobachtungsbeamten eine unmittelbare Behandlung für einen Teil der Jugendlichen durch. Diese Methode zielt darauf ab, einen möglichst engen Kontakt zwischen dem beauftragten Beobachtungsbeamten und dem in der Nähe der Beobachtungsstelle wohnenden Probanden herzustellen. Nach einem justizministeriellen Bericht hat die intensive „Schutzbeobachtung" positive Wirkungen auf die Verbrechensvorbeugung. Der Fürsorger ist der Vertreter der Schutzbeobachtungsstelle in seinem Wohnbezirk. Die meisten Fürsorger haben einen hohen sozialen Status, sind sozial integriert und haben großartige Erfolge zu verzeichnen. Sie spielten und spielen immer noch eine große Rolle bei der tatsächlichen Durchführung der „Schutzbeobachtung". Als Japan eine Agrargesellschaft war, wurde eine in ihrer Gegend sozial angesehene Person zum Fürsorger bestimmt und übte — ihrem Ansehen gemäß — ihre Rolle als Vermittler zwischen der Staatsmacht und dem Wohngebiet gut aus. Wegen der Industrialisierung kamen viele Fremde in die Industriegebiete und führten dort ein völlig anderes Leben als die Alteingesessenen. Im Industriegebiet gilt der Fürsorger, der aus traditionellen Wohngebieten stammt, nicht mehr als Vertreter der Bezirkseinwohner, und die neuen Einwohner nehmen keine Rücksicht auf ihn. Dadurch wird das Bewährungssystem in den Industriegebieten allmählich ausgehöhlt. Als Nebenerscheinung ist hervorzuheben: Durchschnittlich ist ein Fürsorger mit 1,5 Fällen betraut. Aber wegen der Wanderungsbewegung der Jugendlichen wie Erwachsenen in die großen Städte ist die Belastung der Fürsorger sehr unterschiedlich. Gerade in den großen Städten sind viele Fürsorger überlastet. Dazu kommt das Generationenproblem zwischen Fürsorger und Probanden. Der alte Fürsorger versteht das Verhalten der jungen Leute nicht; die Jugendlichen verstehen nicht die Ratschläge des alternden Fürsorgers. Da die Fürsorger freiwillige Helfer sind, ist es außerordentlich schwierig, Personen, die im besten Mannesalter stehen, als Fürsorger zu gewinnen. Auf dem Papier scheint das System sehr wirksam zu sein, in Wirklichkeit hat es aber viele Schwächen.

F. Ablehnung der Vergeltungsideologie

Zunächst war es der Buddhismus, insbesondere in der Form des Zen, der über Jahrhunderte hinweg stärksten Einfluß auf die japanische Kultur ausübte und die Menschen zur Duldsamkeit anhielt. Das hat nun allerdings in Europa das Christentum für eine noch längere Zeitspanne auch getan. Im Gegensatz zum Christentum zeigte jedoch der Buddhismus Toleranz auch im Handeln. Glaubenskriege sind im Namen des Buddhismus nie geführt worden. Die Christenverfolgung zu Anfang und während der Edo-Periode (17. Jahrhundert) hatte rein politische Gründe. Die Tokugawa-Regierung fürchtete, daß die Christen als Verbindungsglieder zur westlichen Welt die japanische Isolationspolitik stören und damit die Shogunatsherrschaft ernsthaft gefährden würden. Das mag an der weniger sozial als vielmehr autistisch angelegten Lehre des Buddhismus liegen. Selbstbesinnung, Selbstdisziplin, Eigenreflektion, Selbstaufopferung, Glauben an ein Leben nach dem Tode im Himmel sind Zentralpunkte der Religion. Sozial erwünschte Verhaltensweisen sind eher Folgeerscheinungen hiervon. Die Bereitwilligkeit des Buddhismus, die Wichtigkeit der Dinge dieser Welt zu verneinen, verhinderte weitgehend die Konstituierung eines religiös begründeten ethischen Systems. Die hieraus resultierende Toleranz gegenüber anderen kann deshalb auch ebensogut Indifferenz genannt werden. Der Grundgedanke der Besserung des Rechtsbrechers: „Wir hassen die Straftat, hassen wir doch nie den Täter selbst" kann philosophisch mit der buddhistischen Toleranzideologie begründet werden. Der zweite Grund für das fehlende Vergeltungsbedürfnis der Japaner ist in der Besonderheit ihrer gesellschaftlichen Struktur und in ihren Sprachgebräuchen zu finden. Erst mit dem Ende der Edo-Periode erwachte Japan aus seiner strengen Isolation, die die Zeit im 17. Jahrhundert hatte anhalten lassen. Die sozialen Gruppierungen waren zu dieser Zeit noch voll erhalten, während in Europa bereits die industrielle Entwicklung die alten sozialen Einheiten zu zerstören begonnen hatte. In Japan sind gerade erst 100 Jahre verflossen, in denen die neue Lebensrealität die überkommenen sozialen Gefüge beeinträchtigen konnte. Die Gesellschaftsstruktur ist daher noch besser erhalten, wodurch die Fähigkeit gestärkt wird, ohne staatliche Unterstützung Probleme abweichenden Verhaltens zu lösen. Die hierarchische Struktur der japanischen Gesellschaft fördert die Eigenständigkeit wie auch die Abneigung vor Einmischung Fremder. In dieser Struktur sind die Vertreter staatlicher Macht auch dann Fremde, wenn sie in internen Angelegenheiten der Gruppe hilfreich sein wollen. Diese vertikale Struktur wird hierarchisch durch drei Arten von Bindungen bestimmt: die patriarchalisch geordnete Familie; das Verhältnis von Autoritätsperson zum Untertanen, vom Lehrer zum Schüler, das der Eltern-Kind-Beziehung nachgeformt ist und ihr in keiner Weise an Intensität nachsteht; das Verhältnis von älteren zu jüngeren Gruppenmitgliedern, d. h. derjenigen, die höher als in Augenhöhe stehen, das sind die einen höheren Sozialstatus genießenden Personen, zu denjenigen, die niedriger als in Augenhöhe stehen, das sind die einen niedrigeren Status einnehmenden Personen. Besonderes Kennzeichen der so gefestigten Gruppen ist die ausschließliche Existenz von Bindungen, die vertikal, also zwischen ungleichrangigen Personen verlaufen. Daher ist beispielsweise auch die Bereitschaft einer Gruppe zur Kooperation oder gar gleichberechtigten Verbindung mit einer anderen Gruppe sehr gering. Symbolisch dafür ist die japanische Sprache. Japanisch ist eine Klassensprache, mit anderen Worten eine statusorientierte Sprache. In ihr unterscheidet man zwischen männlicher und weiblicher, geschriebener und gesprochener Sprache. In Japan gibt es Sprachformen sowohl bei den Personalpronomen als auch bei der Konjugation der Tätigkeitswörter je nach dem Alter, Geschlecht, Sozialstatus, kurz je nach den menschlichen Beziehungen zwischen den Gesprächspartnern. Die Japaner können sofort aus dem Gespräch oder aus dem Schreiben verstehen, wer wem gegenüber gesprochen oder geschrieben hat. Will der Japaner seinen Willen äußern, so versucht er zuerst zu erkennen, wer eigentlich derjenige ist, der vor ihm steht. Dann wählt er die standesgemäß richtige Ausdrucksform. Er unterwirft sich also immer den sprachlichen Riten. In der japanischen Sprache muß man diesen sprachlichen Gesetzen gehorchen. Wählt man unpassende Ausdrücke oder will man seine Ansichten gar mit eigenartiger frecher Haltung geltend machen, wird man mit lächelndem Gesicht antworten, aber gleichwohl dem so Handelnden die Durchsetzung verweigern. Niemand darf seine Eigengesetzlichkeit durchsetzen. Japaner müssen sehr vorsichtig sein, wenn sie individualistische Selbstbehauptung vor fremden Leuten, insbesondere innerhalb eines Kreises von Unbekannten oder unter älteren Leuten äußern. Ein weiteres Merkmal dieser vertikalen Struktur ist die totale Erfassung des einzelnen durch die Gruppe. Ein gutes Beispiel hierfür bietet das japanische Arbeitsverhältnis. Ob Hochzeit oder Geburtstag, Urlaubsreise, Freizeitgestaltung oder sonstige gesellschaftliche Aktivitäten: der paternalistische Arbeitgeber ist dabei, hat vorgesorgt und ist Helfer und Berater in allen Lebenslagen. Die Anstellungskörperschaft bildet für alle Mitarbeiter eine Art Großfamilie, und man spricht wirklich gerne von „unserer Familie" oder „unserem Haus". Das gilt selbst für die großen japanischen Konzerne. Unter diesen Umständen ist der Klassenkampf im eigentlichen Sinne selten. Arbeitgeber und Arbeitnehmer in einem privaten Unternehmen wetteifern gemeinsam gegenüber einem anderen Unternehmen um Produktivität und Prosperität der eigenen „Familie". In einem derart engmaschigen Gewebe vielfältiger Über- und Unterordnungsverhältnisse ist es der Gruppe ohne weiteres möglich, aus eigener Kraft ihre Probleme zu bewältigen. Der Ruf nach einer externen, in diesem Zusammenhang also staatlichen Autorität ist den so organisierten Personen deshalb fremd. Anerkannte Autorität besteht nur innerhalb der Gruppe. Vergeltung wird in der Gruppe und durch die Gruppe ausgeübt. Folglich ist kein Interesse an Handlungen Gruppenfremder vorzufinden. Das hinwiederum läßt keinen Platz für einen allgemeinen, nicht auf die Gruppe und ihre Mitglieder bezogenen Vergeltungswillen. Für eine Vergeltung nur, „weil Unrecht begangen wurde", besteht kein Bedürfnis.

Lehrbücher, Monographien und Sammelwerke

W. Clifford: Crime control in Japan. Lexington/Mass.–Toronto–London 1976.
H. Göppinger: Kriminologie. 2. Aufl. München 1973.
K. Higuchi: Psychologie des Verbrechens. Tokio 1972 (japanisch).
Y. Hirao: Kriminalpsychologie. Tokio 1972 (japanisch).
H. Iwai: Kriminalsoziologie. Tokio 1964 (japanisch).
H. Iwai, T. Endo, K. Higuchi, R. Hirano (Hrsg.): Kriminologie in Japan. 4. Bände. Tokio 1969/1970 (japanisch).
G. Kaiser: Kriminologie. Karlsruhe 1973.
H. Katsumi, H. Shiro: Geschichte der Jugendkriminalität. Tokio 1974 (japanisch).
K. Kikuta: Kriminologie. Tokio 1971 (japanisch).
H. H. Kühne, K. Miyazawa: Das japanische Jugendgesetz vom 15. Juli 1948. Berlin–New York 1975.
K. Miyazawa (Hrsg.): Strömungen der Jugendgerichtsbarkeit in der Welt. Tokio 1968 (japanisch).
K. Miyazawa (Hrsg.): Jugendrechtsreform. Tokio 1972 (japanisch).
K. Miyazawa, H. Kato: 25 Vorlesungen über Kriminologie — ein Lehrbuch. 3. Auflage. Tokio 1975 (japanisch).
K. Miyazawa, J. Sakata: Das schwedische Jugendwohlfahrtssystem. Tokio 1973 (japanisch).
H. Nakamura, B. Huber: Die japanische Strafprozeßordnung. Berlin 1970.
K. Nakayama, K. Miyazawa (Hrsg.): Aufsätze in Kriminologie. Tokio 1971 (japanisch).
H. Otsuka, T. Kagawa: Lehrbuch der Kriminalpolitik. Tokio 1965 (japanisch).
H. Otsuka, K. Miyazawa (Hrsg.): Kriminalpolitik. Tokio 1972 (japanisch).
K. Saito: Das abgeänderte japanische Strafgesetzbuch vom 10. August 1953. Berlin 1954.
K. Saito, H. Nishihara: Vorentwurf eines japanischen Strafgesetzbuches vom 20. Dezember 1961. Berlin 1963.
H. J. Schneider: Kriminologie. Berlin–New York 1974a.
H. J. Schneider: Jugendkriminalität im Sozialprozeß. Göttingen 1974b.
I. Yoshieki: Überblick der Kriminologie. Tokio 1958 (japanisch).

Zeitschriften- und Sammelwerkaufsätze

K. Abe: Analyse der Wirkungen des Fernsehens. Polizeiforschungsinstitut (Hrsg.): Forschungsberichte über Verbrechensvorbeugung. Tokio 1960, S. 17—22 (japanisch).
S. Angata: Anatomy of volunteer probation officer system. United Nations Asia and Far East Institute for the Prevention of Crime and Treatment of Offenders (UNAFEI) (Hrsg.): Resource material. Series no. 2. Tokio 1971, S. 192—202.
A. F. Berner: Japan. GS. 33 (1881) S. 381—385.
L. Bixby: Two modern correctional facilities in Japan. UNAFEI (Hrsg.): Report for 1971 and resource material. Series no. 3. Tokio 1972, S. 37—39.
L. Bixby: Some observations about the volunteer probation system in Japan. UNAFEI (Hrsg.): Report for 1971 and resource material. Series no. 3. Tokio 1972, S. 40/41.
S. Dando: Strafrechtsentwicklung in Japan nach dem Kriege. ZStW. 66 (1954) S. 151—166.
T. Doi: Identifikation delinquenter Jungen mit ihren Eltern. Polizeiforschungsinstitut (Hrsg.): Forschungsberichte über Verbrechensvorbeugung. Tokio 1960, S. 56—58 (japanisch).
T. Doi, J. Matsumoto, K. Komiyama: Erscheinungsformen der Drohung und der Verletzung — Vergleich zwischen jugendlichen Ersttätern und Rezidivisten. Polizeiforschungsinstitut (Hrsg.): Forschungsberichte über Verbrechensvorbeugung. Tokio 1968, S. 231—234 (japanisch).
T. Doi, K. Saito, S. Suzuki, K. Komiyama: Studie über jugendliche Ersttäter. Polizeiforschungsinstitut (Hrsg.): Forschungsberichte über Verbrechensvorbeugung. Tokio 1971, S. 1—55 (japanisch).
T. Endo: Psychologische Tests beim Studium von Kriminellen und Delinquenten. Acta criminologiae et medicin aelegalis Japonica. 1969, S. 87—92 (japanisch).
Endres: Der japanische Strafgesetzentwurf von 1893. GS. 68 (1906) S. 177—201.
S. W. Engel: Psychiatrisch-kriminologische Ergebnisse einer Kongreßreise nach Japan. MschrKrim. 1962, S. 184—192.
T. Fukuda: Die finale Handlungslehre Welzels und die japanische Strafrechtsdogmatik. Festschrift für Hans Welzel. Berlin–New York 1974, S. 251—260.
S. Fukushima: Studie über die Rolle des Diebstahls in den kriminellen Lebenskurven von Rückfalltätern. Acta criminologiae et medicinae legalis Japonica. 1968, S. 113 bis 122 (japanisch).
S. Fukushima: Identitätskrise und Verbrechen. Acta criminologiae et medicinae legalis Japonica. 1972, S. 200—208 (japanisch).
S. Fukushima: Einige Betrachtungen über geistig gestörte Kriminelle. Acta criminologiae et medicinae legalis Japonica. 1974, S. 65—74 (japanisch).
K. Hara: How to ensure public co-operation in the field of police, prosecution and court operations. UNAFEI (Hrsg.): Report for 1970 and resource material. Series no. 1. Tokio 1971, S. 63—66.
M. Haraguchi: New aspects of juvenile delinquency in Tokyo and the role of the public. UNAFEI (Hrsg.): Report for 1971 and resource material. Series no. 3. Tokio 1972, S. 63—67.
K. Hashimoto, K. Higuchi: Die Nakano Strafanstalt als Musteranstalt zur Klassifikation. Acta criminologiae et medicinae legalis Japonica. 1964, S. 182—185 (japanisch).
A. G. Hess: Der Gebrauch von Volontären in der japanischen und amerikanischen Bewährungshilfe. BewHilfe. 1970, S. 192—205.
K. Higuchi: Nachuntersuchung der Rückfälligkeit früherer jugendlicher Delinquenter. Acta criminologiae et medicinae legalis Japonica. 1963, S. 122—128 (japanisch).
K. Higuchi: Einige Probleme geistiger und körperlicher Merkmale delinquenter Jugendlicher heute. Acta criminologiae et medicinae legalis Japonica. 1967, S. 15—24 (japanisch).
R. Hirano: Kritik des Reformentwurfs zum StGB in Japan — Insbesondere sein Verhältnis zum Schuldprinzip. ZStW. 85 (1973) S. 503—522.
Y. Horii: Problems involved in the implementation of the parole system in Japan. UNAFEI (Hrsg.): Resource material. Series no. 6. Tokio 1973, S. 183—186.
K. Hoshino: Studie über die Delinquenzhäufigkeit in großstädtischen und ländlichen Bezirken. Polizeiforschungsinstitut (Hrsg.): Forschungsberichte über Verbrechensvorbeugung. Tokio 1964, S. 126—139; 1965, S. 30—37 (japanisch).
K. Hoshino: Jugendkriminalität und sozioökonomische Schicht. Polizeiforschungsinstitut (Hrsg.): Forschungsberichte über Verbrechensvorbeugung. Tokio 1967, S. 11—22 (japanisch).
K. Hoshino: Studie über Einbruchsdiebstahl. Polizeiforschungsinstitut (Hrsg.): Forschungsberichte über Verbrechensvorbeugung. Tokio 1968, S. 1—15 (japanisch).
K. Hoshino: Wertorientierung und Anomie bei Mitgliedern von Gewaltbanden. Polizeiforschungsinstitut (Hrsg.): Forschungsberichte über Verbrechensvorbeugung. Tokio 1969, S. 118—124 (japanisch).
K. Hoshino: Subkultur der Gewaltbande. Polizeiforschungsinstitut (Hrsg.): Forschungsberichte über Verbrechensvorbeugung. Tokio 1970, S. 19—32 (japanisch).
K. Hoshino: Kausalfaktoren und Erscheinungsformen des Weglaufens aus dem Elternhaus. Polizeiforschungsinstitut (Hrsg.): Forschungsberichte über Verbrechensvorbeugung. Tokio 1973, S. 39—54 (japanisch).

K. Hoshino: Familienbeziehungen und Weglaufen aus dem Elternhaus. Polizeiforschungsinstitut (Hrsg.): Forschungsberichte über Verbrechensvorbeugung. Tokio 1973, S. 135—144 (japanisch).

K. Hoshino: Verbrechen, Opferwerden, Selbstmord und Tod durch Unfall als Ergebnisse des Fortlaufens von zu Hause. Polizeiforschungsinstitut (Hrsg.): Forschungsberichte über Verbrechensvorbeugung. Tokio 1973, S. 145—154 (japanisch).

K. Hoshino, F. Mugishima, K. Kiyonaga: Rituale und Disziplinarmaßnahmen bei Rekruten des Organisierten Verbrechens. Polizeiforschungsinstitut (Hrsg.): Forschungsberichte über Verbrechensvorbeugung. Tokio 1971, S. 141—151 (japanisch).

T. Ichikawa: Practical use of the rehabilitation aid hostels in the process of non-institutional treatment of offenders. UNAFEI (Hrsg.): Report for 1972 and resource material. Series no. 5. Tokio 1973, S. 173—175.

M. Inagawa: Public participation in prison — A study related to the revision of the prison law. UNAFEI (Hrsg.): Report for 1971 and resource material. Series no. 3. Tokio 1972, S. 143—148.

B. L. Ingraham, K. Tokoro: Political crime in the United States and Japan — A comparative study. Issues in criminology. 1969, S. 145—170.

Y. Ishikawa: Familienprobleme als kriminogene Faktoren. Acta criminologiae et medicinae legalis Japonica. 1967, S. 40—46 (japanisch).

J. Kaneko: Changing roles of the police of Japan. UNAFEI (Hrsg.): Resource material. Series no. 10. Tokio 1975, S. 28—37.

A. Kasai: Some causes of the decrease of crime in Japan. UNAFEI (Hrsg.): Resource material. Series no. 6. Tokio 1973, S. 134—137.

H. Kato: Über die sozialtherapeutische Anstalt. Acta criminologiae et medicinae legalis Japonica. 1974, S. 33—38 (japanisch).

M. Kido, J. Tsubouchi, M. Imamura: Korrelationen zwischen EEG mit Delinquenz und Rorschach Ergebnissen bei jugendlichen Delinquenten. Acta criminologiae et medicinae legalis Japonica. 1969, S. 193—203 (japanisch).

H. Kodama: Persönlichkeit und sozialer Nahraum Krimineller. Polizeiforschungsinstitut (Hrsg.): Forschungsberichte über Verbrechensvorbeugung. Tokio 1960, S. 7 bis 16; 1961, S. 54—77 (japanisch).

S. Kogi: Kriminologische und psychiatrische Studie über die typisch japanische Erscheinung der „Yakuza" Gangster. Acta criminologiae et medicinae legalis Japonica. 1969, S. 34—42 (japanisch).

J. Koide: Commitment system for juvenile guidance. UNAFEI (Hrsg.): Resource material. Series no. 2. Tokio 1971, S. 157—162.

K. Komiyama, I. Matsumoto, T. Doi, K. Saito: Erscheinungsformen der Vergewaltigung. Polizeiforschungsinstitut (Hrsg.): Forschungsberichte über Verbrechensvorbeugung. Tokio 1970, S. 50—72 (japanisch).

H. H. Kühne: Opportunität und quasi-richterliche Tätigkeit des japanischen Staatsanwalts. ZStW. 85 (1973) S. 1081—1101.

H. H. Kühne: Kriminalitätsentwicklung in Japan. Kriminologische Gegenwartsfragen. Heft 11, Stuttgart 1974, S. 164—167.

H. H. Kühne: Drogenprobleme und ihre Bekämpfung in südostasiatischen Ländern. Krim. 1975, S. 65—68, S. 116—120.

T. Maeda: Abnehmende Tendenz der Vollstreckung der Todesstrafe in Japan. Acta criminologiae et medicinae legalis Japonica. 1973, S. 113—120 (japanisch).

S. Matsuki: Treatment of juvenile traffic offenders in Japan — A pilot project for short term institutional treatment. UNAFEI (Hrsg.): Report for 1972 and resource material. Series no. 5. Tokio 1973, S. 167—169.

I. Matsumoto: Eine Nachuntersuchung delinquenter Jungen. Polizeiforschungsinstitut (Hrsg.): Forschungsberichte über Verbrechensvorbeugung. Tokio 1961, S. 43—49 (japanisch).

I. Matsumoto: Studie über den Bildungsprozeß delinquenter Gruppen. Polizeiforschungsinstitut (Hrsg.): Forschungsberichte über Verbrechensvorbeugung. Tokio 1965, S. 1—21 (japanisch).

I. Matsumoto, T. Doi: Psychologische Studie des Ladendiebstahls bei Teenagern. Polizeiforschungsinstitut (Hrsg.): Forschungsberichte über Verbrechensvorbeugung. Tokio 1971, S. 152—158 (japanisch).

I. Matsumoto, H. Nishimura: Kriminalprognosetafel für jugendliche männliche Ersttäter. Polizeiforschungsinstitut (Hrsg.): Forschungsberichte über Verbrechensvorbeugung. Tokio 1973, S. 72—81 (japanisch).

I. Matsumoto, S. Suzuki: Eltern-Kind-Beziehungen und Weglaufverhalten bei erstmaligen und wiederholten Fortläufern. Polizeiforschungsinstitut (Hrsg.): Forschungsberichte über Verbrechensvorbeugung. Tokio 1974, S. 99—104 (japanisch).

I. Matsumoto, S. Suzuki: Wahrnehmung der Familienbeziehungen und Weglaufen aus dem Elternhaus. Polizeiforschungsinstitut (Hrsg.): Forschungsberichte über Verbrechensvorbeugung. Tokio 1974, S. 147—152 (japanisch).

Y. Matsumoto: Studie über die Verbrechenshäufigkeit in großstädtischen und ländlichen Gebieten der Saitama Präfektur. Polizeiforschungsinstitut (Hrsg.): Forschungsberichte über Verbrechensvorbeugung. Tokio 1964, S. 115—125 (japanisch).

Y. Matsumoto: Soziale Grundlage von gewaltsamen Bandenaktivitäten. Polizeiforschungsinstitut (Hrsg.): Forschungsberichte über Verbrechensvorbeugung. Tokio 1968, S. 260—269; 1969, S. 1—11 (japanisch).

Y. Matsumoto: Kriminelle Karriere der Mitglieder von Gewaltbanden. Polizeiforschungsinstitut (Hrsg.): Forschungsberichte über Verbrechensvorbeugung. Tokio 1969, S. 108—117 (japanisch).

T. Matsumoto, I. Matsumoto, S. Saheki, S. Miyamoto: Untersuchung des Weglaufverhaltens von Jungen. Polizeiforschungsinstitut (Hrsg.): Forschungsberichte über Verbrechensvorbeugung. Tokio 1963, S. 9 bis 20 (japanisch).

S. Miyake: Die Ausrichtung der Forschung auf Jugendkriminalität. Polizeiforschungsinstitut (Hrsg.): Forschungsberichte über Verbrechensvorbeugung. Tokio 1960, S. 1—6 (japanisch).

S. Miyake: Der gegenwärtige Stand der Jugendkriminalität in Japan. Acta criminologiae et medicinae legalis Japonica. 1967, S. 8—14 (japanisch).

S. Miyake, T. Doi, T. Matsumoto: Psychologische Aspekte jugendlicher Banden. Polizeiforschungsinstitut (Hrsg.): Forschungsberichte über Verbrechensvorbeugung. Tokio 1962, S. 1—13 (japanisch).

S. Miyake, F. Mugishima, Y. Nakasato: Analyse der Kraftfahrzeugkriminalität Jugendlicher. Polizeiforschungsinstitut (Hrsg.): Forschungsberichte über Verbrechensvorbeugung. Tokio 1971, S. 56—69 (japanisch).

S. Miyamoto, H. Nishimura, S. Saheki (Hrsg.): Studie über den Delinquenzprozeß geistig behinderter jugendlicher Delinquenter. Polizeiforschungsinstitut (Hrsg.): Forschungsberichte über Verbrechensvorbeugung. Tokio 1962, S. 20—32 (japanisch).

S. Miyamoto: Vergleichsuntersuchung über jugendliche Opfer großstädtischer und ländlicher Gebiete — Saitama Bericht. Polizeiforschungsinstitut (Hrsg.): Forschungsberichte über Verbrechensvorbeugung. Tokio 1964, S. 103—114 (japanisch).

Y. Miyamoto: Eine kriminalpsychiatrische Studie über jugendliche Delinquente. Acta criminologiae et medicinae legalis Japonica. 1973, S. 173—192 (japanisch).

K. Miyazawa: Über einige Vorschriften allgemeinen Charakters des „Kai-yüan-lü" (chinesisches Tang-Strafgesetzbuch des Jahres 737 n. Chr.). ZStW. 77 (1965) S. 359—378.

K. Miyazawa: Einige Probleme im Streit um die Reform des Jugendgesetzes in Japan. Acta criminologiae et medicinae legalis Japonica. 1967, S. 228—235 (japanisch).

K. Miyazawa. Bewährungshilfe in Japan. BewHilfe. 1970, S. 183—192.

K. Miyazawa: Die Entwicklung des japanischen Strafrechts- und Strafvollzugswesens. Kriminologische Gegenwartsfragen. Heft 11. Stuttgart 1974, S. 161—164.

M. Monguchi: Suspension of execution of sentence in Japan. UNAFEI (Hrsg.): Report for 1973 and resource material. Series no. 7. Tokio 1974, S. 126—132.

T. Morishita: Gesetzgebungstendenzen über Sicherheitsmaßnahmen im gegenwärtigen Japan. Acta criminologiae et medicinae legalis Japonica. 1968, S. 172—174 (japanisch).

T. Morishita: Behandlungstypen für Straftäter. Acta criminologiae et medicinae legalis Japonica. 1973, S. 42 bis 45 (japanisch).

F. Mugishima: Erforschung der Wirkungen des Films auf Jugendliche. Polizeiforschungsinstitut (Hrsg.): Forschungsberichte über Verbrechensvorbeugung. Tokio 1960, S. 46—55 (japanisch).

F. Mugishima: Nachuntersuchung der Mitglieder des Organisierten Verbrechens im Hinblick auf ihre Organisation in Gruppe und Untergruppe. Polizeiforschungsinstitut (Hrsg.): Forschungsberichte über Verbrechensvorbeugung. Tokio 1974, S. 72—80 (japanisch).

F. Mugishima: Nachuntersuchung der Mitglieder des Organisierten Verbrechens im Hinblick auf ihre Lebensbedingungen und ihre kriminellen Karrieren. Polizeiforschungsinstitut (Hrsg.): Forschungsberichte über Verbrechensvorbeugung. Tokio 1974, S. 124—129 (japanisch).

F. Mugishima: Nachuntersuchung über den Wandel im System des Organisierten Verbrechens und im Zusammengehörigkeitsgefühl seiner Mitglieder. Polizeiforschungsinstitut (Hrsg.): Forschungsberichte über Verbrechensvorbeugung. Tokio 1974, S. 130—133 (japanisch).

F. Mugishima, K. Hoshino, Y. Takahashi: Sozialer Hintergrund und Karriere von Mitgliedern von Gewaltbanden. Polizeiforschungsinstitut (Hrsg.): Forschungsberichte über Verbrechensvorbeugung. Tokio 1968, S. 235—252 (japanisch).

F. Mugishima, K. Hoshino, K. Kiyonaga: Tätowierungen und Abschlagen von Fingergliedern bei Mitgliedern des Organisierten Verbrechens. Polizeiforschungsinstitut (Hrsg.): Forschungsberichte über Verbrechensvorbeugung. Tokio 1971, S. 131—140 (japanisch).

F. Mugishima, Y. Matsumoto: Eine Analyse von Straftaten Erwachsener im Hinblick auf ihre kriminelle Karriere — Kohortenanalyse des Jahrgangs 1942 in Tokio. Polizeiforschungsinstitut (Hrsg.): Forschungsberichte über Verbrechensvorbeugung. Tokio 1966, S. 73—83 (japanisch).

F. Mugishima, Y. Matsumoto: Studie über die Delinquenzunterschiede der 1942 Kohorte in Tokio. Polizeiforschungsinstitut (Hrsg.): Forschungsberichte über Verbrechensvorbeugung. Tokio 1967, S. 59—73; 1968, S. 16—32; 1969, S. 39—52; 1970, S. 1—11 (japanisch).

F. Mugishima, A. Tsurumi: Erscheinungsformen der Mitglieder des Organisierten Verbrechens. Polizeiforschungsinstitut (Hrsg.): Forschungsberichte über Verbrechensvorbeugung. Tokio 1972, S. 1—9, S. 101—111; 1973, S. 28—38, S. 123—134 (japanisch).

N. Munakata: Gangster organisations in Japan. UNAFEI (Hrsg.): Report for 1974 and resource material. Series no. 9. Tokio 1975, S. 125—128.

T. Nagasaki: Role of the public and the administration of regional parole board system. UNAFEI (Hrsg.): Report for 1971 and resource material. Series no. 3. Tokio 1972, S. 121—124.

A. Nagashima: Participation of the public in the prevention and control of crime and delinquency. UNAFEI (Hrsg.): Report for 1970 and resource material. Series no. 1. Tokio 1971, S. 131—157.

K. Nakamura: Kriminalbiologische Untersuchungen an 86 Massenmördern. Acta criminologiae et medicinae legalis Japonica. 1960, S. 101—118 (japanisch).

K. Nakamura, J. Sugamata: A study on suicide of the youth and its prevention. Acta criminologiae et medicinae legalis Japonica. 1969, S. 97—111.

Y. Nakasato, Y. Matsumoto, K. Hoshino, Y. Furukawa: Bezirksanalyse für das Gebiet zur Vorbeugung gegen Jugendkriminalität. Polizeiforschungsinstitut (Hrsg.): Forschungsberichte über Verbrechensvorbeugung. Tokio 1965, S. 73—123 (japanisch).

Y. Nakasato, F. Mugishima, Y. Takahashi, K. Kiyonaga: Einfluß des Sexualausdrucks auf Massenmedien. Polizeiforschungsinstitut (Hrsg.): Forschungsberichte über Verbrechensvorbeugung. Tokio 1971, S. 91—130 (japanisch).

O. Nakata: Depression und Kriminalität. Acta criminologiae et medicinae legalis Japonica. 1969, S. 154—161 (japanisch).

O. Nakata, S. Oda, H. Sakura: Über Spätkriminelle. Acta criminologiae et medicinae legalis Japonica. 1965, S. 207—225; 1967, S. 250—263 (japanisch).

O. Nakata, S. Oda, Y. Fukumizu, H. Sakura: Criminological studies on polytropic criminals. Acta criminologiae et medicinae legalis Japonica. 1972, S. 85—112.

H. Nishihara, H. J. Schneider: Jugendkriminalität und Jugendgerichtsbarkeit in Japan. RdJ. 1963, S. 337 bis 343 (Zusammenfassung in japanischer Sprache in: Acta criminologiae et medicinae legalis Japonica. 1965, S. 12/13).

N. Nishimura: Verbrechensklassifikation nach einer quantitativen Methode. Polizeiforschungsinstitut (Hrsg.): Forschungsberichte über Verbrechensvorbeugung. Tokio 1970, S. 91—108; 1972, S. 18—32 (japanisch).

H. Nishimura: Vorhersage des Kriminalitätsumfangs. Polizeiforschungsinstitut (Hrsg.): Forschungsberichte über Verbrechensvorbeugung. Tokio 1972, S. 128—137 (japanisch).

T. Ogawa: Eine kurze Geschichte der japanischen Kriminalpolitik. Acta criminologiae et medicinae legalis Japonica. 1970, S. 16/17 (japanisch).

H. Ohno: Über den gegenwärtigen Stand der Strafrechtswissenschaft in Japan. ZStW. 79 (1967) S. 543—564 (neuerlich in: Festschrift für Hans Welzel 1974, S. 261 bis 276).

A. Okasaki: Suicide of the younger generation in Japan. Acta criminologiae et medicinae legalis Japonica. 1967, S. 201—205.

Y. Ono: The necessity of public participation for individualized treatment. UNAFEI (Hrsg.): Resource material. Series no. 2. Tokio 1971, S. 189—191.

J. Otobe: Public participation in the decision to prosecute. UNAFEI (Hrsg.): Report for 1970 and resource material. Series no. 1. Tokio 1971, S. 70—73.

K. Saito: Das japanische Strafrecht. Edmund Mezger-Adolf Schönke-Hans Heinrich Jescheck (Hrsg.): Das ausländische Strafrecht der Gegenwart. Band 1. Berlin 1955, S. 209—368.

S. Saito: Die Reformrichtung des japanischen Strafvollzugsgesetzes. Seikei Hogaku. 1974, S. 214—220.

H. J. Schneider: Kraftfahrzeug und Jugendkriminalität. Acta criminologiae et medicinae legalis Japonica. 1964, S. 119—129.

H. J. Schneider: Der pädophile Straftäter und sein Opfer. Acta criminologiae et medicinae legalis Japonica. 1965, S. 9—13.

H. J. Schneider: Verhütung von Straftaten und Behandlung von Rechtsbrechern. Acta criminologiae et medicinae legalis Japonica. 1966, S. 1—6.

H. J. Schneider: Fortschritte und Probleme pädagogischer Behandlung in nordamerikanischen Jugenderziehungs- und -strafanstalten. Festschrift für Hans von Hentig. Hamburg 1967, S. 253—269.

H. J. Schneider: Jugendschutz durch den Jugendrichter und seine Mitarbeiter. Acta criminologiae et medicinae legalis Japonica. 1967, S. 206—211.

H. J. Schneider: Kriminologische Probleme der strafrechtlichen Untersagung der Berufsausübung und anderer Tätigkeiten. Acta criminologiae et medicinae legalis Japonica. 1967, S. 212—216.

H. J. Schneider: Die gegenwärtige Situation der Jugendkriminalität und der Reform des Jugendrechtssystems in der Bundesrepublik Deutschland. Monatsschrift der Familiengerichte (Katai saiban geppo). 1975, S. 35—50 (japanisch).

H. J. Schneider: Strafvollzugsreform in der Bundesrepublik Deutschland aus kriminologischer Sicht. Verbrechen und Delinquenz. 1975 (Nr. 24), S. 1—14 (japanisch).

M. Shimizu: A study on the crimes of the aged in Japan. Acta criminologiae et medicinae legalis Japonica. 1973, S. 202—213.

Y. Suzuki: The revision of the penal code and the problems of sentencing in Japan. UNAFEI (Hrsg.): Resource material. Series no. 2. Tokio 1971, S. 67—75.

T. Takahashi: Participation of laymen in trial. UNAFEI (Hrsg.): Report for 1971 and resource material. Series no. 3. Tokio 1972, S. 70—74.

Y. Takahashi, K. Kiyonaga: Kriminalitätstrends in den Großstädten. Polizeiforschungsinstitut (Hrsg.): Forschungsberichte über Verbrechensvorbeugung. Tokio 1973, S. 59—79 (japanisch).

T. Takamatsu: Über die habituell ordnungswidrigen Strafgefangenen. Acta criminologiae et medicinae legalis Japonica. 1965, S. 113—122 (japanisch).

R. Takeda: The participation of private citizens in crime prevention: The case of the Naikan-ho in Japan. UNAFEI (Hrsg.): Resource material. Series no. 2. Tokio 1971, S. 145—150.

S. Takemura: Der Psychomechanismus der Tötung jugendlicher Geliebter. Polizeiforschungsinstitut (Hrsg.): Forschungsberichte über Verbrechensvorbeugung. Tokio 1961, S. 50—53 (japanisch).

S. Takemura: Der japanische Vater- und Muttermörder. Acta criminologiae et medicinae legalis Japonica. 1965, S. 203—206.

S. Takemura, K. Higuchi, O. Nakata, S. Oda, Y. Ishikawa, K. Irie: Eine kriminalbiologische Untersuchung über die zu den „Yakuza" Banden zugehörigen jugendlichen und heranwachsenden Verbrecher. Acta criminologiae et medicinae legalis Japonica. 1969, S. 21—33 (japanisch).

S. Takemura, H. Inamura: Ein homosexuell-pädophiler Mörder. Acta criminologiae et medicinae legalis Japonica. 1974, S. 105—118 (japanisch).

S. Tatsuoka: The system of special defense counsel as public participation in criminal trial proceedings in Japan. UNAFEI (Hrsg.): Report for 1971 and resource material. Series no. 3. Tokio 1972, S. 125—130.

Z. Tokoi: Asian development through crime prevention. Acta criminologiae et medicinae legalis Japonica. 1973, S. 193—201.

Z. Tokoi, K. Higuchi, N. Murakami, T. Fukutomi, M. Tachibana, S. Izumi, H. Shindo: Research on criminal phenomena and countermeasure against it in Kashima Industrial Development Area. Acta criminologiae et medicinae legalis Japonica. 1972, S. 159—165.

S. Tomita: How to utilise volunteers in the field of probation. UNAFEI (Hrsg.): Report for 1970 and resource material. Series no. 1. Tokio 1971, S. 96—98.

T. Tsubouchi: Diversion in the criminal justice system of Japan. UNAFEI (Hrsg.): Resource material. Series no. 6. Tokio 1973, S. 151—155.

Y. Wakizaka: Altjapanische Strafjustiz (ein japanischer Salomo). GS. 90 (1924) S. 328—331.

Y. Watanabe, T. Matsumoto: Studien eines Gebietsprojekts der Verbrechensverhütung. Polizeiforschungsinstitut (Hrsg.): Forschungsberichte über Verbrechensvorbeugung. Tokio 1961, S. 1—42 (japanisch).

Y. Watanabe, H. Ohta, R. Watanabe, A. Maesima: Studien eines Gebietsprojekts der Verbrechensverhütung. Polizeiforschungsinstitut (Hrsg.): Forschungsberichte über Verbrechensvorbeugung. Tokio 1962, S. 69—100 (japanisch).

H. Weipert: Das Shinto-Gebet der Großen Reinigung. GS. 65 (1905) S. 241—261.

M. Yamane: Eine Beobachtung über Jugendkriminalität. Acta criminologiae et medicinae legalis Japonica. 1968, S. 21—24 (japanisch).

M. Yanagimoto: Some features of the Japanese prison system. British journal of criminology. 10 (1970) S. 209 bis 224.

M. Yanagimoto: The juvenile delinquent in Japan. British journal of criminology. 13 (1973) S. 170—177.

K. Yoshida: Young delinquent organisations in Kita (North)-Kyushu City and the role of the public. UNAFEI (Hrsg.): Report for 1970 and resource material. Series no. 1. Tokio 1971, S. 50—54.

S. Yoshimasu: Über die kriminellen Lebenskurven — ihre Bedeutung und Anwendbarkeit für die kriminalbiologische Forschung und Strafvollzugspraxis. Archiv für Psychiatrie und Zeitschrift für die gesamte Neurologie. 1959, S. 103—119.

S. Yoshimasu: Das Problem der Rolle der Familie in der Kriminalätiologie und seine Erforschung in Japan. Acta criminologiae et medicinae legalis Japonica. 1961, S. 55 bis 67 (japanisch).

S. Yoshimasu: Die Vergangenheit und die Zukunft der Beobachtungszentren in Japan. Acta criminologiae et medicinae legalis Japonica. 1964, S. 178—181 (japanisch).

S. Yoshimasu: Verstiegenheit, Verschrobenheit und Manieriertheit. Acta criminologiae et medicinae legalis Japonica. 1967, S. 223—227 (japanisch).

S. Yoshimasu, S. Kogi: Etudes criminologiques et psychiatriques au Japon. Acta criminologica. 1969, S. 143 et 168.

Materialien

Bundeskriminalamt (Hrsg.): Polizeiliche Kriminalstatistik 1974. Wiesbaden 1975.

Japanese Ministry of Justice (Hrsg.): Correctional institutions in Japan. Tokio 1970.

Japanisches Justizministerium (Hrsg.): Weißbuch der Kriminalität (Hanzai-hakusho). Tokio 1975 (japanisch).

Japanisches Justizministerium (Hrsg.): Statistisches Jahrbuch für Strafvollzug. Tokio 1975 (japanisch).

Japanisches Kriminalamt (Hrsg.): Kriminalstatistik 1974. Tokio 1975 (japanisch).

Japanisches Polizeiamt (Hrsg.): Weißbuch der Polizei (Keisatsu-hakusho). Tokio 1975 (japanisch).

Statistisches Bundesamt (Hrsg.): Bevölkerung und Kultur. Fachserie A, Reihe 9: Rechtspflege 1974. Stuttgart—Mainz 1976.

Supreme Court of Japan (Hrsg.): Twenty-four years of the Family Courts of Japan. Tokio 1974.

Supreme Court of Japan (Hrsg.): Guide to the Family Court of Japan. Tokio 1974.

U.S. Department of Health, Education, and Welfare (Hrsg.): Juvenile court statistics 1973. Washington D. C. 1974.

U.S. Department of Justice (Hrsg.): Uniform crime reports for the United States 1974. Washington D. C. 1975.

KOICHI MIYAZAWA
HANS JOACHIM SCHNEIDER

INTERNATIONALE VERBRECHENSBEKÄMPFUNG

Abkürzungsverzeichnis:

BKAG . . . . Gesetz über die Einrichtung eines Bundeskriminalpolizeiamtes (Bundeskriminalamtes) vom 8. 3. 1951 i.d.F. vom 29. 6. 1973

DAG	Deutsches Auslieferungsgesetz vom 23. 12. 1929 i.d.F. vom 2. 3. 1974
GG	Grundgesetz für die Bundesrepublik Deutschland vom 23. 5. 1949 i.d.F. vom 28. 7. 1972
GVG	Gerichtsverfassungsgesetz vom 27. 1. 1877 i.d.F. vom 9. 5. 1975
IKPK	Internationale Kriminalpolizeiliche Kommission
IKPO-Interpol	Internationale Kriminalpolizeiliche Organisation-Interpol
NZB	Nationales Zentralbüro (der IKPO-Interpol)
RiStBV . . .	Richtlinien für das Strafverfahren und das Bußgeldverfahren vom 1. 12. 1970
RiVASt . . .	Richtlinien für den Verkehr mit dem Ausland in strafrechtlichen Angelegenheiten vom 15. 1. 1959
StGB	Strafgesetzbuch vom 15. 5. 1871 i.d.F. vom 2. 1. 1975
StPO	Strafprozeßordnung vom 1. 2. 1877 i.d.F. vom 7. 1. 1975

I. PROBLEME UND GRENZEN DER DARSTELLUNG

Unterzieht man die Situation der Verbrechensbekämpfung in den deutschen Staaten während der letzten Jahrhunderte einer grobgerasterten Überprüfung, so gelangt man — bei zahlreichen Argumenten für und wider — zu dem Ergebnis, daß frühestens zur Mitte des 18. Jahrhunderts innerhalb ihrer Hoheitsgebiete geordnete Polizeiverwaltungen existierten bzw. einigermaßen geregelte sicherheitspolizeiliche Verhältnisse herrschten. Zu diesem Zeitpunkt sind indessen noch keine überzeugenden Anzeichen für die Existenz eines international agierenden Verbrechertums im eigentlichen Sinne dieses Phänomens registrierbar. Ernstere, zum Teil besorgniserregende Ausmaße nahm das überörtliche und vor allem das reisende Verbrechertum frühestens ab Mitte des 19. Jahrhunderts an, so daß erste Anfänge einer internationalen Verbrechensbekämpfung nicht vor Ende des 19. Jahrhunderts angesetzt werden können. Legt man gar moderneren Auffassungen angenäherte Einstufungskriterien zugrunde, so kann man füglich von einer bewußt und gezielt betriebenen internationalen Verbrechensbekämpfung praktisch erst seit Gründung der Internationalen Kriminalpolizeilichen Kommission (IKPK) im Jahre 1923 sprechen. Weitere Einschränkungen quantitativer wie qualitativer Art bleiben im Rahmen der Abhandlung zu berücksichtigen. Zunächst ist festzustellen, daß die Internationale Kriminalpolizeiliche Organisation-Interpol (IKPO-Interpol) als Folgegründung der IKK die einzige staatenübergreifende Einrichtung war und ist, die sich — mit Erfolg — die praktische Bekämpfung des internationalen Rechtsbrechers zum Leitziel gesetzt hat und daß vergleichbare Institutionen in nichtpolizeilichen Bereichen, insbesondere auf justizieller Ebene, fehlen. Gegenwärtig umfaßt die IKPO-Interpol bereits 120 Mitgliedsstaaten aus allen Teilen der Erde und sie kann ihrer großen Verdienste um die Verbrechensbekämpfung einschließlich der Anerkennung ihrer Bedeutung sicher sein; dennoch stellt sie weder in rechtlicher noch in tatsächlicher Hinsicht eine global institutionalisierte bzw. agierende Organisation dar. Sie ist kein allgemein anerkanntes Völkerrechtssubjekt und besitzt keine auf internationaler Ebene einsetzbaren Weisungs- oder Exekutivbefugnisse; ferner gehören ihr namentlich die meisten Staaten aus dem kommunistischen Macht- bzw. Einflußbereich nicht an oder kooperieren mit ihr in nur eingeschränktem Umfang.

Als Fazit dieser Ausführungen bleibt festzustellen, daß bis heute eine von den Regierungen aller souveränen Staaten dieser Erde mit bestimmten Aufgaben und Kompetenzen für den Bereich der Verbrechensbekämpfung ausgestattete supranationale Behörde (Weltorganisation) nicht existiert. Zwangsläufige Folge dieses Sachverhalts ist das gleichzeitige Fehlen einer über umfassendes, die globalen Bezüge des Kriminalitätsgeschehens beinhaltendes Fall- und Erkenntnismaterial verfügenden Zentralstelle. Daher müssen sich die nachfolgenden Ausführungen notgedrungen auf die Darstellung jenes Geschehens beschränken, das sich, von dem nationalen Hintergrund als Kernposition ausgehend, an Sachzusammenhängen und Verflechtungen zu zwischenstaatlichen und weltweiten Sachverhaltsbezügen abzeichnet. Aus gleichem Grunde müssen sie sich weiterhin überwiegend auf Erkenntnismaterial und Erfahrungswissen stützen, das sich — innerhalb der aufgezeigten Grenzen — aus der Zusammenarbeit deutscher und ausländischer Strafverfolgungsbehörden im Rahmen der IKPO-Interpol erschließt.

Und noch ein Hinweis erscheint an dieser Stelle angezeigt: Die auf dem Gebiet der Verbrechensbekämpfung im In- und Ausland anzutreffende Begriffsvielfalt in rechtlicher, strukturell-organisatorischer und terminologischer Hinsicht ist geradezu verwirrend. Wollte man diese Begriffsfülle und alle begriffsinhaltlich gegebenen Nuancierungen berücksichtigen, wäre eine Überladung der Abhandlung mit zahllosen Erläuterungen, Zitaten, Verweisungen oder weitschweifigen Ergänzungen die unausweichliche Folge. Soweit sachlich vertretbar, wird daher einer transparenten und ökonomischen Stoffbehandlung der Vorzug vor einer vorrangig an (über-)exakter Begriffsbeschreibung und -verwendung orientierten Darstellung eingeräumt. So werden die Bezeichnungen „Polizei“ und „Kriminalpolizei“ regelmäßig nicht in differenzierender Weise, sondern gemäß ihrer funktionalen Bedeutung verwendet, d. h. im Hinblick auf die beiden Institutionen gemeinsam übertragene Aufgabe der Verbrechensbekämpfung. Der Begriff der Verbrechensbekämpfung seinerseits umfaßt, gemäß dem Gesamtauftrag des Staates an die Polizei, stets Repression und Prävention.

II. GESELLSCHAFTSPOLITISCHE RELEVANZ

Die gesellschaftspolitische Bedeutung der internationalen Verbrechensbekämpfung wird durch Grad und Ausmaß der Sozialschädlichkeit der auf internationaler Ebene verübten Kriminalität bestimmt. Aus der Sicht der Bekämpfungsorgane stehen bei der näheren Beurteilung des Sachverhalts naturgemäß die Person des Straftäters sowie die von ihm im Einzelfall angewandten Arbeitsweisen im Vordergrund. Zwar gibt es keinen Tätertyp des internationalen Rechtsbrechers; die kriminalistische Praxis verfügt indessen über zahlreiche Anknüpfungspunkte, die als Charakterisierungsmerkmale gelten können, ohne daß diese Eigentümlichkeiten ausschließlich auf den internationalen Straftäter bzw. sein deliktisches Verhalten beschränkt wären oder in jedem einschlägigen Fall gegeben sein müßten.

So legt der internationale Rechtsbrecher seinen Aktionsradius regelmäßig weiträumig an und schafft Verflechtungen, die nicht selten über mehrere Staatsgrenzen hinweg reichen. Im Vorfeld der Deliktsbegehung zeigt er einen unträglichen Instinkt zum Aufspüren tatbegünstigender Umstände, lukrativer Betätigungsmöglichkeiten sowie zum Ausloten von Schwachstellen innerhalb der staatlich geschaffenen Ordnungs- oder Rechtssysteme. Langfristiges Planen, Flexibilität und das Ausklügeln von Begehungsformen und -methoden, das vorbedachte Einbeziehen strafrechtlich unterschiedlicher, in der Gewinnplanung und -realisierung jedoch sorgfältig aufeinander abgestimmter Betätigungsbereiche kennzeichnen sein Agieren ebenso, wie wohlbedachte Arbeitsteilung, gezielter Einsatz von Spezialisten sowie geschickte Ausnutzung aller seine Mobilität fördernden Umstände, sei es zur raschen und minuziös geplanten Tatbegehung, zur erfolgreichen Spurenverwischung oder zur Flucht bzw. zum Untertauchen vor dem drohenden Zugriff der Strafverfolgungsorgane. Er entfaltet seine kriminellen Aktivitäten in nahezu allen Deliktsbereichen und tritt in den unterschiedlichsten Täterformen in Erscheinung: als raffinierter, draufgängerischer Einzeltäter, als Gehilfe oder Aktivist innerhalb einer mehr oder weniger lose geformten Gruppe, in den verschiedenartigsten Rollenfunktionen innerhalb einer bereits wohlformierten und zielstrebig agierenden Verbrecherbande oder als Mitglied bzw. Drahtzieher im Rahmen einer straff aufgebauten, unternehmensähnlich betriebenen, auf Dauer angelegten Verbrecherorganisation. Als entscheidende und zugleich bestimmende Wesenselemente international registrierbarer Kriminalität lassen sich somit Erscheinungsvielfalt, Komplexität der Sachzusammenhänge, Tatplanung mit Geschehenslenkung bzw. -steuerung, Tätermobilität, Schaffung und Nutzung geeigneter Tarnmöglichkeiten sowie Entfaltung erheblicher krimineller Energie bestimmen. Dieses Ergebnis belegt überzeugend den extrem hohen Grad der Gefährlichkeit dieses Phänomens für Staat und Gesellschaft. Aus ihm erhellt zugleich aber auch der außergewöhnliche Rang internationaler Verbrechensbekämpfung einschließlich ihrer kriminalpolitischen Notwendigkeit.

III. BEGRIFF

A. Sachverhaltsspezifische Vorfragen

Eine als allgemein gültig anerkannte Definition des Begriffes „internationale Verbrechensbekämpfung“ fehlt. Die gelegentlich in Literatur und Schrifttum vorgestellten Umschreibungen weichen inhaltlich, je nach angestrebtem Erfolgsziel oder fachwissenschaftlich bezogenem Standort, teils recht erheblich voneinander ab.

Entwicklungsgeschichtlich handelt es sich um einen aus der Praxis der Strafverfolgungsorgane, insbesondere der polizeilichen Tätigkeit hervorgebrachten Begriff.

Ganz allgemein setzt Verbrechensbekämpfung einen das Verbrechen fixierenden Tatbestand, die Bestimmung seines Anwendungsbereichs sowie eine diese Norm vollziehende Institution voraus. Während diese Voraussetzungen innerhalb der Nationalbereiche eindeutig erfüllt sind, bestehen für das Gebiet der internationalen Verbrechensbekämpfung Festlegungs- und Abgrenzungsprobleme in rechtlicher und institutioneller Hinsicht.

Zunächst bedeutet „international“ sprachinhaltlich soviel wie „nicht national begrenzt“ oder „zwischenstaatlich“. Ausgehend von dem staatsrechtlichen Begriff der Souveränität als Anknüpfungspunkt, bezeichnet der Begriff „international“ somit den über diesen Anknüpfungspunkt hinausgehenden Bereich, ohne zugleich eine globale, d. h. die gesamte Welt umspannende Wirkung zum Inhalt zu haben. Diese Interpretation steht mit dem gegebenen Sachverhalt in Übereinstimmung: Bis heute existiert weder ein Weltstrafrecht im eigentlichen Sinne des Wortes noch eine supranationale Exekutivbehörde mit entsprechenden Bekämpfungskompetenzen. Ein „internationaler“ Fall ist somit konkret stets dann gegeben, wenn zwei souveräne Rechtsbereiche tangiert werden, d. h. entweder aus nationaler Position der Eigenbereich überschritten oder aus einem Fremdbereich in den Eigenbereich eingewirkt wird. Notwendige Bezugspunkte sind somit für die internationale Verbrechensbekämpfung in juristischer Hinsicht die nationalen Rechtsvorschriften und institutionell die eigenstaatlichen Exekutivorgane. Der so verstandene Begriff der Verbrechensbekämpfung umfaßt Maßnahmen der Repression und der Prävention ebenso, wie das gesamte Instrumentarium und die Bekämpfungsmethoden der Bekämpfungsorgane.

In der Wissenschaft, insbesondere der Kriminologie, fehlen zur Begriffsbestimmung konkret verwendbare Untersuchungen oder Erkenntnisse. Das Strafrecht seinerseits kennt einen Tatbestand „internationale Straftat", der als korrespondierender Sachverhalt für jenen der internationalen Verbrechensbekämpfung herangezogen werden könnte, nicht. Insoweit wird auch in den §§ 3—7 StGB lediglich der Anwendungsbereich des deutschen Strafrechts und nicht etwa internationales Strafrecht im eigentlichen Sinne normiert, da ein deutsches Gericht letztlich stets nur deutsches Recht anzuwenden vermag. Als Lösung im Rahmen dieser Abhandlung verbleibt mithin nur die Formulierung einer auf der Gesamtheit der einschlägigen deutschen Rechtsvorschriften basierenden, praxisorientierten Begriffsumschreibung.

B. Begriffsumschreibung

Internationale Verbrechensbekämpfung ist jede rechtskonforme, repressiven oder präventiven Zielen dienende Tätigkeit, die von einer zuständigen Justiz- oder Polizeibehörde betrieben wird und die Rechtsinteressen oder Rechtssphären mindestens zweier souveräner Staaten tangiert.

Theoretisch ist mithin die Gesamtskala der potentiellen internationalen Verbrechen mit der Gesamtheit der in den Strafvorschriften aller Staaten normierten Straftaten identisch, d. h. daß kein Verbrechen denkbar ist, das — zumindest hypothetisch — im Einzelfall nicht ein internationales Verbrechen darstellen könnte. Ohne Bedeutung ist bei dieser Bewertung, ob der Tatbestand durch Handlungen des Täters, Mittäters oder Gehilfen erfüllt oder ob über die Person des Opfers bzw. Geschädigten, eines Zeugen oder über irgendwelche Tatfolgen der Tatbezug hergestellt wird; ebenso, ob die Straftat versucht oder vollendet ist.

IV. RECHTSGRUNDLAGEN

A. Rechtstheoretische Grundsatzfragen

Die Darstellung der Rechtsgrundlagen zur internationalen Verbrechensbekämpfung wird vor allem durch zwei Umstände erheblich erschwert: die Tatsache, daß der Begriff „internationale Verbrechensbekämpfung" aus der (kriminalpolizeilichen) Praxis frei entwickelt wurde und durchaus nicht einheitlich definiert wird, sowie das Fehlen einer den darunter zu subsumierenden Sachverhalt abdeckenden Legaldefinition. So fehlt namentlich eine strafbewährte Vorschrift, die den Sachverhalt des internationalen Verbrechens beschreiben würde und die gegebenenfalls als Anknüpfungspunkt in die Abhandlung einbezogen werden könnte. Die Ursachen hierfür sind historischer wie rechtstheoretischer Natur.

Nach wie vor werden die nationalen Rechtsordnungen von dem Prinzip der uneingeschränkten Staatssouveränität beherrscht. Demzufolge befinden ausschließlich die Träger der Staatsgewalt selbst darüber, inwieweit die nationalen Strafrechtspflegeorgane zur Verfolgung und Aburteilung von In- und Auslandsstraftaten durch In- und Ausländer zuständig sind. Hier liegen auch die Gründe für ein Fehlen eines von völkerrechtlich autorisierten Organen aufgestellten und ausgeübten, d. h. weltweit als verbindlich anerkannten Weltstrafrechts.

Dem tradierten Rechtsverständnis zufolge begründen auch völkerrechtliche Vereinbarungen oder Abkommen gleich welcher Art für die vertragschließenden Staaten kein unmittelbar bindendes Recht, sondern beinhalten stets nur die Verpflichtung zur Schaffung entsprechender nationaler Rechtsnormen oder zur Integrierung der völkerrechtlich vereinbarten Tatbestände und Verfahrensregeln durch Gesetzgebungsakt in den Bestand nationaler Rechtsvorschriften. Es ist evident, daß so entstandenes Strafanwendungsrecht durchaus, und zwar je nach dem nationalen Standort unterschiedlich geprägt und ausgestaltet, sich darstellen kann. Als Rechtsgrundlagen zur internationalen Verbrechensbekämpfung können für die Strafverfolgungsorgane der Bundesrepublik Deutschland somit nur Vorschriften aus dem Bereich des deutschen Strafanwendungsrechts herangezogen werden, soweit diese den Sachverhalt (entsprechend der unter III.B. erarbeiteten Formulierung) unmittelbar oder mittelbar betreffen. Da die gesamte Strafrechtspflege in der Bundesrepublik Deutschland an die in Art. 103 Abs. II GG verankerten Rechtsgrundsätze „nullum crimen sine lege" und „nulla poena sine lege" gebunden ist — die als Verfassungsrecht auch Eingang in die §§ 1 und 2 StGB gefunden haben —, können sich für das deutsche Strafrecht Tatbestände und ihre Rechtsfolgen nie aus ungeschriebenem Völkerrecht ergeben.

B. Innerstaatliche Rechtsvorschriften

1. Das Grundgesetz als Rechtsquelle für die Bundesrepublik Deutschland (GG)

Zu verweisen ist hier zunächst auf Art. 25 GG, wonach die allgemeinen Regeln des Völkerrechts

Bestandteile des Bundesrechts sind, den Gesetzen vorgehen und für die Bewohner des Bundesgebietes unmittelbar Rechte und Pflichten erzeugen, mithin Verfassungsrang haben.

Nach Art. 24 Abs. 1 GG kann der Bund durch Gesetz Hoheitsrechte auf zwischenstaatliche Einrichtungen übertragen, wovon die Bundesrepublik Deutschland durch ihren Beitritt zu den Europäischen Gemeinschaften auf Grund der 1957 in Rom unterzeichneten Verträge Gebrauch gemacht hat. Ferner kann der Bund — vertreten durch den Bundespräsidenten — auf der Grundlage des Art. 59 GG völkerrechtliche Verträge schließen, die der Zustimmung der gesetzgebenden Körperschaften bedürfen, wenn sie die politischen Beziehungen des Bundes regeln oder sich auf die Gegenstände der Bundesgesetzgebung beziehen. Bezüglich der internationalen Verbrechensbekämpfung bleibt festzustellen, daß sie in keinem der aufgeführten völkerrechtlichen Bereiche bisher eine Behandlung oder Regelung erfahren hat. Ebenso wenig existieren völkerrechtlich verbindliche Vereinbarungen über die internationale polizeiliche Zusammenarbeit oder über den polizeilichen Nachrichten- bzw. Informationsaustausch. Die Statuten der IKPO-Interpol nehmen in diesem Zusammenhang eine ausgesprochene Sonderstellung ein (siehe IV.D.).

Besondere Beachtung ist im Rahmen der internationalen Verbrechensbekämpfung Art. 16 Abs. 2 GG zu schenken, wonach kein Deutscher (Art. 116 GG) an das Ausland ausgeliefert werden darf und politisch Verfolgte Asylrecht genießen.

Art. 35 Abs. 1 GG, wonach sich alle Behörden des Bundes und der Länder gegenseitig Rechts- und Amtshilfe leisten, ist für die Praxis der internationalen Verbrechensbekämpfung insoweit von Bedeutung, als der Aufgabenvollzug auch gegenseitige Unterstützungshandlungen im innerstaatlichen Bereich notwendig werden läßt.

2. *Strafrechtliche Vorschriften*

Die Regelungen bezüglich des sog. internationalen Strafrechts enthalten die §§ 3 bis 7 (ergänzt durch § 9) des Strafgesetzbuches (StGB) vom 15. 5. 1871 i.d.F. vom 2. 1. 1975. Allerdings dürfte hier die Bezeichnung „internationales Strafrecht" insoweit unzutreffend sein, als ein deutsches Gericht stets nur deutsches Strafrecht anzuwenden vermag, es sich somit vielmehr um sog. Strafanwendungsrecht handelt, da durch die Vorschriften der Anwendungsbereich des deutschen Strafrechts bestimmt und mithin festgelegt wird, in welchem Umfang Taten und Täter deutschen Strafgesetzen unterworfen sind.

Hierbei stellt das StGB das sog. Territorialitätsprinzip in den Vordergrund, das jedoch durch das an die deutsche Staatsangehörigkeit anknüpfende Personalitätsprinzip, durch das den Schutz international anerkannter Rechtsgüter bewirkende Weltrechtsprinzip sowie das Prinzip der stellvertretenden Rechtspflege (das jene Fälle erfaßt, in denen eine ausländische Strafrechtspflege nicht wirksam werden kann) ergänzt wird.

a) § 3 StGB

Ihm zufolge gilt das deutsche Strafrecht für Taten, die im Inland begangen werden (Territorialitätsprinzip), und zwar unabhängig davon, ob die Tat von einem Deutschen, einem Ausländer oder einem Staatenlosen begangen ist. Eine Sonderstellung nehmen hierbei allerdings bestimmte Personen oder Personengruppen ein, die der deutschen Gerichtsbarkeit aufgrund staats- oder völkerrechtlicher Vereinbarungen entzogen sind oder ihr nur in beschränktem Umfang unterliegen (Exterritoriale, exterritoriales Gefolge, §§ 18. 19. 20 Gerichtsverfassungsgesetz (GVG) i.d.F. vom 9. 5. 1975, Mitglieder der in der Bundesrepublik Deutschland stationierten Streitkräfte, NATO-Truppenstatut vom 19. 6. 1951 mit Zusatzabkommen).

Der Begriff „Inland" wurde von dem Gesetzgeber nicht definiert. Strafrechtlich gehört jedoch nicht nur das Gebiet der Bundesrepublik Deutschland und jenes des Landes Berlin, sondern auch das Gebiet der Deutschen Demokratischen Republik (DDR) zum Inland.

b) § 4 StGB

Er erweitert die Grundregel des § 3 StGB auf Taten, die auf einem deutschen Schiff oder Luftfahrzeug begangen werden, auch wenn sie sich im Ausland befinden, sofern sie berechtigt sind, die Bundesflagge oder das Staatszugehörigkeitszeichen der Bundesrepublik Deutschland zu führen.

c) § 5 StGB

Er enthält Tatbestände nach dem sog. Schutzprinzip, so daß das deutsche Strafrecht auch dann gilt, wenn die Tat im Ausland begangen wird, ohne Rücksicht darauf, ob der Täter In- oder Ausländer ist (ausgenommen die Nrn. 3a, 5b, 8, 9, 11, 12) und ob die Tat nach dem Recht des Tatorts strafbar ist. In den Nrn. 3a, 5b, 8, 9 und 11 überschneidet sich das Schutzprinzip mit dem Personalitätsprinzip. Der Begriff „Ausland" umfaßt alle Gebiete außerhalb des Inlandes, also auch solche, die keiner Staatshoheit unterliegen, sowie das offene Meer.

d) § 6 StGB

In ihm sind Tatbestände zusammengefaßt, die dem sog. Weltrechtsprinzip unterliegen, d. h. Straftaten betreffen, die von allen Kulturstaaten als schwerwiegende Rechtsverletzungen eingestuft werden. Unerheblich für eine Verfolgung sind hierbei sowohl die Staatsangehörigkeit des Täters als auch das Recht des Tatorts. Besondere Bedeutung kommt im Hinblick auf die internationale Verbrechensbekämpfung der Nr. 8 zu. Sie enthält eine Generalklausel, die die Verfolgbarkeit von Straftaten ermöglicht, zu deren Verfolgung sich die Bundesrepublik Deutschland durch zwischenstaatliche Abkommen verpflichtet hat, ohne daß im Einzelfall eine Änderung des StGB erfolgen müßte. Zu verweisen ist in diesem Sachzusammenhang auf:

— das Internationale Abkommen zur Bekämpfung der Falschmünzerei vom 20. 4. 1929;

— das Übereinkommen zur Bekämpfung der widerrechtlichen Inbesitznahme von Luftfahrzeugen vom 16. 12. 1970;

— die Internationalen Übereinkommen zur Gewährung wirksamen Schutzes gegen den Mädchenhandel vom 18. 5. 1904 i.d.F. des Änderungsprotokolls vom 4. 5. 1949, zur Bekämpfung des Mädchenhandels vom 4. 5. 1910 i.d.F. des Änderungsprotokolls vom 4. 5. 1949 und zur Unterdrückung des Frauen- und Kinderhandels vom 30. 9. 1921 i.d.F. des Änderungsprotokolls vom 12. 11. 1947 sowie das Abkommen betreffend die Sklaverei vom 25. 9. 1926 i.d.F. des Änderungsprotokolls vom 7. 12. 1953;

— das Internationale Abkommen zur Bekämpfung der Verbreitung unzüchtiger Veröffentlichungen vom 12. 9. 1923 (von der Bundesrepublik Deutschland gekündigt mit Wirkung zum 28. 1. 1975).

e) § 7 StGB

Während durch Abs. 1 der Vorschrift Fälle des sog. Schutzprinzips erfaßt werden, gelangt in Abs. 2 der Grundsatz der sog. stellvertretenden Strafrechtspflege zur Geltung, wobei die Nr. 1 allerdings auch Elemente des Personalitätsprinzips enthält.

3. *Strafverfahrensrechtliche Vorschriften*

a) Gerichtsverfassungsgesetz und Strafprozeßordnung

Soweit nicht spezielle Rechtsnormen etwas anderes bestimmen, gelten die Vorschriften des Gerichtsverfassungsgesetzes (GVG) vom 27. 1. 1877 i.d.F. vom 9. 5. 1975 sowie jene der Strafprozeßordnung (StPO) vom 1. 2. 1877 i.d.F. vom 7. 1. 1975.

b) Richtlinien für das Strafverfahren und das Bußgeldverfahren (RiStBV) vom 1. 12. 1970.

Sie behandeln bundeseinheitlich in den Nrn. 209 bis 215 die zwischenstaatliche Rechtshilfe und andere das Ausland berührende Maßnahmen. Sie sind vornehmlich für den Staatsanwalt bestimmt, wollen aber auch dem Richter die geschäftsmäßige Behandlung der Rechtshilfesachen und seine Entscheidungen durch Hinweise und das Aufzeigen von Grundsätzen erleichtern. Sie sind auf den Regelfall abgestellt, so daß in besonders gelagerten Fällen von ihnen abgewichen werden kann. Sie erschöpfen sich weitgehend in Verweisungen auf weitere einschlägige Bestimmungen.

c) Richtlinien für den Verkehr mit dem Ausland in strafrechtlichen Angelegenheiten (RiVASt) vom 15. 1. 1959.

Sie wurden von der Bundesregierung und den Landesregierungen gesondert für den jeweiligen Zuständigkeitsbereich erlassen. Sie sind vornehmlich für die Staatsanwaltschaft und die Verwaltungsbehörde bestimmt, wollen aber — wie die RiStBV — dem Richter durch Hinweise seine Entscheidungen sowie die geschäftsmäßige Behandlung der Rechtshilfesachen erleichtern. Die Vorschriften sind anzuwenden, sofern ihnen nicht zwischenstaatliche Verträge oder Vereinbarungen entgegenstehen. Da sie auf den Regelfall abstellen, kann in besonders gelagerten Fällen von ihnen abgewichen werden. Von den Vorschriften mit Grundsatzcharakter soll die Nr. 2 der Richtlinien hervorgehoben werden, da in ihr der Begriff der zwischenstaatlichen Rechtshilfe definiert wird. Danach ist zwischenstaatliche Rechtshilfe in Strafsachen jede Unterstützung, die der ersuchte Staat für ein von einer ausländischen Behörde betriebenes Strafverfahren gewährt, gleichgültig, ob das Verfahren von einem Gericht oder einer anderen Behörde betrieben wird und ob die begehrte Rechtshilfemaßnahme von einem Gericht oder einer anderen Behörde vorzunehmen ist.

Den Schwerpunkt der Richtlinien bildet der erste Teil, der den Rechtshilfeverkehr mit ausländischen Behörden behandelt. Neben der zitierten Begriffsumschreibung in der Nr. 2 werden hier allgemeine Anwendungsgrundsätze aufgestellt, Zulässigkeit und Grenzen der Rechtshilfe beschrieben, die Geschäftswege festgelegt sowie einzuhaltende Formvorschriften normiert. Bei getrennter Behandlung von eingehenden und ausgehenden Ersuchen folgen dann nach einleitenden Vorschriften mit Allgemeinaussagen (so z. B. zum Grundsatz der Gegenseitigkeit, über Versagungsgründe, Prüfungspflichten, die Anfertigung von Übersetzungen) besondere Richtlinien zu den Bereichen Auslieferung, vorübergehende Auslieferung, Durchlieferung, Herausgabe von Gegenständen und dem sog. kleinen Rechtshilfeverkehr.

Die weiteren Teile enthalten Vorschriften über die Rechtshilfe durch Polizei- und Zolldienststellen, den Verkehr mit diplomatischen und konsularischen Vertretungen, die Vornahme von Amtshandlungen in strafrechtlichen Angelegenheiten im Ausland, die Behandlung von Strafverfolgungsersuchen, und den Austausch von Strafnachrichten. Angefügt folgen Muster und Vordrucke zur Arbeitserleichterung im Schriftverkehr mit dem Ausland, ferner sachdienliche Zusammenstellungen über die im Auslieferungsverkehr auf dem Land-, See- und Luftweg in Betracht kommenden Übernahme- und Übergabebehörden bzw. -orte sowie die verfügbaren Grenzgefängnisse. Des weiteren sind in Anhängen zu den RiVASt die innerstaatlichen Vorschriften, die wichtigsten im Verhältnis zu den einzelnen Ländern der Welt zu beachtenden Rechtshilfegrundsätze sowie die für die Bundesrepublik Deutschland maßgeblichen mehrseitigen Abkommen von strafrechtlicher Bedeutung wiedergegeben.

Angesichts ihrer Bedeutung für die Praxis der internationalen Verbrechensbekämpfung sei auf folgende Vorschriften aus dem zweiten Teil der RiVASt über die Rechtshilfe durch Polizeidienststellen ausdrücklich hingewiesen:

— gemäß Nr. 163 Abs. 2 ist das Bundeskriminalamt in seiner Eigenschaft als deutsches Zentralbüro der IKPO-Interpol berechtigt, Rechtshilfe durch ausländische Behörden zu vermitteln oder für diese zu leisten: 1. zur Durchführung von Fahndungsmaßnahmen, 2. in Verfahren zur Feststellung der Identität einer Person oder 3. durch Erteilung von Auskünften aus eigenen Unterlagen.
  Es darf ferner Ersuchen der Justizbehörden um Festnahme und um Anordnung der vorläufigen Auslieferungshaft übermitteln;

— gemäß Nr. 162 dürfen die deutschen Polizeidienststellen Ersuchen ausländischer Behörden um Erstattung kriminaltechnischer Gutachten an ihren Instituten unmittelbar erledigen, soweit die gegenseitige Unterstützung internationaler Übung entspricht.

d) Gesetz über die innerdeutsche Rechts- und Amtshilfe in Strafsachen vom 2. 5. 1953.

Es regelt die Behandlung von Ersuchen deutscher Gerichte und Behörden außerhalb seines Geltungsbereiches um Rechts- und Amtshilfe in Strafsachen. Es legt insbesondere die Grenzen der Rechts- und Amtshilfe fest und bestimmt, daß für Ersuchen, denen entsprochen wird, die Vorschriften des GVG und der StPO gelten, soweit das Gesetz selbst nichts anderes vorsieht. Im einzelnen werden alle nennenswerten Rechts- und Amtshilfehandlungen einer Genehmigungspflicht durch den zuständigen Generalstaatsanwalt unterworfen, die Verfahrensmodalitäten festgelegt sowie die Eintragung von Gerichtsentscheidungen in das Strafregister von bestimmten Voraussetzungen abhängig gemacht.

4. Deutsches Auslieferungsgesetz (DAG) vom 23. 12. 1929 i.d.F. vom 2. 3. 1974 und Vereinbarung zwischen der Bundesregierung und den Landesregierungen über die Zuständigkeit im Rechtshilfeverkehr mit dem Auslande in Strafsachen (Zuständigkeitsvereinbarung) vom 20. 2. 1952

a) DAG

Es bestimmt den Rechtshilfeverkehr in Strafsachen mit dem Auslande, soweit nicht zwischenstaatliche Verträge und Vereinbarungen oder multilaterale Abkommen abweichende Regelungen vorsehen. Es gilt insoweit für ein- und ausgehende Ersuchen und bindet alle inländischen Behörden und Beamten. Obgleich das Gesetz fast ausnahmslos nur eingehende Ersuchen behandelt, folgt die Bindung ausgehender Ersuchen an die Vorschriften des DAG zwingend aus dem im internationalen Rechtshilfeverkehr allgemein geltenden Grundsatz der Gegenseitigkeit. Das Gesetz behandelt den gesamten Bereich des Rechtshilfeverkehrs in Strafsachen, wobei es ihn in vier Abschnitte unterteilt.

— Auslieferung und Durchlieferung (§§ 1—33)

Hierzu enthalten die §§ 1—6 die Bedingungen bzw. Voraussetzungen in persönlicher, rechtlicher und formeller Hinsicht, die erfüllt sein müssen, um eine Person ausliefern, d. h. amtlich in die Strafgewalt eines ausländischen Staates überstellen zu können. Von ihnen seien die wichtigsten kurz hervorgehoben: es kann nur ein Ausländer, nicht ein Deutscher, zur Strafverfolgung oder Strafvollstreckung ausgeliefert werden, wozu ein Ersuchen und ein Haftbefehl oder das vollstreckbare Straferkenntnis der zuständigen ausländischen Behörde vorliegen müssen. Unzulässig ist eine Auslieferung, wenn die den Anlaß gebende Tat nach deutschem Recht nur nach den Militärstrafgesetzen strafbar ist, nur mit einer in eine Freiheitsstrafe nicht umwandelbaren Vermögensstrafe geahndet wird oder es sich um eine politische Tat bzw. um eine Zusammenhangstat mit einer solchen handelt. Stets muß weiterhin die Gegenseitigkeit verbürgt sein sowie Gewähr dafür bestehen, daß der Grundsatz der Spezialität Beachtung finden wird.

Die nachfolgenden Vorschriften bestimmen Art und Umfang der Maßnahmen und Mittel zur Vorbereitung bzw. Durchführung einer Auslieferung (Erlaß eines Steckbriefes, Festnahme, Verhängung der Auslieferungshaft und der vorläufigen Auslieferungshaft) regeln die örtliche und sachliche Zuständigkeit (Ansiedelung bei der Staatsanwaltschaft des Oberlandesgerichts bzw. dem Oberlandesgericht) sowie die Verfahrensmodalitäten (Bekanntgabe des Haftbefehls an den Verfolgten, Vernehmung, Haftvollzug). Eine Bewilligung der Auslieferung darf nur erfolgen, wenn sie das zuständige Gericht für zulässig oder der Verfolgte sich zu Protokoll eines Richters mit ihr einverstanden erklärt hat. Gemäß § 33 kann eine Durchlieferung eines Ausländers durch das Gebiet der Bundesrepublik Deutschland erfolgen, wenn die Auslieferung des Verfolgten zulässig sein würde.

— Herausgabe von Gegenständen (§§ 34—40)

Sie ist hiernach auf Ersuchen einer zuständigen Behörde eines ausländischen Staates möglich bei Gegenständen: 1. die als Beweismittel für ein ausländisches Verfahren von Bedeutung sein können, 2. die in einem ausländischen Strafverfahren der Einziehung oder Verfallerklärung unterliegen, 3. die sich im Besitz der Verfolgten befinden, die er oder ein Teilnehmer im Ausland durch die rechtswidrige Tat, wegen deren er verfolgt wird, oder als Entgelt für solche Gegenstände erlangt hat, 4. die bei der Durchlieferung mit dem Verfolgten übernommen werden. Zulässig ist die Herausgabe indessen nur, wenn die Gegenseitigkeit verbürgt ist und in dem Strafverfahren, für das die Herausgabe geschehen soll, eine Auslieferung zulässig sein würde. Soll sie ohne Zusammenhang mit der Auslieferung oder Durchlieferung eines Verfolgten geschehen, muß ein Beschlagnahmebeschluß der zuständigen ausländischen Behörde vorliegen. Schließlich müssen Rechte dritter Personen unberührt bleiben und bei der Übergabe gemachte Vorbehalte beachtet, gegebenenfalls die herausgegebenen Gegenstände auf Verlangen unverzüglich zurückgegeben werden. Ist die Herausgabe von Gegenständen zulässig, so können diese nach Eingang eines entsprechenden Ersuchens sichergestellt oder beschlagnahmt werden. Örtliche und sachliche Zuständigkeit sind wie im Falle der Auslieferung bzw. Durchlieferung geregelt. Eine Besonderheit innerhalb des Verfahrens ist insoweit gegeben, als auch ein Beteiligter, mithin jeder, der an dem Gegenstand ein Recht geltend macht, die Entscheidung des Oberlandesgerichtes über die Zulässigkeit der Herausgabe beantragen kann.

— Sonstige Rechtshilfe in Strafsachen (§§ 41—43)

Sie umfaßt praktisch alle nicht durch Auslieferung bzw. Durchlieferung oder durch Herausgabe von Gegenständen möglichen Rechtshilfeleistungen. Nach dem DAG — das eine abschließende Aufzählung der Fallkategorien nicht enthält — kann sie insbesondere gewährt werden durch: 1. Erteilung von behördlichen Auskünften, 2. Zustellung von Schriftstücken oder Bewirkung von Ladungen, 3. Untersuchungshandlungen unterschiedlichster Art, wie die Vernehmung von Beschuldigten, Zeugen und Sachverständigen, die Beschlagnahme und Durchsuchung und die Einnahme des richterlichen Augenscheins, 4. Zuführung verhafteter Personen an ausländische Behörden zum Zweck der Zeugenvernehmung oder der Gegenüberstellung mit anderen Personen. Angesichts der geringeren Gewichtigkeit dieser Rechtshilfeleistungen sind sie auch nur an die Erfüllung bescheidenerer Bedingungen bzw. Voraussetzungen geknüpft als z. B. die Auslieferung und die Herausgabe von Gegenständen. So genügt in diesen Fällen bereits zur Rechtshilfeleistung das Vorliegen eines Ersuchens einer zuständigen Behörde des ausländischen Staates, sofern außerdem die Gegenseitigkeit verbürgt ist. Ob diese Voraussetzungen vorliegen, entscheidet im Zweifel das Oberlandesgericht auf Antrag der Staatsanwaltschaft.

— Schlußbestimmungen (§§ 44—55)

Von ihnen sind zwei Vorschriften hervorzuheben: Durch § 44 Abs. 1 wird die Entscheidung über die Ersuchen ausländischer Regierungen der Bundesregierung übertragen, und gemäß § 47 gelten ferner die Vorschriften des GVG und der StPO für das Verfahren nach dem DAG, soweit das Gesetz selbst keine abweichenden Regelungen trifft. Auf Grund der Bestimmungen des DAG, insbesondere des § 47, kann jedoch nicht gefolgert werden, daß das Auslieferungsverfahren ein Strafverfahren ist, auch wenn es der Unterstützung einer ausländischen Strafverfolgung oder Strafvollstreckung dient; es bleibt vielmehr wegen seiner besonderen Ziele ein Verfahren eigener Art. Die Annäherung der Vorschriften des DAG an jene der StPO und die hilfsweise Geltung der Bestimmungen der StPO für das Auslieferungsverfahren sind nur ausgesprochen worden, um für das Auslieferungsverfahren weitgehende rechtsstaatliche Sicherungen zu schaffen (BGHSt 2 S. 49).

— Zuständigkeitsvereinbarung

Der Abschluß dieses Verwaltungsabkommens zwischen der Bundesregierung und den Landesregierungen war erforderlich geworden, weil das Grundgesetz für die Bundesrepublik Deutschland eine Auftragsverwaltung in Auslieferungsangelegenheiten nicht vorsieht und die Ermächtigung nach § 44 Abs. 2 DAG, wonach die „Reichsregierung" die Ausübung ihrer Befugnisse den Landesregierungen übertragen kann, praktisch gegenstandslos geworden war. Durch die Vereinbarung wurde gleichzeitig auch eine dringend notwendige Entlastung der Bundesregierung im Rechtshilfeverkehr bewirkt. Bemerkenswert ist, daß die Bundesregierung in der Vereinbarung nur die Ausübung der Befugnisse, nicht aber die Befugnisse selbst den Landesregierungen überträgt, d. h. daß sie die volle parlamentarische Verantwortlichkeit für jede Entscheidung in Rechtshilfeangelegenheiten behält. Die Vereinbarung fußt auf dem Grundsatz, daß die Zuständigkeit für ausgehende Ersuchen durchwegs jener für eingehende Ersuchen zu entsprechen hat. In ihrer Systematik lehnt sie sich eng an die Gliederung des DAG an. Im wesentlichen werden in ihr den Landesregierungen die Ausübung der Befugnisse übertragen: 1. in Auslieferungsangelegenheiten mit Österreich, Dänemark und der Schweiz (ausgenommen Durchlieferungsangelegenheiten), 2. in Fällen der Herausgabe von Gegenständen mit sämtlichen Staaten (sofern die Herausgabe nicht im Zusammenhang mit einer Auslieferung oder Durchlieferung aus einem anderen Staat als Österreich, Dänemark und der Schweiz steht), 3. in allen sonstigen Rechtshilfeangelegenheiten in Strafsachen mit sämtlichen Staaten. Von der Übertragung ausgenommen sind jedoch alle Fälle, in denen 1. von mehreren ausländischen Staaten um die Auslieferung ein und desselben Verfolgten oder um die Herausgabe ein und desselben Gegenstandes ersucht ist, 2. zu prüfen ist, ob die Tat, wegen deren die Rechtshilfe begehrt wird, eine politische oder eine mit einer politischen zusammenhängende Tat i.S. des § 3 DAG ist, 3. die Tat, wegen deren die Rechtshilfe begehrt wird, eine Zuwiderhandlung gegen Vorschriften über öffentlich-rechtliche Abgaben irgendwelcher Art oder Bannbruch ist, es sei denn, daß Gefahr im Verzuge steht. Die Vereinbarung regelt ferner Verfahrensweisen der Zusammenarbeit zwischen Bundesregierung und den Landesregierungen und enthält u. a. die Bereitschaftserklärung der Landesregierungen, die Bundesregierung bei der Führung einer Auslieferungsstatistik zu unterstützen.

5. Das Gesetz über die Einrichtung eines Bundeskriminalpolizeiamtes (Bundeskriminalamtes) vom 8. 3. 1951 i.d.F. vom 29. 6. 1973 (BKAG)

Es weist dem Bundeskriminalamt im Rahmen der internationalen Verbrechensbekämpfung wichtige Aufgaben und Kompetenzen zu. Diese Tatsache gelangt bereits in der allgemeinen Beschreibung seiner Aufgaben in § 1 Abs. 1 S. 2 zum Ausdruck, wonach ihm u. a. die Bekämpfung des Straftäters insoweit obliegt, als sich dieser international betätigt oder voraussichtlich betätigen wird. Sie findet ihre weitere Bestätigung in § 1 Abs. 2, wonach das Bundeskriminalamt zugleich, d. h. gleichzeitig und gleichrangig neben den ihm sonst im nationalen Bereich zugewiesenen Aufgaben, Nationales Zentralbüro (NZB) der IKPO-Interpol für die Bundesrepublik Deutschland ist; ferner durch § 10, wonach dem Bundeskriminalamt der zur Durchführung der Bekämpfung internationaler gemeiner Verbrecher notwendige Dienstverkehr mit ausländischen Polizei- und Justizbehörden vorbehalten ist. Große Bedeutung kommt in diesem Zusammenhang § 2 Abs. 1 Nr. 1 zu, der das Bundeskriminalamt verpflichtet, als Zentralstelle alle Nachrichten und Unterlagen für die polizeiliche Verbrechensbekämpfung zu sammeln und auszuwerten. Dabei kann es keinem Zweifel unterliegen, daß der Begriff der polizeilichen Verbrechensbekämpfung hier (vor allem im Hinblick auf den Generalauftrag in § 1 Abs. 1 S. 2) auch die zur Bekämpfung des internationalen Straftäters erforderliche Informationssammlung und -auswertung umfaßt. Außerordentliche praktische Relevanz besitzt vor allem aber § 5 Abs. 2 Nr. 1, der dem Bundeskriminalamt originäre polizeiliche Ermittlungskompetenzen zuweist, soweit Fälle international organisierten ungesetzlichen Handels mit Waffen, Munition, Sprengstoffen oder Betäubungsmitteln und der international organisierten Herstellung oder Verbreitung von Falschgeld vorliegen, die eine Sachaufklärung im Ausland erfordern, darüber hinaus soweit im Zusammenhang damit begangene Straftaten gegeben sind.

C. Bi- und multilaterale Verträge, Abkommen und Übereinkünfte

Die in Betracht kommenden Vorschriften und Bestimmungen über Rechtshilfe in Strafsachen sind so vielfältig, daß sich ihre Einzelaufzählung und Einzelbehandlung in diesem Rahmen verbietet. Die Ausführungen beschränken sich daher auf die Herausstellung der wesentlichsten Sachverhaltsfakten. Auf bilateraler Ebene hat die Bundesrepublik Deutschland mit den meisten europäischen Staaten Auslieferungs- und/oder Rechtshilfeverträge, zumindest aber Vereinbarungen oder Übereinkünfte in diesen Bereichen abgeschlossen, die mithin im Rahmen der internationalen Verbrechensbekämpfung zu berücksichtigen sind. Daneben bestehen zwischen der Bundesrepublik Deutschland und zahlreichen außereuropäischen Staaten vertragliche Vereinbarungen über Auslieferung und/oder Rechtshilfe in Strafsachen, deren Beachtung gleichermaßen geboten ist.

Hinzuweisen ist ferner auf rund 30 von der Bundesrepublik Deutschland als verbindlich anerkannte multilaterale Abkommen, von denen im Hinblick auf ihre Relevanz für die internationale Verbrechensbekämpfung die nachfolgenden genannt sein sollen:

- das Internationale Opiumabkommen vom 23. 1. 1912,
- das Internationale Opiumabkommen vom 19. 2. 1925,
- das Abkommen zur Beschränkung der Herstellung und zur Regelung der Verteilung der Betäubungsmittel vom 13. 7. 1931,
- das Protokoll vom 11. 12. 1946 zur Änderung der die Betäubungsmittel betreffenden Vereinbarungen, Abkommen und Protokolle vom 23. 1. 1912, 11. 2. 1925, 19. 2. 1925, 13. 7. 1931, 27. 11. 1931 und 26. 6. 1936,

— das Protokoll vom 19. 11. 1948 zur internationalen Überwachung von Stoffen, die von dem Abkommen vom 13. 7. 1931 zur Beschränkung der Herstellung und zur Regelung der Verteilung der Betäubungsmittel, geändert durch das Protokoll vom 11. 12. 1946, nicht erfaßt werden,
— das Protokoll über die Beschränkung und Regelung des Anbaues der Mohnpflanze, der Erzeugung von Opium, des internationalen Handels und Großhandels mit Opium und seiner Verwendung vom 23. 6. 1953,
— das Einheits-Übereinkommen über Suchtstoffe vom 30. 3. 1961 mit Protokoll zur Änderung des Übereinkommens vom 25. 3. 1972,
— das Abkommen über Verwaltungsmaßregeln zur Gewährung wirksamen Schutzes gegen den Mädchenhandel vom 18. 5. 1904,
— das Internationale Übereinkommen zur Bekämpfung des Mädchenhandels vom 4. 5. 1910,
— die Internationale Übereinkunft zur Unterdrückung des Frauen- und Kinderhandels vom 30. 9. 1921,
— das Übereinkommen über die Sklaverei vom 25. 9. 1926,
— das Protokoll vom 12. 11. 1947 zur Änderung der am 30. 9. 1921 geschlossenen Übereinkunft zur Unterdrückung des Frauen- und Kinderhandels,
— das Protokoll vom 4. 5. 1949 zur Änderung des am 18. 5. 1904 unterzeichneten Internationalen Übereinkommens zur Gewährung wirksamen Schutzes gegen den Mädchenhandel und das am 4. 5. 1910 unterzeichnete Übereinkommen zur Bekämpfung des Mädchenhandels,
— das Zusatzübereinkommen über die Abschaffung der Sklaverei, des Sklavenhandels und sklavenähnlicher Einrichtungen und Praktiken vom 7. 9. 1956,
— das Abkommen zur Bekämpfung unzüchtiger Veröffentlichungen vom 4. 5. 1910,
— die Internationale Übereinkunft zur Bekämpfung der Verbreitung und des Vertriebes unzüchtiger Veröffentlichungen vom 12. 9. 1923 (von der Bundesrepublik Deutschland gekündigt mit Wirkung zum 28. 1. 1975),
— das Internationale Abkommen zur Bekämpfung der Falschmünzerei vom 20. 4. 1920,
— das Internationale Abkommen zur Bekämpfung des Alkoholschmuggels vom 19. 8. 1925,
— das Internationale Abkommen über Kraftfahrzeugverkehr vom 24. 4. 1926,
— die Konvention über die Verhütung und Bestrafung des Völkermordes vom 9. 12. 1948,
— die Konvention zum Schutze der Menschenrechte und Grundfreiheiten vom 4. 11. 1950,
— das Zusatzprotokoll zur Konvention zum Schutze der Menschenrechte und Grundfreiheiten vom 20. 3. 1952,
— das Protokoll Nr. 4 zur Konvention zum Schutze der Menschenrechte und Grundfreiheiten vom 16. 9. 1963,
— das Abkommen über strafbare und bestimmte andere an Bord von Luftfahrzeugen begangene Handlungen vom 14. 9. 1963,
— das Übereinkommen zur Bekämpfung der widerrechtlichen Inbesitznahme von Luftfahrzeugen vom 16. 12. 1970.

Wegen ihres besonderen Stellenwertes für den praktischen Vollzug im Bereich der internationalen Verbrechensbekämpfung sollen noch

— das Europäische Auslieferungsübereinkommen vom 13. 12. 1957
und
— das Europäische Übereinkommen über die Rechtshilfe in Strafsachen vom 20. 4. 1959
kurz gestreift werden.

Zwar haben beide Übereinkommen für den Bereich der Bundesrepublik Deutschland vorerst keine Rechtskraft erlangt, weil von deutscher Seite die Ratifikationsurkunden bei dem Generalsekretär des Europarates in Straßburg bislang nicht hinterlegt wurden, mit der Hinterlegung dürfte jedoch in absehbarer Zeit zu rechnen sein. Beide Übereinkommen heben hinsichtlich der Gebiete, auf die sie Anwendung finden, diejenigen Bestimmungen zweiseitiger Verträge, Übereinkommen oder Vereinbarungen auf, die das Rechtshilfeverfahren zwischen zwei Vertragsparteien regeln. Es bleibt den Vertragsparteien jedoch unbenommen, untereinander zwei- oder mehrseitige Vereinbarungen zur Ergänzung der beiden europäischen Übereinkommen oder zur Erleichterung der Anwendung der darin enthaltenen Grundsätze abzuschließen.

Das Europäische Auslieferungsübereinkommen unterwirft alle Vertragsparteien einer generellen Auslieferungsverpflichtung, legt die Auslieferungsvoraussetzungen in persönlicher, materiellrechtlicher und verfahrensrechtlicher Hinsicht fest, regelt insbesondere das Verfahren der vorläufigen Auslieferungshaft und enthält Bestimmungen zur Durchlieferung sowie über die Herausgabe von Gegenständen. Hervorzuheben ist die in Art. 16 Abs. 3 vorgesehene Regelung, wonach Ersuchen um vorläufige Auslieferungshaft auch über die IKPO-Interpol übermittelt werden können. In dem Europäischen Übereinkommen über Rechtshilfe verpflichten sich alle Vertragsparteien, gemäß den Bestimmungen des Übereinkommens einander soweit wie möglich Rechtshilfe bei der Verfolgung von Strafsachen zu leisten. Der sachliche Umfang des Übereinkommens erstreckt sich auf alle Arten der Rechtshilfe mit Ausnahme der Auslieferung, der Durchlieferung und der Herausgabe von Gegenständen. Es enthält insbesondere Bestimmungen über die Vornahme von Untersuchungshandlungen, Übermittlungen von Beweisstücken, Akten oder Schriftstücken, über die Vernehmung von Zeugen oder Sachverständigen, die Ladung von Zeugen, Sachverständigen und Beschuldigten sowie die Zustellung von Verfahrensurkunden und Gerichtsentscheidungen. Es regelt ferner die Auskunft aus dem Strafregister sowie den Austausch von Strafnachrichten. Von den Verfahrensvorschriften ist Art. 15 Abs. 5 von besonderer Bedeutung, da er die Möglichkeit eröffnet, in allen Fällen, in denen das Übereinkommen die unmittelbare Übermittlung eines Ersuchens zuläßt, diese durch Vermittlung der IKPO-Interpol vorzunehmen.

Obgleich zahlreiche Vertragsparteien von der Möglichkeit Gebrauch gemacht haben, bezüglich einzelner Bestimmungen Vorbehalte geltend zu machen, stellen die beiden Übereinkommen doch wesentliche Schritte auf dem Weg zu umfassenden zwischenstaatlichen Vereinbarungen dar, da bereits heute nicht nur die meisten europäischen, sondern auch mehrere außereuropäische Staaten den Übereinkommen beigetreten sind. Für den Bereich der polizeilichen Verbrechensbekämpfung bedeuten die Bestimmungen über den Einbezug der IKPO-Interpol nicht nur eine begrüßenswerte Verfahrensregelung bezüglich des Geschäftsweges, sondern darüber hinaus auch die Anerkennung der Leistungsfähigkeit dieser Organisation und die gesetzliche Verankerung dieser Tatsache auf zwischenstaatlicher Ebene.

D. Ein Sonderfall: die Statuten der IKPO-Interpol

Die Statuten der IKPO-Interpol in ihrer derzeit gültigen Fassung vom 13. 6. 1956 besitzen ihren eigenen Rechtscharakter. Sie haben einen selbst abgesteckten Verbindlichkeitsrahmen, der von den Organisationsmitgliedern de facto auch respektiert wird, sind jedoch kein völkerrechtlicher Vertrag und bewirken mithin nicht die aus einem solchen resultierenden Rechts- und Folgewirkungen. Ihre Besonderheit ist eng mit der Gründungsgeschichte und dem Entwicklungsgang der Organisation verbunden und erklärt sich letztlich nur aus diesen Geschehensläufen.

Da sich die Organisationsgründer auf dem Wiener Polizeikongreß 1923 aus Eigeninitiative und ohne Auftrag ihrer zuständigen Regierungsstellen zusammengefunden hatten, konnten die Beschlüsse dieses Gremiums den Regierungen der einzelnen Staaten gegenüber auch keine Rechtsverbindlichkeit besitzen, sondern vielmehr nur den Charakter von Anregungen, Empfehlungen oder Vorschlägen haben. Zwar entwickelte sich die IKPO in der Folgezeit zunehmend zu einer wirkungsvollen Koordinierungsstelle internationaler polizeilicher Zusammenarbeit, die von den Regierungen ihrer Mitglieder in faktischer Hinsicht anerkannt und schließlich auch finanziell unterstützt wurde; da zwischenstaatliche Vertragsabschlüsse mit der Kommission jedoch nicht zustande kamen, durch die allein eine Aufwertung ihrer Rechtsposition hätte bewirkt werden können, blieb zunächst auch die wenig verbindliche Rechtsnatur der Statuten unverändert erhalten. Erst die 1956 wiederum in Wien beschlossenen neuen Interpol-Statuten brachten die Organisation ein wesentliches Stück auf dem Wege zur Festigung ihres rechtlichen Fundaments und des Grades der Verbindlichkeit ihrer Statuten weiter voran. Zwar sind auch nach der Neufassung der Statuten nicht die Staaten selbst, sondern die von ihren zuständigen Regierungsstellen benannten Polizeibehörden Mitglieder der Organisation; die Aufnahmeersuchen sind jedoch von diesen Regierungsstellen an den Generalsekretär der Organisation zu richten. Dabei gilt der Beitritt — mit dem gleichzeitig auch die Anerkennung der Statuten verbunden ist — erst nach Zustimmung durch die Generalversammlung der Organisation mit Zweidrittel-Mehrheit als vollzogen. Für die der Organisation am 13. 6. 1956 bereits angehörenden Mitglieder sah Art. 45 insoweit eine Übergangsregelung vor, als er den zuständigen Regierungsstellen dieser Staaten ein befristetes Einspruchsrecht bezüglich der Annahme der Statuten einräumte, von dem jedoch keine der betroffenen Regierungen Gebrauch gemacht hat. Mithin kann bei der Bewertung des Verbindlichkeitscharakters der Statuten davon ausgegangen werden, daß sie in ihrer Fassung vom 13. 6. 1956 von allen Regierungen der Organisationsmitglieder als verbindliche Grundlage und gültiger Vollzugsrahmen für die organisationsbezogene Kooperation anerkannt sind. Da gemäß Art. 2 die nationalen Gesetze den Bestimmungen der Statuten vorgehen, können sich in praxi keine unlösbaren Konfliktsituationen rechtlicher Art ergeben.

In dem hier interessierenden Sachzusammenhang sind folgende Bestimmungen der Statuten hervorzuheben:

— Art. 1, in dem die Organisationsbezeichnung („Internationale Kriminalpolizeiliche Organisation-Interpol“) und deren Sitz (Paris) festgelegt werden;

— Art. 2 und 3, in denen die Ziele und Kooperationsgrenzen der Organisation bestimmt sind (siehe VI.C.2. und 3.);

— Art. 4, der den Begriff „Mitglied“ sowie die Voraussetzungen für den Mitgliedsbeitritt festlegt;

— Art. 5 bis 30, in denen Aufbau und Tätigkeit der Organisation beschrieben werden (siehe VI.C.4.);
— Art. 31 und 32, die sich mit der Institution der Nationalen Zentralbüros der Organisation befassen (siehe VI.B.4. und VII.B.3.);
— Art. 38 bis 40, die den Haushalt und die Mittel der Organisation betreffen;
— Art. 41, der die Beziehungen der Organisation zu anderen Organisationen regelt;
— Art. 42 bis 44, die sich mit den Fragen der Anwendung, Abänderung und Auslegung der Statuten befassen.

Gemäß Art. 32 der Statuten hat jede zuständige Regierungsstelle eines Mitgliedsstaates eine Dienststelle zu benennen, die die Aufgaben und Funktionen des sog. Nationalen Zentralbüros (NZB) auf nationaler Ebene wahrzunehmen hat. Gemäß § 2 Abs. 1 BKAG hat der deutsche Gesetzgeber das Bundeskriminalamt zum NZB der IKPO-Interpol für die Bundesrepublik Deutschland bestimmt (siehe VII.B.4.).

V. AUF DEM WEGE ZUM ZIEL

A. Vorbemerkungen

Es entspricht den ursprünglichsten Intentionen des Rechtsbrechers, nach der Tatbegehung einen möglichst großen zeitlichen und räumlichen Abstand zwischen sich und den Strafverfolgungsorganen herzustellen, möglichst unauffällig unterzutauchen, verursachte Spuren zu verwischen sowie die erlangte Beute zu sichern bzw. lukrativ abzusetzen.

Dementsprechend waren die Bekämpfungsmaßnahmen und -methoden der Strafverfolgungsorgane seit jeher darauf ausgerichtet, den Zeitvorsprung des Rechtsbrechers auf ein Minimum zu reduzieren, räumliche Distanzen über alle rechtlichen und tatsächlichen Hindernisse hinweg zügig und erfolgreich zu überwinden, durch minuziöse Spurensicherung und Beweismittelerhebung den Täter zu identifizieren und zu überführen, ihn im Wege intensivster Fahndung auszuforschen und gegebenenfalls festzunehmen sowie die erlangte Beute sicherzustellen.

Kennzeichnend für die zurückliegenden Zeitabschnitte ist für den Bereich der Strafverfolgung eine fortschreitende faktische Aufgabenverlagerung bei der Straftatenaufklärung von den Justizorganen auf die Polizei. Parallel zu diesem Entwicklungsgang wurde aber auch die Effizienz der Kriminalitätsbekämpfung in immer weitreichenderem Umfang von der Ergiebigkeit polizeilicher Aktivität und mithin der Wirksamkeit polizeilicher Arbeitsweisen und -methoden abhängig. Die Polizei ihrerseits sah sich genötigt, insbesondere angesichts des bedrohlichen Kriminalitätsanstiegs in der zweiten Hälfte des 19. Jahrhunderts und zu Beginn des 20. Jahrhunderts und der hierbei registrierbaren erheblichen Zunahme überregional und international verübter Delinquenz, nach adäquaten Bekämpfungsmitteln und -methoden Ausschau zu halten. Hierbei kam ihr der seit Mitte des 19. Jahrhunderts einsetzende, teils geradezu stürmisch verlaufene Fortschritt in nahezu allen Wissenschaftsbereichen sehr zustatten. Von den vielfältigen, aus Wissenschaft und Forschung entdeckten oder fortentwickelten und in diesen Epochen in die Kriminalistik eingeführten Errungenschaften haben im Bereich der internationalen Verbrechensbekämpfung die Anwendung erkennungsdienstlicher Neuerungen die nachhaltigste Wirkung gezeitigt. Bereits gegen Mitte des 19. Jahrhunderts war in Europa die Bedeutung des Lichtbildes als Hilfsmittel zur Personenidentifizierung erkannt worden. 1843 war in einem Brüsseler Gefängnis die erste Lichtbildaufnahme eines Verbrechers erfolgt und schon 1874 wurde bei der Pariser Polizei eine Lichtbild-Verbrecherkartei eingerichtet, deren Umfang bis 1879 auf rund 80000 Lichtbilder angewachsen war. 1896 führte die Berliner Polizei im Rahmen der Etablierung des „Erkennungsdienstes“ die Fotografie als Identifizierungshilfsmittel ein und noch vor der Jahrhundertwende fand sie in ganz Deutschland in dieser Eigenschaft Verwendung. Während die Zeitentwicklung über das von dem Franzosen Bertillon entwickelte Körpermeßverfahren schnell hinweggegangen ist, stellt das von ihm wesentlich geförderte sogenannte „portrait parlé“ bis heute die Grundlage für die Personenbeschreibung — als weiteres wichtiges Fahndungs- und Identifizierungshilfsmittel — im Polizeibereich dar.

Die nachhaltigsten und entscheidensten Auswirkungen hatte jedoch die Einführung der Daktyloskopie in die Dienste der Kriminalistik zur Folge. Nachdem der Engländer Galton die für eine praktische Anwendung der Daktyloskopie entscheidenden Grundaussagen wissenschaftlich erhärtet hatte, entwickelte sein Landsmann Henry (späterer Polizeipräsident von London) gemeinsam mit ihm und bei gleichzeitiger praktischer Erprobung ein bis heute gültiges und im Grundsatz nahezu in allen Staaten der Erde verwendetes Fingerabdruck-Klassifizierungssystem. Der Siegeszug dieses sog. „Galton-Henry-Systems“ war einmalig in der Geschichte der Kriminalistik: 1901 wurde es von der Londoner Polizei eingeführt, 1903 fand es bereits weite Verbreitung in Deutschland und 1912 faßte die Berliner Polizeikonferenz den Beschluß, in allen deutschen Bundesstaaten auf diesem System aufbauende daktyloskopische Landeszentralen einzurichten. Ähnlich verlief die Entwicklung in den meisten europäischen und zahlreichen außereuropäischen Staaten.

Überblickt man die Gesamtentwicklung, so bleibt als Resümee die Feststellung, daß der Polizei auf dem Gebiet der internationalen Verbrechensbekämpfung mit Beginn des 20. Jahrhunderts bereits wichtige und wirksame Instrumente zur Bewältigung der ihr gestellten Aufgaben zur Verfügung standen und gleichzeitig erste Ansätze einer Nutzbarmachung dieser Einsatzmittel zu verzeichnen sind.

B. Erste Impulse: 1905—1919

1. Thesen, Tendenzen, Entwicklungsphasen

Unsystematische und unstrukturierte Erkenntnisansätze über die Notwendigkeit einer gezielt und kooperativ betriebenen internationalen Verbrechensbekämpfung scheinen vereinzelt bereits im Verlauf des 19. Jahrhunderts auf. Mit der Zunahme der staatsgrenzenüberschreitenden Kriminalität wurden zu Beginn des 20. Jahrhunderts verstärkt Stimmen laut, die die Veranlassung adäquater Gegenmaßnahmen forderten und dank ihrer Initiativen das Problembewußtsein der Öffentlichkeit weckten. Erste Konturen zeichneten sich ab, als anerkannte Fachleute unmittelbar oder durch Wirken in Fachverbänden oder fachverwandten Gesellschaften auf den unterschiedlichsten Ebenen ihre Forderungen in Programmen und Resolutionen vorstellten. Allerdings wurde das Thema der internationalen Verbrechensbekämpfung hierbei meist nur punktuell oder im Rahmen anderer, größerer Sachzusammenhänge behandelt. Übereinstimmung bestand regelmäßig in den entscheidenden Grundsatzfragen sowie den Forderungen nach Maßnahmen auf internationaler Ebene, der Bildung nationaler Zentralstellen zur wirksamen Bekämpfung, insbesondere zur Durchführung eines intensiven Nachrichten- und Informationsaustausches. In diesem Zusammenhang ist bemerkenswert, daß die Initiativen von engagierten Privatpersonen oder Fachverbänden entwickelt und getragen wurden und die Initiatoren und Verfechter zwar häufig in Staatsdiensten standen, jedoch nicht in unmittelbarem Staatsauftrag handelten. Neben Juristen und Polizeifachleuten waren es vor allem auch Strafvollzugswissenschaftler (Mediziner, Pädagogen, Soziologen und Psychologen), die sich — wenn auch aus unterschiedlichen Beweggründen und von verschiedenartigen Ausgangspositionen her — für eine wirksame Bekämpfung des internationalen Verbrechertums einsetzten. Kennzeichnend für die Entwicklungsphasen bis Mitte des 20. Jahrhunderts — präzise gesagt bis zur Neugründung der IKPK im Jahre 1946 — ist, daß allen Initiativen und Bemühungen der entscheidende Durchbruch zu echt internationaler Anerkennung mit weltweitem Aktionsradius versagt geblieben ist, zugleich aber ohne ihre wertvolle Pionierarbeit das heute Erreichte nicht vorstellbar wäre.

a) Beschlüsse der Internationalen Kriminalistischen Vereinigung (IKV)

Die ersten konzeptionellen Ansätze für eine systematische Bekämpfung des internationalen Verbrechertums wurden in Deutschland von der 1888 unter der geistigen Führung des Deutschen Franz v. Liszt, des Belgiers Adolphe Prins und des Niederländers G. A. van Hamel gegründeten Internationalen Kriminalistischen Vereinigung (IKV) entwickelt. Von den Mitgliedern der Vereinigung wurden auf der Sitzung im September 1905 in Hamburg zur Frage der Bekämpfung des internationalen Verbrechertums folgende wichtigen Beschlüsse gefaßt: 1. Als Folgeerscheinung der modernen Verkehrsentwicklung ist ein internationales Verbrechertum entstanden, dessen Erforschung und Bekämpfung internationale Maßnahmen erfordert. 2. In sämtlichen Staaten sind Zentralstellen zur Bekämpfung des internationalen Verbrechertums einzurichten, welche a) den Polizeibehörden der Hauptstädte angegliedert werden; b) alle Nachrichten über internationales Verbrechertum sammeln und ständig zum Zwecke vorbeugender Maßnahmen wie im Interesse der Strafverfolgung austauschen; c) berechtigt sind, unmittelbar miteinander in Verbindung zu treten. Die gleiche Befugnis ist für alle größeren Strafverfolgungsbehörden erwünscht. 3. Fortlaufende wissenschaftliche Aufarbeitung des bei den Zentralstellen gewonnenen Materials muß die Grundlage schaffen zu weiterer Ausgestaltung des Kampfes gegen das internationale Verbrechertum. 4. Die Versammlung beauftragt den Vorstand, bei den Regierungen die Einberufung einer internationalen Konferenz zu beantragen, die sich mit der Vorbereitung einer Vereinbarung zum Zwecke der Bekämpfung der internationalen Verbrechen und Vergehen befassen soll.

Bereits im Sommer des gleichen Jahres war von der französischen Landesgruppe der Internationalen Kriminalistischen Vereinigung auf ihrer Versammlung ein Antrag angenommen worden, demzufolge eine internationale Konferenz gebildet werden sollte, um die Grundlagen für eine Konvention betreffend die Bekämpfung internationaler Verbrechen und Vergehen zu erarbeiten. Bedauerlicherweise war beiden Initiativen ein Erfolg nicht beschieden.

b) Die deutsche Polizeikonferenz in Berlin 1912

Ihr kommt eine weit über den deutschen Rahmen hinausgehende Bedeutung zu, da sie neben den Fragen der Verbesserung und Vereinheitlichung der Bekämpfung des schweren und reisenden Verbrechertums auch Probleme des unmittelbaren gegenseitigen Verkehrs zwischen in- und ausländischen Polizeibehörden behandelte. So wurde die Zulässigkeit des Direktverkehrs für alle Fälle der Verhütung, Erforschung und Aufklärung schwerer Verbrechen gefordert, wozu sich die Staaten gegenseitig jene Behörden mitteilen sollten, denen der unmittelbare Verkehr gestattet sein sollte. Die bezeichneten Behörden sollten befugt sein, unter bestimmten Voraussetzungen bei Verbrechen ein Mitfahndungs- und im Ermittlungsfalle ein Festnahmeersuchen zu stellen und im Falle einer möglichen Auslieferung die Erwirkung eines Haftbefehls sowie die weiteren nach den Auslieferungsverträgen erforderlichen Maßnahmen in die Wege zu leiten. Gleichzeitig sollte die ersuchte Behörde verpflichtet sein, ihren Fahndungsdienst wie bei inländischen Ersuchen einzusetzen und alle Fahndungsergebnisse der ersuchenden Behörde auf dem kürzesten Wege zu übermitteln. Schließlich sollten auch im Einklang mit dem inländischen Recht und dem jeweils geltenden Auslieferungsvertrag stehende sonstige Maßnahmen wie Durchsuchungen, Beschlagnahmen usw. möglich sein und vollzogen werden können.

c) Europäische und außereuropäische Polizeikongresse bis 1914

1905 sowie in den Folgejahren bis zum Ausbruch des ersten Weltkrieges fanden wiederholt in europäischen und außereuropäischen Staaten Polizeikongresse statt, die sich auch mit Fragen und Problemen der internationalen Verbrechensbekämpfung befaßten. So wurden 1905 in Buenos Aires, 1909 und 1912 in Sao Paulo sowie 1913 in Washington Kongresse abgehalten, bei denen jeweils Einmütigkeit darüber bestand, daß die Bekämpfung des internationalen Verbrechertums unzureichend sei. Im Interesse einer wirksamen Verbrechensbekämpfung wurden vor allem eine Reform des Auslieferungsverfahrens, insbesondere des hier vorgeschriebenen schwerfälligen und zeitraubenden diplomatischen Geschäftsweges sowie die Reorganisation des polizeilichen Fahndungswesens gefordert.

2. Ein erster Meilenstein: der internationale Polizeikongreß in Monaco 1914

Im Rahmen der Bemühungen um eine möglichst weit gespannte Bekämpfung des internationalen Verbrechertums kommt dem sog. Ersten Internationalen Polizeikongreß in Monaco, der vom 14. bis 18. April 1914 abgehalten wurde, und an dem Polizeibeamte und Juristen aus 14 Ländern teilnahmen, eine herausragende Bedeutung zu. Leider fehlten die Länder englischer Sprache ganz und Deutschland sowie Österreich-Ungarn waren offiziell nicht vertreten, so daß der Kongreß nach der Art seiner Beschickung nicht im eigentlichen Sinne als international bezeichnet werden kann.

Auf der Tagesordnung des Kongresses standen folgende Hauptthemen: 1. Geeignete Maßnahmen zur Beschleunigung und Vereinfachung der Fahndung nach Rechtsbrechern; 2. Verbesserung der erkennungsdienstlichen Methoden; 3. Einrichtung einer internationalen zentralen Aktenhaltung; 4. Vereinheitlichung des Auslieferungsverfahrens. Mehrere wichtige Fragen wie die Ausarbeitung einer signaletischen Karte und eines einheitlichen Registrierverfahrens, die Einrichtung eines internationalen Zentralstrafregisters und die Erarbeitung einer Definition zum Begriff „internationaler Verbrecher des gemeinen Rechts" wurden zur Behandlung an eine noch zu bildende internationale Unterkommission verwiesen. Ferner wurde von den Kongreßteilnehmern die Einberufung des nächsten Kongresses für August 1916 nach Bukarest sowie — im Fall der Zustimmung durch die zuständigen Regierungen — die Schaffung eines gemeinsamen Organs, das die Zentralisierung von Auskünften zum Ziele haben und die Polizeibehörden aller Länder unterstützen sollte, beschlossen.

Durch den Ausbruch des 1. Weltkrieges wurde die Realisierung dieser Vorhaben jedoch verhindert.

C. Neue Initiativen: 1919—1923

1. Ein bedeutender Vorkämpfer: M. C. van Houten

Es ist ein besonders zu veranschlagendes Verdienst im Rahmen der Bemühungen um eine erfolgreiche, gezielte Verbrechensbekämpfung, daß M. C. van Houten, Kaptein der Koninklijke Maréchaussée der Niederlande, bereits unmittelbar nach Beendigung des ersten Weltkrieges den Gedanken der internationalen polizeilichen Zusammenarbeit wieder aufgegriffen und in einem vertraulichen Brief vom 10. 12. 1919 an die bedeutendsten Polizeibehörden der Welt die Einberufung einer internationalen Konferenz angeregt hat.

In seinem Schreiben wies van Houten auf den allgemein registrierbaren Kriminalitätsanstieg als Folge der Kriegs- und Nachkriegszeit, die daraus ableitbare Interessengemeinschaft der verschiedenen Staaten in der Bekämpfung dieser Kriminalität sowie auf die erheblichen Hindernisse hin, die für die Ermittlungen und Maßnahmen der Kriminalpolizei als Folge der bestehenden Staatsgrenzen gegeben seien. Nach seinen Vorstellungen sollten in allen Ländern nationale Polizeizentralen errichtet werden, die unmittelbar gegenseitig zusammenarbeiten und zugleich das Bindeglied zu einer internationalen Zentrale darstellen sollten. Die Aufgaben der internationalen Zentrale umriß van Houten wie folgt: „a. Das Studieren der kriminalistischen Verhältnisse in allen Ländern. b. Dem Völkerbundsrat Vorschläge machen zu internationalen Vereinbarungen, welche der Vorbeugung des Verbrechens und der Bekämpfung des Verbrechertums dienen sollen, so daß dadurch zu gleicher Zeit eine gute Zusammenarbeit gefördert wird. c. Das Abgeben von Gutachten an den Völkerbundsrat hinsichtlich solcher Regelungen, die nicht direkt in den Kriminalpolizeidienst einschlagen, bei welchen jedoch wohl auf diesen Dienst Rücksicht genommen werden soll. d. Das Sammeln von Einzelheiten, Signalements, Lichtbildern, Strafblättern usw. von internationalen Verbrechern. e. Beistand leisten bei der Ermittlung von Verbrechern, die vermutlich das Land, wo sie ein Verbrechen begangen, verlassen haben. Zu diesem Zweck wäre von der internationalen Zentrale ein periodisches internationales Fahndungsblatt herauszugeben. f. Auskunftserteilung an Polizeibehörden entweder aus den gesammelten Einzelheiten oder durch anderweitige Erkundigung."

Leider war den Bemühungen van Houtens kein Erfolg beschieden. Zweifellos kamen seine vorzüglichen Vorschläge zu früh, um von einer noch mit den Nachkriegswirren beschäftigten, problemüberladenen Welt bereits gehört und befolgt zu werden.

2. Bemühungen in den USA

1922 initiierte Richard E. Enright, Police Commissioner von New York, einen Polizeikongreß in New York, der sich im wesentlichen mit folgenden Punkten befaßte: Standardisierung der Polizeisysteme und polizeilichen Arbeitsmethoden, engere Zusammenarbeit der verschiedenen Polizeibehörden, Einrichtung eines Zentralpolizeibüros für den Kriminalnachrichtendienst und eines gegenseitigen Nachrichtenaustauschdienstes über Verbrecher sowie Einführung einer zweckmäßigen Kontrollmethode bezüglich des reisenden internationalen Verbrechertums. Da Delegierte aus dem außeramerikanischen Bereich an der Veranstaltung nicht teilnahmen, blieb der für den internationalen Bereich angestrebte Erfolg versagt. Nicht erfolgreicher in dieser Hinsicht verlief auch ein 1923 nach New York einberufener internationaler Polizeikongreß, der sich hauptsächlich mit den gleichen Problembereichen befaßte.

D. Der entscheidende Durchbruch: Die Gründung der Internationalen Kriminalpolizeilichen Kommission (IKPK) 1923

Nach sorgfältiger Vorbereitung und Fühlungnahme mit einer Reihe nahmhafter Polizeifachleute des In- und Auslandes sowie deren Regierungen gelang es der tatkräftigen Initiative des Wiener Polizeipräsidenten Hans Schober im September 1923 einen Internationalen Polizeikongreß nach Wien einzuberufen. Auch wenn England auf dem Kongreß fehlte, so kann er doch als international bezeichnet werden, da neben Österreich mit seinen Bundesländern 16 europäische Staaten (Dänemark, Deutschland, Fiume, Frankreich, Griechenland, Italien, Jugoslawien, Lettland, die Niederlande, Polen, Rumänien, Schweden, die Schweiz, die Tschechoslowakei, die Türkei und Ungarn) sowie 4 außereuropäische Staaten (Ägypten, die USA, China und Japan) vertreten waren.

Auf der Tagesordnung des Kongresses, der in der Zeit vom 3. bis 7. 9. 1923 abgehalten wurde, standen folgende Hauptberatungspunkte: 1. Organisierung des zwischenstaatlichen Verkehrs der Sicherheitspolizeibehörden (unmittelbare Amtshilfe). 2. Energische Bekämpfung des internationalen Verbrechertums. 3. Auslieferung der verhafteten Verbrecher und Durchführung der Ausweisung abgestrafter Verbrecher. 4. Einführung einer internationalen Verkehrssprache der Polizei. 5. Bekämpfung des Alkoholismus, Morphinismus und Kokainismus innerhalb des polizeilichen Wirkungskreises. 6. Kriminalwissenschaft.

Verständlicherweise konnte der Kongreß die sehr weit gespannten Themen und die ihnen innewohnenden vielschichtigen Problemstellungen nicht erschöpfend behandeln, sondern weitgehend nur substantiell erörtern. Überragende Bedeutung kam im Gesamtrahmen dem Referat „Schaffung eines internationalen Polizeibüros" zu. Die wichtigsten Ergebnisse des Kongresses aber waren die am 7. 9. 1923 gefaßten Beschlüsse, den Kongreß unter der Bezeichnung „Internationale kriminalpolizeiliche Kommission" in eine permanente Institution umzuwandeln und der neugegründeten Kommission eine Geschäftsordnung zu geben. Im einzelnen lauteten die Beschlüsse zu diesen beiden Punkten wie folgt:

„In Erkenntnis dessen, daß der Kampf gegen das internationale Verbrechertum nur durch ein engeres Zusammenwirken der Sicherheitsbehörden aller Kulturstaaten mit Erfolg durchgeführt werden kann, beschließt der im September 1923 in Wien tagende internationale Polizeikongreß die Errichtung einer „Internationalen kriminalpolizeilichen Kommission", welche ihre Tätigkeit sofort aufzunehmen hat.

Er beschließt weiter für diese Kommission folgende Geschäftsordnung:

§ 1. Zweck der Internationalen kriminalpolizeilichen Kommission ist:

a) Die Verbürgung und Ausgestaltung gegenseitiger weitestgehender Amtshilfe aller Sicherheitsbehörden im Rahmen der in den einzelnen Staaten bestehenden Gesetze.

b) Die Sorge für die Schaffung und Ausgestaltung aller Einrichtungen, welche geeignet sind, den Kampf gegen das gemeine Verbrechertum erfolgreich zu gestalten.

§ 2. Der Sitz der Internationalen Kriminalpolizeilichen Kommission ist Wien, solange nicht im Plenum eine andere Stadt hierfür bestimmt wird.

§ 3. Die Mitglieder der Internationalen Kriminalpolizeilichen Kommission werden von dem in Wien derzeit tagenden Polizeikongreß in der Weise gewählt, daß jeder Staat durch mindestens einen Abgeordneten vertreten ist. Die Regierungen der Staaten, die auf dem derzeit tagenden Polizeikongreß nicht vertreten sind, sind einzuladen, ihre Vertreter zu benennen.

Weiter können als Mitglieder alle jene Bewerber zugelassen werden, von denen eine wirksame Förderung der Zwecke der Kommission zu erwarten ist. Über die Aufnahme solcher Bewerber entscheiden die Mitglieder der Kommission mit Stimmenmehrheit.

§ 4. Die Leitung und Vertretung der Internationalen Kriminalpolizeilichen Kommission obliegt jenen Funktionären, denen die Leitung des jeweils letzten Kongresses bzw. der letzten Tagung der Kommission als Präsident bzw. stellvertretendem Präsidenten übertragen war.

§ 5. Dem Präsidenten ist zur Besorgung der Geschäfte ein Verwaltungsausschuß beizugeben, der aus fünf Referenten und einem Sekretär besteht. Zwei dieser Referenten sowie der Sekretär sind den Sicherheitsbehörden jenes Staates zu entnehmen, dem der Präsident der Kommission angehört. Der Verwaltungsausschuß wird von den Mitgliedern der Kommission aus ihrer Mitte mit Stimmenmehrheit gewählt und übt seine Funktion jeweils bis zur nächsten Tagung der Kommission aus. Dem Präsidenten steht das Recht zu, wenn es die Besorgung der Geschäfte erfordert, fallweise aus besonderen Anlässen noch weitere Referenten zu bestellen.

§ 6. Für den geschäftlichen Verkehr mit dem Präsidenten wählen die Mitglieder der Kommission staatenweise je einen Korrespondenten, soweit sie nicht ohnehin durch einen Referenten im Verwaltungsausschuß vertreten sind.

§ 7. Anträge der Mitglieder über Gegenstände, die in den Wirkungskreis der Kommission fallen, sind schriftlich an den Präsidenten zu leiten, der sie nötigenfalls den Referenten zur Bearbeitung zuweist. Die Beschlußfassung über solche Anträge erfolgt im Plenum der Kommission.

§ 8. Der Präsident beruft die Kommission alljährlich zu einer ordentlichen Sitzung ein. Zugleich mit der schriftlichen Einladung ist die in Aussicht genommene Tagesordnung bekanntzugeben.

§ 9. Zur Beschlußfassung ist die Anwesenheit mindestens der Hälfte der Mitglieder sowie die Stimmenmehrheit erforderlich.

Der Präsident hat das Recht, eine Beschlußfassung in dringenden Fällen, wenn die Versammlung nicht tagt, auch im schriftlichen Wege zu veranlassen.

§ 10. Änderungen und Ergänzungen dieser Geschäftsordnung beschließt die Internationale kriminalpolizeiliche Kommission mit Stimmenmehrheit.

Zum Präsidenten der neugegründeten IKPK wurde der Hauptinitiator Dr. Schober gewählt.

Der Kongreß faßte weiterhin den Beschluß, einen internationalen Code für den telegrafischen Verkehr der Polizeibehörden einzuführen und ersuchte seine Mitglieder, sich bei der Korrespondenz — unbeschadet des Grundsatzes, Rechtshilfeersuchen in jeder Sprache zu erledigen — möglichst der deutschen, englischen, französischen oder italienischen Sprache zu bedienen. Gleichzeitig wurde der unmittelbare zwischenstaatliche Verkehr der Sicherheitsbehörden zum Zwecke der gegenseitigen Amtshilfe als unerläßlich erklärt. Schließlich wurde — neben zahlreichen anderen, im einzelnen hier nicht darstellbaren Beschlüssen und Erklärungen — die österreichische Polizeirundschau „Öffentliche Sicherheit“ unter dem Titel „Internationale Öffentliche Sicherheit“ zum zentralen Publikationsorgan der Kommission bestimmt.

Es leuchtet ein, daß alle Beschlüsse des Kongresses, wie alle Nachfolgebeschlüsse auch, für die von den Mitgliedern vertretenen Staaten nicht verbindlichen Charakter, sondern ausschließlich den von Empfehlungen, Anregungen und Vorschlägen an die Adressen der zuständigen Regierungen haben konnten. Dennoch steht außer Frage, daß die von dem Kongreß gefaßten Beschlüsse einen ganz entscheidenden Schritt auf dem praktischen Wege zu einer wirkungsvollen internationalen Bekämpfung des Verbrechertums darstellten.

E. Stabilisierung, Ausbau und Rückschlag: 1924—1945

1. Der Entwicklungsgang bis zum Ausbruch des 2. Weltkrieges

In den Folgejahren wurde bei der Bundespolizeidirektion in Wien als Zentralstelle der IKPK ein Internationales Büro errichtet, dessen wesentlichste Aufgaben darin bestanden, Nachrichten über Persönlichkeit und Betätigung internationaler Verbrecher auf Grund der von den Zentralsammelstellen der Mitgliedsstaaten ergangenen Meldungen zusammenzufassen und an diese zu vermitteln, die Fahndung nach ins Ausland geflüchteten Personen zu bewirken, die Herkunft widerrechtlich entfremdeten Gutes aus dem Ausland oder im Ausland festzustellen sowie zur Ermittlung im Ausland befindlicher vermißter Personen und zur Feststellung unbekannter, aus dem Ausland stammender Täter beizutragen. Um diese Aufgaben sachgerecht wahrnehmen zu können, wurden schrittweise ein kriminalpolizeilicher Nachrichtendienst über internationale Verbrecher, ein Nachrichtendienst über besonders gefährliche Verbrecherkategorien aus dem internationalen Bereich, ein Personen- und ein Sachfahndungsdienst sowie eine Sammlung über Vermißte und unbekannte tote Personen geschaffen. Ferner wurden eine Zentralstelle zur Bekämpfung von Geldzeichen-, Scheck- und Wertpapierbetrug, eine Zentralstelle zur Bekämpfung von Paßfälschungen sowie eine Zentralstelle für die internationale Versendung von Fingerabdrücken und Lichtbildern internationaler Verbrecher eingerichtet. Als sinnvolle und bedeutsame Ergänzung der genannten Einrichtungen und Sammlungen wurde schließlich eine Sammlung über internationale Ausländer angelegt. Entwickelt und gefördert wurden weiterhin die Arbeiten auf dem Gebiete des internationalen Polizeifunkwesens, für das von der IKPK ein besonderer Funkfachausschuß eingesetzt worden war. So konnte u. a. eine von diesem Ausschuß für den internationalen Polizeifunkdienst entworfene Funkordnung mit Wirkung vom 1. 1. 1932 in Kraft gesetzt werden. Insgesamt waren die der Gründung folgenden Jahre von einem stetigen Auf- und Ausbau der Kommission gekennzeichnet; eine Entwicklung, die bis 1938 fortdauerte und bis dahin auch in normalen Bahnen verlief. Bis zu diesem Zeitpunkt waren der Kommission bereits 34, meist europäische Staaten beigetreten.

2. *Im Schatten des Krieges: Machtmißbrauch durch den NS-Staat*

Es gehört zu der besonderen Tragik der Kommission, daß es primär aus ihrer Gründungs- und Entwicklungsgeschichte erklärbare eigene Beschlüsse waren, die es — unvorhersehbar für die an dem damaligen Geschehen Beteiligten — den Machthabern des NS-Regimes nach der Angliederung Österreichs im Jahre 1938 erleichterten, die Organisation durch Manipulation und Willkür dem eigenen sicherheitspolizeilichen Apparat zu unterstellen und im weiteren Verlauf nahezu vollständig einzugliedern. Bereits seit ihrer Gründung im Jahre 1923 war die Kommission an ihrem Sitz in Wien in dem Gebäude der Bundes-Polizeidirektion etabliert. Nach der Pensionierung des Präsidenten der Bundes-Polizeidirektion, Dr. Brendl, der zugleich zweiter Präsident der IKPK war, faßten die Kommissionsmitglieder 1934 den Beschluß, daß die Funktion des Präsidenten der IKPK von dem jeweils amtierenden Polizeipräsidenten in Wien ausgeübt werden sollte. 1937 wurde dieser Beschluß auf der ordentlichen Versammlung in London bekräftigt und in seiner Wirkung bis 1942 verlängert.

Diese Personalunion und die dadurch bewirkte enge Bindung der IKPK an die Geschicke der österreichischen Polizei sollten sich indessen schon sehr bald nach dem sog. Anschluß Österreichs an das Deutsche Reich als äußerst nachteilig und im Endergebnis verhängnisvoll erweisen. Zu spät setzten Bemühungen innerhalb der Kommission ein, deren Bestand im Geiste ihrer Gründer durch Verlegung des Kommissionssitzes in ein neutrales Land zu erhalten. Einflußnahme und Geschehensbeeinflussung seitens der Machthaber des NS-Regimes waren bereits so stark angewachsen, daß eine Schicksalswende nicht mehr durchgesetzt werden konnte. Wie die nur unvollständig erhalten gebliebenen Unterlagen aus jenen Kriegsjahren erkennen lassen, war die IKPK praktisch seit 1940 ihrer satzungsmäßigen Bestimmung und damit ihrer echten Funktionen beraubt, nachdem der Chef der deutschen Sicherheitspolizei, Heydrich, durch willkürliche Auslegung ergangener Kommissionsbeschlüsse und Manipulation zum Präsidenten der IKPK ernannt worden war. De facto war die Kommission in der Endphase dieser Entwicklung fest in das Reichskriminalpolizeiamt in Berlin integriert, das während der letzten Jahre bis zum Zusammenbruch im Jahre 1945 die Aufgaben und Funktionen der IKPK ausgeübt hat. Der Kommission selbst — seit 1942 in Berlin-Wannsee untergebracht — wurde nur noch ein Schein- bzw. Schattendasein zugestanden. Wesentlichster Beweggrund für die Bestrebungen, die IKPK in nationale Abhängigkeit zu bringen, war zweifellos die Absicht der NS-Machthaber, eine weltweit aufgebaute, neutrale Organisation in die Hände zu bekommen, um sie fallweise — trotz eingeengter und abgebrochener Beziehungen während des Krieges — als brauchbares Instrument bei der Verfolgung ihrer maßlosen Zielsetzungen verwenden zu können. Unterlagen belegen jedenfalls, daß die Absicht bestand, die IKPK über das Kriegsende hinaus zu beherrschen. Das Ende des zweiten Weltkrieges bedeutete jedoch zugleich auch das faktische Erlöschen der Kommission.

F. Die Neugründung der Kommission und Jahre des Fortschritts: 1946—1955

Ähnliche Umstände und Zeitereignisse, wie sie 1923 zu der Gründung der IKPK in Wien geführt hatten, bewirkten auch 1946 die Neugründung der Kommission. Mit der Rückkehr des Friedens lebten die internationalen Beziehungen wieder auf und ermöglichten Kontakte, Initiativen und erste Ansätze einer internationalen polizeilichen Zusammenarbeit. Ein erheblicher Kriminalitätsanstieg seit Kriegsende und untrügliche Anzeichen für ein

Anwachsen des Berufsverbrechertums veranlaßten schließlich 1946 die belgischen Behörden dazu, auf Anregung von F. E. Louwage, Generalinspektor der belgischen Polizei, eine Konferenz nach Brüssel einzuberufen, um die IKPK neu erstehen zu lassen. So versammelten sich hier vom 6. bis 9. Juni 1946 namhafte Kriminalisten aus insgesamt 17 Ländern zu einer Konferenz.

An diesem 15. Kongreß seit der Gründung der IKPK in Wien nahmen Vertreter aus 14 europäischen Staaten (Belgien, Dänemark, Frankreich, Jugoslawien, die Niederlande, Luxemburg, Norwegen, Polen, Portugal, die Schweiz, Schweden, die Tschechoslowakei, die Türkei und das Vereinigte Königreich) sowie aus 3 außereuropäischen Staaten (Ägypten, Chile und der Iran) teil.

Die Konferenz nahm neue Statuten an und bestimmte Paris zum Sitz der Organisation. Gleichzeitig wurde ein fünfköpfiges Exekutivkomitee gewählt, das sich aus dem Präsidenten (F. E. Louwage, Belgien), dem Generalsekretär (L. Ducloux, Frankreich) und 3 Generalberichterstattern zusammensetzte. Deutschland war auf der Brüsseler Konferenz nicht vertreten, da weder an die west-, noch an die ostdeutschen Länder eine Einladung ergangen war. So wickelte sich in der Folgezeit (praktisch bis zur Aufnahme der Bundesrepublik Deutschland im Jahre 1952 in die Organisation) die Zusammenarbeit der westdeutschen Kriminalpolizei mit der IKPK inoffiziell über die drei Zonen-Büros mit Sitz in Hamburg, Baden-Baden und Stuttgart ab, während die drei westdeutschen Zonen selbst auf den Tagungen der Kommission durch je einen Beauftragten der westlichen Besatzungsmächte vertreten waren. Als erster Deutscher nahm nach dem zweiten Weltkrieg der Präsident des kurz vorher errichteten Bundeskriminalamtes, Dr. Max Hagemann, an der 20. Tagung der IKPK in Lissabon als Beobachter teil. Schließlich erfolgte in einer für die Bundesrepublik Deutschland historischen Stunde auf der 21. Tagung in Stockholm ihre Aufnahme als vollberechtigtes Mitglied in die Kommission. Offiziell wurde die Bundesrepublik Deutschland hierbei von dem neuen Präsidenten des Bundeskriminalamtes, Dr. Jess, sowie dem späteren Präsidenten des Bundeskriminalamtes (1965—1971) und der IKPO-Interpol (1968—1972) Paul Dickkopf vertreten.

Der Entwicklungsgang der Organisation in dem ersten Jahrzehnt nach ihrer Neugründung war gekennzeichnet durch die Realisierung wichtiger Reformen, den raschen, aber dennoch soliden Auf- und Ausbau in institutioneller und organisatorischer Hinsicht, die Knüpfung weltweiter Kontakte und somit insgesamt die erhebliche Erhöhung ihrer Leistungsfähigkeit, ihrer Effektivität und ihres Einflusses auf internationalem Parkett. Aus der Fülle bedeutender Ereignisse sollen beispielhaft nur einige wenige herausgegriffen werden. Bereits auf der 17. Versammlung der IKPK 1948 in Prag war eine für die Aufgabenabgrenzung der Kommission wesentliche Änderung der Satzung vollzogen worden, durch die insbesondere alle Angelegenheiten politischen, religiösen, oder rassischen Charakters aus dem Tätigkeitsbereich der Organisation ausgeschlossen wurden. Erneut war ferner die Forderung bekräftigt worden, zur zentralen Wahrnehmung aller Angelegenheiten der IKPK und im Interesse einer effektiven internationalen Zusammenarbeit in jedem Mitgliedsland ein nationales Zentralbüro der Organisation einzurichten. Eine beachtliche Anerkennung und Aufwertung erfuhr die IKPK im Jahre 1949 auf internationaler Ebene durch die Verleihung des Beraterstatus für zwischenstaatliche Organisationen seitens der Vereinten Nationen. Im gleichen Jahre nahm die Kommission die Regelung über die internationalen Funkverbindungen an und 1952 errichtete sie in Lagny-Pomponne eine zentrale Funksendeanlage. Während sich 1946 zum Festakt der Neugründung in Brüssel noch Vertreter aus lediglich 17 verschiedenen Staaten der Erde versammelt hatten, konnte die IKPK 1955 bereits den Beitritt ihres 50. Mitglieds verzeichnen.

VI. DIE REALISIERUNG EINER IDEE: DIE IKPO-INTERPOL

A. Konstituierung der IKPO-Interpol 1956

Bereits 1955 auf der 24. Tagung in Istanbul hatte es die Delegiertenversammlung „in der Erwägung, daß die IKPK seit längeren Jahren einen bedeutenden Platz im internationalen Leben einnimmt, und daß die zur Zeit in Kraft befindlichen Statuten den jetzigen Anforderungen nicht mehr entsprechen, für notwendig erachtet, der Organisation eine bessere Rechtsgrundlage zu geben". Ein beauftragter Unterausschuß erarbeitete in enger Zusammenarbeit mit dem Generalsekretariat der Kommission die neuen Grundsätze, auf denen die künftigen Statuten aufgebaut werden sollten. Auf der 25. Jubiläumstagung der Kommission, abgehalten am 7. 6. 1956 am Gründungsort in Wien, wurden die 50 Artikel umfassenden neuen Statuten mit überwältigender Mehrheit (36 Ja-Stimmen, keine Gegenstimme und eine Enthaltung) angenommen. Für die Geschäftsordnung fand sich eine einstimmige Mehrheit. So markiert die Jubiläumstagung in Wien eine wichtige Zäsur in der Entwicklungsgeschichte der Kommission, die sich gemäß Artikel 1 der Statuten nunmehr „Internationale Kriminalpolizeiliche Organisation-Interpol" nannte. Die Bezeichnung „Interpol" (gebildet aus der Zusammenziehung des englischen Ausdrucks „international police") war von dem Generalsekretariat in Paris bereits 1946 als Telegrammadresse gewählt worden. Gemäß einem Antrag Italiens aus dem Jahre 1947 verwendeten die NZB's der Kommission unter Hinzusetzen des jeweiligen Namens der Stadt, in welcher sie ihren Sitz hatten, bereits ab diesem Zeitpunkt die gleiche Abkürzung als Adresse im telegraphischen und postalischen Verkehr. Da sich in der Folgezeit diese Kurzbezeichnung auch in der breiten Öffentlichkeit eingebürgert hatte, wurde sie angesichts dieser Popularität in den Statuten von 1956 der Organisationsbezeichnung hinzugefügt. Aus der Tatsache, daß die Generalversammlung den größten Teil der Zeit für die Erörterung der Neufassung der Statuten und der neuen Geschäftsordnung aufwendete, ergibt sich die außergewöhnliche Bedeutung der Tagung und der beiden Papiere. Vor allem die Reform der Statuten war unerläßlich, geworden um der Organisation eine adäquate Anpassung an die aktuellen praktischen Erfordernisse bzw. die gesteigerten Leistungserwartungen zu ermöglichen, ihre finanziellen Bedürfnisse und Belange einer tragfähigen Lösung zuzuführen und ihre Ziele klar zu formulieren. Nach Billigung der Statuten durch die Vollversammlung der Organisation wurden sie den Außenministerien aller damaligen Mitgliedsländer zur Prüfung vorgelegt, wobei den Adressaten für die Aufkündigung der Vertragsklauseln eine Frist von 6 Monaten eingeräumt wurde. Von diesem Aufkündigungsrecht hat jedoch keiner dieser Staaten Gebrauch gemacht.

B. Meilensteine der Entwicklung

Bereits in den Jahren 1957/1958 erfolgten tiefgreifende Reformen im Bereich des Finanzwesens. So wurden die bis dahin von den Mitgliedsländern aufgebrachten Mitgliederbeiträge durch ein modernes, sozialgerechtes System von Haushaltseinheiten abgelöst, an Hand dessen die jeweiligen Beitragsleistungen mit Zustimmung des betroffenen Landes festgelegt werden. 1959 konnten die internationalen Beziehungen durch den Abschluß eines Abkommens über die Zusammenarbeit mit dem Europarat ausgedehnt und vertieft werden. Erstmalig tagte 1960 eine Generalversammlung der IKPO-Interpol außerhalb des europäischen Kontinents in Washington und demonstrierte damit die weltweit orientierte Grundposition der Organisation. Gleiche Gesichtspunkte können für die Abhaltung der Ersten Regionalkonferenz in Monrovia/Afrika im Jahre 1962 gelten. Im Rahmen der Rationalisierungs- und Effektivierungsbemühungen erfolgte 1961 die Verlegung der seit 1946 in Den Haag angesiedelten Dienststelle für „Nachahmungen und Fälschungen“ zum Generalsekretariat der IKPO-Interpol nach Paris. Im Interesse einer konzentrierteren und erfolgreicheren Zusammenarbeit wurde 1965 die Annahme des Berichts über die Doktrin der NZB's als Anhang zur Geschäftsordnung beschlossen. Bereits 1964 war mit den Arbeiten zur Errichtung eines Gebäudes an dem Sitz der Organisation in Paris Saint-Cloud begonnen worden, die 1966 abgeschlossen werden konnten. Mit der anschließenden Unterbringung des Generalsekretariats in dem neuen Gebäude hatte die Organisation einen entscheidenden Schritt in organisatorischer und verwaltungsmäßiger Hinsicht vollziehen können. Durch die erfolgte Verlegung der zentralen Funkstation auf ein von der Organisation erworbenes Grundstück in der Nähe von Paris (rund 6 Jahre später) wurde schließlich auch ein für die Funktionstüchtigkeit der IKPO-Interpol auf nachrichtentechnischem Gebiet bedeutsames Projekt realisiert. Im Jahre 1967 konnte die IKPO-Interpol den Beitritt ihres 100. Mitglieds auch als Beweis des weltweiten Wirkungskreises registrieren. Weitere Bestätigungsbeweise für den ihr zugemessenen Stellenwert in den zwischenstaatlichen Beziehungen erfuhr die Organisation durch die 1971 erfolgte Unterzeichnung eines ihren bisherigen Beraterstatus aufwertenden „Sonderabkommens über Zusammenarbeit“ mit den Vereinten Nationen sowie durch den Abschluß eines Abkommens mit der französischen Regierung über den Sitz der Organisation in Paris.

C. Die IKPO-Interpol heute

1. Allgemeiner Rahmen

Zur Zeit (Stand 1. 4. 1975) gehören der IKPO-Interpol folgende 120 Staaten als Mitglieder an:

Äthiopien	Gabun
Algerien	Ghana
Antillen (Niederl.)	Griechenland
Argentinien	Großbritannien
Australien	Guatemala
Bahamas	Guinea
Bahrain	Guyana
Belgien	Haiti
Birma	Honduras
Bolivien	Indien
Brasilien	Indonesien
Burundi	Irak
Chile	Iran
China (Rep.)	Irland
Costa Rica	Island
Dänemark	Israel
Dahome	Italien
Deutschland (BR)	Jamaika
Dominikanische Rep.	Japan
Ecuador	Jordanien
Elfenbeinküste	Jugoslawien
El Salvador	Kamerun
Fidschi	Kanada
Finnland	Katar
Frankreich	Kenia

Khmer-Republik	Panama
Kolumbien	Peru
Kongo (Brazzaville)	Philippinen
Korea (Rep.)	Portugal
Kuba	Ruanda
Kuwait	Rumänien
Laos	Sambia
Lesotho	Saudi-Arabien
Libanon	Schweden
Liberia	Schweiz
Libyen	Senegal
Liechtenstein	Sierra Leone
Luxemburg	Singapur
Madagaskar	Spanien
Malawi	Sri Lanka
Malaysia	Sudan
Mali	Surinam
Malta	Syrien
Marokko	Tansania
Mauretanien	Thailand
Mauritius	Togo
Mexiko	Trinidad u. Tobago
Monaco	Tschad
Nauru	Türkei
Nepal	Tunesien
Neuseeland	Uganda
Nicaragua	Uruguay
Niederlande	Venezuela
Niger	Vereinigte Arab. Rep.
Nigeria	Vereinte Arab. Emirate
Norwegen	USA
Oberwolta	Vietnam (Rep.)
Österreich	Zaire
Oman	Zentralafr. Rep.
Pakistan	Zypern

Ihrer geographischen Zuordnung nach sind somit 36 afrikanische, 27 amerikanische, 33 asiatisch-ozeanische und 24 europäische Staaten Mitglied; eine Auffächerung, die den globalen Rahmen der Organisation belegt. Als beitrittswilliger Staat hat die Demokratische Republik Somalia bereits ein entsprechendes Gesuch an die Organisation gerichtet.

2. *Rechtsstatus, Ziele*

Die IKPO-Interpol ist eine Organisation sui generis. Sie besitzt nicht den Status eines Völkerrechtssubjekts, der z. B. Voraussetzung wäre, um mit der Bundesrepublik Deutschland einen völkerrechtlichen Vertrag i.S. des Art. 59 Abs. 2. GG abschließen zu können, sie ist jedoch durch ein Abkommen mit dem Wirtschafts- und Sozialrat der Vereinten Nationen (UN) über eine engere Zusammenarbeit zwischen den Organen beider Organisationen als zwischenstaatliche Organisation anerkannt worden. Ferner hat die französiche Regierung 1972 mit ihr ein Abkommen über den Sitz der Organisation unterzeichnet, das ihre Rechtsstellung in Frankreich, d. h. in jenem Land, in dem sich die Einrichtungen und Liegenschaften der Organisation befinden, festlegt und das vom französischen Parlament als Gesetz verabschiedet wurde. Andererseits sind eindeutig (Art. 4 der IP-Statuten) Mitglieder der IKPO-Interpol nicht die vertretenen Nationen in ihrer Eigenschaft als souveräne Staaten, sondern vielmehr jene Polizeibehörden der verschiedenen Länder, die der Organisation mit Genehmigung ihrer zuständigen Regierungsstellen angehören. Die Ziele der Organisation sind gemäß Art. 2 der am 13. 6. 1956 in Wien beschlossenen und seither in unveränderter Form erhalten gebliebenen Statuten:

„a. eine möglichst umfassende gegenseitige Unterstützung aller Kriminalpolizeibehörden im Rahmen der in den einzelnen Ländern geltenden Gesetze und im Geiste der Erklärung der Menschenrechte sicherzustellen und weiterzuentwickeln sowie

b. alle Einrichtungen, die zur Verhütung und Bekämpfung der gemeinen Verbrechen und Vergehen wirksam beitragen können, zu schaffen und auszubauen.“

3. *Prinzipien der Zusammenarbeit*

Nach dem Geist und Selbstverständnis der Gründer, Mitglieder und Organvertreter sowie den als Ausfluß dieser Grundhaltung in der Geschäftsordnung, den Statuten sowie zahlreichen Resolutionen niedergelegten Grundsätzen ist die internationale Zusammenarbeit im Rahmen der Organisation an folgende wichtige Prinzipien gebunden:

a. Wahrung der nationalen Souveränität und Vorrang des nationalen Rechts

Dies bedeutet, daß alle Handlungen oder Maßnahmen von Polizeiorganen, die auf Ersuchen oder im Interesse eines anderen Staates im Inland durchgeführt werden, materiell und formell mit den in dem ersuchten Staat geltenden Rechtsvorschriften in Einklang stehen müssen und in Konkurrenz- oder Zweifelsfällen das nationale Recht Vorrang genießt.

b) Zusammenarbeit nur in Angelegenheiten des gemeinen Rechts

Gemäß Art. 3 der Statuten ist der Organisation jede Betätigung oder Mitwirkung in Fragen oder Angelegenheiten politischen, militärischen, religiösen oder rassischen Charakters strengstens untersagt. Im Einzelfall liegt bei gestellten Ersuchen die Entscheidung über Stattgabe oder Ablehnung stets im pflichtgemäßen Ermessen der ersuchten Stelle. In Grenzfällen kommt bei der Beurteilung des Ersuchens das Prinzip der nationalen Souveränität zum Tragen, d. h. daß sich jede Behörde unter Berücksichtigung der für ihr Land geltenden Vorschriften frei entscheiden kann, ob sie mitarbeiten oder ihre Mitwirkung versagen will.

c) Universalcharakter der Zusammenarbeit

Angesichts der ausgeprägten Mobilität internationaler Rechtsbrecher und der staatsgrenzenüberschreitenden Aktivitäten internationaler krimineller Banden und Organisationen, ist die Zusammenarbeit der Organisation — ungeachtet geographischer, gesellschaftlicher oder sprachlicher Unterschiedlichkeiten in den einzelnen Mitgliedsstaaten — auf einen ungehinderten intensiven bi- und multilateralen Dienstverkehr zwischen den Mitgliedern ausgerichtet. Für das optimal flexible Kommunikations- und Koordinierungssystem der IKPO-Interpol werden die Mechanismen der Zusammenarbeit daher ausschließlich von den Notwendigkeiten der Verbrechensbekämpfung auf internationaler Ebene bestimmt.

d) Funktionaler Charakter der Zusammenarbeit

Die Organisation versteht den Begriff „Kriminalpolizei" funktional, nicht institutional, d. h. daß sich alle Behörden, die an der Verbrechensbekämpfung und Strafverfolgung im weitesten Sinne mitwirken, die Vorzüge und Einrichtungen der Organisation und der von ihr praktizierten internationalen Zusammenarbeit zunutze machen können.

e) Ökonomische Geschäftsabwicklung

Die aus der internationalen Zusammenarbeit resultierende Problemvielfalt in der Geschäftsabwicklung wird innerhalb der Organisation durch die Verschmelzung zweier tragender Grundsätze gelöst: Rationalisierung durch Bindung an sachdienlich-rationelle Kooperations- und Kommunikationsmodalitäten, (um den Gefahren der Schwerfälligkeit und der Unübersichtlichkeit zu begegnen) und Flexibilität durch freie Entfaltungsmöglichkeiten innerhalb des gesteckten Rahmens. Aus der Vielzahl der Regelungen sei jene der Amtssprachen herausgegriffen, wonach Französisch, Englisch und Spanisch als offizielle Sprachen anerkannt sind, ohne daß es dadurch einzelnen Mitgliedern verwehrt wäre, sich im Wechselverkehr einer anderen Sprache zu bedienen.

4. Organisationsstruktur, Führungsorgane und Fachdienststellen

Beratung und Entscheidung der grundlegenden Fragen der Organisation liegen bei der aus Vertretern der Mitgliedsländer zusammengesetzten Generalversammlung und dem Exekutivkomitee.

a) Generalversammlung (Art. 6—14 der Statuten)

Sie ist die höchste Institution der Organisation und tritt einmal jährlich zusammen. Sie ist ein unabhängiges Organ und setzt sich aus offiziellen Delegierten der Mitgliedsländer zusammen. Die Anwesenheit von Beobachtern internationaler Organisationen an den Generalversammlungen ist gestattet.

b) Exekutivkomitee (Art. 14—24 der Statuten)

Es setzt sich aus 13 Personen (dem Präsidenten, 3 Vizepräsidenten und 9 Delegierten) zusammen, die in geheimer Abstimmung von der Generalversammlung gewählt werden. Es tritt grundsätzlich zweimal jährlich zusammen und überwacht vor allem die Durchführung der Beschlüsse der Generalversammlung.

Den Vorsitz bei den Tagungen der Generalversammlung und des Exekutivkomitees führt der von der Generalversammlung auf 4 Jahre gewählte Präsident (seit 1972 W. L. Higgit, Kanada). Als ständige Fachdienststellen, die die Entscheidungen der Generalversammlung und des Exekutivkomitees auszuführen und die polizeiliche Zusammenarbeit in der täglichen Praxis zu gewährleisten haben, wurden das Generalsekretariat und die Nationalen Zentralbüros eingerichtet.

c) Generalsekretariat und Generalsekretär (Art. 25—30 der Statuten)

Das Generalsekretariat ist das ständige, mit der Verwaltung und der praktischen Arbeit betraute Organ, das den Betrieb der Organisation gewährleistet. Es wird für die internationale Gemeinschaft und in ihrem Namen tätig, untersteht somit keiner Regierung. Das Generalsekretariat wird von dem Generalsekretär der Organisation geleitet, der von der Generalversammlung auf fünf Jahre (Mandatserneuerung möglich) gewählt wird (seit 1963 Jean Népote, Frankreich). Der Generalsekretär ist für die Ausführung der Aufgaben des Generalsekretariats verantwortlich und soll gemäß Geschäftsordnung aus der polizeilichen Laufbahn (Berufs-Polizeibeamter) hervorgehen.

d) Die Nationalen Zentralbüros — NZB's — (Art. 31, 32 der Statuten)

Sie bilden in tatsächlicher und technischer Hinsicht die Voraussetzungen für eine sinnvolle und erfolgreiche gegenseitige Zusammenarbeit und stellen mithin ein wichtiges Instrument im Gesamtrahmen der Organisation dar. Sie haben die vielfältigen Aufgaben von ständigen Verbindungs- und Zentralstellen für alle Fragen kriminalpolizeilicher Verbrechensbekämpfung zu erfüllen und hierbei insbesondere die aktive Beteiligung ihres Landes an der internationalen Zusammenarbeit sicherzustellen sowie auf die Einhaltung der in den Statuten festgelegten Grundsätze zu achten (siehe VII.B.3.).

VII. INSTITUTIONEN UND INSTRUMENTARIUM

A. Einleitende Ausführungen

Obwohl bereits kurz vor der Jahrhundertwende die wachsende Gefährlichkeit der international begangenen Kriminalität von der Fachwelt klar erkannt und ihre systematische Bekämpfung immer vordringlicher gefordert worden war, haben sich die einzelnen Staaten aus eitlem Souveränitätsdenken, starrem Festhalten an historisch überkommenen Rechtsordnungssystemen bzw. ideologisch bedingten Fixierungen nicht dazu durchringen können, eine mit ausreichenden Kompetenzen ausgestattete globale Organisation oder Behörde zu schaffen und mit der Bekämpfung des internationalen Verbrechertums zu betreuen. Geschichte und Entwicklung der internationalen Verbrechensbekämpfung finden ihren entscheidenden Gegenpol in der IKPO-Interpol, die es verstanden hat, sich seit ihrer Gründung im Jahre 1923 eine uneingeschränkte und unbestrittene Schlüsselposition in diesem Bereich zu sichern und bis heute zu erhalten. Sofern im Rahmen internationaler Verbrechensbekämpfung die Frage nach einschlägigen Einrichtungen gestellt wird, verbleibt als Antwort ausschließlich der Hinweis auf die Institution der IKPO-Interpol und das von ihr geschaffene aufgabenspezifische Instrumentarium (siehe IV.).

An der Leistungsfähigkeit und der Arbeitsqualität der IKPO-Interpol ist wiederholt und in unterschiedlichster Form Kritik geübt worden. Die Kritik an der IKPO-Interpol läßt sich im wesentlichen in zwei Hauptpunkten zusammenfassen: die Organisation arbeite zu langsam und/oder zu ineffektiv, d. h. sei außerstande, Ersuchen in sachgebotenem Umfang zu erledigen.

Tatsächlich sind die wenigsten Ersuchen so geartet, daß sie ausschließlich von der IKPO-Interpol selbst beantwortet, d. h. eigenverantwortlich erledigt werden können. Die weitaus größte Zahl der Ersuchen wird von ihr lediglich weitergeleitet bzw. vermittelt, ohne daß sie laut Satzung oder Statuten eine Handhabe hätte, (durchsetzbare) Weisungen zu erteilen. In Zweifels- oder Konfliktfällen haben vielmehr die nationalen Rechtsvorschriften Vorrang vor den Organisationsstatuten (siehe IV.D.). Alle Bemühungen der Organisation um eine Verbesserung dieser Rechtsposition sind bislang an dem starren Festhalten der zuständigen Regierungen an der Maxime absoluter Staatssouveränität auf dem Gebiet der Verbrechensbekämpfung gescheitert. Somit kann die IKPO-Interpol im Einzelfall zwar die Erledigung eines Ersuchens anmahnen oder um Ergänzung eines mangelhaft bearbeiteten Ersuchens bitten — sie ist indessen mangels rechtlicher Handhaben nicht in der Lage, solche Erledigungen zu erzwingen. Erst recht gelten diese Einschränkungen für den Bereich der zwischenstaatlichen Rechtshilfe, der sich — im Ausland wie im Inland — überwiegend unter Aufsicht der Justizbehörden abwickelt. Somit vermag die IKPO-Interpol im Endergebnis nicht schneller und/oder besser zu arbeiten, als dies ihr die Statuten der Organisation und die einschlägigen nationalen Rechtsvorschriften zugestehen und es können ihr darüber hinaus keine Schwächen oder Mängel angelastet werden, die sie letztlich selbst nicht zu vertreten hat, weil sie sich bei näherer Betrachtung als Folgen mangelnden guten Willens oder Unvermögens anderer Stellen erweisen. Bedenkt man schließlich die ideologische Zerrissenheit in dieser Welt sowie die oft kaum entwirrbare Verfilzung von Kriminalität mit Ideologie und politischem Fanatismus, muß es vielmehr erstaunen, welcher Leistungen diese Organisation nach wie vor fähig ist.

B. Die IKPO-Interpol

1. Institution und Aufgabenspektrum

a) Generalsekretär und Generalsekretariat

Zentrale und Schaltstelle der internationalen Verbrechensbekämpfung ist das vom Generalsekretär der Organisation geleitete Generalsekretariat. Es führt die Beschlüsse der Generalversammlung und des Exekutivkomitees durch und besorgt die Geschäftsführung der Organisation. Der Generalsekretär ist ihr erster und höchster Beamter und zugleich verantwortlich für die Haushaltsführung sowie das Personal. Ihm obliegt insbesondere auch die Leitung und die Fachaufsicht innerhalb der Fachdienststellen des Generalsekretariats.

b) Aktivitäten im zwischenstaatlichen Bereich

Seit ihrer Erstgründung 1923 hat die Organisation im Dienste der internationalen Verbrechensbekämpfung ein vielseitiges Aktivitätspensum erfüllt. So hat sie bereits sehr früh mit dem damaligen Völkerbund in Verbindung gestanden und als Beobachter z. B. an den Arbeiten zur Abfassung des Abkommens zur Bekämpfung der Falschmünzerei vom 20. 4. 1929 teilgenommen. In den Jahren 1934 und 1935 verfolgte sie die Tätigkeiten der Rauschgiftkommission und beteiligte sich an den Arbeiten, die zum Abkommen über die Bekämpfung des illegalen Rauschgifthandels vom 26. 6. 1936 führten. 1948 nahm die IKPO-Interpol Kontakt zu den Vereinten Nationen auf und entfaltete hier Aktivitäten insbesondere in den Bereichen Rauschgift, Défense sociale, Verbrechensverhütung und Menschenrechte. Über ihren Arbeitsanteil am Kampf gegen den Drogenmißbrauch legen mehrere Entschließungen der zuständigen Gremien der Vereinten Nationen (so der Suchtstoffkommission 1955 und der Konferenz zum sog. „Einheitsübereinkommen“ von 1961) Zeugnis ab, in denen die Mitwirkung der IKPO-Interpol ausdrücklich erwähnt und gewürdigt wird.

Darüber hinaus steht die Organisation bereits seit mehreren Jahren mit weiteren zwischenstaatlichen Einrichtungen in permanenter Verbindung, wie z. B. mit dem Rat für die Zusammenarbeit auf dem Gebiete des Zollwesens, um die Zusammenarbeit zwischen Zoll und Polizei im Kampf gegen den internationalen illegalen Rauschgifthandel und -schmuggel zu fördern. Zu dem Europarat in Straßburg bestehen seit 1959 — nach Abschluß eines Abkommens über Zusammenarbeit — Beziehungen, wobei sich vor allem zu dem Europäischen Ausschuß für Verbrechensprobleme, dessen Hauptaufgabe die Harmonisierung der Strafgesetzgebungen der Mitgliedsländer ist, enge und fruchtbare Kontakte entfalteten. Als sichtbarer Erfolg dieser Zusammenarbeit ist unter anderem die Tatsache zu werten, daß die Tätigkeit der IKPO-Interpol in mehreren europäischen Abkommen Erwähnung findet, teilweise sogar — wie in Art. 15 des Europäischen Rechtshilfeübereinkommens und in Art. 16 des Europäischen Auslieferungsübereinkommens — eine unmittelbare Mitwirkung der Organisation beim Verfahrensvollzug der Abkommen erreicht werden konnte.

c) Aufgabenvollzug im Rahmen der Organisation

Beim Vollzug der kaum überschaubaren Aufgabenvielfalt lassen sich im wesentlichen folgende Schwerpunktbereiche unterscheiden:

— Bereitstellung schneller, zuverlässiger Nachrichtenverbindungen an alle Organisationsmitglieder bei möglichst weitreichender Überwindung bestehender Sprachbarrieren;

— Auf- und Ausbau eines internationalen Bedürfnissen entsprechenden systematisierten Nachrichtensammel- und -auswertungsdienstes innerhalb des Organisationsrahmens;

— Unterhaltung eines zuverlässig und reaktionsschnell arbeitenden Fahndungs- und Ausschreibungsdienstes zur Bekämpfung internationaler Rechtsbrecher;

— Förderung und Koordinierung gegenseitiger Unterstützungsmaßnahmen im Bereich der sog. technischen Hilfe, durch Entsendung von Beamten, technischen Spezialisten usw.

— Förderung der internationalen Zusammenarbeit durch eigenständige oder vermittelnde Tätigkeiten in den Bereichen, Forschung, Aus- und Fortbildung, Ausrüstung, Einsatz von Personal und Hilfsmitteln usw.

2. Instrumentarium

a) Nachrichtenverbindungen

Für eine Organisation, die die erfolgreiche internationale Verbrechensbekämpfung zu ihrem Leitziel erklärt hat, sind autonome, schnelle, zuverlässige, weitmaschig geknüpfte und dennoch unkompliziert zu handhabende Nachrichtenverbindungen unverzichtbar, da der durch hohe Mobilität gekennzeichnete internationale Rechtsbrecher nur auf diese Weise erfolgreich „rund um die Uhr“ und weltweit verfolgt, überwacht, zuverlässig und beschleunigt identifiziert, überführt und schließlich festgenommen werden kann. Aus dieser Erkenntnis heraus hat sich die IKPO-Interpol seit ihrer Erstgründung darum bemüht, ein eigenes, ausschließlich den Zwecken und Bedürfnissen der internationalen Verbrechensbekämpfung dienendes Funkverbindungsnetz zu schaffen. Nach jahrelangen Bemühungen konnte 1929 die erste Polizeifunkverbindung hergestellt und das Funknetz in der Folgezeit bis heute schließlich in vorbildlicher Weise ausgebaut werden. Zur Zeit verfügen bereits 50 der 120 Mitgliedsstaaten über eine eigene Funkstation. Insgesamt zeichnen dieses Nachrichtensystem hohe Wirtschaftlichkeit, Unabhängigkeit von äußeren Störfaktoren, ständige Betriebsbereitschaft sowie sach- und erfolgsorientierte Steuerbarkeit aus. In technischer Hinsicht stellt die Einrichtung ein Netz beliebig auswählbarer Direkt- und Querverbindungen zwischen dem Generalsekretariat der Organisation als Zentrale und den einzelnen in den Mitgliedsstaaten angeschlossenen NZB's dar. Gleichzeitig trägt sie wichtigen und vielfachen kriminaltaktischen Bedürfnissen Rechnung, da sie den Systemteilnehmern die Möglichkeiten eröffnet, Ersuchen sowohl geographisch — an Hand eines vorgegebenen Zonenschlüssels — als auch in zeitlicher Hinsicht — durch Berücksichtigung des für das Ermittlungsgeschehen wichtigen Zeitfaktors — nach festgelegten Dringlichkeitsstufen abzusetzen bzw. zu steuern. So kann fallweise ein äußerst dringendes Festnahmeersuchen nach einem flüchtigen Rechtsbrecher, dessen Aufenthalt in den nordischen Staaten anzunehmen ist, schlagartig an die dafür zuständigen NZB's Interpol Kopenhagen, Oslo, Stockholm und Helsinki gerichtet, eine wichtige Zielfahndung unmittelbar an Interpol Ankara abgesetzt oder ein allgemeines Auskunftsersuchen an alle Mitgliedsstaaten in Südamerika übermittelt werden. Dabei bietet das im gesamten Interpol-Funknetz als Übertragungssystem zur Anwendung gelangende Morse-System weitere, gerade für den polizeilichen Verkehr bedeutende Vorteile. So können bei der Durchgabe der Meldungen Unterbrechungen zum Zweck der Wiederholung oder Bestätigung des übermittelten Textes vorgenommen sowie Sprachschwierigkeiten bzw. daraus resultierende Mißverständnisse beim

Übermittlungsvorgang ausgeschlossen werden. Ein beachtlicher Rationalisierungseffekt wird schließlich durch die Anwendung eines Interpol-Abkürzungsschlüssels erreicht, der aus jeweils fünfstelligen Kodewörtern besteht, die häufig Satzteile oder mehrere Sätze beinhalten. So steht z. B. das Kodewort „GIVLA“ für folgenden Text:

> „Übermitteln Sie alle zweckdienlichen Auskünfte, die Sie über diese Person besitzen oder einholen können. Fügen Sie (falls erforderlich) ihr Lichtbild und ihre Fingerabdrücke bei, teilen Sie gegebenenfalls ihre Vorgänge (Verurteilungen) mit und, falls sie gesucht wird, lassen Sie wissen, ob die Auslieferung beantragt (werden) wird und unter welchen Voraussetzungen.“

Obgleich das Funknetz nach wie vor das Kernstück der Nachrichtenverbindungen im Bereich der IKPO-Interpol darstellt, hat es die Organisation nicht versäumt, daneben auch den Auf- und Ausbau des Funkfernschreibverkehrs in dem gebotenen Umfang voranzutreiben, um die ständig anwachsende Flut im Nachrichtenverkehr zügig bewältigen zu können. Dieses das Funknetz ergänzende, moderne und schnelle Nachrichtenübermittlungssystem dient vor allem der Entlastung des Funkverkehrs zwischen dem Generalsekretariat und jenen europäischen Mitgliedsstaaten, die das stärkste Nachrichtenvolumen aufweisen. Zur Zeit verkehren das Generalsekretariat und 7 Organisationsmitglieder — darunter auch Interpol Wiesbaden — auf diesem Wege miteinander.

Nach langjährigen Untersuchungen konnte die Organisation ferner zwei weitere, äußerst wichtige technische Übermittlungsprobleme lösen; die Bildübertragung von Fingerabdrücken sowie jene von Lichtbildern, so daß heute — neben Interpol Wiesbaden — bereits 10 weitere Mitgliedstaaten in der Lage sind, mit der Zentralstation des Generalsekretariats in Paris oder untereinander Fingerabdrücke und Lichtbilder internationaler Rechtsbrecher in Minutenschnelle auszutauschen.

b) Kriminalpolizeiliche Sammlungen und Auswertungssysteme

Der Verlust der alten Sammlungen und Karteien durch die Einwirkungen des zweiten Weltkrieges und die Notwendigkeit, Mittel und Methoden der internationalen Verbrechensbekämpfung den zwischenzeitlich gewandelten Erfordernissen anzupassen, führten nach 1946 zu einem Neuaufbau der Nachrichtensammlungen und Einrichtungen nach modernsten Einsichten und Erkenntnissen. Hierbei orientierte man sich allerdings unverändert an den beiden klassischen Hauptaufgabenstellungen der Organisation als internationale Institution zur Verbrechensbekämpfung, nämlich: 1. der Forderung nach Einrichtung und Unterhaltung eines umfassend organisierten und fachgerecht strukturierten Auskunftsdienstes mittels stets zugriffs- bzw. abrufbereiten Datenmaterials über internationale Rechtsbrecher sowie 2. der Forderung nach Aufbau einer spezifischen, funktionstüchtigen Auswertungszentrale zur Identifizierung internationaler Rechtsbrecher einschließlich der Möglichkeit zur Herstellung von personen- bzw. sachbezogenen Zusammenhängen und Übereinstimmungen, insbesondere durch das Erkennen und Inbeziehungssetzen charakteristischer Arbeitsweisen dieser Straftäter.

In struktureller Hinsicht lassen sich die Unterlagen des Generalsekretariats in die Aktenhaltung, die erkennungsdienstlichen Sammlungen sowie die von einzelnen Fachdienststellen geführten Spezialistenkarteien gliedern.

aa) Die Aktenhaltung

Sie umfaßt gegenwärtig rund 260000 Akten mit den verschiedenartigsten Unterlagen über eine bestimmte Person oder einen bestimmten Sachverhalt. Grundsätzlich werden hier drei Arten von Akten unterschieden: 1. allgemeiner Schriftverkehr der NZB's, an dem das Generalsekretariat nicht direkt mitgewirkt hat, 2. Personenakten, d. h. Unterlagen über eine bestimmte Person, deren Inhalt in einer sog. „Synthese“ über die internationale Verbrecherlaufbahn der erfaßten Person zusammengefaßt wird und 3. sog. Fallakten, die jeweils alle einschlägigen Schriftstücke über einen Tatkomplex enthalten, in den mehrere Personen verwickelt sind.

Die weit über tausend täglich beim Generalsekretariat eingehenden Schriftstücke unterschiedlichster Art (Funksprüche, Telegramme, Fernschreiben, Schreiben, Ermittlungsberichte, Fingerabdruckblätter, Lichtbilder, Spezialmeldungen zur Rauschgift- oder Falschgeldkriminalität, Sachverständigengutachten usw.) über Rechtsbrecher und deren Aktivitäten werden zunächst an Hand verschiedener Schlüsseldaten in den einschlägigen Karteien überprüft und dann den einzelnen Fachdienststellen zur Bearbeitung zugeleitet. Im wesentlichen erstrecken sich die Überprüfungen auf folgende Einzeldaten bzw. Datengruppen: 1. Personaldaten wie Name, Vornamen, Aliasnamen, Spitz- bzw. Kosenamen, wobei Namenskarteien mit rund 1,5 Millionen Hinweiskarten in alphabetischer und phonetischer Ablagefolge auswertungstechnisch zur Verfügung stehen; 2. Daten von Ausweispapieren sowie Kenn- bzw. Registriernummern bestimmter zu Straftaten in Beziehung setzbarer Gegenstände (wie Pässe, Kraftfahrzeuge, Schiffe, Flugzeuge, Waffen) zwecks Abklärung ihrer Herkunft oder der Eigentumsverhältnisse; 3. Angaben über international relevante Straftaten hinsichtlich des verletzten Rechtsgutes, des Tatorts, der Tatzeit usw.

Die in den beiden letzten Gruppen erwähnten sach- und deliktsbezogenen Daten werden in mehreren Sonderkarteien erfaßt, die über 400000 Einzelkarten enthalten. Sie ermöglichen — über den Sachnachweis im Einzelfall hinaus — die Identifizierung von häufig ihre Personalien wechselnden Rechtsbrechern, die Herstellung von Täter- oder Tatzusammenhängen auf Grund gleicher oder gleichgelagerter Arbeitsweisen sowie die übersichtliche Zusammenführung von Tathergängen, die innerhalb einer bestimmten Deliktsgruppe und innerhalb eines bestimmten Zeitraumes registriert wurden.

bb) Die erkennungsdienstlichen Sammlungen

Sie bestehen aus 1. der Zehnfingerabdrucksammlung mit über 100000 nach der Galton-Henry-Methode klassifizierten Abdruckblättern internationaler Rechtsbrecher, 2. der Einzelfingerabdrucksammlung mit rund 4500 nach dem Müller-System klassifizierten Abdruckblättern internationaler Straftäter, die erfahrungsgemäß Fingerabdruckspuren am Tatort hinterlassen sowie 3. der Lichtbildsammlung, die der Ergänzung der Zehnfingerabdrucksammlung dient und knapp 6000 Lichtbilder enthält. Sie soll die Identifizierung solcher internationaler Rechtsbrecher erleichtern, von denen keine Fingerabdrücke, sondern lediglich ein Lichtbild vorhanden ist. Die Ablage der Lichtbilder erfolgt in erster Linie nach den unterschiedlichen „modi operandi" sowie bestimmten Beschreibungsmerkmalen.

cc) Die sog. Spezialistenkarteien

In ihnen werden alle bedeutenden Deliktsbereiche mit ihren typischen oder außergewöhnlichen Besonderheiten erfaßt. So befinden sich bei den Fachdienststellen Sammlungen über Trickdiebe, Taschendiebe, Wechselfallendiebe, Scheck- und Reisescheckbetrüger, Abonnementsbetrüger, rückfällige Zechpreller, Rauschgifthändler, Falschmünzer, falsche Polizeibeamte, Ärzte oder Geistliche usw., die nach dem Lebensalter der Rechtsbrecher geordnet sind und jeweils eine vollständige Personenbeschreibung mit Lichtbild, Hinweise auf den modus operandi sowie auffällige äußere Merkmale enthalten.

Für bestimmte Deliktsbereiche (wie z. B. die Rauschgift- und die Falschgeldkriminalität) bestehen an feste Verfahrensregeln gebundene Meldedienste. Ferner wurde bei der auf die Bekämpfung der Falschmünzerei spezialisierten Fachdienststelle ein Labor für die technische Untersuchung von Fälschungen einschließlich Zahlungsmitteln und Reiseschecks eingerichtet. Hier wurden in der Zeit von 1946 bis heute (1975) weit über 6000 Fälschungstypen erfaßt, die die Währungen aus rund 90 verschiedenen Staaten betreffen.

Alle Sammlungen und Karteien des Generalsekretariats bilden eine wesentliche Grundlage für die erfolgreiche internationale Zusammenarbeit der Polizei. Sie ermöglichen nicht nur die Feststellung der von einem Einzeltäter in verschiedenen Ländern begangenen Straftaten, sondern darüber hinaus auch den Nachweis gruppen- bzw. bandenmäßig sowie organisiert begangener Kriminalität. Die Speisung der Karteien erfolgt im Regelfall durch Auswertung der dem Generalsekretariat seitens der NZB's zugehenden Meldungen und Mitteilungen. Das Generalsekretariat seinerseits versorgt die NZB's in einem permanenten Informationsfluß mit allen für sie wichtigen und nützlichen Nachrichten, Erkenntnissen und Auswertungsergebnissen und erteilt jederzeit auf Anfrage sachdienliche Auskünfte.

c) Die internationalen Ausschreibungen

Sie werden von dem Generalsekretariat auf Ersuchen eines NZB's oder auf Grund eigener Initiative vorgenommen, wobei grundsätzlich nach dem den Anlaß gebenden Ausschreibungsgegenstand, d. h. nach „Ausschreibungen von Personen" und „Ausschreibungen von Gegenständen" unterschieden wird. Für die Untergliederung und arbeitstechnische Behandlung dieser beiden Hauptkategorien gelten weitere, rechtlichen Erfordernissen und praktischen Bedürfnissen Rechnung tragende Kriterien. Die eine Ausschreibung bewirkenden Anlässe entsprechen in ihrer Vielfalt dem breiten Spektrum polizeilicher bzw. strafverfolgender Notwendigkeiten (Fahndung nach einer Person mit dem Ziel ihrer Aufenthaltsermittlung oder ihrer Festnahme, Personenidentifizierung, Beschaffung von Auskünften über eine Person, Unterrichtung über die von einem Rechtsbrecher entfaltete Aktivität mit dem Ziel seiner Überwachung, Fahndung nach gestohlenen Gegenständen usw.).

Die außergewöhnliche Bedeutung dieser Ausschreibungen für die internationale Verbrechensbekämpfung beruht auf der Gegebenheit zweier erfolgsbedingender, in der Institution der IKPO-Interpol erfüllter Grundvoraussetzungen: der Existenz einer grundsätzlich global angelegten und gleicherweise von ihren Mitgliedern mit Daten, Informationen und Unterlagen gespeisten Organisation, die allein zur Zusammenführung und Erstellung derartiger Ausschreibungen in der Lage sein kann sowie der Möglichkeit, sich über eine derartige Institution den für ein sachgerechtes und effizientes Agieren unverzichtbaren Aktionsradius zu eröffnen und das verfügbare Instrumentarium wirkungsvoll einzusetzen. Ein Musterfall mag diesen Spielraum illustrieren: bei Bedarf wäre das Generalsekretariat der IKPO-Interpol jederzeit in der Lage, eigenständig und eigeninitiativ — aber auch auf Ersuchen eines NZB — an Hand seiner fachspezifisch breitgefächerten Materialsammlungen und Unterlagen sowie dank der ihm verfügbaren technischen Hilfsmittel eine Präventivausschreibung über einen international auftretenden, gefährlichen Rechtsbrecher vorzunehmen und zu diesem Zweck den Ausschreibungsvorgang durch Rückgriff auf — beispielsweise — in den USA aufgenommene Lichtbilder, in Österreich gesicherte Fingerabdrücke, mehrere in außereuropäischen Staaten gesammelte sowie sonstige, in den Spezialistenkarteien der Organisation enthaltene Erkenntnisse über die kriminellen Aktivitäten der Bezugsperson mosaikartig zusammenzufügen sowie das Ergebnis im Wege der Veröffentlichung allen Mitgliedern unverzüglich zugängig zu machen.

aa) Internationale Ausschreibungen von Personen

Sie werden nach dem Prinzip der „Einzelausschreibung mit Personenbeschreibung" erstellt, wobei auf jedem Einzelblatt ein Höchstmaß an Daten, Merkmalen, Abbildungen und Zusatzinformationen eingebracht wird. Der Umfang dieses Identifizierungsmaterials deckt alle Ansprüche ab, die aus polizeilicher Sicht erfüllt sein müssen, um eine Person als zu ihrer Personenfeststellung hinreichend beschrieben zu bezeichnen: Wiedergabe der vollständigen Personalien, des Berufs, der Wohnung und der Staatsangehörigkeit, der Vorstrafen sowie Erkenntnisse allgemeiner Art, der Personenbeschreibung, des Lichtbildes und der Fingerabdrücke. Ferner enthält das Ausschreibungsblatt einen Vermerk über den Grund der Ausschreibung und einen Hinweis auf die Maßnahmen, die von der Polizei im Falle ihres Antreffens zu ergreifen sind. Die Ausschreibungen werden in den Arbeitssprachen der Organisation (Englisch, Französisch, Spanisch) herausgegeben. Soweit sie den Bereich der Bundesrepublik Deutschland betreffen, werden sie bei der Interpolstelle des Bundeskriminalamtes Wiesbaden aus Gründen der Arbeitserleichterung ins Deutsche übersetzt. Die Ausschreibungen gehen allen Mitgliedern der Organisation zu und werden von dem Generalsekretariat durch Ergänzungen und Berichtigungen laufend auf dem neuesten Stand gehalten.

Zur Zeit kennt das Generalsekretariat vier in ihrer Zielrichtung und daher inhaltlich wie äußerlich (Emblem der IKPO-Interpol in der rechten oberen Ecke des Ausschreibungsblattes auf jeweils wechselndem Farbuntergrund) unterschiedlich geartete Ausschreibungen:

— Ausschreibungen zur Festnahme (sog. „Rotecken")

Sie zielen auf die Festnahme der ausgeschriebenen Person zum Zweck ihrer späteren Auslieferung an jenes Land, in dem sich die ersuchende Behörde befindet. Über die Normdaten hinaus enthält jede dieser Ausschreibungen präzise Daten und Auskünfte über den von dem Richter ausgestellten Haftbefehl sowie die Frage, aus welchen Ländern die Auslieferung betrieben werden wird. Die Ausschreibungen sind somit Ausgangspunkt und Grundlage für die spätere Einleitung des förmlichen Auslieferungsverfahrens durch die ersuchende Justizbehörde und werden weitgehend als Urkunde anerkannt, auf Grund derer die vorläufige Festnahme des Gesuchten zulässig ist.

— Ausschreibungen zur Einholung von Auskünften (sog. „Blauecken")

Mittels dieser Ausschreibungen werden Auskünfte unterschiedlichster Art über die beschriebene Person eingeholt. So kann die Ausschreibung die Ermittlung des Aufenthalts einer Person, die ihre Familie mit unbekanntem Ziel verlassen hat, die Überprüfung der Identität einer Person, die Einholung umfassender Erkenntnisse oder die Übermittlung der Verurteilungen über einen Rechtsbrecher usw. betreffen. Regelmäßig werden mit diesen Ersuchen keine polizeilichen Zwangsmaßnahmen erbeten, sie dienen vielmehr meist der Vorbereitung solcher oder anderer Maßnahmen, der Vervollständigung der polizeilichen Unterlagen oder der Förderung eines laufenden Strafverfahrens.

— Präventivausschreibungen (sog. „Grünecken")

Sie dienen der Effektivierung der vorbeugenden Bekämpfung internationaler Rechtsbrecher, insbesondere gefährlicher Rückfalltäter. Sie informieren die NZB's über das bekanntgewordene Auftreten dieser Rechtsbrecher, verbinden damit gleichzeitig aber auch eine Warnung vor deren künftigen Aktivitäten. Dabei lenken sie die Aufmerksamkeit der Polizeidienststellen auf die ausgeschriebenen Personen, ohne daß diese zum Zeitpunkt der Ausschreibung bereits gesucht oder besondere Nachforschungen über ihren Verbleib erbeten würden. Als besonders nützlich erweisen sich die Auswertungsergebnisse dieser Ausschreibungen im Zusammenhang mit Alibiüberprüfungen Tatverdächtiger und Routineüberprüfungen im Bereich des kriminalpolizeilichen Meldedienstes.

— Ausschreibungen zur Identifizierung unbekannter Toter (sog. „Schwarzecken")

Sie bezwecken die Identifizierung von Leichen, die ohne brauchbare Hinweise auf ihre Identität aufgefunden wurden oder sollen der Feststellung von Personen dienen, die verstorben bzw. getötet worden sind und sich vorher falscher Personalien bedient haben.

bb) Internationale Ausschreibungen von Gegenständen

Hier kommen vor allem Ausschreibungen gestohlener, aus anderen Gründen von den Strafverfolgungsorganen gesuchter sowie unter verdachterregenden Umständen aufgefundener Gegenstände in Betracht. Voraussetzung für eine Ausschreibung ist jedoch, daß die gesuchten Gegenstände hinreichend charakteristische Merkmale besitzen oder daß Lichtbilder, Zeichnungen oder sonstige Darstellungen von ihnen existieren, die eine Identifizierung an Hand polizeilicher Karteien und Unterlagen oder durch Fahndungsaktivitäten der Polizei im internationalen Bereich aussichtsreich erscheinen lassen.

d) Allgemeiner Erkenntnis- und Erfahrungsaustausch

Über den allgemeinen Schriftverkehr und Nachrichtenaustausch hinaus werden von dem Generalsekretariat der IKPO-Interpol aus den verschiedensten Anlässen und mit unterschiedlichsten Zielrichtungen Berichte, Übersichten oder zusammenfassende Darstellungen bezüglich einzelner Fachbereiche erstellt, soweit ein besonderes polizeiliches Interesse oder Bedürfnis hierfür erkennbar ist. So wurden von dem Generalsekretariat in der zurückliegenden Zeit Broschüren, Rundschreiben sowie Zusammenfassungen über bestimmte Deliktsbereiche und/oder besonders spezialisierte Rechtsbrecher wie Taschendiebe, verschiedene Kategorien von Betrügern und illegale Rauschgifthändler bzw. Schmuggler von Rauschgift veröffentlicht. Daneben richtet es — sei es aus eigener Initiative oder auf Ersuchen einzelner NZB's — Anfragen an die Organisationsmitglieder, um bestimmte aktuelle oder bedeutende Probleme zu untersuchen und übermittelt diesen die eingehenden Resultate in Form zusammenfassender Berichte und Übersichten. Die in diesem Rahmen behandelten Fragen können sich auf alle Gebiete polizeilicher Tätigkeit und Zusammenarbeit erstrecken.

e) Sonderveröffentlichungen

aa) Die „Internationale Kriminalpolizeiliche Revue“ (IKPR)

Bereits unmittelbar nach der Gründung der Organisation im Jahre 1923 war der Wunsch der Mitglieder spürbar geworden, über ein eigenes offizielles Publikationsorgan zu verfügen, um auch auf diesem Wege praktische Bedürfnisse der Verbrechensbekämpfung abdecken und zugleich einen regen Gedanken-, Informations- und Erfahrungsaustausch zwischen den Mitgliedsstaaten pflegen zu können. Diesen Zwecken diente die seit 1924 von der Zentralstelle der IKK in Wien herausgegebene Zeitschrift „Internationale Öffentliche Sicherheit“. An ihre Stelle trat nach der Neugründung der Organisation im Jahre 1946 die von dem Generalsekretariat inhaltlich neu gestaltete und den gewandelten Bedürfnissen angepaßte „Internationale Kriminalpolizeiliche Revue“ (IKPR). In ihr wird — im Unterschied zu ihrer Vorgängerin — auf Veröffentlichungen zur aktuellen Verbrechensbekämpfung verzichtet, dafür jedoch — in weitreichenderem Umfang als vor 1946 — den fachbezogenen Publikationen breiter Raum gegeben. Sie erscheint jährlich in 10 Nummern in Englisch, Französisch und Spanisch und steht nur einem nach fachlichen Kriterien ausgewählten Bezieherkreis offen. Zu ihren Verfassern zählen hervorragende und international anerkannte Persönlichkeiten, die hier Gelegenheit zur Vorstellung ihrer Arbeiten finden.

bb) Halbjahresverzeichnisse ausgewählter Artikel

Sie werden von dem Generalsekretariat seit 1949 herausgegeben und stellen inhaltlich die Titelauswahl von Artikeln dar, die etwa 250 dem Generalsekretariat zugehenden Fachzeitschriften aus rund 45 Ländern entnommen werden. Die Titel der Artikel werden jeweils in der von dem Verfasser gebrauchten Sprache zitiert und durch eine — in französischer und englischer Sprache gefaßte — kurze Inhaltsangabe, die Angabe der Seitenzahl, den Namen des Verfassers sowie die Fundstelle ergänzt. Zur Orientierungserleichterung sind die Verzeichnisse nach Sachgebieten in rund 60 Rubriken unterteilt. Jedes Halbjahresverzeichnis katalogisiert rund 1200 Titel. Insgesamt ermöglichen die Verzeichnisse einen hervorragenden Einblick in die auf internationaler Ebene in Fachzeitschriften vorgenommenen Veröffentlichungen. Sie stellen ferner ein wichtiges Hilfsmittel zur Beschaffung von Fachliteratur dar, da interessierte Leser die jeweils beim Generalsekretariat verwahrten Mikrofilm-Negative der Artikel anfordern können. Durch Einordnung aller in den Verzeichnissen enthaltenen Zielinformationen in die Sachkartei der Forschungsabteilung des Generalsekretariats finden diese ihre unmittelbare Verwertung auch in diesem für die internationale Verbrechensbekämpfung wichtigen Fachbereich.

cc) Die internationale Kriminalstatistik

Die Bedeutung der Kriminalstatistik als Hilfsmittel für eine wirksame Verbrechensbekämpfung veranlaßte das Generalsekretariat bereits sehr früh, sich um die Erstellung einer internationalen Kriminalstatistik und die Lösung aller damit zusammenhängenden Frage- und Problemstellungen zu bemühen. Es gelang jedoch erst 1954, nach langwierigen und intensiven Vorarbeiten (die vor allem Fragen der Begriffsumschreibung, Regelungen in formativer Hinsicht sowie Koordinierungsprobleme zwischen den Mitgliedern der Organisation betrafen) die erste Sammlung internationaler Kriminalstatistiken der Jahre 1950 bis 1952 mit Auskünften aus 32 Staaten herauszugeben. In der Folgezeit wurden bis 1974 insgesamt 10 Sammlungen bzw. Übersichten veröffentlicht, von denen die letzte die Jahre 1969 und 1970 mit Auskünften aus 78 Staaten umfaßt. Im einzelnen vermitteln die Statistiken Angaben über die Zahl der bei der Polizei bekanntgewordenen Straftaten, die Zahl der polizeilich geklärten Fälle, die Häufigkeitszahl (d. h. den Kriminalitätskoeffizienten auf 100000 Einwohner), die Zahl der Straftäter (jeweils aufgegliedert nach Geschlecht, Erwachsenen und Minderjährigen) sowie die Zahl der Straftäter auf 100000 Einwohner. Angesichts der Vielfalt international geltender Rechtsnormen wurden bislang nur einige große Sammelkategorien von Straftaten des gemeinen Rechts (Tötungsdelikte, Sittlichkeitsdelikte einschl. Notzucht, Diebstahl, Betrug, Falschgelddelikte, Rauschgiftdelikte), soweit diese in allen Mitgliedsstaaten der Organisation als Straftaten gelten, erhoben. Es leuchtet ferner ein, daß dieser notwendigerweise grobe Erfassungsmodus und die in den einzelnen Mitgliedsländern sehr unterschiedlich gearteten Ermittlungs- und Verfolgungsmöglichkeiten der Polizei keine direkten Zahlenvergleiche oder Schlußfolgerungen qualitativer Art zwischen verschiedenen Ländern zulassen. Aus diesem Grunde beschränkte sich auch das Generalsekretariat bei seinen Veröffentlichungen auf die kommentarlose Wiedergabe der von den Organisationsmitgliedern übermittelten Daten. Zur Zeit sind indessen Bestrebungen im Gange, den Umfang der zu erfassenden Daten erheblich zu erweitern, um über den bisherigen Rahmen hinausgehende spezifische, kriminalistisch relevante Aussagen gewinnen zu können.

dd) Die Revue „Contrefaçons et Falsifications“

Bereits seit 1923 war die IKPK bemüht, Material für eine umfassende Dokumentation über die Aktivitäten und Arbeitsweisen der Geldfälscher zu sammeln und die Arbeitsergebnisse und Erkenntnisse den Bekämpfungsorganen zugänglich zu machen. Die damals unter dem Titel „Contrefaçons et Falsifications“ gegründete Zeitschrift wurde im Verlauf der Jahre neu bearbeitet und effektiver gestaltet und erscheint heute viersprachig in Französisch, Englisch, Spanisch und Deutsch (Titel der deutschen Ausgabe: „Erkennungszeichen echter und gefälschter Bankkonten“). Sie gliedert sich in zwei Teile, von denen der erste die Beschreibungen der Fälschungen, der zweite die Beschreibungen der echten Zahlungsmittel (Banknoten und Münzen) und Reiseschecks enthält. Die Zeitschrift stellt ein unentbehrliches Hilfsmittel für alle mit der Bekämpfung der Falschgeldkriminalität im weitesten Sinne befaßten Institutionen dar. Diese Bedeutung wird durch die Tatsache unterstrichen, daß zur Zeit bereits rund 10000 Exemplare dieses Werkes zum Versand an Strafverfolgungsbehörden, Bankinstitute und Fachdienststellen gelangen.

f) Technische Hilfe

Hierunter wird seitens der Organisation die unmittelbare oder mittelbare Unterstützung armer oder finanzschwacher Länder mit dem Ziel der Verbesserung ihrer Arbeitsbedingungen oder der Effektivierung der internationalen Verbrechensbekämpfung verstanden. Ausgehend von der Überlegung, daß internationale Zusammenarbeit nur dann erfolgreich praktiziert werden kann, wenn sie in allen Mitgliedsländern auf möglichst gleichem Niveau und in annähernd gleicher Weise betrieben wird, hat sich die Organisation bereits seit ihrer Neugründung darum bemüht, vorhandene Mittel zur Realisierung dieser Zielvorstellungen in förderungswürdigen Ländern einzusetzen. Laut Beschluß der Generalversammlung ist seit 1962 jede Unterstützung an folgende Voraussetzungen geknüpft: der Unterstützungsbedürftige muß Mitglied der Organisation sein, die Unterstützungsleistung muß mit den Zielen und der Tätigkeit der Organisation in direktem Zusammenhang stehen und das unterstützte Land muß sich seinerseits angemessen an den Gesamtausgaben des Projektes beteiligen. Gleichzeitig wurden folgende Arten der Hilfeleistung festgelegt: Unterstützung durch Gewährung von Stipendien für Aus- und Fortbildung, durch Bereitstellung von Ausrüstungsmaterial, durch Entsendung von Fachleuten oder Spezialisten aus technischen Bereichen sowie durch Abhaltung von Arbeitstagungen. Wie ein Rückblick zeigt, wurde bisher Hilfe überwiegend in Form von Arbeitstagungen und gewährten Stipendien geleistet.

g) Konferenzen und Arbeitstagungen

Im Verlauf der Jahre erwies es sich als zweckmäßig, den einer bestimmten geographischen Region zugehörenden Mitgliedern der Organisation periodische Zusammenkünfte zu ermöglichen, um die jeweils für ihren Bereich spezifischen Probleme der Kriminalität und ihrer Bekämpfung zu erörtern und die wechselseitige Zusammenarbeit auszugestalten. Daher wurde seit 1962 die regelmäßige Abhaltung sog. Regionalkonferenzen in das Arbeitsprogramm der Organisation aufgenommen. Von 1962 bis Ende 1974 fanden insgesamt 10 Regionalkonferenzen — davon je 3 in Afrika, Amerika und Europa und 1 in Asien — statt. Unabhängig hiervon wird seit 1963 auf den sog. Kontinentalversammlungen, die jeweils im Rahmen der Tagungen der Generalversammlungen abgehalten werden, den einem Kontinent zugehörenden Mitgliedern der Organisation Gelegenheit geboten, die sie berührenden und interessierenden Fragen zu behandeln. Schließlich hat es sich als notwendig erwiesen, vor allem eng umrissene Fachfragen auf internationaler Ebene, d. h. über geographisch abgegrenzte Bereiche hinaus zu diskutieren, hierzu gewonnene Erfahrungen direkt auszutauschen und nach gemeinsamen Lösungsmöglichkeiten zu suchen. Mit dieser Zielrichtung veranstaltete das Generalsekretariat seit 1959 bis Ende 1974 insgesamt 20 sog. Arbeitstagungen, an denen jeweils zwischen 40 und 120 Delegierte aus den Mitgliedsländern der Organisation teilnahmen. Die hierbei behandelten aktuellen Themen zeigen ein außergewöhnlich breites Spektrum. So wurden je dreimal die Themen Betäubungsmittel, Straßenverkehrsdelikte, Kriminaltechnik, elektronische Datenverarbeitung und Polizeischulleiterprobleme, zweimal das Thema organisiertes Verbrechen und je einmal jenes der Verbrechensverhütung, der Daktyloskopie sowie der internationalen Betrugsdelikte behandelt. Zwar sind die zu den Arbeitstagungen entsandten Ländervertreter nicht befugt, Beschlüsse zu fassen oder verbindliche Regeln der Zusammenarbeit aufzustellen; die Ergebnisse des Meinungs- und Erfahrungsaustausches finden jedoch jeweils in einem sog. Schlußbericht der Arbeitstagung ihren Niederschlag. Inzwischen haben sich Konferenzen und Arbeitstagungen als unverzichtbares Mittel für den unmittelbaren Gedanken- und Erfahrungsaustausch sowie zur Erörterung und vorbereitenden Lösung von Einzel- und Grundsatzproblemen im Rahmen der Organisation erwiesen.

h) Forschung und Dokumentation

Als Drehscheibe internationaler polizeilicher Aktivitäten ist das Generalsekretariat auch dazu berufen, zentrale Informations- und Forschungsstelle für alle die Polizei betreffenden fachlichen und rechtlichen Fragen sowie Förderungsstelle für den Gedankenaustausch in fachwissenschaftlicher Hinsicht zu sein. Diese Aufgaben werden von einer gesondert beim Generalsekretariat eingerichteten Forschungsabteilung wahrgenommen, die bemüht ist, sich möglichst umfassend über den wissenschaftlichen Stand auf allen einschlägigen Gebieten, die Entwicklung neuer Methoden und Verfahren (insbesondere der Kriminaltechnik) sowie den Erkenntnis- und Erfahrungsstand in den Bereichen Organisation und Ausrüstung von Polizeibehörden zu informieren. Zu diesem Zweck verfolgt sie laufend die Arbeit internationaler Organisationen und Vereinigungen, erfaßt die Arbeiten internationaler Kongresse, beobachtet den internationalen Bücher- und Zeitschriftenmarkt und wertet rund 130 Fachzeitschriften der Welt in den verschiedensten Sprachen aus. Um die gesammelten Informationen abfragebereit zu halten, werden sie in einer umfangreichen Dokumentation mit Sachregister gespeichert. Um die gesammelten Erkenntnisse fortlaufend auch den interessierten Fachkreisen zugänglich zu machen, werden sie in der Rubrik „Bibliographie" der „Internationalen Kriminalpolizeilichen Revue" (siehe VII.B.2.e.aa.) sowie in den von dem Generalsekretariat herausgegebenen „Halbjahresverzeichnissen ausgewählter Artikel" (siehe VII.B.2.e.bb.) veröffentlicht. Schließlich verfügt die Forschungsabteilung des Generalsekretariats als unerläßliches Hilfsmittel für ihre Zwecke über eine umfassende und sachgerechte Dokumentation der einschlägigen Literatur. Sie erfolgt durch Auswertung von rund 250 in den verschiedensten Ländern der Welt erscheinenden polizeilichen und juristischen Zeitschriften, das Sammeln von Monographien oder Studien jeglicher Art oder den Erwerb solcher Werke. Die auf dieser Grundlage eingerichtete internationale Bibliothek des Generalsekretariats umfaßt zur Zeit etwa 2500 Titel.

3. Die Nationalen Zentralbüros (NZB's) der IKPO-Interpol

Sie können gleichsam als Vertreter der Organisation innerhalb des jeweiligen nationalen Zuständigkeitsbereiches bezeichnet werden. Ihr Status, ihre Aufgaben und Funktionen ergeben sich aus den Statuten der Organisation sowie den von ihr als verbindlich erklärten Maximen. Die wesentlichen Aussagen zu der Institution der NZB's finden sich in Art. 31 und 32 der Interpol-Statuten. Danach ist die Organisation zur Durchsetzung ihrer Ziele auf die ständige und aktive Mitarbeit ihrer Mitglieder angewiesen, die sich ihrerseits — in Übereinstimmung mit der Gesetzgebung ihres Landes — einer sorgfältigen Beteiligung an der Tätigkeit der Organisation zu befleißigen haben. Insbesondere wird jedes Land, um die Zusammenarbeit innerhalb der Organisation sicherzustellen, verpflichtet, eine Dienststelle zu benennen, die für seinen Bereich die Aufgaben des NZB übernimmt, das seinerseits für die Verbindung 1. zu den verschiedenen Behörden des Landes, 2. zu den als NZB's tätigen Dienststellen anderer Länder und 3. zum Generalsekretariat der Organisation zu sorgen hat. Mitglieder der Organisation sind somit nicht die vertretenen Nationen in ihrer Eigenschaft als souveräne Staaten, sondern vielmehr jene Polizeibehörden der verschiedenen Länder, die der Organisation mit Genehmigung ihrer zuständigen Regierungsstelle angehören.

Die Aufgaben der NZB's werden in ihren Grundzügen durch Art. 2 der Interpol-Statuten (siehe VI.C.2.) bestimmt. In institutioneller Hinsicht ist zu berücksichtigen, daß der hier verwendete Begriff der „Kriminalpolizeibehörden" nach dem Selbstverständnis der Organisation funktional zu verstehen ist, d. h. alle mit der Verbrechensbekämpfung betrauten Polizeibehörden umfaßt. Die Zielsetzung der Organisation ist nicht auf die Wahrnehmung bestimmter, abschließend aufgezählter Aufgaben und Aktivitäten ausgerichtet, sondern umfaßt grundsätzlich alle Bereiche polizeilicher Zusammenarbeit im umfassendsten Sinne, einschließlich der zugehörigen Einrichtungen. Einschränkungen werden der Organisation insoweit auferlegt, als sie in ihre Zielsetzung in Art. 2 nur die Schaffung und den Ausbau von Einrichtungen einbezieht, die zur Verhütung und Bekämpfung der „gemeinen" Straftaten wirksam beitragen können und in Artikel 3 der Statuten „jede Betätigung oder Mitwirkung in Fragen oder Angelegenheiten politischen, militärischen, religiösen oder rassischen Charakters strengstens untersagt". Darüber hinaus stehen die Statuten insgesamt unter dem Vorbehalt des nationalen Rechts („im Rahmen der in den einzelnen Ländern geltenden Gesetze ..."). Der Begriff „gemein" in Art. 2 ist im Sinne von „nicht politisch" zu interpretieren; die Kriterien für die Untersagungsgründe nach Art. 3 fordern — legt man den Wortlaut der Statuten zugrunde — eine weite Auslegung (..., „jede Betätigung oder Mitwirkung ... in Fragen oder Angelegenheiten" ...). Die Aufnahme des Gebots strikter Neutralität in bestimmten Betätigungsbereichen resultiert aus der Erkenntnis der Notwendigkeit, der Vielfalt politischer und ideologischer Überzeugungen und festverwurzelter Dogmen, wie sie sich auf internationaler Ebene als unverrückbares Faktum darstellen, im Interesse des Erhalts der vollen Funktionsfähigkeit der Organisation in geeigneter, konfliktneutralisierender Weise Rechnung zu tragen.

4. *Das Nationale Zentralbüro (NZB) für die Bundesrepublik Deutschland: Interpol Wiesbaden*

a) Die Bestimmungen der Interpol-Statuten und die gesetzlichen Vorschriften des BKAG

Nach Art. 4 Abs. 2 der Interpol-Statuten sind Aufnahmeersuchen in die Organisation von der zuständigen Regierungsstelle des betreffenden Landes an den Generalsekretär der IKPO-Interpol zu richten, während der Beitritt selbst erst nach Zustimmung durch die Generalversammlung der Organisation mit Zweidrittel-Mehrheit als vollzogen gilt. Von der Regierung der Bundesrepublik Deutschland wurde der entsprechende Aufnahmeantrag am 31. 5. 1952 über die deutsche diplomatische Vertretung in Paris gestellt, seine Annahme von der am 9. 6. 1952 in Stockholm tagenden 21. Generalversammlung der IKPO-Interpol mit der erforderlichen Stimmenmehrheit bestätigt.

Zwar ist das Bundeskriminalamt de jure erst seit der Verabschiedung des BKAG vom 29. 6. 1973 NZB der IKPO-Interpol für die Bundesrepublik Deutschland; de facto hat es diese Aufgabe jedoch bereits seit seiner Errichtung im Jahre 1951 ausgeübt. Dennoch kommt der Normierung in § 1 Abs. 2 BKA-Gesetz, wonach das Bundeskriminalamt (zugleich) NZB der IKPO-Interpol für die Bundesrepublik Deutschland ist, über den rechtsbegründenden Akt hinaus in verschiedener Hinsicht nachhaltige Bedeutung zu. So besitzt diese Aufgaben- und Funktionszuweisung insoweit Ausschließlichkeitscharakter, als neben dem Bundeskriminalamt eine weitere Polizeibehörde der Bundesrepublik Deutschland weder NZB für die Bundesrepublik Deutschland sein noch die einem NZB gemäß den Interpol-Statuten obliegenden Aufgaben und Funktionen ausüben kann.

b) Tätigkeiten und Effizienz

In seiner Eigenschaft als NZB steht Interpol Wiesbaden in ständigem Kontakt sowohl mit dem Generalsekretariat der Organisation in Paris, als auch mit allen NZB's der zur Zeit 120 Mitgliedsländer. Daß das Bundeskriminalamt darüber hinaus noch mit einer Vielzahl anderer Staaten in allen Teilen der Welt ebenfalls eng zusammenarbeitet — soweit dies die gesetzlichen Vorschriften zulassen — sei hier der Vollständigkeit halber erwähnt. Als Interpol Wiesbaden gewährt und vermittelt es den ausländischen Behörden jede mögliche Unterstützung für deren Ermittlungen oder zur Erfüllung sonstiger polizeilicher Aufgaben und vermittelt umgekehrt und in gleichem Umfang die Unterstützung des Auslandes zugunsten der Polizeibehörden der Bundesrepublik Deutschland. Hierbei liegen die Schwerpunkte gegenseitiger Hilfeleistungen in den Bereichen der Personen- und Sachfahndung, der Festnahme gesuchter Personen zum Zwecke der Auslieferung, der Personenidentifizierung, der Erteilung polizeilich relevanter Auskünfte, der Vernehmung, Sicherstellung und Beschlagnahme von Beweismitteln bzw. sonstigen Gegenständen oder Sachen. Seit Jahren weist der Umfang dieses Auslandsverkehrs eine steigende Tendenz auf. 1974 wurden von Interpol Wiesbaden rund 120000 Auslandsvorgänge (Ein- und Ausgänge) bearbeitet, die sich wie folgt in 41% Schreiben, 48% Funksprüche einschließlich Funkfernschreiben sowie 11% Fernschreiben aufschlüsseln lassen. Nicht enthalten sind in diesen Zahlen die vielfältigen und zahlenmäßig hoch zu veranschlagenden Tätigkeiten der Interpolstelle, die durch den Auslandsschriftverkehr innerhalb der Bundesrepublik Deutschland ausgelöst und bewältigt wurden. Mit den genannten Zahlen steht Interpol Wiesbaden hinsichtlich des Umfanges seiner Aktivitäten im internationalen Bereich weit an der Spitze vor allen anderen Mitgliedsstaaten. Nach überschlägigen Schätzungen beträgt ihr Anteil an der gesamten internationalen Zusammenarbeit etwa 30% bis 40%.

Da die Schnelligkeit der Nachrichtenübermittlung auch auf internationaler Ebene von besonderer Bedeutung für eine wirksame Verbrechensbekämpfung ist, bedient sich Interpol Wiesbaden bevorzugt des Interpol-Funknetzes, des Funkschreibverkehrs, des öffentlichen Telex-Netzes sowie der Telebildübermittlung. Zur Zeit wickelt es etwa 60% des gesamten internationalen Nachrichtenaustausches über diese schnellen Kommunikationsmittel ab. Von den im Jahre 1974 im Interpol-Funkverkehr gewechselten rund 194000 Funksprüchen stammten rund 31000 Funksprüche von Interpol Wiesbaden, d. h. daß jeder 6. bzw. 7. Funkspruch von diesem NZB ausging, das zur Zeit an dem gesamten internationalen Funkverkehr mit 16% beteiligt ist.

Naturgemäß lassen sich Erfolge im Bereich der Verbrechensbekämpfung rechnerisch nicht eindeutig ermitteln. So läßt sich auch zahlenmäßig nicht darstellen, inwieweit die in den letzten Jahren seitens des Bundeskriminalamtes intensivierten Bemühungen um eine wirkungsvollere Verbrechensbekämpfung auf internationaler Ebene zu größeren Erfolgen geführt haben. Da polizeiliche Erfolge auf den Gebieten der Personenfahndung und der Personenidentifizierung noch am ehesten meßbar sind, sollen einige Ergebniszahlen aus diesen Bereichen beispielhaft für viele andere stehen. So wurden 1974 durch Mitwirkung bzw. Vermittlung von Interpol Wiesbaden für deutsche Strafverfolgungsbehörden im Ausland 148 und im Inland für ausländische Strafverfolgungsbehörden 210 Personen festgenommen. Im gleichen Zeitraum veranlaßte bzw. vermittelte Interpol Wiesbaden für deutsche Strafverfolgungsbehörden im Ausland 9127 und im Inland für ausländische Strafverfolgungsbehörden 1852 Personenidentifizierungen.

VIII. VOLLZUG UND EFFIZIENZ

A. Vollzug

1. Funktionsebenen

In tatsächlicher Hinsicht vollzieht sich die internationale Verbrechensbekämpfung auf zwei Funktionsebenen:

a) der des zwischenstaatlichen Rechtshilfeverkehrs, d. h. durch Unterstützung eines von einer zuständigen Behörde eines anderen Staates geführten Strafverfahrens,

b) jener des internationalen kriminalpolizeilichen Nachrichten- und Erfahrungsaustausches, d. h. durch Informationsaustausch und -auswertung polizeilicher Daten und Erkenntnisse außerhalb laufender Ermittlungs- oder Strafverfahren.

Da auf beiden Ebenen das gleiche Ziel, nämlich die Bekämpfung des internationalen Rechtsbrechers, verfolgt wird, dürfen diese lediglich nach Ansatz und Auftrag unterschiedlich gearteten Aktivitäten nicht isoliert betrachtet, sondern müssen vielmehr als sinnvolle Komponenten zweier gegenseitig sich ergänzender und unterstützender Systeme im Rahmen einer übergeordneten Bekämpfungskonzeption verstanden werden.

2. Kooperationsorgane

Als unmittelbar handelnde Organe kommen hier nur solche in Betracht, die mit Aufgaben der Straftatenverhütung oder der Strafrechtspflege betraut bzw. befaßt sind. Für den zwischenstaatlichen Rechtshilfeverkehr in Strafsachen ist es hierbei ohne Belang, ob das zu unterstützende Verfahren von einem Gericht oder einer anderen Behörde betrieben wird und ob die begehrte Rechtshilfemaßnahme von einem Gericht oder einer anderen Behörde vorzunehmen ist (Nr. 2 RiVASt). In den internationalen kriminalpolizeilichen Nachrichten- und Erfahrensaustausch sind alle Polizeibehörden einbezogen, die Aufgaben der polizeilichen Gefahrenabwehr oder der Strafverfolgung im weitesten Sinne wahrnehmen (§ 1 Abs. 1 S 2, § 1 Abs. 2 und § 10 BKAG sowie Art. 2 der Interpol-Statuten). Soweit nicht mit Gesetzesvorrang etwas Abweichendes gilt, ist der zur Durchführung der Bekämpfung internationaler gemeiner Verbrecher notwendige Dienstverkehr mit ausländischen Polizei- und Justizbehörden dem Bundeskriminalamt vorbehalten (§ 10 BKAG).

3. Kooperationsverfahren

Es wird von den einschlägigen Vorschriften über den jeweils zugelassenen Geschäftsweg bestimmt. So gilt für den Bereich der zwischenstaatlichen Rechtshilfe zunächst der Grundsatz, daß der diplomatische Geschäftsweg — ungeachtet zeitraubender Instanzenzüge und aufwendiger Formalitäten — zu beschreiten ist. Soweit zugelassen, kann neben dem ministeriellen auch der unmittelbare justizielle Geschäftsweg gewählt werden. Von besonderer praktischer Bedeutung für den Bereich der internationalen Verbrechensbekämpfung ist für Polizei -und Justizbehörden der Geschäftsweg über das Bundeskriminalamt in seiner Eigenschaft als NZB der IKPO-Interpol (Nrn. 7, 163 RiVASt und § 10 BKAG). Der außerhalb laufender Ermittlungs- oder Strafverfahren praktizierte internationale kriminalpolizeiliche Nachrichten- und Erfahrungsaustausch vollzieht sich demgegenüber ausschließlich zwischen Polizeibehörden, wobei für die Polizeibehörden der Bundesrepublik Deutschland grundsätzlich der Geschäftsweg über das Bundeskriminalamt einzuschlagen ist (Nrn. 162, 163 RiVASt, § 10 BKAG sowie Art. 2 der Interpol-Statuten).

4. Allgemeiner Aktionsrahmen

Er umfaßt auf dem Gebiet der zwischenstaatlichen Rechtshilfe in Strafsachen die gesamte breite Skala des in den einschlägigen Vorschriften enthaltenen Instrumentariums, das von den zuständigen Strafverfolgungs- und Strafvollstreckungsbehörden sowie den für Strafsachen zuständigen Gerichten in vollem Umfang aktiviert und umgesetzt werden kann. In Betracht kommen hierbei Initiativen zur Festnahme und Auslieferung eines Straftäters, zur Herausgabe von Gegenständen oder zur Durchführung von Untersuchungshandlungen (wie Durchsuchung, Beschlagnahme, Durchführung von Vernehmungen) ebenso, wie Ersuchen um Vorstrafenauskünfte oder Auskünfte sonstiger Art aus amtlichen Unterlagen, Registern usw. Soweit sich allerdings der Dienstverkehr außerhalb der polizeilichen Schiene vollzieht, wird die Intention einer schnellen und wirkungsvollen Verbrechensbekämpfung häufig durch Zeitverzögerungen oder Erschwernisse unterschiedlichster Art in zum Teil erheblichem Ausmaß beeinträchtigt, da den Justizbehörden oft in nur eingeschränktem Umfang die erforderlichen Nachrichtenübermittlungseinrichtungen sowie fachkundige und facherfahrene Übersetzer unmittelbar zur Verfügung stehen und sie im Bedarfsfall regelmäßig externe Kräfte und Einrichtungen heranzuziehen genötigt sind.

Demgegenüber zeitigt die Beanspruchung der Polizei und die Einschaltung des Bundeskriminalamtes durch die Justizbehörden in den Geschehensablauf vielfältige Vorzüge und Erleichterungen für die praktische Arbeit. Sie erhöhen damit die Bekämpfungs- und Erfolgsaussichten beträchtlich. Vor allem der Einsatz technischer Polizeieinrichtungen (wie Fernschreiber, Funkfernschreiber, Funk, Telebildanlagen usw.) im In- und Ausland sowie die permanente Einsatzbereitschaft qualifizierter Kräfte im Innen- und Außendienst lassen eine erhebliche Beschleunigung im Kommunikationsbereich und damit in der Sachbearbeitung zu. Dies gilt vor allem für die besonders wichtigen Gebiete der Personen- und Sachfahndung, wobei die an sich schon zügige Geschäftsabwicklung in besonderen Eilfällen notfalls auf ein Minimum reduziert werden kann, so z. B. wenn die sofortige Einleitung einer internationalen Fahndung nach einem flüchtigen gefährlichen Rechtsbrecher oder die Herbeiführung anderweitiger, dringend erforderlicher Sofortmaßnahmen — etwa zur Unterbindung einer bereits im Versuchsstadium befindlichen schweren Straftat — geboten sind. Weitere bedeutende Vorzüge bei der Benutzung der polizeilichen Schiene ergeben sich durch die Möglichkeit des raschen, unmittelbaren Rückgriffs auf die umfangreichen Datenbestände polizeilicher Unterlagen, insbesondere die vielfältig gegliederten Spezialkarteien der Polizei mit ihrer Fülle sachdienlicher Informationen und nicht zuletzt durch die Chance unmittelbarer Nutzbarmachung der kriminaltechnischen Einrichtungen und ihres qualifizierten Fachpersonals.

Anders als die zwischenstaatliche Rechtshilfe in Strafsachen, bedarf der internationale kriminalpolizeiliche Nachrichten- und Erfahrensaustausch keines Ermittlungs- oder Strafverfahrens als Bezugspunkt, er setzt vielmehr unabhängig davon bzw. bereits im Vorfeld der Strafverfolgung an. Er basiert auf polizeieigenen, aus Erfahrung gewonnenen Bekämpfungsmethoden und -systemen, die in erster Linie auf das Sammeln und Auswerten polizeirelevanter Daten und Nachrichten, Verfahren der Täteridentifizierung sowie die Feststellung von Tatzusammenhängen ausgerichtet sind und die sich institutionell in einer Vielfalt spezifisch angelegter Karteien und Auswertungseinrichtungen darstellen. Dabei wird das Ausmaß des Erfolgs entscheidend von der Qualität der Kooperation, dem Fleiß und der Akribie und der Kombinationsgabe der an dem Gesamtprozeß Beteiligten bestimmt. Offensichtlich ist, daß sich kriminalpolizeilicher Nachrichten- bzw. Erfahrungsaustausch und Strafverfolgung im praktischen Vollzug nicht immer messerscharf voneinander trennen lassen. So werden z. B. nicht selten durch Auswertung erkennungsdienstlichen Materials über nationale Grenzen hinweg — zunächst noch völlig losgelöst von einem Ermittlungs- oder Strafverfahren — Straftäter identifiziert oder unbekannt gewesene Tatzusammenhänge aufgedeckt, und erst der Nachweis dieser Fakten führt zur Einleitung eines Ermittlungsverfahrens oder zum Abschluß eines bislang gegen Unbekannt geführten Strafverfahrens. Zwar stellen die Bereiche der Nachrichtensammlung und -auswertung im weitesten Sinne den Schwerpunkt des internationalen kriminalpolizeilichen Erkenntnis- und Erfahrungsaustausches dar; der Katalog der Kooperationsformen reicht jedoch weit darüber hinaus und umfaßt letztlich alle polizeilichen Problem- und Interessenbereiche wie z. B. die der Ausrüstung, der nachrichtentechnischen Ausstattung, der Ausbildung, der Kriminaltechnik und der kriminalistisch orientierten Forschung.

B. Zur Frage des Nutzeffektes

In gleicher Weise, wie sich vorbeugende oder strafverfolgende Tätigkeit nicht exakt messen oder rechnerisch darstellen lassen, verschließt sich auch der Bereich der internationalen Verbrechensbekämpfung einer genauen Bewertung. Zusätzlich erschwert werden Effizienzaussagen auf diesem Gebiet jedoch vor allem durch das Fehlen verbindlicher, den Gegenstand selbst bestimmender Abgrenzungskriterien sowie das Fehlen von nach einheitlichen Grundsätzen erhobenen statistischen Unterlagen. Da zudem bis heute weder in nationalen Bereichen, noch auf internationaler Ebene präzise Schadensstatistiken über international verübte Verbrechen geführt werden, kann auch die Gesamtschadenssumme nur spekulativ geschätzt werden. Daß sie alljährlich eine enorme

Höhe erreichen dürfte, kann indessen als ebenso unzweifelhaft gelten wie die Prognose, daß sie auf absehbare Zeit weiterhin von Jahr zu Jahr erheblich ansteigen wird.

Das dem Bundeskriminalamt vorliegende, intern gewonnene Zahlenmaterial ist das Ergebnis sogenannter Arbeitsstatistiken, die den Bereich der zwischenstaatlichen Rechtshilfe — soweit sich diese über das Bundeskriminalamt abwickelt — ebenso erfassen wie jenen des internationalen kriminalpolizeilichen Nachrichten- und Erfahrungsaustausches. Den in diesem Rahmen registrierten Zahlen kommt mithin keine repräsentative Qualität zu, sie können vielmehr nur als festgestellte Einzelwerte einer insgesamt nicht erstellbaren Gesamtübersicht gewertet werden. (Zur Effizienz des Bundeskriminalamtes in seiner Eigenschaft als NZB der IKPO-Interpol siehe VII.B.4.b.)

Besondere Bedeutung in statistischer Hinsicht kommt im Bereich der internationalen Verbrechensbekämpfung der jährlich von dem Bundesminister der Justiz in dem Bundesanzeiger veröffentlichten „Auslieferungsstatistik" zu, die das Kalenderjahr umfaßt und auf von den Landesjustizministerien und dem Bundesjustizministerium gesammelten Unterlagen basiert. Sie gibt Aufschluß über Zahl und Inhalt aller ein- und ausgehenden Ersuchen um Auslieferung (einschließlich Einlieferung) und Durchlieferung, über die Art ihrer Erledigung, über Zahl, Staatsangehörigkeit und Geschlecht der Verfolgten, die den Ersuchen zugrunde liegenden strafbaren Handlungen sowie die im Einzelfall an den Ersuchen beteiligten Staaten. Das Zählverfahren der bei der Erstellung der Statistik zu beachtenden Richtlinien orientiert sich primär an der Person des Verfolgten sowie der ihm zur Last gelegten Straftat.

Bei der Beurteilung von Straftaten, die den eingehenden Ersuchen um Auslieferung oder Durchlieferung zugrunde liegen, werden jeweils die den Strafbestimmungen des ausländischen Rechts am ehesten korrespondierenden deutschen Strafbestimmungen verwendet. Ein kurzer Einblick in die Auslieferungsstatistik für das Kalenderjahr 1974 vermittelt folgende aufschlußreiche Fakten und Erkenntnisse:

1. *Eingehende Ersuchen*

a) Ersuchen um Auslieferung zur Strafverfolgung und Strafvollstreckung

Behandelt wurden insgesamt 530 Ersuchen (346 neu eingegangene und 184 rückständige) aus 26 Staaten (17 europäischen und 9 außereuropäischen) von denen 334 erledigt wurden. Der Hauptanteil der Ersuchen (und Erledigungen) entfiel auf die nachfolgend aufgeführten 8 europäischen Staaten:

— Belgien	21	mit	13	Erledigungen
— Frankreich	28	mit	16	Erledigungen
— Italien	105	mit	64	Erledigungen
— Jugoslawien	48	mit	27	Erledigungen
— Niederlande	12	mit	9	Erledigungen
— Österreich	199	mit	139	Erledigungen
— Schweiz	53	mit	34	Erledigungen
— Türkei	10	mit	8	Erledigungen

Die Übersicht zeigt einen relativ hohen Prozentsatz österreichischer, italienischer, schweizerischer und jugoslawischer Ersuchen. Außer den aufgeführten Ersuchen wurden noch 31 Nachtragsersuchen bewilligt.

Betrachtet man die Gesamtheit der erledigten Ersuchen nach den ihnen zugrunde liegenden Straftaten, so stehen die Straftatbestände des Diebstahls (einschließlich des schweren Diebstahls), des Betruges, der Unterschlagung, der Urkundenfälschung, der Untreue, des Raubes sowie des sexuellen Mißbrauchs von Kindern und Schutzbefohlenen im Vordergrund.

b) Ersuchen um Durchlieferung durch die Bundesrepublik Deutschland zur Strafverfolgung und Strafvollstreckung

Hier wurden insgesamt 66 Ersuchen aus 7 europäischen Staaten behandelt. 41 Ersuchen, die 41 Verfolgte betrafen, wurden erledigt; außerdem wurde 1 Nachtragsersuchen bewilligt. Die Ersuchen hatten überwiegend die Straftatbestände des Diebstahls (einschließlich des schweren Diebstahls) und des Betruges zum Gegenstand.

c) Staatsangehörigkeit der Verfolgten in Auslieferungs- und Durchlieferungsfällen, bei denen das Verfahren abgeschlossen wurde

Gegenstand der Verfahren waren insgesamt 336 Verfolgte (davon 318 männlich und 18 weiblich), deren Staatsangehörigkeit insgesamt 27 verschiedene Staaten betrafen. Die höchsten Anteile entfielen auf die Staatsangehörigkeiten Österreichs (124), Italiens (78) und der Schweiz (20).

2. *Ausgehende Ersuchen*

a) Ersuchen um Auslieferung (Einlieferung) an die Bundesrepublik Deutschland zur Strafverfolgung und Strafvollstreckung

Gestellt wurden insgesamt 614 Ersuchen (330 neu ausgegangene bei 284 rückständigen) an 32 Staaten (18 europäische und 14 außereuropäische), von denen 323 erledigt wurden. Der Hauptanteil der Ersuchen (und Erledigungen) entfiel auf die nachfolgend aufgeführten 10 europäischen Staaten:

— Belgien	28	bei	17	Erledigungen
— Dänemark	12	bei	5	Erledigungen
— Frankreich	65	bei	30	Erledigungen
— Griechenland	10	bei	6	Erledigungen

— Italien	42 bei 21	Erledigungen
— Jugoslawien	15 bei 2	Erledigungen
— Niederlande	24 bei 16	Erledigungen
— Österreich	174 bei 110	Erledigungen
— Schweiz	90 bei 44	Erledigungen
— Spanien	89 bei 39	Erledigungen

Die Übersicht zeigt einen relativ hohen Anteil von Ersuchen an die Staaten Österreich, die Schweiz, Spanien und Italien. Neben den aufgeführten Ersuchen wurden 22 Nachtragsersuchen bewilligt.

Betrachtet man die Gesamtheit der gestellten Ersuchen, so ist festzustellen, daß sie überwiegend Straftaten des Diebstahls (einschließlich des schweren Diebstahls) und des Betruges sowie in beachtlichem Umfange Strafsachen des Raubes (einschließlich des schweren Raubes), der Urkundenfälschung, der Unterschlagung sowie der Sachhehlerei betrafen.

b) Ersuchen um Durchlieferung durch ausländische Staaten zur Strafverfolgung und Strafvollstreckung

Hier wurden insgesamt 158 Ersuchen an 14 Staaten (8 europäische und 6 außereuropäische) gerichtet. 67 Ersuchen, die 67 Verfolgte betrafen, wurden erledigt; außerdem wurden 2 Nachtragsersuchen bewilligt. Die Ersuchen hatten überwiegend Straftaten des Diebstahls (einschließlich des schweren Diebstahls), des Betruges, der Urkundenfälschung sowie der Unterschlagung zum Gegenstand.

c) Staatsangehörigkeit der Verfolgten in Auslieferungs- und Durchlieferungsfällen, bei denen das Verfahren abgeschlossen wurde

Gegenstand der Verfahren waren insgesamt 308 Verfolgte (284 männlich und 24 weiblich), deren Staatsangehörigkeit insgesamt 18 verschiedene Staaten betrafen. Naturgemäß lag in dieser Gruppe der ausgehenden Ersuchen um Auslieferung und Durchlieferung der Anteil der deutschen Staatsangehörigkeit weitaus am höchsten (260). An zweiter und dritter Stelle folgten die italienische und die jugoslawische Staatsangehörigkeit (je 9 Verfolgte).

Will man die vorstehenden Daten und Fakten wägen und werten, darf nicht unberücksichtigt bleiben, daß jede Auslieferungsstatistik letztlich stets nur einen zeit- und sachbegrenzten Ausschnitt des Gesamtgeschehens darstellt.

Für den Bereich der sonstigen zwischenstaatlichen Rechtshilfe in Strafsachen ist eine zentrale Erfassung der ein- und ausgehenden Rechtshilfeersuchen nicht vorgesehen. Er läßt sich daher weder quantitativ exakt bestimmen noch in qualitativer Hinsicht schematisieren. 1974 wurden von der Bundesregierung schätzungsweise 8000 ein- und ausgehende Rechtshilfeersuchen auf dem Gebiet der sonstigen zwischenstaatlichen Rechtshilfe in Strafsachen behandelt. Da angesichts der geltenden Kompetenzregelungen jedoch nur ein verschwindend kleiner Anteil aller einschlägigen Ersuchen der Bundesregierung zur Prüfung bzw. Bewilligung vorzulegen sind, kann diese Zahl nur einen äußerst geringen Bruchteil des gesamten Rechtshilfeverkehrs in diesem Bereich wiedergeben.

Da die Aktivitäten im Rahmen des internationalen kriminalpolizeilichen Nachrichten- und Erfahrensaustausches nicht gesondert erfaßt werden, sind hierzu quantitative Aussagen nicht möglich. Angesichts ihrer außergewöhnlichen praktischen Bedeutung und ihrer erheblichen Präventivwirkung im Alltag internationaler Verbrechensbekämpfung, dürfen die häufig noch im Vorfeld oder in Kriminalitätszwischenbereichen liegenden Polizeimaßnahmen jedoch nicht unerwähnt bleiben, wie sie sich beispielsweise innerhalb des kriminalpolizeilichen Meldedienstes oder in Form von Warnmeldungen bei möglichen Sprengstoffattentaten, bei bandenmäßig verübten Scheck-, Wechsel-, Aktien- oder Wertpapierbetrügereien, der Verbreitung von Falschgeld oder des zu erwartenden Absatzes von Diebes- und Hehlergut vollziehen. Ebensowenig dürfen aber auch die zahlreichen Aktivitäten internationaler Zusammenarbeit in den Bereichen der Kriminaltechnik, des Erkennungsdienstes oder der gegenseitigen unmittelbaren Unterstützung zur Eindämmung der Rauschgiftkriminalität, des Waffenschmuggels, der Falschgeldherstellung oder der Bekämpfung international organisierter Einbrecher-, Diebes- oder Hehlerbanden außer acht gelassen werden. Die Veranschlagung des Nutzeffektes internationaler Verbrechensbekämpfung darf angesichts der extremen Gefährlichkeit des internationalen Rechtsbrechers für die Gesellschaft vordringlich unter qualitativen und nur sekundär unter quantitativen Gesichtspunkten vorgenommen werden.

IX. KEIN AUFTRAG AUF ZEIT

Entwicklungsgeschichte sowie Art und Ausmaß des Kriminalitätsgeschehens auf internationaler Ebene lassen keine Zweifel darüber zu, daß den Strafverfolgungsorganen hier eine neue, diffizile Daueraufgabe zugewachsen ist, deren Bewältigung neben sorgfältigster Sachverhaltsbeobachtung und -analyse vor allem den Einsatz wirksamer, spezifischer Bekämpfungsmittel und -methoden erfordert. Die Polizei hat als die von den Ereignissen am unmittelbarsten tangierte Institution sehr früh den ihr zufallenden Auftrags- und Rollenanteil erkannt und die ihr möglichen Konsequenzen gezogen. Es wurden im Interesse einer effektiven Bekämpfung internationaler Rechtsbrecher polizeieigene Informationszentralen und

Spezialistenkarteien eingerichtet, spezifische Fahndungsdienste auf- und ausgebaut, die Einrichtungen des Erkennungsdienstes und der Kriminaltechnik verbessert, einschlägige Fach- und Arbeitstagungen veranstaltet sowie eine Fülle zwischenstaatlicher, der Arbeitserleichterung dienender Kontakte angebahnt und entwickelt. Ein die Gesamtsituation entscheidend verändernder, durchgreifender Erfolg war diesen Bemühungen bislang jedoch nicht beschieden. Von den vielfältigen Ursachen hierfür wiegen jene rechtlicher Art am schwersten. So räumen die einschlägigen inländischen Rechtsvorschriften der Polizei, obwohl sie im Regelfall bis zur Anklageerhebung Hauptlast und Hauptverantwortung für Erfolg oder Mißerfolg des Ermittlungsergebnisses zu tragen hat, nur minimale, für eine erfolgreiche Tätigkeit völlig unzureichende Zuständigkeiten ein. Gleichzeitig aber wird ihre Arbeit durch eine verwirrende Fülle zu beachtender Kompetenzregelungen und komplizierter Verfahrensvorschriften sowie die Vorgabe zeitraubender und schwerfälliger Geschäftswege belastet. Bei der Zusammenarbeit mit ausländischen Strafverfolgungsorganen treten noch zwei weitere erschwerende Umstände hinzu: die Geltung unterschiedlich gearteter Rechtssysteme in den einzelnen Staaten und das strikte Festhalten der Regierungen an dem Grundsatz uneingeschränkter Staatssouveränität auf dem Gebiet der Strafverfolgung.

Während mithin als Folge unterschiedlichster Liberalisierungsakte die Staatsgrenzen für den Rechtsbrecher leichter passierbar geworden sind, bilden sie für die Strafverfolgungsorgane unverändert starre Rechtsbarrieren. Es ist offenkundig, daß diese Rechtsstrukturen in einem Zeitalter, in dem internationales Verbrechertum zunehmend organisations- und unternehmensähnliche Formen annimmt, Gewalt- und Schwerstkriminalität klassischer Prägung verstärkt internationale Verflechtungen aufweist und Terrorakte, Bombendrohungen, Flugzeugentführungen, Geiselnahmen einschließlich schamlosester Erpressungsakte über Staatsgrenzen hinweg nahezu Alltäglichkeit geworden sind, dringend grundlegender Korrekturen bedürfen. Sollen Staat und Gesellschaft auf weite Sicht nicht ernsthaft, d. h. substantiell Schaden nehmen, muß es möglich sein, das internationale Verbrechertum, ungeachtet nationaler Grenzpfähle, ohne Verzug, flexibel und deliktspezifisch zu bekämpfen. Um die Voraussetzungen hierfür zu schaffen, müßten vor allem drei Forderungen realisiert werden:

1. die Neugestaltung der Rechtshilfevorschriften innerhalb der Nationalbereiche und ihre Anpassung an die Erfordernisse moderner Verbrechensbekämpfung, insbesondere durch Ausstattung der Polizei mit ausreichenden Kompetenzen;
2. die Schaffung einer nach modernsten Erkenntnissen und Erfahrungen ausgestalteten internationalen Informations- und Kommunikationszentrale zur Verbrechensbekämpfung und Ausstattung dieser Institution mit allen für eine effektive Arbeitsleistung notwendigen Kompetenzen (hierzu könnte die IKPO-Interpol ausgebaut werden, die über günstige Voraussetzungen personeller und materieller Art sowie jahrzehntelange Erfahrungen auf diesem Gebiet verfügt, bereits 120 Mitglieder umfaßt);
3. die Bildung gemischtnationaler kriminalpolizeilicher Einsatzgruppen mit genau festgelegten Exekutivbefugnissen zur gezielten Bekämpfung bestimmter Delikte oder Sachkomplexe.

Die Zeit drängt — sie sollte ohne Verzug genutzt werden.

Schrifttum

F. H. Palitzsch: Die Bekämpfung des internationalen Verbrechertums. 1926.

M. Hagemann: Internationale kriminalpolizeiliche Zusammenarbeit. In: Elster, A. und Lingemann, H. (Hrsg.): Handwörterbuch der Kriminologie. Berlin 1933, S. 741 bis 751.

Bundeskriminalamt Wiesbaden: Internationale Verbrechensbekämpfung. Arbeitstagung 1960.

W. Ullrich: Verbrechensbekämpfung: Geschichte, Organisation, Rechtsprechung. Neuwied und Berlin 1961.

H. J. Hoeveler: Internationale Bekämpfung des Verbrechens. Hamburg 1966.

J. Haloubek: Interpol in Wien geboren in „Illustrierte Rundschau der Gendarmerie". 1969.

J. Jeschke: Interpol zwischen 1933 und 1945. Kriminalistik 25. 1971, S. 118—119.

Internationale Kriminalpolizeiliche Organisation-Interpol. In „50 Jahre Interpol 1923—1973". Deutsche Bearbeitung und Übersetzung des Bundeskriminalamtes. Wiesbaden 1973.

E. Dreher: Strafgesetzbuch mit Nebengesetzen und Verordnungen. 36. Auflage. München 1976.

H. Grützner: Internationaler Rechtshilfeverkehr; die für die Rechtsbeziehungen der Bundesrepublik Deutschland mit dem Ausland in Strafsachen maßgeblichen Bestimmungen. Loseblattsammlung. Hamburg-Berlin-Bonn. 1955ff.
Stand 1975.

KURT SCHAEFER

GEWALTKRIMINALITÄT

Unter dem Begriff der Gewaltkriminalität sind im folgenden Delikte zusammengefaßt, deren Wesen in der Ausübung körperlichen oder psychischen Zwanges besteht, um bestimmte Forderungen durchzusetzen, Furcht und Schrecken zu verbreiten oder ganz einfach — aus sehr unterschiedlichen Motiven — zu verletzen oder zu zerstören. Die Auffassungen, was unter Gewaltkriminalität zu verstehen ist, sind dabei sehr unterschiedlich.

Der zur Verfügung stehende Raum verbot eine Darstellung **aller** Formen der Gewaltkriminalität. Es sind daher nur diejenigen Delikte behandelt worden, die in der Gegenwart — und voraussichtlich auch in der Zukunft — besondere Bedeutung besitzen. Dabei wurden vor allem neue Erscheinungsformen der bereits in anderen Abhandlungen des Handwörterbuchs erörterten Delikte behandelt und darüber hinaus jene Kriminalitätsformen besprochen, die bislang noch nicht ihren Platz in diesem Werk gefunden haben (wie etwa die neuzeitlichen Geiselnahmen).

A. Morde

1. Konfliktmorde

Als Konfliktmord bezeichnet man jene Mordtaten, bei denen ein zwischen zwei Menschen bestehender Konflikt den Anlaß zur Tat gab. Mit dem Tode des Opfers tritt für den Täter die Lösung des Konflikts ein — oder sie wird doch wenigstens von ihm erhofft. Jeder Zwiespalt, jede Auseinandersetzung, jeder Streit kann Konflikt in diesem Sinne sein, und nicht alle Konflikte werden offenbar. Mitunter schwelen sie unter der Oberfläche des menschlichen Zusammenlebens, und kein Außenstehender bemerkt sie. Daher wird vielfach bei den auf einen Mord folgenden Ermittlungen ein Konflikt einfach nicht erkannt und demzufolge auch nicht als Motiv bekannt. Die Konfliktlage war auf den ersten Blick nicht zu vermuten. Auch wird mancher Interessengegensatz zwischen Partnern nicht als Konflikt verstanden, und man meint, ein solcher Widerstreit könne doch kaum Anlaß für eine so schwere Tat gewesen sein. So kommt es stets auf die Aufhellung vermuteter oder denkbarer Konfliktlagen besonders an.

Konfliktlagen gibt es immer dann, wenn Menschen mit unterschiedlichen Auffassungen in eine engere Gemeinschaft treten und sich nunmehr aneinander orientieren müssen. Wird keine gemeinsame Basis gefunden, die als Richtschnur dienen kann, so wird die Auffassung des jeweils stärkeren Partners vorherrschen. Der unterlegene Partner kann seine Wünsche oder Vorstellungen nicht durchsetzen. Die einfachste Lösung wäre für ihn, die eingegangene Gemeinschaft wieder zu lösen. Ist dies nicht möglich, kann es zum Konfliktmord kommen. Bis dahin kann jedoch ein längerer Zeitraum verstreichen. Oft stellt sich ja erst im Laufe einer Gemeinschaftsbindung heraus, daß unvereinbare Auffassungen bestehen, oft werden sie erst dann relevant, wenn neue Umstände hinzutreten, so daß sich die Ausgangslage verändert. So kann ein Konflikt jederzeit ausbrechen, selbst dann, wenn die Partnerschaft bislang reibungslos funktionierte.

Schreitet man den Umkreis menschlicher Partnerschaften ab, so begegnet man einer Vielzahl konfliktträchtiger Beziehungen. So sind Konflikte denkbar:

— mit dem Ehepartner,
— mit dem oder der Geliebten,
— mit den Eltern,
— mit den Kindern,
— mit dem Berufspartner, Teilhaber, Arbeitgeber, Kollegen, Mitarbeiter, Arbeitnehmer,
— mit Nachbarn und Freunden,
— mit Mietern und Vermietern,
— mit Ausbildungspersonen,
— unter Mitgliedern krimineller oder extrempolitischer Vereinigungen.

Der Ehegattenkonflikt ist ein regelrecht klassischer Konflikt; der daraus resultierende Gattenmord wird schon von Äschylos beschrieben: König Agamemnon wird auf Veranlassung seiner Gattin Klytämnestra ermordet, da er — als Heimkehrer aus dem Krieg — die Beziehungen zu ihrem Liebhaber Ägisthos stört. Sicher war dieser literarisch ausgewertete Mord nicht der erste; Äschylos hat ihn als ein die Menschheit begleitendes Problem gekennzeichnet. Auch beim Morde an der oder dem Geliebten bestehen enge partnerschaftliche Beziehungen. Daher wird man stets auch denjenigen Partner einer ermordeten Person als möglichen Täter in Betracht ziehen müssen, dessen Position sich nach der Tat so gestaltet hat, wie es seinen — vielleicht nur unterschwelligen — Wünschen entsprechen müßte. Im übrigen bestehen zwischen Gatten- und Geliebtenmord einige Unterschiede. Der Mord am Ehepartner wird vom Täter sehr oft verdeckt, verschleiert, verheimlicht, so daß er nur schwer als solcher erkannt werden kann. Ist aber der Todesfall als Mord enthüllt, steht der Täter meist schon fest. Oft genug ist die eheliche Wohnung der Tatort. Außerdem kann der Gattenmörder meist in Ruhe und Ausführlichkeit umfangreiche Vorbereitungen für die Tat treffen; auch liegt es oft in seiner Hand, wann und wie die Umwelt über den Tod des Ehegatten Kenntnis erhält. Anders liegen die Dinge beim Geliebtenmord. Hier wird zumeist die Tatsache des Mordes alsbald offenkundig werden, nicht jedoch die Person des Täters. Anfänglich dürfte zunächst noch offen sein, ob ein Konfliktmord vorliegt; denkbar ist auch ein Sexualmord, wenn Frauen oder Mädchen mit „leichter" Lebensweise getötet werden. Hier gilt es also, unter den möglicherweise zahlreichen Bekannten des Opfers jenen herauszufinden, der Anlaß hatte, sich die lästige Geliebte vom Halse zu schaffen. Solche Morde offenbaren überwiegend Konflikte höchst unehrenhafter Natur; ein „Verhältnis" eines honorigen Bürgers droht bekannt zu werden; eine Schwangerschaft läßt finanzielle Belastungen befürchten, oder dem Täter wird die Geliebte einfach lästig, so daß sie „weg muß", wie gewöhnlich sehr gefühlsroh bei der Vernehmung eingestanden wird. Geliebtenmord aus Verzweiflung liegt in jenen Fällen vor, in denen beide Partner aus dem Leben scheiden, weil die gewünschte gegenseitige Bindung nicht erreicht werden kann: Oft ist einer der Partner verheiratet und eine Lösung der Ehe läßt sich nicht oder nur unter erheblichen Schwierigkeiten erreichen. Die Tat — als Doppelselbstmord — gelingt, wenn gemeinsam Gas eingeatmet oder Gift eingenommen wird. Wählt einer der Beteiligten jedoch eine Schußwaffe als Tötungsmittel, so wird häufig nur der erste Teil der Tat ausgeführt: Der Mann erschießt die Partnerin, ihm fehlt jedoch zum anschließenden Selbstmord die Kraft. Nun stellt sich die Sorge um die eigene Sicherheit ein, und der Täter versucht, sein Handeln zu verdecken und die Tatspuren zu beseitigen. Frauen sind als Geliebtenmörderinnen seltener. Immerhin tritt neben die Frau, die ihren Geliebten tötet, auch diejenige, die lesbisch an eine Geschlechtsgenossin gebunden ist und fürchtet, diese zu verlieren. So tötete in Düsseldorf eine 35jährige Frau ihre 37jährige Freundin, die verheiratet war. Man hatte zunächst eine „Ehe zu Dritt" geführt. Doch trennte man sich wieder, als es zu Streitereien kam. Schließlich lernte das spätere Opfer eine andere Frau kennen und wollte mit dieser den Urlaub verbringen anstatt mit der ersten Freundin. Das war Grund zur Tat. Die Täterin stellte sich selbst der Polizei — die lesbische Bindung wäre sonst wohl kaum bekannt und als Tatursache erkannt worden.

Auch der Familienmord wird oft nicht als solcher erkannt. Kindliche oder jugendliche Täter, die ihre Väter oder Mütter töten, werden kaum sofort als Tatverdächtige in die Ermittlungen einbezogen. Man traut es ihnen eben nicht zu. Nur bei Verzweiflungstaten oder der Selbstgestellung werden solche Morde gleich richtig eingeschätzt, zumal der überlebende Elternteil bemüht ist, das Verbrechen zu verschleiern. Überhaupt muß man mit mannigfachen Verdunkelungsversuchen aller Art rechnen. Eine 31jährige Täterin, lesbisch einer amerikanischen Negerin verbunden, tötete ihr 6jähriges Kind. Die Leiche wurde zersägt und im Müllkasten eines Krankenhauses abgelegt. Das Kind selbst wurde als vermißt gemeldet, es ging bei einer Ausstellung angeblich verloren. Erst durch Hinweise Dritter wurde das Liebesverhältnis bekannt.

Die Täterin wollte ihrer in die USA zurückgekehrten Freundin nachreisen. Hier stand das Opfer im Wege.

Auch andere Spannungen und Auseinandersetzungen sind an der Tagesordnung und gehören sozusagen zum sozialen Leben dazu: Es sind alle jene, die mit Abhängigkeitsverhältnissen verbunden sind. Werden diese Spannungen unerträglich, versucht man, die Bindung zu lösen. Im allgemeinen besteht hierzu auch immer die Möglichkeit. Bindungen nichtfamiliärer Art lassen sich erforderlichenfalls aufgeben. Unerwartete Schwierigkeiten hierbei oder der Wunsch, sich dennoch durchzusetzen, nicht als Versager dazustehen, können jedoch auch in solchen Fällen zum Konfliktmord führen. Der Arbeitgeber, der Partner im Geschäftsleben, der Vermieter, der Nachbar oder frühere Freund sind gleichermaßen gefährdet. Die Tat kann im Dunklen geschehen oder unverhofft. Das Opfer nähert sich auch meist arg- und schutzlos — man kennt sich ja und erwartet nichts Böses.

Schließlich sind noch die Konflikte innerhalb krimineller Gruppen zu nennen, die gleichfalls Morde auslösen können. In diesen Vereinigungen mehr oder minder fester Natur wird seit jeher der Verrat mit dem Tode gesühnt, aber es werden auch interne Streitigkeiten mit der Waffe ausgetragen. Der Kampf um Frauen, um Ansehen und Ehre, um die Führerrolle ist hart und blutig; insoweit kommen Formen amerikanischen Gangstertums auch bei uns in Übung. Sind die kriminellen Gruppen politisch ausgerichtet und als Extremisten zu bezeichnen, so werden auch die Abweichler und „Schwächlinge" durch Morde ausgemerzt.

Bisher konnte im Regelfall eine eigenhändige Täterschaft des Konfliktbetroffenen angenommen werden — also desjenigen, der aus dem Mord irgendeinen Nutzen hatte. Neuerdings findet jedoch die in den Vereinigten Staaten praktizierte Methode, die Tat durch eigens bestellte Mordgehilfen ausführen zu lassen, auch in der BRD Eingang. So beauftragte 1968 ein Ehemann einen bei ihm beschäftigten Ausländer, die Ehefrau zu töten. Der Versuch wurde auch unternommen, doch konnte das Opfer überleben. In einem anderen Fall veranlaßte eine Ehefrau ihren Geliebten, den Ehemann zu töten. Der Freund der Anstifterin gewann für 50000 Mark auch zwei Männer, die den von der Arbeitsstelle heimkehrenden Gatten beim Betreten seiner Villa beschossen und auch durch einen Bauchschuß verletzten. Je „unbürgerlicher" das Milieu der Opfer ist, desto größer sind die Gefährdungen und die Konfliktstoffe. Im Dirnen- und Call-Girl-Milieu ergeben sich unzählige Konflikte. Werden sie durch Morde „gelöst", so ergibt sich nur selten ein Hinweis auf den Täter, zumal der Bekannten- und Besucherkreis sorgsam verschwiegen wird. Auch die Teilnehmer am Randgeschehen weichen jeder Auskunft aus, kann diese doch existenzgefährdend oder -vernichtend sein. Mit falschen Anschuldigungen oder Hinweisen muß gerechnet werden, und nicht auszuschließen ist die bewußte Irreführung der Ermittlungsbehörden, um dergestalt alte Feinde zu belasten oder ihnen Unannehmlichkeiten zu bereiten.

Ohnehin ist die Ermittlungsarbeit bei Konfliktmorden erschwert. Ein dem Opfer bekannter Täter hat meist die Möglichkeit, sich Tatort und Tatzeit selbst auszusuchen, hat dann auch meist Zeit und Gelegenheit, Spuren zu vernichten und sich ein Alibi zu beschaffen, ja er kann mitunter sogar die Tatsache des Todes über Tage hin verheimlichen oder durch Vermißtenanzeigen mit falschen Hinweisen die Behörden irreführen und selbst Zeit gewinnen. So kann die Aufklärung des Tatgeschehens unter Umständen den Einsatz eines großen Apparates erfordern und sich über Monate hinziehen, obgleich der Täter im nächsten Umkreis seines Opfers lebte.

2. *Deckungsmorde*

Neben den Konfliktmorden nehmen die Dekkungs-, Gewinn- und Sexualmorde einen vergleichsweise bescheideneren Raum ein. Lagen den Konfliktmorden lange andauernde Interessengegensätze oder heftige Auseinandersetzungen, emotionsgeladen, zugrunde, so stehen die Dekkungsmörder unter einem gewissen Zwang. Das, was sie erreichen wollen oder auch erreicht haben — den Erfolg einer kriminellen Handlung —, sehen sie durch ihr Opfer selbst oder andere, dazwischentretende Menschen gefährdet. Es bleibt ihnen entweder die Aufgabe der Tat bzw. die Übergabe an die Verfolgungsorgane des Staates — oder eben die Tötung ihres Gegenüber. Verdeckt werden soll also mit dem Deckungsmord immer eine Tat, die weniger schwer wiegt als der Deckungsmord selbst. Die Tötungshandlung ist insofern unsinnig, als Morde die höchste Aufklärungsquote besitzen, das Risiko der Ermittlung also besonders hoch ist, und die Sühne immer in der lebenslangen Strafe besteht. Die Vernunft sollte es eigentlich gebieten, diesen Schritt nicht zu tun. Doch in der bedrohlichen Situation, in der sich der Täter sieht, scheint ihm der Mord als der einzige Ausweg zunächst weiterzuhelfen. Der kommende Tag werde sicher wiederum Auswege aufzeigen —, so denkt offenbar der Deckungsmörder. Seine Tat bringt allerdings zum Ausdruck, daß er das Leben seiner Mitmenschen geringer achtet als die eigene Freiheit, Egoismus und brutale Durchsetzung eigener Interessen beherrschen ihn, decouvrieren ihn als Gewalttäter. So, wie es im organisierten Verbrechertum der Vereinigten Staaten (Mafia) üblich war, den „Gegner" aus der Konkurrenzorganisation oder den Polizisten, auch den nicht mehr zuverlässigen Genossen, zu erschießen, wenn es zweckmäßig erschien, so handelt auch der Deckungsmörder unserer Tage. Nur bei sehr jungen Tätern oder in Überraschungssituationen wird man konzedieren dürfen, daß die Tat Ausfluß einer besonderen und nicht beherrschbaren Erregung war.

Deckungsmorde zeigen sich zunächst bei der Begehung von Straftaten als Mord an dem Opfer. Bei Notzuchtsfällen, unzüchtigen Handlungen an Kindern, Raubüberfällen wird dem Täter plötzlich klar, daß das Opfer ihn entweder namentlich kennt oder ihn doch nach der Tat beschreiben kann. Um nicht überführt zu werden, tötet er — durch Würgen, Drosseln oder Schlagen. Die Tötung erfolgt also ausschließlich zum eigenen Schutz — nicht etwa, um die Beute erlangen zu können oder weil die sexuelle Erregung erst mit der Tötung eintritt.

Eine Deckungstötung erfolgt vielfach auch dann, wenn bei oder nach Begehung einer Straftat — meist nach einem Eigentumsdelikt, etwa Einbruchsdiebstählen — Wächter, Polizeibeamte oder auch zufällig Hinzukommende den Täter sehen und später identifizieren können bzw. ihn festnehmen wollen. Konnte man in früheren Jahren mehr davon ausgehen, daß der kriminelle Täter, der entdeckt wurde, sich in dieses Schicksal fügte, sofern die Flucht (das einfache Weglaufen) nicht half, so liegen die Dinge heute anders. Der Täter geht zunehmend dazu über, sich der Festnahme oder Entdeckung zu widersetzen, selbst um den Preis der Tötung des Dazwischentretenden. Diese Änderung in der generellen Verhaltensweise des Verbrechers muß bei der Verbrechensbekämpfung seitens der Polizei- und Justizbeamten beachtet werden. Der Rat der Polizei an die Bevölkerung geht heute auch dahin, bei Beobachtungen von Straftaten nicht selbst einzugreifen, sondern lediglich zu beobachten und die Polizei herbeizurufen. Die Bereitschaft, bei kriminellen Handlungen sich, soweit erforderlich, der Gewalt einschließlich der Tötung zu bedienen, ist ein bedeutsames Zeichen für die Entwicklung krimineller Verhaltensweisen auch in der Bundesrepublik Deutschland. Der Trend geht in dieser Hinsicht auch in anderen europäischen Staaten in die gleiche Richtung.

Auch bei der Flucht aus Vollzugsanstalten zeigt sich ein entsprechendes Verhalten. Da der ausbruchswillige Häftling sich unter den heutigen Verhältnissen auch Schußwaffen beschaffen kann, ist er auch in der Lage, zu töten. Die Geiselnahmen in Gefängnissen, die oft mit der Tötung des Bewachungspersonals, in einigen Fällen sogar mit der Tötung von Zellengenossen enden, zeigen, daß sich Deckungsmorde in allen Bereichen des kriminellen Lebens ausbreiten.

Das zeigt sich besonders bei den polizeilichen allgemeinen Fahndungsmaßnahmen. Bei der Kontrolle von Fahrzeugen und Personen, die schon aus Gründen der Verkehrssicherheit erfolgen, muß der kontrollierende Beamte damit rechnen, von kontrollierten Personen getötet zu werden: Die Feststellung ihres Namens würde zur Festnahme führen, also wird bereits vorher geschossen. Aus der Sicht des Rechtsbrechers hat das den Vorteil, daß nicht bekannt wird, wer die Tat verübte: denn mit der Personalienfeststellung war ja noch nicht begonnen.

Selbst bei bloßen Verkehrsdelikten — Trunkenheitsdelikten etwa — versucht der Fahrzeugfahrer immer wieder, sich der Polizeikontrolle dadurch zu entziehen, daß er auf den Polizisten zufährt, um ihn beiseitezudrängen bzw. zu überfahren. Daß diese Handlung, je nach den räumlichen Verhältnissen, auch als Mordversuch — also Deckungsmord — geahndet werden kann, nehmen auch die bisher gesetzeskonform lebenden Täter in Kauf. Die Notwendigkeit, Gesetzesverstöße zu ahnden und die Konsequenzen falschen Verhaltens auf sich zu nehmen, wird nicht mehr in gleichem Maße anerkannt wie vor Jahren. So wird der Widerstand als legitim betrachtet und der Deckungsmord — letzte Konsequenz dieser Einstellung — damit als Ausweg gesehen.

3. *Gewinnmorde*

Hierzu gehören die Raubmorde, Morde als Mittel des Betruges an Versicherungen, Morde durch Erben oder sonstige zu einer Leistung verpflichtete Personen. Der Raubmord bildet hierunter die größte Gruppe. Er liegt dann vor, wenn zur Erlangung der Beute die Tötung des Opfers erforderlich ist oder diese Tötung von vornherein beabsichtigt war, ohne eine andere Form des räuberischen Zugriffs zu erwägen. Ist letzteres der Fall, so handelt es sich in der Tat um die primitivste Form des Gewinnmordes, wie von Hentig meint, vielleicht sogar die primitivste Form des Verbrechens überhaupt. Prototyp solcher Täter sind Verbrecher wie Masch, der von 1849 bis 1861 durch Mecklenburg und Pommern zog, nachts in Bauernhäuser eindrang, mordete, raubte und anschließend Brände legte — mitunter vorher noch an den Leichen der ermordeten Frauen Sexualverkehr zu vollziehen pflegte. Ähnlich primitiv verlaufen die Taten gewisser Strichjungen. Sie erklären sich bereit, mit Homosexuellen deren Wohnung aufzusuchen. Nach dem homosexuellen Verkehr, entsprechendem Alkoholgenuß, schläft das „Opfer“ ein. Der Strichjunge tötet nun seinen Partner durch Erschlagen, Erwürgen oder Erdrosseln und beraubt ihn. Dann verläßt er die Wohnung. Hier erfolgt der Mord nicht etwa, um eine Identifizierung durch das Opfer zu verhindern — was bei Raubüberfällen häufiger der Fall ist und Deckungsmord wäre —, sondern dient vornehmlich der Durchführung des Raubes: es ist so einfacher. Da die Täter solcher Morde in keiner Beziehung zum Opfer standen (bis eben auf das eine Mal), ist die Aufklärung sehr schwierig.

In anderen Fällen erfolgt eine Tötung des Opfers durch die Art der Tatausführung. So wird beim Straßenraub, bei Raubüberfällen in Wohnungen oder Geschäften das Opfer häufig niedergeschlagen oder zu Fall gebracht. In diesen Fällen kann es zur Tötung kommen, die der Täter zwar nicht beabsichtigt hat, die er aber doch in Kauf nahm. Das Opfer sollte durch die Art der Gewaltanwendung auf jeden Fall wehrlos und bewußtlos gemacht werden. Drosselungen, Würgegriffe, Schläge mit einem Werkzeug gegen den Schädel können diesen Zweck erreichen, aber auch zur Tötung führen. Besitzt der Räuber eine Schußwaffe, so sind bei der Drohung mit dieser Waffe keine derartigen Gefahren zu besorgen. Doch besteht hier die Gefahr, daß der Täter die Gegenwehr des Opfers mit dem Gebrauch der Schußwaffe beantwortet, oder, durch andere Umstände nervös gemacht, doch noch schießt. In der Tat ist die Gefahr des Raubmordes dann besonders groß, wenn das Opfer sich wehrt. Die Angestellten der Banken sind daher zu Recht angewiesen, sich nicht zur Wehr zu setzen, sondern den Forderungen der Täter nachzukommen. So kommt es hier kaum zu Raubmorden. Anders verlaufen oft die Raubüberfälle in Wohnungen und Geschäften. Die Opfer, deren Besitztum die Täter teils mit List, teils mittels gewaltsamen Eindringens betreten haben, setzen sich oft instinktiv zur Wehr, wollen auch ihren Angehörigen Fesselungen, Bedrohungen oder Eingesperrtsein ersparen. In der Regel kommt es dann zum Schußwechsel, der nicht selten tödlich endet, bei dem aber in glimpflicher verlaufenden Fällen das Opfer den kürzeren zieht. Der Räuber ist ja auf eine eventuelle Gegenwehr vorbereitet. Er gibt nur dann auf, wenn unvorhergesehene Umstände eintreten, mit denen er nicht rechnete und die er nicht zu lösen weiß. Wenn etwa das Opfer die leere Kasse vorzeigt, oder den Täter auslacht und nicht ernst nimmt (derartige Fälle kamen vor), zieht er ab. Die Widerstandsleistung aber beantwortet er mit der Waffe, sofern es nicht lediglich eine Attrappe ist.

Mitunter wird ein Raubmord vorgetäuscht, um vom eigentlichen Motiv abzulenken. In solchen Fällen liegt meist ein Konfliktmord vor, und allzu auffällig wird dann auf fehlendes Geld, fehlende Gegenstände aufmerksam gemacht.

Raubmorde in diesem Sinne sind auch die vier Morde des Arwed Imiela in den Jahren 1968 und 1969. Er tötete zunächst eine 68jährige Frau, als deren Vermögensverwalter er sich betätigt hatte, sodann deren 47jährige Tochter, da er befürchten mußte, daß ihr das Verschwinden ihrer Mutter alsbald bekannt werden würde. Imiela hatte das Opfer zielstrebig aus ihrem süddeutschen Lebenskreis herausgelöst und nach Fehmarn gelockt. Später lernte er eine 47jährige Frau mit deren 20jähriger Tochter kennen, deren Vermögen er ebenfalls verwaltete. Auch diese beiden Frauen brachte er um und vergrub die Leichen in einem Waldstück auf Fehmarn. Nur diese Leichen wurden später gefunden, als ein mißtrauisch gewordener Bankbeamter der Polizei zutrug, daß der „Lebensberater“ Imiela es offenbar auf das Geld einer seiner Klientinnen abgesehen habe: Er habe versucht, ein Aktienpaket dieser Frau im Werte von 150000 Mark mit einer gefälschten Unterschrift abzurufen. Bei den nun wegen Untreue und Urkundenfälschungen einsetzenden Ermittlungen fiel auf, daß von vier Frauen, deren „Berater“ Imiela gewesen war, seit längerem keinerlei Lebenszeichen mehr vorlagen. Der Verdacht der Tötung ergab sich sodann und führte in einem Indizien-Prozeß zur Verurteilung in vier Fällen wegen Mordes aus Habgier — denn 350000 DM betrug die Hinterlassenschaft der Toten, in deren Besitz sich Imiela setzen konnte. Er mußte allerdings durch eine Reihe von Fälschungen — Briefe, Dokumente, Urkunden — das Weiterleben der von ihm getöteten Frauen vortäuschen, um mißtrauischen Nachfragen aus dem Wege zu gehen. Letztlich haben gerade diese Fälschungen zum wesentlichen Teile das Urteil mitgetragen, das über ihn gefällt wurde. Doch blieb diese Form des Raubmordes eine Ausnahme — allzu kompliziert sind Plan und Ausführung.

Die weiteren Möglichkeiten des Gewinnmordes sind seltener. Insbesondere ist der Mord als Mittel des Betruges an Versicherungsgesellschaften eine Rarität geworden. Die Frage des Kriminalisten nach einem Morde „wem zum Vorteil“ wird ja auch dann gestellt, wenn die Todesursache unklar ist. So müssen schon natürliche Todesursachen vorgetäuscht werden, oder es wird Selbstmord behauptet. Da in jedem Fall die Frage nach den Versicherungsleistungen gestellt wird, müssen umfangreichere Vorkehrungen getroffen werden, um die Täuschung gelingen zu lassen. In neuester Zeit ist es in Amerika hie und da zu Flugzeugabstürzen gekommen, die durch an Bord gebrachte Sprengstoffpakete verursacht wurden. Täter waren hier Männer, die ihre hoch versicherten Frauen auf diese Weise töteten — zusammen mit allen anderen Passagieren. Die umfangreichen Sicherungsvorkehrungen im Zuge der Flugzeugentführungen und Flugzeugattentate haben diese Mordmöglichkeiten vereitelt. Auch führen solche aufsehenerregenden Taten zu eingehenden Untersuchungen und verhindern dadurch den Erfolg. In Dänemark hat nach dem Kriege ein gewisser Breving ein Boot bei Middelfart durch Motorexplosion versenkt, um seine Frau zu töten und die Versicherungssumme zu erlangen. Nachdem es ihm zunächst gelungen war, die Ermittlungsstellen zu täuschen, konnte einige Jahre später der wahre Sachverhalt ermittelt werden.

Auch die Möglichkeit, einen anderen als den Versicherten in den Tod zu schicken und ihm dessen Papiere in die Tasche zu praktizieren ist nur zweimal ausprobiert worden. In dem — bekannter gewordenen — Fall Kurt Tetzner nahm dieser einen Mitfahrer in sein Auto auf, tötete ihn, täuschte einen Verkehrsunfall vor und begab sich ins Ausland, um von dort seine Frau zu verständigen, daß alles erledigt sei, um das Geld zu kassieren. Die Täuschung mißlang, weil die Versicherungsgesellschaft stutzig wurde. Wiederholungen dieser Tatausführung gab es nach dem 2. Weltkriege nicht mehr.

Der Mord durch Erben oder sonstige Personen, die zu Leistungen verpflichtet sind, gehört ebenfalls zur Gruppe der Gewinnmorde. Zu denken ist hier an Personen, die gegen eine Leibrente ihren Grundbesitz verkauft haben. Es kommt die Zeit, in der die Leistungsverpflichteten dieser Unterhaltszahlungen müde werden, und den Tod des Leibrentners beschließen. In früheren Zeiten waren die Altensitzermorde üblich — wer in bäuerlichen Verhältnissen als Altsitzer die Erben über Gebühr belastete, geriet in Gefahr, getötet zu werden — Arsen wurde regelrecht das Altensitzerpulver genannt. Schließlich sind noch die Schuldner zu nennen, die ihre Gläubiger ermorden — nicht ohne vorher Urkunden zu fertigen, nach denen sie alles bezahlt haben, was sie schuldig waren.

All diese Spielarten des Gewinnmordes kommen nur höchst selten vor. Der Raubmord ist die gängigste, die häufigste Form dieser Gruppe, er ist ganz sicher auch die primitivste Form, es bedarf keiner Verschleierung der Tat, weil der Täter unbekannt bleibt und den Tatort nach der Tat verläßt. Erst die kriminalpolizeilichen Ermittlungen können zu seiner Habhaftmachung führen. Die anderen Arten des Gewinnmordes erfordern gewisse Vorbereitungen, Verschleierungsmanöver, erfordern einen Täter, der mehr dem Betrüger ähnelt und in gleicher Weise geschickt ist. Da aber durch Betrug sich ungleich höhere Summen erzielen lassen, bevorzugt der, der täuschen kann, eben den Betrug, nur selten greift er zum Mord. Dieser bleibt dem Täter vorbehalten, der Gewalt als Ausdrucksmittel seiner Überlegenheit liebt und durch ihre Hilfe Geld und Güter erringen will.

4. Sexualmorde

von Hentig bezeichnet als Sexualmorde alle Taten, bei denen vor, während oder nach der Tat sexuelle Regungen auftreten. Mit dieser Definition ist eine praktikable Lösung gefunden, die es ermöglicht, auch jene Delikte einzubeziehen, die nicht ausgesprochene „Lustmorde“ sind. Denn häufig geht der Sexualmord in den Gewinnmord über — die Mörder nehmen Wertobjekte ihrer Opfer mit, wie etwa Kürten oder Eichhorn (der seine Opfer nach Geldbeträgen durchsuchte), mitunter ist auch unklar, ob die Tötung nicht lediglich zur Tatverdeckung dienen sollte, oder ob sie der eigentliche Schlußakt einer vorhergehenden Notzucht war, der einfach „dazugehörte“.

Unter den Tätern finden wir solche mit einer durchaus normalen Sexualität, wir finden ausgesprochen impotente Täter und entartete, deren Triebe anomal erscheinen. Während das Auftreten erwachsener Sexualmörder — auch von Serientätern — offenbar in gewissen Zeitabständen unvermeidlich ist und zur „normalen" Erscheinung der Jahrhunderte gehört, fällt auf, daß Sexualmorde durch Jugendliche und Heranwachsende in den letzten beiden Jahrzehnten häufiger zu verzeichnen sind.

Ohnehin ist schon die Zunahme der Mord- und Totschlagsfälle durch diesen Täterkreis bedrükkend, wie die nachfolgende Tabelle zeigt:

Mord- und Totschlagfälle 1955—1974
(einschl. Versuche)

Jahr	angezeigte Fälle	ermittelte Täter	davon Kinder	davon Jugendliche
1955	927	904	3	21
1958	948	950	5	36
1960	1116	1071	1	25
1964	1448	1426	8	54
1970	2403	2335	9	105
1971	2464	2465	10	101
1972	2729	2757	6	136
1973	2694	2764	12	136
1974	2721	2723	8	144

Seit einigen Jahren werden in der Kriminalstatistik der Raub- und der Sexualmord besonders aufgeführt. Hier zeigt sich folgender Anteil der jungen Täter:

Raubmordfälle — Tatverdächtige —			Sexualmordfälle — Tatverdächtige —		
Kinder	1972	5	Kinder	1972	1
	1973	10		1973	1
	1974	3		1974	0
Jugendl.	1972	86	Jugendl.	1972	5
	1973	88		1973	8
	1974	75		1974	6
Heranw.	1972	156	Heranw.	1972	4
	1973	170		1973	5
	1974	191		1974	15
Erwachs.	1972	1373	Erwachs.	1972	45
	1973	1278		1973	61
	1974	1276		1974	53

Die Tabelle schließt die Versuche mit ein. Bei den 53 ermittelten Sexualmordtätern machen demnach die Jugendlichen einen Anteil von 11,3% und die Heranwachsenden einen solchen von 28,3% aus. Die Beteiligung am Raubmord beträgt bei Jugendlichen 14,5%, bei Heranwachsenden 28,5%, liegt also etwas höher. Der Anteil der Erwachsenen berechnet sich damit beim Sexualmord auf 60,4%, beim Raubmord auf 57,0%. Der Anteil des Sexualmordes an der Gesamtzahl aller Fälle des Mordes betrug 1974 29,0% (Raubmord 38,6%).

In der Regel gehen dem Sexualmord andere Straftaten sexuellen Charakters voraus. Bei einer Auswertung der Akten von 45 gewalttätigen Triebverbrechern (vorwiegend Mördern) wurde bei 13 Tätern festgestellt, daß sie bereits in der Pubertät Ansätze für ihr späteres Gewalthandeln zeigten. Einer rechtzeitigen Behandlung in Fällen sexuellen Fehlverhaltens kommt also besondere Bedeutung zu. So gilt auch für alle Fälle, in denen jugendliche Täter wegen gewalttätigen sexuellen Verhaltens auffällig werden, daß die Strafe und deren Verbüßung allein keine Garantie für späteres gesellschaftskonformes Verhalten sind.

Besonderes Aufsehen erregen naturgemäß Fälle wie die vier Morde an Kindern durch Jürgen Bartsch: Er lockte die Knaben unter dem Vorwand, Schätze zu suchen oder Detektiv zu spielen, mit in einen früheren Luftschutzbunker in Langenberg, um sie dann nach sexuellen Spielereien, Fesselung und Mißhandlung zu töten und regelrecht zu zerlegen, indem er die Bauchhöhle aufschnitt. Diesen sadistischen Quälereien waren jahrelange homosexuelle Spielereien — meist mit Jüngeren — vorangegangen.

In anderen Fällen jugendlicher Sexualmörder kommt es zu Tötungshandlungen im Anschluß oder bereits bei der Durchführung unzüchtiger Handlungen oder des Geschlechtsverkehrs durch Würgen oder Drosseln. Opfer sind — je nach Alter des Täters — Kinder, aber auch erwachsene Frauen, die dann allerdings meist an einsamen Orten oder in der Dunkelheit überfallen werden, um sie zu notzüchtigen. Hierbei kann es dann zur Tötungshandlung kommen, zum Teil bedingt durch die Gegenwehr, aber auch als Teilakt des geplanten Tatbegehens.

Allgemein kann zur Sexualkriminalität — insbesondere zu den Sexualmorden — festgestellt werden, daß sie im Laufe der letzten Jahrzehnte wellenförmig verlief. Das gegenwärtige quantitative Tief darf nicht zu dem Schluß verleiten, daß Änderungen krimineller Gepflogenheiten eintraten. Die Notwendigkeit einer vernünftigen Sexualerziehung muß unterstrichen werden, um beginnendes Fehlverhalten rechtzeitig zu steuern.

5. Motivarme und motivlose Morde

Schwer zu ergründen sind oft die Tötungsdelikte die von Geisteskranken begangen wurden.

Wahnhafte Notwehr, Rache, Eifersucht, Streitigkeiten — alles dies mit oder ohne wahnhaften Hintergrund — stehen bei ihnen an der Spitze. Doch kommen Gewaltdelikte bei ihnen nicht häufiger, wenn auch nicht seltener vor als bei gesunden Tätern. Die Motivation geistesschwacher Täter entspricht der Motivation geistig normal begabter Menschen. Nun gibt es aber auch bei völlig gesunden Tätern den motivlosen Mord: Zwei Bekannte, junge Männer, gingen vor einigen Jahren auf der Straße spazieren. Der eine zog plötzlich ein Messer, stach den anderen nieder und erklärte später, er habe sein bisheriges Leben nicht mehr ausgehalten, und eine lebenslange Strafe erhalten wollen: Nur hier fühlte er sich wohl, alles andere widere ihn an.

Vier Jugendliche — drei Männer, ein Mädchen — trafen Anfang 1973 nach einem Gasthausbesuch einen ebenfalls jugendlichen Spaziergänger; das Mädchen rempelte ihn an, fragte, warum er nicht grüße, dann schnitten die Täter ihm auf einer Parkbank die Haare ab, zwangen ihn, sich auszuziehen, mißhandelten und prügelten ihn und schleiften ihn ins nahe Stadion. Mit 32 Messerstichen wurde er hier getötet. Ein Motiv konnten die Täter bei der Verhandlung nicht angeben. Ein Unrechtsbewußtsein war bei ihnen auch in der Hauptverhandlung nicht festzustellen, Reuegefühle waren nach den Gutachten der Sachverständigen allenfalls andeutungsweise vorhanden. Der jüngste der Täter (16) war wiederholt wegen unmotivierter Gewalttätigkeiten in Erscheinung getreten, auch die Tatgenossen kamen einige Male mit dem Gesetz in Konflikt — immer in wechselnden Gruppierungen.

Die Familienverhältnisse wurden als „katastrophal geborgenheitssteril" bezeichnet — doch macht das die unmotivierte Tat nicht erklärbar.

Andere Vorfälle zeigen ähnliche Charakteristika. Ein 44jähriger schüttete in einer Wirtschaft ein Getränk auf den Anzug eines Jugendlichen. Zusammen mit einem Freund verließ dieser das Lokal, lauerte dem „Übeltäter" auf und schlug ihn nieder, worauf die beiden Jungtäter ihn solange mit den Füßen bearbeiteten, bis er tot liegen blieb. Die Täter gaben an, ihr Opfer habe sich wegen des Mißgeschicks nicht entschuldigt, daher habe man es überfallen. Zwei 17jährige, die sich aus dem Elternhaus entfernt haben, täuschten nachts eine Mopedpanne vor, um einen Autofahrer anzuhalten, dessen Wagen sie entwenden wollten. Als dieser sich, um ihnen mit Benzin auszuhelfen, über den Kofferraum beugte, schossen sie ihn nieder — drei Kugeln trafen von hinten den Kopf. Sie konnten niemals ein plausibles Motiv für diesen Mord angeben — nötig war er nicht für die geplante Diebestat. Drei Heranwachsende rissen um die Mittagszeit im Oberhausener Stadtwald einen Schüler vom Fahrrad, schleppten ihn zum nächsten Tümpel und ertränkten ihn dort — auch hier war kein Motiv gegeben. Ein 15jähriger, Sohn des Hausbesitzers, zu dem ein Mieter kam, zog ein Messer, tötete den Mann (einen aus Ungarn stammenden Gelehrten), suchte dann die Wohnung seines Opfers auf, öffnete sie mit einem Zweitschlüssel und erstach die Ehefrau. Die zunächst hinsichtlich der ersten Tat behauptete Notwehr wurde widerlegt. Das Motiv blieb rätselhaft.

Nahezu ausschließlich sind diese Taten von jungen Tätern begangen worden. In den meisten Fällen zeigten sich Sozialisationsschäden, geistige Erkrankungen wurden nicht festgestellt. Die bestehende Gemütlosigkeit führt zur hemmungslosen Tötung des Nachbarn oder menschlichen Gegenübers, wobei plötzliche Launen, Unmutsgefühle oder Verärgerungen auslösend sind — Verhaltensweisen, die aus der Rockerszene bekannt sind.

B. Raubtaten

1. Entwicklung

Unter allen Delikten zeigt die Kriminalitätskurve des Raubes den steilsten Anstieg. Die Raubkriminalität weist jedoch auch in sonstiger Hinsicht Besonderheiten auf, die sich von früheren Erscheinungsformen wesentlich unterscheiden. Der Gewaltcharakter dieses den Bereicherungstaten zugehörigen Delikts tritt schärfer hervor, die Anziehungskraft des Raubes wirkt sich mehr und mehr auf junge und jüngste Jahrgänge aus, die Tatausführung paßt sich den jeweiligen Gegebenheiten sofort an. Eine besondere Darstellung unter dem Gesichtspunkt der Gewaltkriminalität ist daher erforderlich.

Zunächst fällt die erhebliche Steigerung der Taten auf. Die Häufigkeitsziffer betrug:

1955	7,06	=	3685	Fälle
1963	11,7	=	6721	Fälle
1970	21,5	=	13230	Fälle
1974	30,6	=	18965	Fälle

Diese Steigerung erstreckt sich auf nahezu alle Formen des Raubes — ausgenommen die Raubüberfälle auf Banken, Geldtransporte, Taxifahrer. Hier lag die Spitze in den Jahren 1966/1967, seither ist ein deutlicher Rückgang zu verzeichnen, allerdings auch ein Übergang zu der neuen Form des Bankraubes mit Geiselnahme.

Die Untergruppen des Raubes zeigten in den Jahren 1971 und 1974 folgende Entwicklung:

	1971	1974
Raubüberfälle auf Geldinstitute u. Poststellen	297	266
Raubüberfälle auf sonst. Zahlstellen u. Geschäfte	685	735
Raubüberfälle auf Geld- u. Werttransporte	117	117
Autostraßenraub	336	373
Zechanschlußraub	1584	1803
Handtaschenraub	2301	2979
Sonstige Raubüberfälle auf Straßen, Wegen oder Plätzen	6054	6954
Gesamtzahl	15531	18965

Die Entwicklung in den Jahren vor 1971 läßt sich leider aus der Kriminalstatistik nicht ablesen. Lediglich für die Sammelgruppe „Raubüberfälle auf öffentliche Kassen einschl. Kassenboten sowie auf Bundesbahn und Bundespost“ liegt die Sonderaufstellung von Terpitz vor:

1953	24	1963	100
1954	30	1964	202
1955	43	1965	229
1956	66	1966	389
1957	52	1967	430
1958	42	1968	322
1959	36	1969	212
1960	53	1970	235
1961	53	1971	356
1962	71		

Zeigt sich so — die Banküberfälle ausgenommen — eine Steigerung in allen Untergruppen, so hat jedoch der Raub eine Wanderung in die großen Städte angetreten und ist inzwischen „das“ Delikt der Großstadt geworden. Die Raubtaten auf dem Lande und in den kleineren Städten sind hingegen prozentual zurückgegangen. Um vergleichen zu können, sind die Zahlen des Jahres 1954 — die auf einer anderen Größenklasseneinteilung beruhen — auf die neue Größenklasseneinteilung umgerechnet worden.

Prozentuale Aufgliederung der Tatortbereiche

	Orte mit mehr als 100000 E.	Orte mit 20000 bis 100000 E.	Orte bis zu 20000 E.
1954	55,3	16,2	28,5
1964	61,3	19,4	19,3
1974	66,4	20,8	12,7

Der Raubtäter hat es gelernt, sich den Verhältnissen der Städte anzupassen. Der Raub in der Dunkelheit auf wenig begangenen Straßen oder zu später Nachtzeit schützt den Täter genauso wie früher der Raub auf der einsamen Landstraße. Das Risiko bei Raubüberfällen auf Geschäfte oder Banken, die ja am Tage und oft auch in den Verkehrszentren der Großstädte erfolgen, wird durch Maskierung, Waffengebrauch (mindestens Androhung) und schnelle Fluchtmittel (Autos) gemindert. Schließlich besteht durch die Geiselnahme kaum noch ein Risiko für den Raubtäter, er kann auch dann, wenn er am Tatort von der Polizei angetroffen wird, dennoch ungefährdet entkommen.

List, Ausnutzung der Nacht oder Einsamkeit, körperliche Überlegenheit, Schnelligkeit sind nicht mehr im gleichen Maße nötig wie vordem. Die Waffe macht auch den Schwachen oder Jugendlichen gefährlich, es genügt die Bereitschaft, das Leben anderer einzusetzen und zu gefährden, um jederzeit jedenorts den geplanten Raub ausführen zu können. Die Technisierung hat den Täter unabhängiger und gefährlicher gemacht, er hat die darin liegenden Möglichkeiten ausgeschöpft.

Diese Möglichkeit, leicht und rasch über Bargeld verfügen zu können (das im Gegensatz zur Beute des Diebes ja stets ungefährdet ausgegeben werden kann), hat zur Ausbreitung der Raubdelikte beigetragen. Besonders unter den Kindern und Jugendlichen zeigte sich ein Anstieg der Raubtaten. Sogar Raubüberfälle auf Banken durch Jugendliche blieben keine Ausnahme. Bei den Kinder-Raubtaten handelt es sich in der Mehrzahl um Delikte an gleichaltrigen oder jüngeren Opfern bzw. um Taten an älteren Frauen, Betrunkenen oder entsprechenden Opfern. Doch weist die Vielzahl der angezeigten Taten auf die erhebliche Ausweitung der Bereitschaft hin, Gewalt anzuwenden.

Beteiligung der Altersgruppen an Raubdelikten

Jahr	Kinder	Jugendl.	Heranw.	Erwachs.
1954	2,1%	9,1%	20,0%	68,7%
1964	3,8%	13,3%	20,2%	62,7%
1971	7,4%	18,4%	22,0%	52,2%
1974	7,4%	19,0%	21,0%	52,6%

Aufschlußreich ist die Aufgliederung nach den Raub-Untergruppen, wie sie für das Jahr 1974 vorliegt:

	Kinder	Jugendl.	Heranw.
Raubüberfälle auf Geldinstitute pp.	—	4,4%	11,1%

	Kinder	Jugendl.	Heranw.
Raubüberfälle auf Zahlstellen und Geschäfte	0,4%	11,5%	25,9%
Raubüberfälle auf Geld- und Werttransporte	1,0%	10,1%	11,1%
Autostraßenraub	—	16,0%	31,7%
Zechanschlußraub	0,2%	7,7%	21,6%
Handtaschenraub	11,8%	41,2%	18,3%
Sonstige Raubüberfälle auf Straßen pp.	13,1%	23,1%	24,0%

Bei mehr als zwei Dritteln der ermittelten Täter handelt es sich um solche, die bereits kriminalpolizeilich in irgendeiner Weise in Erscheinung getreten sind, d. h. mindestens als Verdächtige vernommen wurden. Das gilt für alle Altersgruppen — also auch für die Jungtäter. Bei der Gruppe „Raubüberfälle insgesamt" sind das 67,3% der ermittelten Täter, bei den Bankräubern waren 73,7% in Erscheinung getreten, während die sonstigen Gruppen sich zwischen 60,3% und 67,7% bewegen. (Höchster Prozentanteil mit 77,5% bei den Geschäftsräubern.)

Die Quote der beteiligten Berufs- und Gewohnheitstäter beläuft sich auf 1,6% und weist nur bei den Bankräubern eine Beteiligung auf, die erheblich höher liegt (7,0%).

Der Räuber muß beweglich sein. Das zeigt sich am hohen Anteil überörtlicher Täter, der erheblich größer ist als bei den anderen Straftaten. Er beträgt bei der Gruppe Raub-Gesamtdelikte 41,1%, liegt niedriger beim Zechanschlußraub (36,2%), beim Handtaschenraub (41,1%) und bei der Gruppe „Sonstige Raubüberfälle" (32,4%). Bei den einbringlicheren Raubdelikten ist die Beteiligung überörtlicher Täter größer: so beim Bankraub (68,9%), beim Geschäftsraub (58,1%), bei den Überfällen auf Geldtransporte (53,5%) und beim Autostraßenraub (56,6%). Je riskanter die Tat, je größer aber auch die Beute, um so mehr ist der Täter — will er erfolgreich sein — gehalten, seinen Tatort außerhalb seiner Wohngemeinde zu suchen. Alles in allem also heute ein Delikt, das zwar von jedermann — unabhängig vom Alter — am Wohnort begangen werden kann, wenn günstige Zeiten und Gelegenheiten ausgenützt werden, das aber, wenn es sich lohnen soll, den Besitz einer Waffe, eines Fahrzeuges und die Beteiligung von Tatgenossen (Bankraub!) erfordert.

2. *Geiselnahmen*

Was jedoch den Raub früherer Jahre von seinen heutigen gefährlichen Formen unterscheidet, ist die Bedrohung von Geiseln bei der Tatausführung. Konnte in den Jahren 1968—1970 ein fühlbarer Rückgang der Banküberfälle durch den forcierten Einbau von Sicherungsmaßnahmen (Verkleidung der Kassiererplätze mit schußsicherem Glas, Einbau von Alarmanlagen) erreicht werden, ein Rückgang, der sich vor allem bei den meistgefährdeten ländlichen Bankfilialen zeigte, so nahmen die Überfälle in den folgenden Jahren wieder zu.

Zunächst kam die Gepflogenheit auf, nachts in die Wohnungen der Bankkassierer einzudringen, um diese mit Waffengewalt zu veranlassen, mit den Tätern ihre Bank aufzusuchen und hier den Tresor zu öffenn. Oft mußte auch der Besitzer des Zweitschlüssels (Filialleiter) hinzugeholt werden. Die Familien wurden in dieser Zeit von den Tatgenossen bewacht (so die Arbeitsweise der Welperbande im Ruhrgebiet).

Bald darauf — am 30. 12. 1968 — raubte ein 35jähriger Mann bei der Sparkasse Badenweiler 9500.— DM, nahm den Filialleiter als Fluchtgeisel mit, tauschte ihn gegen einen Passanten aus, den er zwang, sein Auto zur Verfügung zu stellen, und erschoß schließlich auf der Flucht diese Geisel. Blieb dieser Vorfall relativ unbeachtet, so wurde der Überfall auf die Deutsche Bank in München am 4. 8. 1971 weltweit bekannt und konnte am Fernsehen mitverfolgt werden. Hier wurden erstmals in der BRD das gesamte in der Bank tätige Personal sowie die Bankkunden als Geiseln mit dem Tode bedroht, falls nicht die Polizei die Bereitstellung des Geldes (2 Mio DM) und freien Abzug garantiere. Trotz des blutigen Ausgangs (einer der Täter wurde von der Polizei bei der Überwältigung erschossen und konnte vorher noch eine Geisel töten) wurde nun die Geiselnahme Mode und fand überall Nachahmer. Die Waffendrohung richtete sich nicht mehr gegen den — völlig geschützten — Kassierer, sondern gegen die Kunden oder das sonstige Personal. Die Bank wurde nicht mehr aufgesucht, wenn k e i n e Kunden da waren, sondern dann, wenn viele Menschen anwesend waren — um so leichter gelang der Überfall. Die Polizeitaktik — in die Bank zu gelangen, um die Täter zu überwältigen — schlug fehl und mußte geändert werden. Das rechtzeitige Eintreffen der Polizei, während die Täter noch am Tatort waren, provozierte diese geradezu dazu, Geiseln zu nehmen (so in Köln am 27. 12. 1971).

Nicht einmal eine echte Schußwaffe war vonnöten, auch hier genügte eine Attrappe, es genügten auch Paketchen oder dubiose Gegenstände, die als Sprengstoff deklariert wurden, um den gewünschten Erfolg herbeizuführen. Seither ist die Bedrohung des Personals und der Kundschaft bei Nichthergabe des Geldes Gewohnheit geworden. Die bisherigen Sicherungsmaßnahmen wurden damit umgangen und wirkungslos. Bei schnellem Eintreffen der Polizei am Tatort muß immer mit einer Entführung der Geisel zur Ermöglichung der Flucht gerechnet werden, so daß die Frage, ob Bankräuber in der Bank zerniert werden oder ob man sie zunächst — ohne Geiseln — herauskommen lassen soll, um sie dann abzufangen, jedes Mal geprüft werden muß. Ebenso muß im Falle der Geiselnahme bei Eintreffen der Polizei die Sicherung des Lebens der Geisel gewährleistet werden und zugleich eine Überwältigung des Täters erfolgen. Daß hierbei die Überwältigung des Täters am Orte des ersten Geschehens erfolgen muß, ist inzwischen anerkannt. Frühere Überlegungen, nach denen dem Täter die Flucht ermöglicht wurde, um ihn später bei günstiger Gelegenheit doch noch festnehmen zu können, haben sich als unzweckmäßig erwiesen, und führen nur dazu, daß weitere Straftaten geschehen bzw. der Täter entkommt.

Diese neue Verhandlungs- und Zermürbungstaktik hatte sich in Stockholm bewährt. Dort war am 23. 8. 1973 der flüchtige Strafgefangene Olsson in die Sverige Kreditbanken eingedrungen, er führte eine Maschinenpistole und Sprengstoff bei sich. Er nahm vier Geiseln und sperrte diese in den Tresorraum. Seine Forderungen: Freilassung des gefährlichen Rechtsbrechers Olofsson und Überstellung in die Bank, Zahlung von 3 Millionen Lösegeld, Gestellung eines Fluchtwagens, freies Geleit unter Mitnahme von zwei Geiseln. Die Polizei überstellte Olofsson, stellte vor der Bank den Fluchtwagen mit 1½ Millionen Kronen ab und verlangte lediglich den Abzug ohne Mitnahme der Geiseln, dann würde die Restsumme gezahlt.

Darauf gingen die Täter jedoch nicht ein. In die Decke des Tresors wurden nun Löcher gebohrt, um Gas hineinzublasen. Die Geiselnehmer banden daraufhin ihre Geiseln im Stehen an die Tresorschließfächer mit Schlingen fest, so daß sie bei Eintritt des Gases in die Schlingen fallen und erdrosselt werden mußten. Dennoch wurde in den folgenden Tagen weitergebohrt, auch weiterverhandelt. Durch eins der Bohrlöcher wurde ein Polizist aus der Maschinenpistole von Olsson am Kopf getroffen, die Kugel blieb im Unterkiefer stecken. Am 28. 8. begannen die Täter zu resignieren, das Angebot der Polizei auf freien Abzug wurde zurückgezogen. In den Abendstunden wurde eine besonders lautstarke Bohrung angesetzt, bei der Tränengas in die Bohrlöcher geleitet wurde. Hierauf warf Olsson seine Maschinenpistole durch eines der Bohrlöcher und gab auf, zusammen mit einer Geisel räumte er die Hindernisse vor der Tresortür ab. Er wurde zusammen mit Olofsson festgenommen. Während der „Belagerungszeit" wurden die Eingeschlossenen mit Getränken, nicht aber mit sonstigen Nahrungsmitteln versorgt. Auch eine chemische Toilette wurde verweigert, so daß in dem 30 qm großen Raum bald „unbeschreibliche" Zustände herrschten. Olsson war seit dem 10. Lebensjahr straffällig geworden, und lernte Olofsson im Gefängnis kennen. Olofsson, wegen Polizistenmordes in Strafhaft, war nach einem gelungenen Ausbruch in Deutschland wieder gefaßt worden und galt als der bestbewachte Rechtsbrecher Schwedens. Er war für Olsson ein Idol, den er befreien wollte, um durch diese einmalige Tat bekannt zu werden und seinen geradezu krankhaften Haß auf die Polizei zu befriedigen. Da auch auf dem Sektor der politischen Terrorkriminalität nach und nach diese Taktik der Zermürbung sich durchsetzte, haben ähnliche spektakuläre Taten nachgelassen. Geblieben ist jedoch der Angriff bzw. die Bedrohung Unbeteiligter bei Banküberfällen (angedrohte Geiselnahme) als wirksames Mittel zur Umgehung von Sicherheitsmaßnahmen. Hier bietet sich jedoch als Bekämpfungsmittel der Einsatz von Kameras an, die jede Phase des Raubüberfalles zur späteren Identifizierung aufzeichnen sowie die unbemerkte Alarmierung der Polizei, die verdeckt den Tatort besetzt, um die Täter beim Verlassen der Bank abzufangen. Eine solche unbemerkte Alarmierung ist technisch möglich.

3. Serientaten

Ebenfalls bemerkenswert beim Raub ist die Beobachtung der Neigung zu Serientaten bei den Tätern. Das gilt nicht nur für Banküberfälle, sondern ist auch bei den Handtaschen-, Zechanschluß- und Kinderraubtaten festzustellen. Gelungene Raubüberfälle verschaffen zwar dem Täter zunächst die erhoffte Geldsumme. Der Taterfolg aber läßt ihn auf den Gedanken kommen, für die Zukunft vorzusorgen, und so wird sogleich die nächste Tat geplant. Die Hamburger Taxiunternehmer (deren prominentestes Mitglied die „Banklady" war), die 1964—1967 insgesamt 19 Überfälle begangen hatten, wollten zunächst insgesamt 100000 DM erbeuten. Nach den ersten Erfolgen beschloß man, daß nun jedes Mitglied der Bande mindestens 100000.— DM erhalten sollte. So zeigen sich Serien von 10, 15, 20 Überfällen, die erst durch das Eingreifen der Polizei beendet werden.

Soweit es sich nicht gerade um Handtaschen- und Zechanschlußraubtaten handelt, ist in solchen Fällen die Beteiligung mehrerer notwendig. Bei solchen Gruppen oder Banden fällt auf, daß deutsche Täter die Beteiligung ausländischer Tatgenossen nicht verschmähen, mitunter sind sogar Angehörige von drei oder vier Nationen an einer Tat beteiligt. Darüber hinaus kommen natürlich auch Gruppen vor, die ausschließlich aus Ausländern bestehen. Taktiken und Modalitäten ausländischer Verbrecherkreise werden daher zwangsläufig nachgeahmt und übernommen. So sind ja

Geiselnahmen und Entführungen in den USA, Italien und Frankreich lange vor ihrer Praktizierung in der BRD üblich gewesen.

Die Beteiligung ausländischer Täter erschwert zweifellos die Ermittlungen, ist doch ihre Identität und ihr Aufenthalt nicht so leicht festzustellen wie bei deutschen Tätern. Zudem zeigt sich bei der Tatausführung eine größere Unbefangenheit, d. h. in der Anwendung von Gewaltmaßnahmen und Druckmitteln legen sich die Täter keine Hemmungen auf. Die Schwierigkeit, sich verständlich zu machen, wird durch erhöhten Gewalteinsatz ersetzt. Das ist umgekehrt ebenso: Deutsche Räuber im Ausland sind in den hier bekanntgewordenen Fällen (die zahlenmäßig keine besondere Rolle spielen) genauso rücksichtlos und brutal vorgegangen. Man schlägt die Opfer sehr viel schneller nieder oder schießt auf sie, schon um wieder schnell den Tatort verlassen zu können und in der ja relativ unbekannten Gegend größere Entfernungen zwischen sich und den Tatort zu legen.

Für den dargelegten Anstieg der Raubüberfälle und die Brutalisierung der Taten, um auf jeden Fall den Erfolg sicherzustellen, ist ganz sicher nicht echte Not verantwortlich zu machen. Um seinen Lebensunterhalt sicherzustellen, brauchen heute lediglich der flüchtige Häftling, der Nichtseßhafte oder Kinder/Jugendliche, die ihr Elternhaus aus eigenem Entschluß verlassen haben, Raubüberfälle durchzuführen: Ein Teil der Handtaschenräubereien und der „sonstigen Raubüberfälle" geht auf diese Kreise zurück. Der Großteil der Überfälle geschieht indes, um entweder den Lebensunterhalt gänzlich aus der Raubtat zu bestreiten und nach Verausgabung des Geldes die nächste Tat vorzubereiten (Fälle dieser Art sind genügend verbreitet, so dürfte eine Beute von 50000 DM am Anfang des Jahres sehr gut für die nächsten 12 Monate ausreichen, zumal sie steuerfrei ist!) oder doch um die Einkünfte aufzubessern. Daß hierbei das Opfer brutalisiert wird und auch seelisch unter dem Eindruck der Tat leidet, wird meistens gar nicht mehr empfunden, zumal die Bedrohung mit der Waffe vom Täter nicht als schwerwiegende Tat aufgefaßt wird. Die heute oft übliche Rücksichtslosigkeit und der Egoismus auch im sozialen Leben wirken sich auch auf dem Gebiet der Kriminalität aus. Banken, Großhandlungen, Supermärkte als Raubobjekte werden kaum als „Geschädigte" betrachtet, da der Täter ohnehin meist sehr differenzierte Vorstellungen über den Eigentumsbegriff besitzt. So entschuldigt er seine Tat vor sich selbst und ist leicht geneigt, sie zu wiederholen — sie trifft ja „keinen Armen".

Schließlich befriedigt die gelungene Tat auch den im Leben — wenn auch nur vermeintlich — zu kurz Gekommenen oder Gescheiterten. Sie stellt sein Selbstbewußtsein wieder her und befriedigt auch vorhandene Aggressionsbedürfnisse. Dies ist wohl auch der Grund für die zunehmende Beteiligung junger Täter, die ihre Rauflust und ihren Wunsch, Anerkennung und Erfolg zu finden, durch die Raubtat befriedigen können: So wird oft aus kindlicher Rauferei und kindlichem Spiel ein regelrechter Raub. Allerdings zeigt sich andererseits bei eintretender Verwahrlosung, daß der Raub recht bald neben dem Diebstahl praktiziert wird und seines schnellen Erfolges halber und wegen des Umstandes, daß die Beute gegen alle anderen Gegenstände „austauschbar" ist, sich großer Beliebtheit erfreut.

C. Geiselnahmen

1. Entwicklung

Geiseln sollen mit ihrem Leben dafür einstehen, daß die Forderungen des Geiselempfängers oder Geiselnehmers durch andere Personen oder Institutionen erfüllt werden. Der Mensch dient damit als Faustpfand den mannigfachen Zwecken dessen, der ihn „besitzt" — und in der Tat ist die Geisel nichts anderes als eine Art Fortsetzung der Sklaverei.

Ursprünglich wurde im Kriege der feindliche Soldat getötet, sobald man seiner habhaft wurde. Später ging man dazu über, seine Arbeitskraft wirtschaftlich zu nutzen — er verlor seine Freiheit und wurde Sklave. Wurden mehr Gefangene gemacht als man Sklaven brauchte, so versuchte man, diese zu verkaufen. Dieser Sklavenhandel blühte noch im 13. Jahrhundert, venezianische Kaufleute verkauften bis in den Orient die Gefangenen aus den Feldzügen dieser Epoche, noch im 16. Jahrhundert lebten tausende von Mauren als Sklaven in spanischen und portugiesischen Haushalten. Bis ins 17. Jahrhundert hinein mußten gefangene Soldaten nach geltendem Kriegsrecht durch Lösegelder freigekauft werden. Der Gefangene hatte also einen gewissen Marktwert, den man nutzen konnte.

Wurden Pakte oder politische Vereinbarungen sonstiger Art geschlossen, so konnte die Gestellung von Geiseln vereinbart werden. Der jeweils schwächere oder im Krieg besiegte Part stellte Angehörige von Adelsgeschlechtern, die am Hofe des Gegners lebten — und natürlich sofort getötet werden konnten, wenn der Vertrag nicht eingehalten wurde. Sofern diese Geiseln nicht ohnehin bekannt waren, fand gewöhnlich eine Identitätsüberprüfung statt — denn wenn nicht Geiseln aus der Oberschicht, sondern etwa einfache Soldaten oder Angehörige der unteren Stände unter der Vortäuschung, sie gehörten der herrschenden Klasse an, sich als Geiseln einfanden, waren sie ja wertlos. Der Geiselsteller pflegte in solchen

Fällen den Vertrag zu brechen und nahm die Tötung der Geiseln in Kauf.

Die Gepflogenheiten der Kriegführung sind seit jeher für die Verbrechensbegehung genutzt worden. Und so wurde die Entführung von Menschen, um sie später gegen gutes Geld auszutauschen, zu Wasser und zu Lande recht früh schon betrieben — wahrscheinlich war Dionysos, der griechische Gott des Weines und der Fruchtbarkeit, das erste Opfer: Seeräuber nahmen ihn gefangen, weil sie aus seiner prächtigen Kleidung auf hohe Abkunft schlossen. Der Gott befreite sich jedoch alsbald und verwandelte seine Entführer in Delphine.

Die deutschen Raubritter, dem wirtschaftlichen Ruin durch die Heraufkunft der Städte und des Handels preisgegeben, versuchten sich noch eine Zeitlang durch Raubzüge und Geiselnahmen zu halten, wurden aber schließlich im 15./16. Jahrhundert systematisch verfolgt und abgeurteilt, soweit sie sich als pure Räuber betätigten. Ihre Methoden griffen später die entlassenen Landsknechte des Dreißigjährigen Krieges und die Räuberbanden des 18./19. Jahrhunderts wieder auf. Mit der dann eintretenden Festigung staatlicher Gewalt schien die Entführung von Menschen im Grunde genommen beseitigt zu sein. Das StGB kannte nur das Verbot des Menschenraubes zum Zwecke der Verbringung in Sklaverei, Leibeigenschaft oder auswärtige Kriegsdienste; es verbot auch die Aussetzung, den Bruch der elterlichen Gewalt durch Entführung des Kindes und die Entführung von Frauen zum Zwecke der Unzucht. Die Freiheitsberaubung eines Menschen aber — d. h. seine Einsperrung oder die Entziehung der Freiheit auf andere Weise — wurde recht milde geahndet. Eine Sonderbestimmung, die die Entführung eines Menschen zu Erpressungszwecken behandelte, fehlte gänzlich.

Eine Notwendigkeit strenger Bestrafung bestand offensichtlich nicht.

Erst durch das 12. Strafrechtsänderungsgesetz vom 16. 12. 1971 sind nunmehr die §§ 239a und 239b eingefügt worden, die die modernen Formen der Entführung entsprechend dem Unrechtsgehalt dieser Taten ahnden. § 239a stellt die Entführung (oder Bemächtigung) eines Menschen unter Strafe, wenn dadurch die Sorge eines Dritten um das Wohl des Opfers zu einer Erpressung gem. § 253 ausgenützt werden soll, § 239b stellt unter eine härtere Strafandrohung diese Entführung, wenn durch sie ein Dritter durch die Drohung mit dem Tode des Opfers zu einer Handlung, Duldung oder Unterlassung genötigt werden soll.

In beiden Fällen kann die Strafe nach den Vorschriften über die Bestrafung des Versuchs gemildert werden, wenn der Täter das Opfer unter Verzicht auf die erstrebte Leistung in den alten Lebenskreis zurückgelangen läßt.

Die Schaffung dieser Tatbestände wurde nötig, weil nach der Beendigung des 2. Weltkrieges erpresserische Entführungen — zunächst von Kindern — mehr und mehr auch in der Bundesrepublik Deutschland vorkamen (der erste Fall ereignete sich 1958) und auch bei anderen Gelegenheiten — etwa beim Bankraub — die Täter sich nachts Zugang zu den Wohnungen von Filialleitern verschafften, um diese zwecks Öffnung der Banktresore zu entführen, während ihre Familienangehörigen mit Erschießen bedroht wurden, falls Widerstand gezeigt wurde.

Die Entführung zu Erpressungszwecken, die zunächst in den Vereinigten Staaten praktiziert wurde, ist dort vor allem in den Jahren zwischen den beiden Weltkriegen auch geschäftsmäßig betrieben worden, z. T. durch kriminelle Organisationen. In der Zeit nach dem 2. Weltkrieg breitete sich diese Verbrechensform weiter aus und hat derzeit vor allem in Italien um sich gegriffen (1975: 65 Entführungen bei einer Gesamtlösegeldsumme von 231 Mio DM). Auch Frankreich wird von der Zunahme der Entführungen bedroht, so daß nunmehr gezielte energische Gegenmaßnahmen angekündigt wurden. Die unterschiedlichen Formen der Entführungen und sonstigen Arten der Geiselnahmen sollen nun dargestellt werden.

2. Erpresserischer Kindesraub

Für die erpresserische Entführung hat sich das Wort „Kidnapping" eingebürgert. Es wurde aus den Vereinigten Staaten für diese Verbrechensform übernommen, stammt aber aus England. Dort wurden im 17. Jahrhundert Kinder gewerbsmäßig entführt, um sie an die Pflanzer in den Vereinigten Staaten als Arbeitskräfte für die Plantagen zu verkaufen. Dieser Handel wurde mit Kidnapping bezeichnet — Kid war der Name für eine junge Ziege, das Ziegenkitz, und dieser Begriff wurde auf die geraubten Kinder übertragen.

Heute wird auch die Entführung erwachsener Menschen so genannt. Kidnapping wurde übrigens in England auch die gewaltsame Anwerbung von Rekruten genannt.

Die erste bekanntgewordene Kindesentführung zu Erpressungszwecken ereignete sich 1874 in Germantown im Staate Philadelphia (USA). Zwei Männer forderten dort die beiden Brüder Charley und Walter Ross, 4 und 6 Jahre alt, auf, zu einer Spazierfahrt mit ihnen eine Kutsche zu besteigen. Während der ältere kurz darauf nach Hause geschickt wurde, verlangten die Entführer für die Freilassung des zweiten Jungen die Summe von 20000 Dollar. Da der Vater die Summe jedoch nur gegen die Übergabe seines Kindes zahlen wollte, die Täter jedoch Vorauszahlung verlangten, unterblieb die Freilassung. Das Schicksal des Opfers blieb unbekannt, obgleich der Vater in den folgenden 20 Jahren mehr als 60000 Dollar für die Suche seines Kindes aufwendete.

Die nächsten Entführungen erfolgten in den Jahren 1900 und 1909, dann erst wieder 1924. Bis 1956 folgen weitere zehn Fälle. Ungleich zahlreicher sind jedoch die Entführungen Erwachsener. Sie waren in den Vereinigten Staaten deshalb beliebter, weil zwar die Kindesentführung schnell und reibungslos vonstatten ging, sich jedoch in der Folge dann eine Reihe von Problemen ergab, die kaum zu lösen waren. Kinder sind nur schwer ruhig zu halten, sie fallen in der Nachbarschaft sofort auf, sie müssen anders versorgt werden als Erwachsene. Der Einkauf von Nahrungsmitteln für sie oder gar Spielzeug erregt Aufsehen. Zudem sind Kinder gute Beobachter und bilden daher nach ihrer Freilassung eine Gefahr hinsichtlich der Ermittlung der Täter. So kommt es dazu, daß in vier Fünfteln der Fälle diese kindlichen Opfer getötet werden — sei es aus Furcht, sei es wegen der sich plötzlich ergebenden Komplikationen. Die Entführungen von Erwachsenen endeten hingegen fast immer reibungslos und ohne schwere Folgen.

Die aufsehenerregendsten Fälle von Kindesentführungen waren 1924 der Fall Franck, 1932 der Fall Lindbergh und 1953 der Fall Greenlase.

Der 14jährige Bobby Franck, Sohn eines Chikagoer Millionärs, wurde von der Straße weg entführt. Die Täter verlangten ein Lösegeld von 10000 Dollar, das Geld sollte aus einem fahrenden Zug zwischen zwei genau bezeichneten Stationen geworfen werden. Kurze Zeit später wurde jedoch die Leiche des Opfers aufgefunden, man hatte das Kind erschlagen, entkleidet und in einen Abzugskanal regelrecht hineingestopft. Neben der Leiche fand sich eine wertvolle Brille. Sie ermöglichte die Ermittlung der Täter, der beiden Millionärssöhne Richard Loeb und Nathan Leopold, beide 18 Jahre alt. Sie hatten das Opfer gut gekannt, es gehörte dem gleichen Gesellschaftskreis an. Loeb und Leopold unterhielten homosexuelle Beziehungen zueinander. Das Motiv dieser Tat blieb ungeklärt. Nach der einen Auffassung wollten sie ein „perfektes Verbrechen“ begehen und damit ihre Intelligenz beweisen, nach der anderen Ansicht wollte Loeb durch die Tat seinen Freund Leopold fester an sich binden (Leopold beabsichtigte, sich von seinem Freunde zu trennen, um zu heiraten).

Auch das 20 Monate alte Kind des Ozeanfliegers Lindbergh wurde kurz nach der Entführung getötet. Der Täter stieg mittels einer Holzleiter in das Kinderzimmer der Lindberghs ein und bemächtigte sich des Kindes. Sechs Wochen später wurde die Leiche zufällig neben einer Landstraße aufgefunden. Es ist möglich, daß das Baby dem Täter bei der Tat entglitt und dadurch beim Fall getötet wurde. Trotz des ungeheuren Aufsehens und der Mitfahndung der Bevölkerung gelang es nicht, den Entführer zu ermitteln. Dieser hatte die geforderten 50000 Dollar erhalten, er gab auch das angebliche Versteck des Kindes an, obgleich er sich der Leiche längst entledigt hatte. 2½ Jahre später (September 1934) gelangte über eine Tankstelle einer der damals notierten Geldscheine in den Verkehr. Da der Tankwart noch das Kennzeichen des Fahrzeughalters angeben konnte (die Banknoten waren ungültig geworden und nur bei den Banken einlösbar, deshalb hatte der vorsichtige Tankwart sich den Wagen notiert), war die Ermittlung Routinesache. In der Garage des so ermittelten Richard Hauptmann fanden sich noch 13 000 Dollar des Lösegeldes.

Auch der 6jährige Bobby Greenlase wurde 1953 sofort nach der Entführung aus der Schule ermordet.

Die beiden Entführer — Carl A. Hall und seine Freundin Bonny B. Heady — vergruben die Leiche auf dem Grundstück der Heady. Das Grab war schon Tage vorher ausgehoben worden. Sie forderten 600000 Dollar und erhielten sie auch. Die Verbrecher gaben das Geld mit vollen Händen aus, Hall erzählte in der Trunkenheit einem Taxifahrer die Tat. So konnte die Festnahme erfolgen.

Der erste deutsche Fall ereignete sich 1958. Angeregt durch Zeitungsberichte über die Entführung eines sizilianischen Adligen lockte in Stuttgart der 40jährige Tillmann den 7jährigen Joachim Goehner in den Haldenwald und erwürgte ihn dort. Er forderte telefonisch 15000 DM. Die Geldübergabe verzögerte sich jedoch, dann wurde 7 Tage später die Leiche des Jungen aufgefunden. Als dieser Umstand bekannt wurde, hörten die Kontaktbemühungen des Täters naturgemäß auf. 14 Tage nach der Tat versuchte man, durch Ausstrahlung der mitgeschnittenen Täterstimme den Fall zu klären. Alle anderen Versuche, dieses in der BRD völlig neue Verbrechen aufzuklären, waren vergeblich geblieben. Durch die Ausstrahlung gingen 3000 Hinweise ein, von denen sich 6 auf Tillmann bezogen. Er wurde daraufhin festgenommen, gab die Tat zu, erhängte sich jedoch einige Tage darauf.

Auch die nun folgenden weiteren zehn Kindesentführungen endeten nicht so, wie es sich die Täter vorgestellt hatten.

In vier Fällen wurden die Kinder ermordet (Hansi Knaup 1961, Timo Rinnelt 1964, Renate Putz 1971 und Willi Zimmermann 1974), in den anderen Fällen konnten sie ihren Eltern zurückgegeben werden.

Im Falle Rinnelt hatte der Entführer jeden Kontakt mit den Eltern abgebrochen, als entgegen den Vereinbarungen die Tat in der Presse publiziert wurde. Das Schicksal des Kindes blieb ungewiß. Der Täter meldete sich ein Jahr nach der Tat erstmalig wieder (1965), rief auch 1966 noch einmal an, um Geld zu erhalten, holte jedoch die bereitgelegte Summe nicht ab. 1967 verlangte er brieflich 15000 DM für die Hergabe eines Hintergrund-Interviews über den Fall von einer Illustrierten. Kontakte wurden aufgenommen, bei einer Observation konnte er festgenommen werden. Durch einen weiteren Hinweis ergab sich der Verdacht, daß die Kindesleiche in einem ihm zugänglichen Keller versteckt sein könnte. Hier wurde sie in der Tat aufgefunden. Der Täter, der seinerzeit 23jährige Klaus L., hatte sein Opfer erdrosselt, als es anfing zu schreien.

Bisher war es in diesen Fällen der Entführung üblich, Kinder reicher oder zumindest wohlhabender Eltern als Opfer auszuwählen. Sie wurden auf der Straße angesprochen und mitgelockt oder in ein Auto gezerrt. Verstecke boten sich in der Wohnung des Entführers selbst, in Schuppen, Gartenhäusern oder Kellern. Der Kontakt zu den Eltern wurde schnellstens aufgenommen, die Lösegeldsumme so bemessen, daß sie rasch gezahlt werden konnte. Die Ablage der Summe sollte regelmäßig so erfolgen, daß sich der Täter unbeobachtet nähern und entfernen konnte. Die Polizei durfte nach dem Wunsche der Täter niemals verständigt werden. Um während der Telefongespräche die Ortung zu verhindern, wurden nur kurze Gespräche von jeweils wechselnden Sprechstellen aus getätigt.

Die Freilassung geschah gewöhnlich so, daß das Kind in einer belebteren Straße aus einem Auto aussteigen konnte.

Die Erfolge der Kriminalpolizei und die angewandte Polizeitaktik führten indes dazu, daß heute Mittelsmänner eingeschaltet werden. Hierdurch sollen die bestehenden Gefahren umgangen werden: die Aufnahme der Täterstimme auf Band, die Notierung der Banknotennummern und die Observation bei der Geldübergabe. Bevorzugt für diese Rolle werden Geistliche, Reporter, Rechtsanwälte. Von ihnen erwartet man Verschwiegenheit und Einhaltung einmal gegebener Zusagen.

Hieraus ergab sich die Notwendigkeit neuer Polizeitaktiken. Zwar besitzen Angehörige der genannten Berufe keinesfalls ein gesetzlich verbrieftes Recht auf Zeugnisverweigerung in diesen Fällen, denn die Geldübergabe an Verbrecher ist weder eine journalistische noch eine seelsorgerische oder anwaltliche Tätigkeit, doch wird dennoch in manchen Fällen keine Aussage zu erlangen sein.

Neuestens lohnt es sich auch, wahllos irgendein Kind von der Straße aus aufzugreifen und zu entführen, ohne sich vorher über die wirtschaftlichen Verhältnisse der Eltern zu informieren. Als nämlich bei der Entführung des 5jährigen Stefan Arnold in München der Vater, ein höherer Beamter, die verlangte Summe von 25000 DM nicht sofort zahlen konnte, sprang die Stadt München ein und legte das Geld vor.

1971 wurde das 7jährige Kind eines Schaffners entführt. Die Täter — übrigens die gleichen, die Arnold entführt hatten — verlangten 200000 DM. Hier erklärte die Landesregierung NRW über das Fernsehen, daß sie zur Zahlung bereit sei und sandte diese Summe auch nach München zu Händen eines Rechtsanwalts, den die Täter eingeschaltet hatten.

Dieser zweigte zunächst 25000 DM für einen von ihm geleiteten Verein für Gefangenen-Hilfe ab, übergab das Geld und erhielt das Opfer zurück. Später wurden die Täter ermittelt, wobei auch der Fall Arnold geklärt werden konnte. Einmalig dürfte es sein, daß hier der Anwalt das Geld vorher umtauschte, um eine Täterermittlung auf jeden Fall zu verhindern. Ob in diesem Falle bei den Tätern bereits der Gedanke eine Rolle spielte, es komme auf die Verhältnisse der Eltern nicht an, oder ob es sich um eine Verwechslung mit einem anderen Kind handelte, wird sich wohl kaum mit Sicherheit klären lassen. Die Entscheidung zur Zahlung in diesem Falle ist hie und da kritisiert worden. Es bleibt jedoch angesichts der Gefährlichkeit und Unberechenbarkeit der Entführer kaum eine andere Lösung übrig.

Die Entführung von Kindern bringt für den Täter gewisse Gefahren mit sich, die er vorher nicht einkalkulieren kann. Der erwachsene Entführte hält sich im eigenen Interesse ruhig und weiß, daß offene Gewalt seine Lage nicht ändern kann. Er läßt sich auch leichter verbergen, weil er dadurch Zwangsmaßnahmen (etwa Knebelungen) eher entgehen kann. Anders reagieren Kinder. Sie neigen zu Kurzschlußreaktionen, sind ungebärdig und kaum ruhig zu halten. Das erhöht die Gefahrensituation. Allein hierdurch kann es zu Tötungsdelikten kommen. Als der 13jährige Willi Z. im Jahre 1974 unter dem Vorwand, sein Vater habe einen schweren Unfall erlitten, von dem Täter mittels eines Autos entführt wurde, bemerkte der Junge kurze Zeit später, daß die Sache nicht „stimmte“. Er wollte aus dem Auto springen. Der Täter schoß daraufhin mit einer Gaspistole auf ihn und betäubte ihn dadurch. Später erdrosselte er ihn mit einem Gurt, setzte ihn aufrecht auf den Beifahrersitz und versteckte die Leiche in einem Gebüsch. Dann benachrichtigte er die Eltern, forderte 80000 DM und konnte trotz observierter Geldübergabe entkommen. Bei der Ausgabe der Lösegeldsumme wurde er festgenommen. Er hatte übrigens mit 16 Jahren einen Raubmord begangen und einen Tag vor der Kindesentführung eine 70jährige Gastwirtin ermordet und anschließend beraubt.

3. *Erpresserische Entführung von Erwachsenen*

Angeregt durch die Entführung des Lindbergh-Babys kam Kate Barker, die sogenannte „Gangster-Mutter“ aus St. Paul/USA auf den Gedanken, Erwachsene statt Kinder zu entführen. So wurde auf ihre Veranlassung hin am 17. 6. 1933 der reiche Bierbrauer Hamm junior gekidnappt — die Prohibition war gerade aufgehoben worden und die Brauer machten glänzende Geschäfte. Er wurde in den Mittagsstunden auf dem Weg in seine Wohnung gezwungen, in das Auto von Alvon Karpis zu steigen und erhielt zwei Tage später nach Zahlung von 100000 Dollar die Freiheit.

Damit begann die Ära der Erwachsenen-Entführungen in den Vereinigten Staaten, die geradezu zum Modeverbrechen wurde. Das FBI registrierte bis 1960 allein mehr als 500 Fälle.

Eine ähnliche Entwicklung ist in der BRD nicht eingetreten. Der erste Fall einer Entführung älterer Personen ereignete sich im Juli 1971. In Baden-Württemberg wurde ein 19jähriger Fabrikantensohn gewaltsam in ein Auto gezerrt. Die Freilassung erfolgte gegen Zahlung von 300000 Mark. Die Täter kauften sich vom Lösegeld zwei teuere Wagen und konnten daraufhin gefaßt werden.

Im Frühjahr 1971 hatte sich ein ähnlicher Fall in Frankreich ereignet. Dort wurde die 21jährige Elisabeth Ch., Tochter des BP-Generaldirektors, entführt und gegen 500000 Francs (ursprünglich waren 5 Millionen gefordert worden) entlassen. Es ist möglich, daß diese beiden Fälle, die erhebliches Aufsehen erregten, Anlaß gaben, es auch einmal mit der Entführung reicher Männer selbst (und nicht nur ihrer Kinder) zu versuchen.

Als am 23. 8. 1971 ein Hamburger Ballhausbesitzer in der Morgenfrühe in seine Wohnung in einem Nachbarstädtchen zurückkehren wollte, wurde er am Hauseingang von drei maskierten Männern in Empfang genommen und in einem Auto entführt. Seine Begleiterin wurde mit der Auflage entlassen, 100000 Mark Lösegeld zu beschaffen (die erste Forderung lautete auf 1 Mio DM). Diese Summe konnte innerhalb der nächsten Stunden besorgt werden, so daß der Entführte noch am gleichen Tage die Freiheit erhielt. Die Täter wurden nie ermittelt.

Spektakulärer verlief die Entführung des Essener Großkaufmanns Theo Albrecht, der nach Büroschluß beim Besteigen seines Autos überwältigt, gefesselt und in den Nebenraum der Kanzlei eines Düsseldorfer Anwalts entführt wurde. Die Entführer — der betreffende Anwalt und ein mehrfach vorbestrafter Dieb — forderten 7 Mio DM. Als Vermittler wurde der Ruhrbischof eingeschaltet. Die Verhandlungen über die Lösegeldweitergabe und die Freilassung des Entführten dauerten insgesamt 18 Tage, dann war das Opfer frei.

Die Ausstrahlung des gesamten Geschehens — soweit es möglich war — führte zu einer großen Anteilnahme der Öffentlichkeit, der es zuletzt auch zu danken war, daß die Täter ermittelt wurden. Der vorbestrafte Mittäter zahlte — entgegen der mit seinem Tatgenossen getroffenen Abrede — mit einem Schein der Lösegeldsumme seine Schulden ab, erregte dadurch das Mißtrauen des Geschäftsinhabers, der ihn kannte, und konnte gefaßt werden.

Entführungen dieser Art sind seither (1971) Ausnahmen geblieben. Im benachbarten Ausland, insbesondere in Italien, aber auch in Frankreich, stieg die Kurve der Entführungen erheblich an, Italien verzeichnete 1975 65 Fälle dieser Art.

Im Gegensatz zu den genannten Ländern sind die Voraussetzungen für derartige Entführungen in der BRD nicht eben günstig. Eine der wichtigsten Voraussetzungen ist die Beschaffung eines Versteckes, das auch den ungestörten und unbeobachteten Zugang ermöglicht. Am besten eignen sich hierzu Landstriche, die schwach besiedelt oder sonst unzugänglich sind. Im Gegensatz zu Italien und Frankreich mangelt es hieran bei uns. Zwar läßt sich auch in der Großstadt ein solches Versteck anlegen, wie die Entführung von Peter Lorenz gezeigt hat, doch waren die entsprechenden Bedingungen nur im Berliner Bereich vorhanden.

Im übrigen aber setzte sich in der BRD eine andere Form der Erpressungskriminalität durch, die mehr Erfolge versprach: Die Geiselnahme bei der Durchführung von Banküberfällen.

Die schußsichere Ausgestaltung der Kassiererplätze der Banken führte dazu, daß nunmehr die Kunden bedroht wurden bzw. daß unter Bedrohung der Kunden oder des sonstigen Personals die Bereitstellung erheblicher Geldbeträge sowie ungestörter Abzug — unter Mitnahme wenigstens einer Geisel — verlangt wurden (s. a. die Ausführungen über den Raub). Nahezu alle Fälle dieser Art konnten aufgeklärt werden. In einigen Fällen (so im Kölner Bankgeiselfall v. 27. 12. 71 und im Fall Mönchengladbach — 5. 4. 73) konnten die Täter zunächst entkommen, wurden aber später gefaßt. Die derzeitige Polizeitaktik geht darauf hinaus, die Geiselnehmer möglichst am Tatort selbst dingfest zu machen. Hierbei müssen von der psychischen Einwirkung bis zum Gebrauch der Schußwaffe alle Möglichkeiten eingesetzt werden, um einmal das Leben der Geiseln zu retten, andererseits aber die Strafverfolgung sicherzustellen. Der nicht gefaßte Täter bildet weiter eine potente Gefahr, die nicht geklärte Tat führt sofort zur Nachahmung, wie die Verhältnisse im Ausland zeigen. Diese — nach längerer unterschiedlicher Vorgehensweise — heute einheitliche Einsatztaktik garantiert offensichtlich auch, daß Folgetaten sich in Grenzen halten.

Auf dem Sektor der Terror-Kriminalität (sog. politische Kriminalität) ist die Geiselnahme zur Durchsetzung irgendwelcher Forderungen jedoch sehr verbreitet geblieben.

4. *Gefängnisgeiseln*

Ausbrüche aus Gefängnissen erfolgen gewöhnlich heimlich und werden getarnt vorbereitet. Der Häftling zersägt die Gitter des Zellenfensters oder versucht, beim Spaziergang auf dem Gefängnishof zu entweichen. Außer seinem Zellengenossen oder den Helfern erfährt keiner etwas über sein Vorhaben. Der Ausbruch erfolgt auch meist allein, seltener tun sich zwei oder drei zusammen. Regelrechte Massenfluchten sind wohl nur in Lagern von Kriegsgefangenen möglich (wie etwa der Ausbruch englischer Kriegsgefangener im 2. Weltkrieg aus dem Lager Sagan-Küpper). Der „öffentliche" Ausbruch durch Geiselnahme der Wärter ist hingegen erst eine Erscheinung der sechziger Jahre dieses Jahrhunderts — er hat sich gleichsam wie ein Flächenbrand ausgebreitet und ist in nahezu allen Staaten von Zeit zu Zeit praktiziert worden. Ausbrüche dieser Art in früheren Jahrzehnten blieben Einzelerscheinungen. So etwa der in Canon City / California, von dem von Hentig berichtet. Dort nahmen fünf Häftlinge im Jahre 1929 zwei Aufseher als Geiseln, um dadurch die Freilassung der Häftlinge ihres Zellenblockes zu erzwingen. Dieses Ansinnen wurde abgelehnt, der Block mit Maschinengewehren, Dynamit und Tränengas gestürmt. Die Geiselnehmer erschossen einen Aufseher, begingen dann Selbstmord, acht Beamte wurden getötet, zwölf weitere Insassen verwundet. Middendorff gibt drei weitere Geiselnahmen in den Jahren 1931, 1937 und 1939 an (sämtlich USA) und führt diese Ausbruchsversuche auf die Überfüllung der amerikanischen Gefängnisse und die leichte Verständigungsmöglichkeit der Gefängnisinsassen untereinander zurück. Die Verhältnisse in Europa sind kaum anders, insbesondere bestehen während der täglichen Arbeitszeit, in den Freistunden und bei allen der Resozialisierung dienenden Maßnahmen mannigfache Möglichkeiten, Fluchtversuche und Geiselnahmen miteinander zu besprechen.

Allerdings nützen auch bei strengen Überwachungsmaßnahmen Häftlinge gelegentliche Unaufmerksamkeiten aus. 29 zum Tode verurteilte Gefangene sägten heimlich mittels einer Metallsäge die Gitterstäbe ihrer Zellen durch, obgleich sie, wie Middendorff berichtet, ständig unter Kontrolle ihrer Aufseher standen. Nachts überfielen sie diese und verlangten ihre Freiheit. Da indes die kalifornische Strafvollzugsordnung jegliche Verhandlung in solchen Fällen ablehnt, mußte das Unternehmen scheitern — zudem blies man Tränengas in die Räume. In der Tat hat diese kalifornische Bestimmung — die das Leben der Aufseher dadurch sichert, daß sie diese quasi den Häftlingen preisgibt — dazu geführt, daß Aufstände nicht mehr vorkommen.

Die Ära der Geiselnahmen wurde erst 1971 eingeleitet — die Meuterei im Staatsgefängnis von Attica/New York wurde ja weltweit bekannt. Ein Häftling hatte einen Aufseher angegriffen und wurde in eine Arrestzelle abgeführt. Das führte zum Aufstand, die Häftlinge besetzten vier Zellenblocks, mußten sich allerdings dann auf einen wieder zurückziehen, den sie mit 38 Geiseln besetzt hielten. Sie stellten 32 Forderungen, von denen alle — bis auf die nach sofortiger Amnestie und Abzug in ein kommunistisches Land — erfüllt werden sollten. Da es zu keiner Übergabe kam, wurde der Sturm auf den Block beschlossen. Dabei wurden 42 Menschen erschossen, darunter 10 Geiseln. Es muß dabei berücksichtigt werden, daß es die Jahre der Black-Panther-Bewegung waren (deren Anführer Bobby Seale sich in die Verhandlungen einschaltete), und daß die Häftlinge sich als „politische Gefangene" bezeichneten (die sie nicht waren). Die Diskussion über dieses Vorgehen wurde weltweit geführt. Seitens der Gefängnisbeamten wurde jede Verhandlung mit Häftlingen, die Geiseln genommen haben, vom Grundsatz her abgelehnt.

Im gleichen Jahr kam es in Kingston / Ontario / Kanada zur Meuterei von 500 Häftlingen, die in einen modernen Gefängnisbau übersiedeln sollten, der mit elektronischen Überwachungsanlagen ausgerüstet war. Die unter straffer Führung stehenden Häftlinge nahmen sechs Geiseln und richteten zunächst Zerstörungen im Werte von 1 Mio Dollar an.

Man verhandelte schließlich mit einem Bürgerkomitee und ergab sich bedingungslos. Ein Häftling wurde von den Meuterern getötet, elf weitere verletzt — Sexualverbrecher oder solche, die man als Vertrauensleute der Gefängnisleitung verdächtigt hatte. Die Meuterei in Attica veranlaßte die Gefängnisinsassen von Clairvaux / Aube, Frankreich, zur Nachahmungstat. Am 21. 9. 1971 nahmen zwei Häftlinge im Krankenrevier einen Wärter und eine Krankenschwester als Geiseln, verlangten freien Abzug, 10000 Francs, einen Fluchtwagen und zwei Gewehre mit Munition. Bis auf die Waffen wurde alles genehmigt. Am folgenden Morgen — die Verhandlungen waren wegen des letzten strittigen Punktes abgebrochen worden — fanden die in das Revier eindringenden Gendarmen die Geiseln tot vor. Am 4. 11. 1971 folgte die nächste Anschlußtat — diesmal in Österreich. Im Kultursaal der Strafanstalt Stein nahmen einige Häftlinge Einblick in ihre Akten. Zwei davon — wegen Raubes vorbestraft — entrissen zwei Aufsehern die Pistolen, und nahmen — nachdem noch ein dritter Häftling dazugestoßen war — den aufsichtführenden Richter und seine Schriftführerin als Geiseln. Sie forderten freien Abzug, ein Fluchtauto und 100000 Schilling sowie Nichtverfolgung für zwei Tage. Bis auf die Erfüllung der Geldforderung wurde alles zugestanden, die Schriftführerin gegen einen Polizeimajor ausgetauscht. Dann hielten die drei Ausbrecher drei Tage lang die Öffentlichkeit in Atem, nahmen nacheinander 13 Geiseln im Austausch fest, raubten einem Polizeibeamten die Schußwaffe, erpreßten auf einer Polizeiwache 50 000 Schilling, kaperten einen Funkstreifenwagen der Polizei, und ergaben sich schließlich nach längeren Verhandlungen und gutem Zureden, nachdem sie, wie sie erklärten, „ihre Gaudi" gehabt hatten.

Auch in Italien waren Aufruhr und Unruhen in den Gefängnissen keine Seltenheit mehr. Aufsehen erregten jedoch eine Geiselnahme in Rom im Jahre 1973, bei der ein Häftling zwei Geiseln nahm und bei der Flucht aus der Anstalt schwer verletzt wurde, sowie die Unruhen des Jahres 1974. Es begann mit einer Geiselnahme in der modernen Vollzugsanstalt Alessandria, die als „Gefängnis-Hotel" galt: Am Tage erhielten die Häftlinge Unterricht, der bis zum Mittelschul-Abschluß führte, es erfolgte eine individuelle Behandlung, nur nachts schliefen die Häftlinge weiter isoliert. Am 9. 5. 74 nahmen drei mit Revolvern bewaffnete Häftlinge nach Beendigung des Unterrichts Lehrer als Geisel, überwältigten vier weitere Lehrer und lockten vom Lazarett aus den Gefängnisarzt und vier Aufseher zu sich, die ebenfalls überwältigt wurden. Mit insgesamt 17 Geiseln verbarrikadierten sich die Täter in den Toilettenanlagen und forderten nun freien Abzug, Gestellung eines Klein-Busses sowie eine unbewaffnete Polizei-Eskorte zur Sicherung der Flucht. Man verhandelte zunächst (eine Sozialarbeiterin hatte sich in die Gewalt der Aufrührer begeben, um sie zur Aufgabe ihrer Pläne zu bewegen), bis dann diese freiwillige Helferin von den Tätern erschossen wurde (sie hatten vordem angedroht, alle 30 Minuten eine Geisel zu erschießen). Es kam zum zweimaligen Angriff auf die Aufrührer, schließlich wurden zwei von ihnen getötet, einer schwer verletzt. Auch vier Geiseln kamen zu Tode, 15 weitere Personen wurden verletzt.

Der Plan der Geiselnahme war der Polizei bekannt gewesen, sie hatte ihn der Gefängnisleitung mitgeteilt. Doch dort unternahm man nichts, weil man bei einer Verlegung von Häftlingen auf jeden Fall Proteste und Unruhen befürchtete, man untersuchte nicht einmal die Häftlinge auf Waffen. Ob diese Geiselnahme in Zusammenhang stand mit dem Plan, während der Volksabstimmung am 12. und 13. Mai über die Ehescheidung in 27 italienischen Gefängnissen Aufstände durchzuführen, weil dann die Polizei mit der Volksabstimmung weitgehend beschäftigt war und nicht hätte eingreifen können, ist nicht ganz geklärt, doch wußten die Täter sicher von dieser Planung, die sich „Operation Clockwork Orange" nannte, und die den gesamten italienischen Strafvollzug — einschließlich der Häftlingstransporte — lahmlegen sollte. Infolge der strengen polizeilichen und strafanstaltlichen Sicherungsvorkehrungen kam es indes nur im Gefängnis von Padua zu einer nächtlichen Meuterei von 100 Gefangenen, die durch den Einsatz von Tränengas beendet wurde. Diese Meuterei hatte sich im Anschluß an die Fernsehübertragung der Ereignisse von Alessandria ereignet, die von den Häftlingen mitverfolgt werden konnte.

Auch in Frankreich kam es im selben Jahr zu erheblichen Unruhen, von denen zwölf Gefängnisse berührt wurden. In Loos-lez-Lille wurde am 26. 7. die Gefängniswerkstatt in Brand gesetzt, es begann dann die Zerstörung und Verwüstung des ärztlichen Untersuchungsraumes und von mehr als 400 Zellen. Die auf dem Sportplatz zusammengetriebenen — meist jüngeren — Häftlinge wehrten sich mit Steinwürfen und versuchten, die Tore aufzubrechen. Sie mußten mit Tränengas überwältigt werden, während zur gleichen Zeit im Nachbarbau weitere 700 Häftlinge ihre Decken anzündeten und sie als Fackeln in die Tiefe warfen. Die ebenfalls zernierten Häftlinge wurden zunächst nur durch Zuwurf mit Lebensmitteln versorgt, da sich kein Wärter in die umzäunten Räume traute, um nicht als Geisel dienen zu müssen. Hier war es nicht mehr zur Geiselnahme gekommen; hier sollte durch Brand und Aufruhr die Aufmerksamkeit auf die Probleme der Häftlinge gelenkt werden: In der Tat haben die auf den Dächern stehenden Häftlinge, die Dachziegel auf die im Hof versammelten Feuerwehrleute, Polizisten und Aufseher schleuderten, ein sehr wirksames Bild vermittelt. In Colmar kam es hingegen zur Geiselnahme: 110 Häftlinge überwältigten zwei Wärter und flüchteten mit ihnen auf die Dächer der Anstalt, während 19 Häftlinge im allgemeinen Trubel flüchteten. Weitere Aufstände ereigneten sich z. B. in Melun, Lyon, Toulouse, Riom, Marseille, Clairvaux, Amiens, Grenoble, Mülhausen, Ensisheim, Paris. In Laval konnte der Gefängnisdirektor allein die Häftlinge beruhigen. Er meinte, diese hätten sich eben nur einmal zeigen wollen, um die Aufmerksamkeit auf sich zu lenken. Sicher ist, daß ein Teil der Anschlußtaten nur deshalb erfolgte, um ebenfalls auf die nach Meinung der Häftlinge unzumutbaren Zustände in den Haftanstalten hinzuweisen. So ging es vor allem um die Trennung der „normalen" Gefangenen von denen, die psychisch abartig sind, um die Möglichkeit, mehr von der Bewährungsfrist Gebrauch zu machen, um eine bessere Wiedereingliederung nach der Beendigung der Strafhaft und eine berufliche Ausbildung für Jugendliche innerhalb der Anstalten — sicher auch um die Renovierung und den Ausbau der vielfach sehr überalterten Anstalten.

Ebenfalls im Juli 1974 geschah die Geiselnahme im Staatsgefängnis von Texas in Huntsville. Ein wegen mehrfachen Mordes (wie man annimmt, in 50 Fällen) inhaftierter Täter nahm dort zwölf Geiseln, mit denen er sich im Schulraum der Gefängnisbücherei verschanzte. Zwei weitere Häftlinge unterstützten ihn. Man forderte kugelsichere Westen und Schutzhelme, Funksprechgeräte, Waffen und Munition sowie ein Fahrzeug. Schließlich wurde den Tätern ein Panzerfahrzeug auf dem Gefängnishof bereitgestellt. Auf dem Wege dahin hatten sich der Anführer und zwei seiner Helfer mit tragbaren Wandtafeln umgeben, die mit Büchern verstärkt waren. Innerhalb dieses Schutzschildes befanden sich auch vier Geiseln, während die anderen acht die Ausbrecher von außen mit ihren Körpern decken mußten. In der Mitte des Weges zum Fahrzeug wurde dieser Geiselring durch starke Wasserwerfer der Polizei weggesprengt, die sodann begann, auf die Ausbrecher zu schießen, als diese anfingen, die Wasserschläuche der Polizei mit Schüssen zu durchlöchern und damit funktionsunfähig zu machen. Bei diesem Kampf kamen der Anführer und einer seiner Helfer sowie zwei Geiseln ums Leben. Neun Geiseln blieben unverletzt, eine trug eine Brustverletzung davon, der dritte Mittäter blieb ebenfalls unverletzt. Nach den Mitteilungen der eingesetzten Polizei war man auf ein schlimmeres Ende gefaßt gewesen, hatte jedoch ernstlich nie die Absicht gehabt, den mehrfachen Mörder entkommen zu lassen.

Die deutschen Geiselnahmen in Gefängnissen nehmen sich demgegenüber sehr bescheiden aus. So entwendete ein Gefangener, der in seiner Zelle in der JVA Tegel von einem Kriminalbeamten vernommen wurde, dessen Pistole, verlangte Zurückverlegung in eine Einzelzelle, Kontakt mit der Ehefrau und einmaligen Ausgang. Diese Forderungen wurden zugebilligt, worauf sich der Täter abführen ließ. Im selben Jahr (1970) bedrohten in der JVA Straubing drei Gefangene mit eingeschmuggelten Pistolen den Hauptwerkmeister in der Buchbinderei. Sie zwangen ihn, die Türen zu öffnen, und gelangten bis zum Haupttor der Anstalt. Andere Bedienstete bemerkten das und griffen ein. Obwohl die Täter auf die Angreifer Schüsse abgaben, wurde niemand verletzt. Die Gefangenen wurden überwältigt. 1974 besuchte eine Pädagogin die JVA Duisburg, um dort mit den Gefangenen Unterricht abzuhalten. Drei der Gefangenen stürzten sich auf ein verabredetes Zeichen auf die Lehrerin, würgten sie und drückten ihr einen spitzen Dorn gegen den Leib. Während die übrigen Gefangenen durch Drohungen zur Ruhe gezwungen wurden, nahmen die Täter der Lehrerin den Zellenschlüssel ab und schleppten sie zum Ausgang, um fliehen zu können. Die Täter wurden schließlich von mehreren Anstaltsbediensteten umringt und überwältigt, nicht ohne daß ein Beamter durch einen Stich in den Unterleib verletzt wurde. Als Werkzeuge dienten außer dem selbstgebastelten Dorn ein Hammer, ein Schraubenzieher sowie gebündelte Achsen von Spielzeugautos. Schließlich bedrohte ein Häftling in einer Anstalt des halboffenen Vollzuges seine Ehefrau, die ihn besucht hatte, mit einem Messer und drohte ihre Tötung an, wenn er nicht sofort entlassen würde. Ihm war bekanntgeworden, daß seine Frau Beziehungen zu einem anderen Mann unterhielt (der übrigens vor dem Anstaltstor mit seinem Auto wartete), und wollte dies künftig unterbinden. Der Täter konnte überredet werden, sein Messer herauszugeben, er kam wieder in die Zelle zurück.

In den Fällen der Geiselnahme in Gefängnissen handelt es sich entweder um Verbesserung wirklicher oder angeblicher Mißstände oder um die Forderung nach sofortiger Freilassung. Wie die Beispiele zeigten, spielt es dabei keine Rolle, ob es sich um ältere, überfüllte oder neue und moderne Vollzugsanstalten handelt. Die Möglichkeiten, solche Pläne zu besprechen, bestehen in jedem Falle. Ganz sicher läßt sich durch den modernen und auf Wiedereingliederung bedachten Strafvollzug ein gewisser Zündstoff ausräumen, der Anlaß zu Verzweiflungstaten geben könnte. Gerade die Verhältnisse in den Vereinigten Staaten zeigten, daß sich hierdurch manches verhindern ließe. In vielen Fällen erwies es sich, daß eine vernünftige Besuchsregelung, Kontakte mit den Angehörigen, insbesondere der Ehefrau, und die Möglichkeit, Kurzurlaub zu erhalten, den Gedanken auf gewaltsamen Ausbruch gar nicht erst aufkommen lassen — sofern die Strafzeit überschaubar ist. Anders liegen die Dinge bei langjährigen Verbüßungszeiten. Hier wird gern die Flucht versucht, hier nimmt man Gelegenheiten der Geiselnahme wahr — die sich insbesondere dann bieten, wenn gefährliche und aggressive Täter für Resozialisierungsvorhaben oder Fortbildungsmöglichkeiten melden, weil sie bei solchen Gelegenheiten ihre Pläne leicht durchführen können.

5. *Fluchtgeiseln*

Das Bestreben der Gefängnisinsassen ist auf Besserung ihrer Zustände, oft aber auf Flucht gerichtet. Indessen bedarf dieses Vorhaben gewisser Vorbereitungen. Es muß daher langfristig geplant sein, die Bewachungsmaßnahmen müssen durch die Geiselnahmen umgangen, die Flucht durch Bedrohung der Aufseher in den Gefängnisräumen erzwungen werden. Da seitens der Vollzugs- und Polizeiorgane lediglich der Schutz der von den Gefangenen genommenen Geiseln bedacht werden muß, Außenstehende aber kaum gefährdet sind und die Überwältigung am gleichen Ort erfolgen kann, sind die taktischen Maßnahmen der Geiselnehmer wie der Polizei anders als in sonstigen Geiselfällen anzulegen. Das wissen die Häftlinge, und so versuchen sie, durch besonders hartes Vorgehen und größere Brutalität zum Ziele zu kommen. Hier herrschen in jeder Weise besondere Verhältnisse, die Gefahr der Solidarisierung besteht außerdem.

Wenn Straftäter bei sonstigen Gelegenheiten durch Geiselnahmen ihre Flucht erzwingen wollen, gelten die nachfolgenden Grundsätze. Es ist daher richtig, beide Gruppen, wie hier, zu trennen. Während der Bankräuber Geiseln nimmt, um die Ausführung der Tat zu ermöglichen und zugleich den ungestörten Abzug garantiert zu erhalten, werden die allein der Flucht dienenden Geiseln bei anderen Gelegenheiten genommen. Besonders beliebt ist es, anläßlich einer Gerichtsverhandlung oder Vorführung vor dem Richter günstige Gelegenheiten zur Flucht auszunutzen. Hierzu bietet sich die Geiselnahme des Richters selbst, der Vorführungsbeamten oder irgendwelcher Besucher des Gerichtsgebäudes an. Anders als bei der Flucht aus der Haftanstalt brauchen Sicherungsvorkehrungen nicht mehr überwunden werden. Man ist sofort im öffentlichen Verkehrsraum und kann hier untertauchen, die Verfolger müssen auf ein größeres Publikum Rücksicht nehmen. Als regelrechter Skandal wurde beispielsweise die Geiselnahme des Schwerverbrechers Milloquet im Pariser Justizpalast am 9. 7. 1975 angesehen (ein nahezu gleichartiger Fall geschah am gleichen Ort im Jahre 1972).

M. wurde zur Vernehmung wegen eines Autodiebstahls vorgeführt, auf der Anklagebank saßen noch viele andere Delinquenten, die auf ihre Vernehmung warteten. Da näherte sich eine Rechtsanwältin dem Gerichtsschreiber (wie sich herausstellte, die Ehefrau des Häftlings), zog eine Handgranate, forderte alle Anwesenden zur Ruhe auf und warf ihrem Mann eine Pistole zu. Dieser fesselte den Gerichtspräsidenten und seinen Vertreter mit den Handfesseln, die man den Vorgeführten vor Betreten des Gerichtssaales abzunehmen pflegte. Durch eine Nebentür gelangte man auf die Straße, der Kommandant der Garde wurde angeschossen, als er sich den Flüchtenden in den Weg stellte. Mit einem bereitstehenden PKW wurde die Flucht fortgesetzt, die Geiseln wurden alsbald freigelassen, die Täter tauchten unter. Der Richter erklärte nachher, er habe nicht gewußt, daß es sich um einen der gefährlichsten Verbrecher Frankreichs gehandelt habe. Es stellte sich weiter heraus, daß Personen, die Anwaltsroben tragen, bei Betreten der Gerichtssäle nie angehalten oder kontrolliert werden. Man fand auch nichts dabei, daß in diesem Saal 42 Angeklagte unterschiedlichster Gattung warteten und 200 andere Besucher sich dort aufhielten. Fälle dieser Art haben sich vorher und nachher sowohl in den Vereinigten Staaten wie auch in Europa ereignet. Sie gelingen dann, wenn ein früherer Tatgenosse oder ein Familienmitglied sich bei solchen Vorführungen in den Gerichtsräumen einfinden kann und die Häftlinge mit Waffen versorgen kann.

Durch eine solche Unterstützung früherer Tatgenossen wurde auch Andreas Baader am 14. 5. 1970 in Berlin befreit (s. Abschnitt Terrorismus).

Auch bei bevorstehenden Festnahmen durch Polizeibeamte oder auf dem Wege zum endgültigen Verwahrungsort besteht die Gefahr von Geiselnahmen. 1972 wurde bei München ein Mann zur Personalienüberprüfung aufgefordert, in den Dienstwagen der Polizei zu steigen und mit zur Wache zu fahren. Während der Fahrt entwendete er einem der Beamten die Pistole, und schoß ihn beim Verlassen des Fahrzeugs nieder, bedrohte zunächst erfolglos den zweiten Beamten, ihn weiterzufahren und zwang schließlich die Fahrerin eines vorbeikommenden PKWs, ihn mitzunehmen. Er konnte dann überredet werden, die Fahrt allein fortzusetzen.

1973 hatte ein Kriminalbeamter den Auftrag, einen mehrfach Vorbestraften festzunehmen. Der Beamte betrat mit einem Kollegen die Wohnung dieses Mannes (er kannte ihn sehr gut) und forderte ihn auf, mitzukommen. Daraufhin wurde er angeschossen und verletzt. Der zweite Beamte wurde nun aufgefordert, die Polizeidienststelle zu verständigen, daß diese nichts unternehmen solle, während sich der Angeschossene, ständig durch die Pistole des Täters bedroht, in das Polizeifahrzeug setzen mußte, um mit dem Täter selbst nach dessen Angaben wegzufahren. Die Funkleitstelle der Polizei gab Weisung, dieses Fahrzeug zu verfolgen, aber nicht einzugreifen, da für den Beamten Lebensgefahr bestand. Der PKW gelangte jedoch in einen anderen Funkkreis, dessen Dienststelle diese Mitteilung nicht erhalten hatte. So wurde das Fahrzeug angehalten, im gleichen Augenblick erschoß der Täter den Beamten, während er selbst, durch die Schüsse der anhaltenden Polizeibeamten getroffen, ebenfalls starb.

Auch im Anschluß an Straftaten werden Möglichkeiten der Fluchtunterstützung durch Geiselnahmen oft wahrgenommen. In Regensburg schoß der 24jährige B. im Eros-Center einen

Zuhälter mit 12 Schüssen nieder und flüchtete dann in eine Gastwirtschaft. Ein Freund erklärte sich bereit, zur Flucht seinen PKW zur Verfügung zu stellen. Zur weiteren Absicherung zwang er eine Prostituierte, mitzufahren, unterrichtete von einer Telefonzelle die Polizei, daß er zwei Geiseln habe und diese bei einer Verfolgung erschießen werde, und fuhr ab.

Nach einer Stunde meldete sich der Freund des B. und verlangte nunmehr einen gültigen Paß, 1000 DM und freies Geleit. Inzwischen wurde der Aufenthaltsort des B. bekannt, es gelang, die Freundin aus der betreffenden Wohnung zu locken und B. festzunehmen. In Trier erschien ein G. in einer Gastwirtschaft und verlangte von der Gastwirtin, den Aufenthaltsort ihres Mannes zu erfahren, da er ihn erschießen wolle. Die Polizei wurde alarmiert, worauf der Täter in eine nahegelegene Schule lief, eine Klasse mit 12—15jährigen Kindern betrat und die Lehrerin sowie zwei Kinder als Geiseln nahm. Später durften auch diese Kinder die Klasse verlassen, es kam zum Schußwechsel mit der Polizei. Schließlich wurden die Angehörigen herbeigebracht, die den Täter überredeten, sich zu ergeben. B. und D. brachen 1973 aus einer niederländischen Strafanstalt aus, begingen einen Raubüberfall und flüchteten mit einem gestohlenen PKW. Alsbald hielten sie einen anderen PKW an, um umzusteigen. Der Fahrer, der mit einer Pistole bedroht wurde, konnte schließlich aussteigen und die Polizei benachrichtigen. Die Täter flüchteten inzwischen in ein nahegelegenes Bauernhaus, da der Tank fast leer war. Als sie hier die Polizei stellte, bedrohten sie die drei anwesenden Personen, forderten freies Geleit und die Mitnahme einer Geisel. Das Anwesen wurde umstellt, nach 24 Stunden erklärten sich die Täter bereit, sich nach Den Haag fahren zu lassen, um dort mit der Mutter eines der Täter zu verhandeln. Hier wurden sie schließlich nach Abschießen von Tränengas wieder festgenommen. Mitten in Stockholm glaubten sich zwei gesuchte Bankräuber 1973 erkannt. Sie stürzten in ein Haus, das von einer Frau mit zwei vierjährigen Kindern bewohnt wurde. Sie forderten freien Abzug, da andernfalls die Geiseln getötet würden. Ein Polizeibeamter betrat die Wohnung zu Verhandlungen, verlangte die Freilassung der Kinder, mußte aber dann selbst an ihrer Stelle als Geisel dableiben. Inzwischen wurden das geforderte Geld — 100 000 Kronen — und der Fluchtwagen bereitgestellt. Der Polizeibeamte ging vor den Tätern die Treppe hinunter, flüchtete jedoch plötzlich in den Keller des Hauses. Einer der Täter folgte ihm schießend, lief dabei aber in eine Falle: Im Keller hatten sich inzwischen Polizeibeamte einquartiert, die ihn niederschossen. Der andere Täter ergab sich nunmehr.

Auch bei Erpressungsversuchen, die gewöhnlich mit der Übergabe des geforderten Geldes und gleichzeitiger Festnahme durch die observierende Kriminalpolizei enden, sind Geiselnahmen möglich. So nahm anläßlich einer solchen Gelegenheit der 22jährige Erpresser in Brüssel in dem Augenblick, in dem sich Polizeibeamte näherten, eine Frau als Geisel und drohte, sie mit einem Messer zu erstechen. Es gelang jedoch, ihn festzunehmen. Diese Fälle von Fluchtgeiseln können also oft durch Ermüdung, Überraschung oder Überredung des Täters ihren Abschluß finden, zumal dann, wenn der Geiselnehmer ohne jegliche Vorbereitung zur Geiselnahme greift und diese einem impulsiven Entschluß entspringt. Steht jedoch eine längere Freiheitsentziehung auf dem Spiel, wurde eine schwere Straftat begangen oder ist Geld im Spiel, so wird sich eine harte Konfrontation nicht immer vermeiden lassen. Nichts wäre nämlich verkehrter, als diese Spielart des Verbrechens durchgehen zu lassen — die Nachahmungsgefahr ist beträchtlich. Die meisten der Fluchtgeiselnahmen ließen sich indes durch bessere Vorkehrungen, mehr Aufmerksamkeit und Wachsamkeit verhindern — und durch ein gewisses gesundes Mißtrauen bei allen Amtshandlungen.

6. Geiselnahmen in Flugzeugen

Der Gedanke, die Insassen eines Flugzeuges als Geiseln zu nehmen, mußte eigentlich zwangsläufig einmal kommen, ließ sich doch hierdurch die Zahl der Geiseln erheblich vervielfachen und der Druck auf andere verstärken. Auch war in solchen Fällen das ausersehene Opfer gezwungen, recht kurzfristig die gestellten Forderungen zu erfüllen — jedes Flugzeug kann nur eine begrenzte Zeit in der Luft bleiben, und dem Piloten bleibt gar nichts anderes übrig, als den Wünschen der Geiselnehmer zu willfahren. Eine Gegenwehr durch ihn ist ausgeschlossen, eine Gegenwehr durch die Passagiere muß zwangsläufig in einem Blutbad enden.

Die erste Flugzeugentführung wurde von der US-amerikanischen Luftfahrtbehörde im Jahre 1930 registriert, in Peru entführte damals ein Luftpirat eine Maschine. Als häufiger vorkommende Erscheinung der Kriminalität sind Flugzeugentführungen indes erst seit den sechziger Jahren festzustellen, das Jahr 1969 bildete mit insgesamt 89 Entführungen den Höhepunkt, 1970 verringerten sich diese Entführungen auf die Zahl von 80, 1971 auf 52. Seither spielen sie lediglich als eine sehr beliebte Form der Erpressung durch Terroristen (insbesondere durch palästinensische Organisationen) eine Rolle, im übrigen handelt es sich um Einzelfälle.

Zu unterscheiden sind Entführungen mit Geiselnahmen in Flugzeugen aus politischen

Motiven, in gewinnsüchtiger Absicht, durch Geisteskranke oder Psychopathen und durch Terroristen: Zur ersten Gruppe gehören solche Personen, die aus politischer Überzeugung ein anderes Land aufsuchen wollen, um dort zu leben. Bevorzugtes Ziel war in der Hochblüte der Entführungen Kuba — zwischen 1961 und 1971 registrierte man 140 Flugzeugentführungen, bei denen die Täter in Kuba landeten. Auch andere Staaten — etwa Algerien — sind als Fluchtziele gewählt worden.

Hin und wieder kam es auch zu Entführungen aus Ostblockstaaten in die Bundesrepublik Deutschland. So entführten am 19. 10. 1969 zwei Ost-Berliner Mechaniker eine polnische Maschine und zwangen den Piloten, in Berlin-Tegel zu landen. Zwei unbrauchbare Revolver hielten während des Fluges Warschau—Berlin die Besatzung in Schach, im November des selben Jahres zwangen zwei Polen die Besatzung eines polnischen Flugzeuges, in Wien zu landen, am 8. 6. 1970 kaperten zwei Tschechen ein Flugzeug zwischen Karlsbad und Prag und landeten in Nürnberg, am 14. 9. 1970 folgte eine Entführung eines Ungarn (Landung in München), am 8. 6. 1972 entführten zehn Tschechen (darunter drei Frauen) eine Linienmaschine von Marienbad nach Bayern. Der Pilot wurde erschossen. Während sich der Täter erhängte, wurden die Gehilfen später verurteilt. Neben diesen reinen Fluchtzwecken dienenden Entführungen gab es auch solche mit anderen politischen Zielen. Im September 1972 überwältigten drei Kroaten auf dem Fluge von Göteborg nach Stockholm den Piloten und erzwangen eine Landung in Malmö. Dort verlangten sie die Freilassung von 7 in Schweden verurteilten Häftlingen, darunter auch der Mörder des früheren jugoslawischen Botschafters in Stockholm. Die Regierung erfüllte diese Bedingungen, das Flugzeug nahm Kurs nach Spanien. Bei der Landung dort wurden die Entführer und Häftlinge gefangengesetzt. Die wohl längste Entführung inszenierte am 31. 10. 1969 der entlassene US.-Soldat Raffaele Minichielle, der nach Rückkehr aus dem Kriege zu wenig Geld auf seinem Gehaltskonto vorfand, durch einen Einbruch in ein Waffenmagazin der US.-Armee sich schadlos stellen wollte und dabei ertappt wurde. Er entführte zwischen Los Angeles und San Francisco eine Boeing 707, ließ in Denver die Passagiere aussteigen und die Maschine auftanken und nahm Kurs nach Rom mit Zwischenlandungen in Denver, New York, Bangor/Maine und Shannon/Irland. In Rom nahm er einen Polizeioffizier als Geisel, fuhr mit diesem und dem bereitgestellten Fluchtauto in die Campagna und wurde dort kurze Zeit später verhaftet. Er wollte einfach „nach Hause", wie er angab. Von einer Freiheitsstrafe von 7 Jahren verbüßte er lediglich 18 Monate und wurde dann von seiner Heimatgemeinde zum Ehrenbürger gewählt.

Entführungen aus Gewinnsucht scheinen erst ab 1971 vorgekommen zu sein, am 23. 11. 71 brachte ein gewisser Cooper eine Boeing 727 in seine Gewalt, ließ sich in Seattle 200000 Dollar sowie zwei Fallschirme übergeben und sprang über einem Waldgebiet ab. Trotz der Beschattung des Flugzeuges durch Militärmaschinen konnte er entkommen. Diese Taktik fand sehr bald Nachahmer. In der Folgezeit wurde das Abspringen nach Erhalt der Geldsumme Gewohnheit, denn anders als der Flucht-Entführer blieben die Gewinn-Entführer ja im Lande. Teils handelte es sich um Täter, die mit den Gepflogenheiten des Flugbetriebes vertraut waren, teils um völlige Laien: So ließ ein Entführer, der durch die Bodenluke abspringen wollte, sich per Funk Anleitungen bei den Herstellerwerken geben, wie diese zu öffnen sei. In einigen anderen Fällen verlangte der Täter bei der Landung und der Übergabe des Lösegeldes auch ein Fluchtfahrzeug, um damit zu entkommen. Die US.-Behörden suchten diesen Gewinn-Tätern dadurch zu begegnen, daß sie die Fallschirme mit Peilsendern versahen und den Absprung mit Beobachtungsmaschinen verfolgten, um über Funk die Verfolgungsfahrzeuge einzuweisen. In dem einen oder anderen Fall wurden Kriminalbeamte als Flugzeugpersonal verkleidet eingesetzt, um den oder die Täter zu überwältigen, in anderen Fällen gelang die Überwältigung auch bei der Geldübergabe. Hier ist jedoch anzumerken, daß die US-amerikanischen Waffengebrauchsbestimmungen auch — ohne daß die Notwehrvoraussetzungen vorliegen — die Tötung des Rechtsbrechers gestatten, wenn dieser sich nicht ergibt.

Das bisher höchste Risiko ergab sich bei einer Entführung am 10. 11. 1972. Auf dem Fluge von Birmingham nach Montgomery übernahmen drei vorbestrafte farbige und zur Festnahme gesuchte Verbrecher das Kommando über die Maschine, verlangten 10 Mio Dollar, Panzerwesten und Nahrungsmittel. Nach Erhalt von 2 Mio Dollar (die Panzerwesten wurden nicht geliefert) dirigierten sie die völlig übermüdete Besatzung über mehr als 12 Zwischenstationen bis nach Kanada, dann zurück in die USA und drohten hier, über dem Atomforschungszentrum Oak Ridge die Maschine abstürzen zu lassen. Bei einem Zwischenaufenthalt in Orlando konnten zwar die vier Reifen des Flugzeuges zerschossen werden, doch konnte die Maschine dennoch ihren Flug fortsetzen, bis sie in Havanna/Kuba landete. Dort wurden die Täter allerdings festgenommen.

Unberechenbar und deshalb besonders gefährlich sind die Geisteskranken und Verwirrten aller Schattierungen. Im Oktober 1972 bestieg ein gewisser W. — mit einem Overall bekleidet —

eine auf dem Frankfurter Flughafen auf den Start wartende kanadische DC. Er zog eine Pistole und zeigte ein Sprengstoffpaket vor, bis auf die Stewardeß mußte die Besatzung die Maschine verlassen. Zunächst verlangte er die Freilassung des verhafteten tschechischen Flugzeugentführers Adamica, sodann die Freilassung der Angehörigen der Baader-Meinhof-Bande. Aus dem „Schriftwechsel", der bei den Verhandlungen geführt wurde, ergab sich der Verdacht der Geisteskrankheit. Es gelang schließlich, den Täter durch ein erbetenes Kofferradiogerät abzulenken und ihn dabei — allerdings tödlich — zu treffen. W. hielt nahezu 24 Stunden Flugzeug und Geisel in seiner Gewalt. Auch ein ähnlicher Fall kurz vorher in Nevada endete mit schweren Verletzungen. Der Entführer bestieg mit einem Gewehr ein Flugzeug, ließ es nach Vancouver fliegen und verlangte dort 2 Millionen Dollar, 15 Pfund Barrengold, drei Radios, 20 Handschellen, 8 Windeln, erklärte, er sei Mitglied einer Terrororganisation, und war endlich mit dem Rückflug nach Seattle einverstanden, weil in der Provinz Britisch-Kolumbien so viel Geld nicht einzutreiben war. Bei der Übergabe des Geldes kamen zwei Kriminalbeamte, die als Piloten verkleidet waren, durch die Hecktür und verletzten den Täter schwer.

Unter den Verwirrten finden sich solche Täter, die einfach aus ihren Verhältnissen „entlaufen", weil sie mit den sich hier ergebenden Problemen und Konflikten nicht fertig werden. Die Entführung eines Flugzeuges, die Möglichkeit, sich mit dem erpreßten Geld woanders eine Existenz oder Lebensbasis aufzubauen, scheint ihnen die naheliegendste Lösung zu sein. Kriminelle Gewohnheiten, durch die Tagespresse ihnen nahegebracht, auch überall besprochen, reizen offenbar zur Nachahmung. Hier hat jedoch in nahezu allen Fällen bei der Übergabe des Lösegeldes und den vorangehenden Gesprächen eine gewaltlose Lösung stattfinden können — die Täter ergaben sich.

Abgesehen von den Geiselnahmen in Flugzeugen durch palästinensische und japanische Terroristen (s. die Ausführungen hierzu) bilden Flugzeugentführungen kriminalistisch gesehen kein großes Problem. Die Amerikaner haben erhebliche Aufklärungs- und Ermittlungserfolge zu verzeichnen gehabt: So wurden nach Middendorff 1969 von 86 Entführungen 7 verhindert, 1970 bei 80 Entführungen 27 verhindert, 1971 stieg die Erfolgsquote auf 34 Fälle bei 61 Entführungsvorhaben, 1972 wurden bei 32 Entführungen 46 Täter registriert. Alle Täter sind identifiziert, und sind entweder tot, in Untersuchungshaft oder werden als Flüchtige gesucht.

Mit den ernsthaften Bemühungen, dieser neuen Form — die regelrecht als Modeerscheinung zu bezeichnen war — zu begegnen, hat sich auch sofort ein erheblicher Rückgang solcher Straftaten gezeigt. Es wird einheitlich die Meinung vertreten, daß die sprunghafte Zunahme der Entführungen auf die ausführliche Berichterstattung darüber und dem dadurch vermittelten Eindruck der leichten und wenig riskanten Tatbegehung zurückzuführen ist. Ähnliche Beobachtungen konnte man in den Jahren 1966 und 1967 bei der sprunghaften Zunahme der Raubüberfälle auf Sparkassen und Banken machen.

7. *Geiselnahmen zur Durchsetzung sonstiger Forderungen*

Auch zur Durchsetzung anderer Vorhaben und Wünsche werden Geiselnahmen zunehmend vorgenommen. So kam es bereits vor der „Welle" der Geiselnahmen, die durch den Münchener Bankraub und den Terrorismus ausgelöst wurde, hin und wieder dann zu Geiselnahmen, wenn etwa nach einer Ehescheidung dem Ehemann das bei ihm verbliebene Kind weggenommen und der Mutter zugeführt werden sollte. In solchen Fällen verbarrikadierte sich der Vater in der Wohnung und erklärte — oft unter Vorzeigen des bedrohten Kindes am Fenster —, er werde das Kind in dem Augenblicke erstechen, in dem die Polizei die Wohnung betrete. Auch Fälle, in denen der Vater eines solchen Kindes die Wohnung der Mutter aufsuchte, dort die Ehefrau oder Kinder als Geiseln nahm und sie zu töten drohte, falls die benachrichtigte Polizei ihm die Kinder nicht übergebe, sind vorgekommen. Seit dem Beginn der siebziger Jahre ist jedoch eine Zunahme der Geiselnahmen auch für andere, oft alltägliche und geringfügige Forderungen, hin und wieder auch aus nichtigen Anlässen, festzustellen. Solche Geiselnahmen scheinen auch geistig gestörten Menschen oder Neurotikern ein geeignetes Mittel zur Lösung ihrer Probleme zu sein — und sei es auch nur, um die Öffentlichkeit auf ihren Fall aufmerksam zu machen. In Berlin betrat ein Jugoslawe eine Bank, legte den Arm um eine Bankangestellte, bedrohte sie mit einem Messer und forderte eine Flugkarte nach Australien sowie die Benachrichtigung der Polizei. Er fürchtete, wie sich ergab, wegen eines Verkehrsdelikts ausgewiesen zu werden, und wollte lediglich eine Hilfe für seinen Fall. Bevorstehende Einweisungen in Landeskrankenhäuser sollen in gleicher Weise verhindert werden, hier dienen die Angehörigen als Geiseln.

Ein geschiedener Mann drang bei seiner geschiedenen Frau ein, mit der er auch nach der Scheidung eheähnliche Beziehungen unterhielt, bei der er aber auch wieder Wohnung nehmen wollte. Die Ehefrau verließ die Wohnung, lediglich ein 2jähriges Kind blieb zurück, das mit einem Messer bedroht wurde. Hier gelang es, die Geiselnahme durch eine längere Unterredung zu beenden. Ein arabischer Barkeeper, der wegen Unstimmigkeiten entlassen worden war, wurde gefährlicher: Er wollte seinen früheren Chef wegen der Entlassung sprechen, und bedrohte ihn und das Personal mit einer Pistole, gab einige Schüsse ab und flüchtete mit einer Bardame in eine Toilette. Er gab dann mehrere Schüsse ab, um schließlich mit der Geisel den Versuch zu machen, aus der Bar zu entkommen, und ergab sich, als die Pistole leergeschossen war. Abgewiesene Liebhaber bemächtigten sich ihrer früheren Freundinnen, bedrohten sie mit dem Tode, falls sie nicht einer Heirat zustimmten oder nahmen in gleicher Weise die Eltern als Geiseln. Die in solchen Fällen hinzugerufene Polizei kann in der Regel nur durch Überredungs- und Beruhigungsversuche helfen, da die in den ersten Stunden sehr erregten Täter zu Kurzschlußhandlungen neigen — nicht selten stehen sie unter Alkoholeinfluß.

Mitunter sind die Motive völlig unklar. Ein 23jähriger Mann — früher medikamentensüchtig gewesen — suchte einen Pfarrer auf, zeigte eine selbstgefertigte Bombe vor und gab an, er fühle sich bedroht und müsse in die DDR flüchten. Der Pfarrer solle ihm dazu verhelfen — andernfalls die Bombe gezündet werde. Unterwegs verlangte er eine Unterredung in der russischen Botschaft. Er sprach dort auch vor, kam wieder zurück und suchte nun ein Hotel auf, wo er sich allmählich beruhigen ließ. Völlig unmotiviert war auch die Geiselnahme eines 17jährigen Fischereigehilfen an der Nordsee. Angetrunken suchte er die Wohnung eines Mannes auf, legte ihm eine Drahtschlinge um den Hals und zwang ihn, gemeinsam zum Hafen zu gehen. Hier holte er sich vom Bord eines Kutters eine Leuchtpistole, schoß in die Luft und fuhr mit seinem Opfer in das nächste Dorf, wo er vergeblich einen Kollegen zur Mitfahrt veranlassen wollte. Schließlich ließ er sich ziellos durch die Stadt fahren. Von 14 Funkstreifenwagen verfolgt, konnte er später festgenommen werden.

Geiselnahmen aus Verzweiflung, um auf bestimmte persönliche oder familiäre Probleme aufmerksam zu machen oder solche aus unklaren Motiven, können jedoch plötzlich „umschlagen"; dem Täter fällt ein, das man mit Geld viele Probleme lösen kann, er verlangt dann selbst an Orten, an denen sich keine größeren Summen befinden (Gastwirtschaften, Wohnungen) die Bereitstellung größerer Geldbeträge und eines Fluchtwagens, indem er die Informierung der Polizei selbst fordert oder seine entsprechenden Wünsche an die Polizei heranträgt. Eine Geiselnahme braucht also — um etwa Geldbeträge zu erlangen — keineswegs bei einer Bank zu erfolgen. In einigen Fällen des herangezogenen Materials schien es offensichtlich dem Täter risikoloser, in eine Wohnung oder in ein Geschäft einzudringen, um von hier aus dann seine Geldforderung geltend zu machen, nachdem er sich zunächst einer Geisel versichert und einigermaßen verbarrikadiert hatte. Die bei den Fällen dieser Geiselnehmer-Gruppe oft festzustellende Ziellosigkeit, Unbeherrschtheit, der Alkoholgenuß, der sie zur Tat ermutigen soll, und die psychische Labilität erschweren häufig die Verhandlungen, erhöhen auch die Gefahr. Der Versuch, durch Beruhigung den Fall zu lösen, kann erfolgreich sein, doch darf auch dann die nötige Vorsicht nicht außer acht gelassen werden.

8. Zur Täterpersönlichkeit des Geiselnehmers

Untersuchungen über die Täter der hier dargestellten Gewaltkriminalität liegen nicht vor. Das liegt einmal daran, daß es sich um Delikte handelt, die statistisch nicht gesondert erfaßt werden (so umfaßt die Freiheitsberaubung auch Taten anderer Art), zum anderen auch wohl daran, daß die Anzahl der auf dem Gebiet der Bundesrepublik Deutschland erfaßten Fälle zu gering ist, um hieraus Schlüsse ziehen zu können. Unterlagen aus anderen Staaten — etwa Italien, wo die erpresserische Entführung Erwachsener zur Alltagskriminalität gehört — liegen indes nicht vor oder sind auf hiesige Verhältnisse nicht anwendbar.

Generell läßt sich nur sagen, daß Gewaltdelikte jeder Erscheinungsform von Tätern zwischen 15 und 60 Jahren begangen wurden, doch überwiegt der erwachsene Täter. Lediglich bei den erpresserischen Bedrohungen treten jugendliche Täter relativ häufig auf — doch lassen sich ihre Taten bald erkennen, die ihr Vorbild der Lektüre oder dem Film entnahmen. Einen speziellen Tätertyp gibt es nicht. Am häufigsten sind die Täter den Gruppen der antisozialen aber auch asozialen Rückfalltätern zuzuordnen, doch finden wir auch sozial Hilflose (Typologie nach Geerds). In geringerem Maße finden sich Entwicklungs- und Konflikttäter und die eigentlichen Durchschnittstäter. Die Gewalttäter gehören generell somit zu den Tätern mit gefährlichen kriminellen Neigungen und sind ihrem Wesen und Verhalten nach am ehesten in der Nähe der Räuber anzusiedeln, mit denen auch diejenigen vieles gemeinsam haben, die keine Raub- oder raubähnlichen Taten begehen. Man könnte sie alle als „fortgeschrittene Räuber", als Gewalttäter höherer Qualität bezeichnen. Überwiegend sind die Gewalttäter überörtlich tätig, recht häufig erfordert die Tatausführung das Zusammenwirken mehrerer Täter. Auch hinsichtlich der Berufsausübung herrscht der Durchschnitt vor. Kaufleute, Handwerker, Angestellte und Arbeiter sind es meistens, bei den Delikten des Terrorismus, bei denen politische Ideologien propagiert werden sollen, ist der Anteil der Angehörigen aus den oberen Mittelschichten mit dem entsprechenden Bildungsstand höher.

Joachim Frenz hat 1973 einmal 53 Fälle aufgeklärter Geiselnahmen mit 74 Tätern untersucht und kam zu folgenden Ergebnissen:

Alter der Täter	Anzahl der Täter
unter 16 Jahre	1
16—20 Jahre	16
21—24 Jahre	20
25—29 Jahre	14
30—34 Jahre	13
25—39 Jahre	5
über 40 Jahre	4

(Soweit hier und in den folgenden Tabellen sich zahlenmäßige Differenzen ergeben, liegt das an Lücken bei den angefragten Fakten).

Schulbildung	Anzahl der Täter
ohne Schulabschluß	15
Volksschulabschluß	33
Oberschule	7
mittlere Reife	4
Abitur	2

Berufe	
Hilfsarbeiter bzw. ohne Beruf	24
Handwerker	22
Kaufleute	5
Studenten	1
Lehrlinge	3
Sonstige	7

Anlässe der Geiselnahme	
Gefängnisgeiselnahme	3
Fluchtgeiselnahme ohne objektive Behinderung	9
Fluchtgeiselnahme bei Behinderung (Polizei)	6
Geiselnahme mit Forderungen (Geld, Auto)	34

Ausgang der Geiselnahmen	Anzahl der Täter
Überwältigung durch Polizei	19
Überwältigung durch Personal	8
Überwältigung durch Passanten	1
Festnahme nach der Flucht	36
getötet	3

Täterzahl bei der Tatausführung		
Einzeltäter	39	in 40 Fällen
2 Täter	14	in 7 Fällen
3 Täter	9	in 3 Fällen
mehr als 3 Täter	11	in 3 Fällen

Über die Flugzeugentführer veröffentlichte Krefft aus den Tabellen der ICAO folgende Angaben (aus den Jahren 1969—1972):

Geschlecht: 543 Männer, 54 Frauen

Alter:

13—18 Jahre: 28	31—40 Jahre: 15
19—24 Jahre: 44	41—50 Jahre: 12
25—30 Jahre: 22	über 50 Jahre: 3

Herkunft der Entführer:

USA:	94
Lateinamerika:	97
arabische Länder:	17
unbekannt:	131

Diese Zahlen ergaben sich aus insgesamt 332 Attentaten und Entführungen (einschl. der Versuche). Registriert wurden 76 Attentate ohne Entführung, 157 erfolgreiche Entführungen und 99 Entführungen, die verhindert werden konnten.

Bei den terroristischen Gruppen fällt die hohe Beteiligung weiblicher Täter auf. Sie beläuft sich auf etwa 30% der bekanntgewordenen Täter. 7—8% der Täter sind älter als 40 Jahre, die übrigen 82% verteilen sich gleichmäßig auf die Altersgruppen der 30—40jährigen und der 18—30jährigen Täter (mithin jeweils 41%). Sehr hoch ist der Anteil von Studenten, Angehörigen akademischer Berufe (jeweils 30%), während handarbeitende Berufstätige nur mit etwa 8% beteiligt sind. Doch ist hierbei zu berücksichtigen, daß die kriminelle Tätigkeit terroristischer Gruppen ein weitgespanntes Helfernetz voraussetzt, so daß in diesen Zahlen auch die Tätigkeit solcher Personen enthalten ist, die nicht gesprengt oder entführt, jedoch die Voraussetzungen hierfür geschaffen haben.

Über die Vorstrafen aller Gewalttäter ist — soweit es sich nicht um die statistisch gesondert ausgewiesenen Delikte des Mordes und Totschlages, der Brandstiftung und des Raubes handelt — so gut wie nichts bekannt. Lediglich Frenz bringt aus seiner Befragungsaktion einige Zahlen für die Geiselnahme:

Vorstrafen wegen

(vers.) Mordes bzw. Totschlages	bei 7 Tätern
Raubes, räub. Erpressung	bei 14 Tätern
Diebstahls i. weit. Sinne	bei 24 Tätern
sonst. Delikte	bei 10 Tätern
	insgesamt 55 Täter von 74 Tätern der Erhebung.

Die polizeiliche Kriminalstatistik des Jahres 1974 nennt für § 239a 50 ermittelte Täter, von denen 26 bereits kriminalpolizeilich in Erscheinung traten, bei § 239b 29 Täter, von denen ebenfalls 26 bereits erfaßt waren.

D. Erpresserische Bedrohungen

Raubüberfälle und Geiselnahmen sind Delikte, die geeignet sind, größere Geldsummen zu erlangen oder sonstige Forderungen und Wünsche erfüllt zu bekommen. Sie erfordern allerdings den persönlichen Einsatz der Täter. Das Risiko der späteren Ermittlung ist groß, da Zeugen zur Verfügung stehen. Dieses Risiko kann ausgeschaltet werden, wenn der Täter im Verborgenen bleiben kann. Die Gefahr für Leib, Leben oder Eigentum des vorgesehenen Opfers muß dann durch ein geeignetes Mittel diesem bekanntgegeben werden. Damit ist — nach Auffassung des Täters — jedes Risiko ausgeschaltet. Voraussetzung des Erfolges ist jedoch, daß die angedrohte Maßnahme sich auch tatsächlich verwirklichen läßt, glaubhaft erscheint und in den Augen des Opfers eine unberechenbare, unvermeidbare und lebensbedrohende Gefahr darstellt. So bietet sich in der Regel die Androhung von Sprengstoffattentaten oder Brandlegungen an, beliebt sind weiter Entführungs- und Tötungsdrohungen. Doch sind gegen diese Drohungen Schutzmaßnahmen möglich, während die Durchführung von Sprengstoff- oder Branddelikten sich kaum verhindern lassen dürfte.

Angriffsobjekte sind Wohnhäuser, Betriebsanlagen, Verwaltungsgebäude der Wirtschaft oder öffentlichen Hand, Hotels, Warenhäuser, Versorgungsanlagen, Verkehrsmittel (Eisenbahnen, Schiffe, Flugzeuge). Richtet sich die Drohung gegen Versorgungsanlagen oder Verkehrsmittel, so lassen sich auch Forderungen an den Staat richten (Polizei, Justiz). Soll die Ernsthaftigkeit der Drohungen unterstrichen werden oder geht das Opfer nicht so schnell auf die gestellten Forderungen ein, so werden Probe-Attentate unternommen. Mitunter wird aber auch durch allzu schnelles Eingehen auf die Pläne des Täters dieser geradezu ermuntert, das begonnene Spiel — das nur als vager Versuch begann — nun ernsthaft fortzusetzen.

Das eigentliche Risiko des Täters wird indes zumeist von ihm übersehen. Er muß zunächst mit dem Opfer in Verbindung treten, um ihm die Drohung zu übermitteln. Damit schafft er die ersten Beweismittel. Er muß sodann die geforderte Geldsumme in Empfang nehmen und zu diesem Zweck ein weiteres Mal mit dem Opfer Kontakt aufnehmen, schließlich sich dahin begeben, wo die Summe hinterlegt wurde. Hier versucht er nun, Sicherungsvorkehrungen einzubauen, um bei diesem letzten Akt nicht gefaßt zu werden. Dabei wird fast immer übersehen, daß nahezu jede Übergabemöglichkeit sich überwachen läßt, so daß das Risiko der Festnahme sehr hoch anzuschlagen ist. Obgleich die erpresserischen Bedrohungen fast hundertprozentig aufgeklärt wurden, erfreut sich diese Verbrechensart dennoch großer Beliebtheit und wird seit Jahren praktiziert. Eine gesonderte statistische Auswertung erfolgt jedoch nicht, so daß Zahlen nicht angegeben werden können.

In der Nachkriegszeit hatte zunächst die Ankündigung von Attentaten gegen Eisenbahnanlagen durch einen Täter, der sich Roy Clark nannte, Aufsehen erregt. 1959 schrieb unter diesem Pseudonym ein Unbekannter der Deutschen Bundesbahn Hamburg einen Brief, in dem er 300000 DM verlangte, da er andernfalls Attentate gegen den Bahnbetrieb durchführen wolle. Da jedoch wegen der Übergabe des Geldes keinerlei konkrete Vorschläge gemacht wurden, konnte ein Kontakt nicht aufgenommen werden; Roy Clark meldete sich auch nicht wieder. Erst am 15. 10. 1966 schrieb er erneut. Diesmal verlangte er 50000 DM und drohte Anschläge auf der Linie Hamburg—Bremen an. Die Forderung wurde dann auf 100000 DM erhöht, Anfang Dezember 1966 telefonierte der Täter mit einer Hamburger Tageszeitung, kündigte einen Anschlag an und zündete auch im Schließfach des Hamburger Hauptbahnhofs einen Brandsatz durch einen mit einer Batterie betriebenen Zeitzünder.

Es kam nun in den nächsten Monaten zu weiteren Briefen des Erpressers, zu weiteren Attentaten (so zu Schließfachsprengungen, Vorbereitungen zu Zugentgleisungen, die nur durch Zufall nicht den beabsichtigten Erfolg hatten, zur Erhöhung der Geldsumme auf 300000 DM), bis schließlich die Bild-Zeitung den Täter öffentlich fragte, unter welchen Bedingungen ihm das Geld übergeben werden könne. Roy Clark machte vage Vorschläge, bestellte einmal auch einen Kradfahrer mit dem Geld nach Lüneburg, erschien dann jedoch nicht und gab auch keine Nachricht. Nunmehr wurde die Öffentlichkeit durch Ausstrahlung der Stimme des Täters mobilisiert, worauf wiederum Attentate erfolgten (so am 5. 11. 67: Explosion eines Zementrohres mit TNT auf dem Gelände der DB-Direktion Hamburg). Ein auf sein erneutes Ersuchen an eine Autobahnraststätte bestellter Geldbote mußte wiederum unverrichteter Dinge abziehen. Am 22. 12. 67 ermittelte schließlich eine Sonderkommission den Täter, der — ehemaliger Feuerwerker und Fremdenlegionär — als Kraftfahrer ein bürgerliches Leben führte. Ein Hauskauf hatte ihn in Schulden gestürzt, die er durch die Lösegeldsumme beheben wollte. Doch hatte ihm immer wieder der Mut gefehlt, das Geld tatsächlich aufzunehmen. Trotz der recht hohen Strafe (15 Jahre Freiheitsentzug) fanden sich Nachahmungstäter, die ähnliche Anschläge auf die Hamburger U-Bahn unternahmen. Als Täter wurden zwei Lehrlinge, 16 Jahre alt, ermittelt, spätere Erpressungsversuche an der DB gelangten — wie im Falle Roy Clark — gleichfalls nicht in ein ernsthaftes Verhandlungsstadium.

Sehr beliebt sind die Fluggesellschaften als Objekte solcher Erpressungen. Die Täter rufen gewöhnlich nach dem Start einer Maschine an, behaupten, daß sich in der Maschine ein Sprengkörper befinde, und verlangen die Zahlung einer größeren Summe, wobei sie sich verpflichten, dann den Ort der Lagerung des Sprengkörpers und die Möglichkeit seiner Entschärfung zu benennen. Da nun in der Tat — teils zum Zwecke des Versicherungsbetruges, teils durch terroristische Organisationen — Flugzeuge durch Bombenexplosionen an Bord zerstört wurden, müssen solche Drohungen immer ernst genommen werden — auch dann, wenn keinerlei Sprengstoff an Bord gebracht wurde. So teilte im Mai 1971 ein Unbekannter der australischen Gesellschaft Quantas mit, er habe eine Bombe in einer Verkehrsmaschine der Linie Sydney—Hongkong versteckt. Sie explodiere, wenn das Flugzeug eine Höhe von weniger als 6000 Meter erreiche.

Gegen Zahlung von 500000 Dollar wolle er Hinweise für die Entschärfung geben. Zum Beweis der Ernsthaftigkeit seiner Forderung bat er, ein Schließfach im Flughafen Sydney zu öffnen — dort befinde sich gleichartiger Sprengstoff (der in Gestalt von 12 Stücken Dynamit auch gefunden wurde). Der Täter erhielt daraufhin das Geld, die Maschine den Befehl zur Rückkehr, sieben Schiffe fuhren aus, um beim Absturz der Maschine die Passagiere zu retten. Bald meldete sich der Täter wieder. Er habe nur gescherzt, erklärte er — im Flugzeug sei gar keine Bombe versteckt gewesen. Bei der TWA rief 1972 in New York ein Unbekannter an, der drohte, daß in Abständen von sechs Stunden mehrere Maschinen der Gesellschaft explodieren würden, wenn er nicht 2 Mio Dollar erhalten würde. TWA ließ 250 Maschinen durchsuchen, die in der Welt im Flugbetrieb standen — in einer Maschine wurde tatsächlich eine Zeitzünderbombe entdeckt, die Zündung wäre 12 Minuten nach der Entdeckung erfolgt. In einer zweiten Maschine explodierte die Bombe, nachdem die Passagiere die Maschine verlassen hatten, in einer dritten erschnüffelte ein Suchhund die Bombe.

In der BRD betrieb ein gewisser K. ein ähnliches Geschäft. Er forderte von der PANAM 400000 DM und gab dabei an, die Bombe werde im Flugzeug explodieren, wenn eine Höhe von 10000 Fuß unterschritten werde. Das geforderte Geld wurde bereitgestellt, doch der Koffer (der an der BAB bereitstand) kurz vor der Abholung durch den Täter von einem nichtsahnenden Kraftfahrer als Fundsache sichergestellt und bei der Polizei abgeliefert. Das nächste Opfer war ein Fabrikant, dann wieder eine Fluggesellschaft (TWA). Die Geldübergabe scheiterte auch hier, weil der nach Paris, sodann nach Straßburg bestellte Bote sich verspätete. Die Ermittlung erfolgte durch Ausstrahlung der Stimme des Täters, der übrigens in der Gerichtsverhandlung angab, er habe die verlangten Gelder gar nicht annehmen wollen, sondern die Bedrohungen zur Wiederaufrüstung seines Selbstbewußtseins ausgesprochen. So wurde er nur wegen Nötigung verurteilt.

Beliebte Opfer sind Kaufhauskönige, Industrielle, Fabrikanten, wobei nicht nur die bundesweit bekannten Personen aus den Spitzenpositionen ausgewählt werden, sondern durchaus auch Personen aus der engeren Umgebung des Täters, deren Verhältnisse oder Betriebe er einigermaßen kennt. Die Forderungen richten sich nach der vermuteten Vermögenslage des Opfers. Doch lassen sich die Täter, sofern die Verhandlungen telefonisch geführt werden, auch „herunterhandeln", wenn ihre Vorstellungen allzu laienhaft waren. Geschickte Gesprächsführung vermag in diesen Fällen auch eine Änderung der Übergabebedingungen zu erreichen, wenn diese allzu seltsam und zeitraubend erscheinen.

Meist verlangen die Täter die Ablage der verlangten Summe im freien Gelände, um so eine

Überwachung zu erschweren. Oft wird auch verlangt, daß das Opfer die Geldsumme irgendwo abwirft — vorzugsweise im Dunklen — und sich sodann schnell entfernt. Auch der Abwurf auf Brücken, aus Zügen oder Fahrzeugen ist recht beliebt. Selbstverständlich wird die Einschaltung der Polizei untersagt. Die Praxis hat indes gezeigt, daß alle gewählten Orte bisher überwacht werden konnten. Hie und da hat es Fehler gegeben, die zum Entkommen der Täter führten. Werden jedoch alle Vorsorgemaßnahmen eingehalten, so ist mit der Festnahme des Täters zu rechnen. Diese Maßnahmen sind äußerst zeitraubend, da geschickte Täter „Probeablagen" durchführen lassen. Sie beobachten in diesen Fällen lediglich das Vorgehen des Opfers, um sodann Punkte und Abläufe, die ihnen nicht gefallen, zu ändern. So kommt es zu mehrfachen Wiederholungen der Ablagemodalitäten. Auch sind Fälle bekanntgeworden, in denen es den Tätern zunächst am Mut gebrach, das Geld auch abzuholen. Viele Bedrohungen dieser Art werden aus dem gleichen Grunde nicht weiter fortgeführt — man beschränkt sich auf die Drohung und verzichtet schließlich auf die Fortsetzung der Tat. Hiermit nicht zu verwechseln sind allerdings jene Fälle, in denen durch die Androhung von Attentaten lediglich Unruhe und Angst geschürt werden sollen oder in denen die Täter lediglich die Polizei zu Durchsuchungen nach Bomben animieren wollen, um sich über die ergebnislosen Einsätze zu belustigen.

Attentatsdrohungen durch terroristische Gruppen sind mit quasi-politischen Forderungen verknüpft, in der Regel gibt sich die Gruppe auch zu erkennen, da sie ja auf ihre Tätigkeit hinweisen will. Zweck dieser Androhungen ist — falls nicht die Freilassung oder Nichtverfolgung bestimmter Personen gefordert wird — die Verbreitung von Unruhe. Den Ankündigungen von solchen Straftaten muß jedoch immer nachgegangen werden, da auch hier der behauptete Sachverhalt (versteckte Sprengkörper) tatsächlich vorliegen kann. Zu den Attentatsdrohungen der Terroristen vergleiche den betreffenden Abschnitt.

E. Terrorakte

1. Entwicklung und Konzept

Der Gewalttäter wendet zur Durchsetzung seiner Ziele gegen Personen und/oder Sachen Gewalt an. Sie ist jedoch lediglich Mittel zum Zweck, er glaubt, darauf nicht verzichten zu können, weil die Tat sonst fehlschlägt. Oft ist ohne diese Gewaltanwendung die Tat selbst auch nicht möglich (so bei den Tötungsdelikten). Soweit die Anwendung der Gewalt über den Tatzweck hinaus Schrecken erregt oder Aufsehen verursacht, wird das zwar in Kauf genommen, weil unvermeidbar, ist aber nicht eigentlich der Zweck und das Ziel der Tat.

Bezweckt der Täter jedoch durch die Art und Weise der Gewaltanwendung ein Gefühl der allgemeinen richtungs- und ausweglosen Furcht zu erregen, die einen größeren Kreis von Menschen überfällt, um diesen Kreis zu verunsichern, um auf sich oder seine Auffassungen aufmerksam zu machen oder um durch die ausgelöste Furcht zu herrschen, so sprechen wir vom Terroristen. Ziel und Zweck seiner Taten ist die Erregung von Schrecken. Die Tat soll einschüchtern, die Öffentlichkeit soll erfahren, wer Urheber der Tat ist, soll sich den Wünschen und Forderungen des Täters oder der Tätergruppe beugen. Die Zuverlässigkeit der Staatsorgane, die die Sicherheit und Freiheit des Bürgers garantieren sollen, wird durch die Terrorakte unglaubwürdig gemacht, ihre Unfähigkeit soll demonstriert werden. Daher offenbart sich der Täter bzw. die Tätergruppe bei jeder Tat als Urheber, man setzt das Leben aufs Spiel und läßt sich eher töten als von der Tat abhalten.

Nach Hacker ist Terror die Verwendung des Herrschaftsinstruments der Einschüchterung durch die Mächtigen, Terrorismus die Nachahmung und Praxis der Terrormethoden durch die (zumindest einstweilen noch) Machtlosen, Verachteten und Verzweifelten, die glauben, auf keine andere Weise als durch Terrorismus ernst und für voll genommen zu werden. Das Wort Terror bezeichnet jedoch in gleicher Weise die Schreckensherrschaft der Mächtigen, die der Machterhaltung dient, wie die punktuelle oder organisierte Schreckenserzeugung der Ohnmächtigen, die sich gegen die Mächtigen richtet. Terror und Terrorismus ahmen einander nach und bedingen einander, überschneiden sich und gehen ineinander über. Soweit Hacker.

Die Gegenwart zeigt, daß sich Terror der Ohnmächtigen zwar gegen den Terror der Mächtigen richtet, er richtet sich aber auch gegen Ordnungen, die keineswegs als terroristisch anzusehen sind, sogar gegen solche, die ausgesprochen freiheitlicher Natur sind. Terrorismus ist also nicht immer abhängig von der Ausübung einer Terrorherrschaft — er wird auch dort praktiziert, wo die den Terrorismus beflügelnde Auffassung oder Ideologie keine Anhänger findet und ihre Verwirklichung aussichtslos erscheint.

Unmöglich ist es, eine Darstellung des Gesamt-Terrorismus zu geben, da er offensichtlich mit der Menschheitsgeschichte eng verbunden ist. Es kann nur hingewiesen werden auf den frühen anarchistischen Terrorismus, auf die Terrorakte der Narodnaja Wolja im letzten Drittel des 19. Jahrhunderts in Rußland, auf die russischen Revolutionswirren, die unter Stolypin 1906 eigentlich begannen, den Terrorismus der Araber gegen Israel und der Israelis gegen die Araber, der

1921 seinen Anfang nahm (wobei immer noch strittig ist, wer wen zuerst terrorisierte). In der Nachkriegsgeschichte sind besonders zu erwähnen die revolutionären und terroristischen Auseinandersetzungen in Lateinamerika, in den Vereinigten Staaten (Black-Panther-Bewegung) sowie die nationalen Befreiungskämpfe der Iren und Basken.

In der Bundesrepublik Deutschland verzeichnen wir — ausgehend vom Jahre 1967 her — ebenfalls terroristische Unternehmen, deren Taktik und Technik — wohl auch die Motivation — zurückgehen auf die sozialrevolutionären Auseinandersetzungen Lateinamerikas. Hier wurde zuerst das Konzept des modernen Guerillakampfes entwickelt, hier entstand der Begriff des Stadt-Guerillas. Das Wort Guerilla — spanischer Herkunft — bedeutet Klein- oder Bandenkrieg. Guerillas sind bewaffnete Banden, die die einheimische Bevölkerung bildet, um sich gegen feindliche Truppen zur Wehr zu setzen. Bekannt wurde dieses Wort durch den Widerstand der spanischen Bevölkerung gegen die napoleonischen Besatzungstruppen in den Jahren 1807—1814. Nach dem 2. Weltkrieg wurde es für den Kampf unterentwickelter Völker um ihre nationale Selbständigkeit genau so verwendet wie für die Befreiung von diktatorischen Strukturen. Angesichts des atomaren Gleichgewichts der großen Machtblöcke kommt nun dem Guerilla-Krieg zunehmende Bedeutung in den Auseinandersetzungen zwischen gegnerischen Staaten zu. Es wird hierbei der Zwang, Atomwaffen zu verwenden, vermieden. Erfolge oder Niederlagen der jeweiligen Guerilla-Bewegung tangieren die sie begünstigenden Staaten zwar faktisch, aber nicht de jure, eine Erweiterung der Einflußbereiche der Großmächte ist hier auch ohne „heißen" Krieg möglich. Dieses Guerilla-Konzept hatte in Kuba zu Erfolgen geführt, sich in Vietnam, Kambodscha und Laos bewährt, in diese neue Form der Kriegführung sind oder waren außerdem Venezuela, Peru, Angola und der Sudan verwickelt.

Voraussetzung des Erfolges der Dschungel-Guerillas waren die dünn besiedelten und schwer zugänglichen Landstriche, das rückständige oder unvollkommene Transport-, Verkehrs- und Nachrichtenwesen und starke soziale Unterschiede.

Die Guerillas begannen ihre Aktionen demzufolge außerhalb der Städte und versuchten, die verelendete Landbevölkerung für ihre Ziele zu begeistern, um schließlich diese Landgebiete in ihre Gewalt zu bringen und damit der Regierung die Rohstoffvorkommen und die Produktionsbasis zu entziehen. Eine regelrechte „Feldschlacht" sollte dann die Entscheidung bringen.

In dieser Weise gingen z. B. die meuternden Offiziere der Garnison von Zapaca (Guatemala) vor, die ihre Garnisonsstadt besetzten, nach dem Scheitern des Aufstandes in die Höhlen von Siera de la Minas flüchteten und hier zusammen mit den ansässigen Landarbeitern eine trotzkistische Bewegung (Revolutionäre Bewegung vom 13. 11.) gründeten. Ihnen zulaufende Studenten versuchten, durch politische „Aufklärung" die Bauern zum Aufstand zu bewegen, die notwendigen Finanzierungsmittel wurden durch Raubüberfälle und Entführungen beschafft.

Die Regierung bildete nunmehr Anti-Guerilla-Einheiten, die 1967 in mehreren Gefechten die Rebellen in den Bergen der Siera de la Minas aufrieben und zersprengten. Die Rebellen tauchten in den Städten unter und versuchten, als Stadt-Guerillas nun durch Brandstiftungen, Entführungen (so wurde 1968 der amerikanische Botschafter entführt und erschossen, 1970 wurde der deutsche Botschafter Graf Spreti ermordet) und Überfälle sonstiger Art alle Funktionen des Staates zu blockieren.

Offensichtlich reichte das bisherige Konzept nicht mehr aus, es mußte — auch für Südamerika — ein neues entwickelt werden, der Kampf mußte in die Städte und Machtzentren getragen werden, wollte man Erfolge haben. Dieses Konzept stammt aus der brasilianischen Terroristenszene — und damit aus einem Lande, das anders als die übrigen lateinamerikanischen Staaten sich einer aufblühenden Wirtschaft erfreute. Seine Grundsätze legte Carlos Marighela im Minihandbuch für Stadt-Guerilla nieder, das er 1967 verfaßte (M. wurde 1969 erschossen).

Als Ziel des bewaffneten Guerilla-Kampfes bezeichnete er

1. die physische Liquidation der Chefs und Henkersknechte der Streitkräfte und der Polizei,
2. die Enteignung von Vermögen und Produktionsmitteln, die der Regierung, den Monopolkapitalisten, Großgrundbesitzern und Imperialisten gehören; mit kleineren Enteignungen für den individuellen Bedarf der Stadtguerillas und größeren für die notwendigen Mittel der Revolution selbst.

Für den Kampf gegen „Bourgeoisie und Imperialismus" fordert Marighela die Beschaffung der notwendigen technischen Hilfsmittel:

„Für den Stadtguerilla, der mit nichts anfängt und anfangs keinerlei Unterstützung hat, gilt die Logistik-Formel

M = Motorisierung
G = Geld
W = Waffen
M = Munition
S = Sprengstoff

Die revolutionäre Logistik sieht die Motorisierung als einen Hauptpunkt. Jeder gute Stadtguerilla muß ein guter Fahrer sein. „Er muß immer versuchen, die Enteignung verschiedener Sachen zu kombinieren; Geld, Waffen, Munition, Sprengstoffe muß er nehmen, wo er sie findet."

Voraussetzung auch dieses Konzeptes war allerdings die Unterstützung durch die Bevölkerung und die Verbreiterung der Basis durch Aufnahme neuer und aktiver Mitkämpfer. So konnten durch Raubüberfälle, Entführungen, Befreiungen der Häftlinge aus den Gefängnissen, Exekutionen von Politikern und Befehlshabern und Bombenattentate auf Versorgungseinrichtungen jene revolutionären Zustände geschaffen werden, in denen dann die bewaffnete Macht durch die eigenen Revolutionstruppen übernommen werden konnte.

Eine unkritische Übernahme dieses Konzeptes verbot sich indes in europäischen Staaten von selbst. Mit Ausnahme Italiens (das ein erhebliches soziales Nord-Süd-Gefälle aufweist) fehlen hier die starken sozialen Spannungen. Eine aktive Unterstützung durch die breite Bevölkerung war nicht zu erwarten, auch entfiel wohl die Möglichkeit, die Basis der zu Aktionen bereiten Mitglieder zu verbreitern, ein Kampf gegen militärische oder polizeiliche Einsatzkräfte erschien von vornherein aussichtslos — Feuergefechte in den Straßen europäischer Städte erschienen unsinnig und ohne Nutzen. Das Konzept als solches mußte abgewandelt werden, und in der Tat haben die Guerilla-Führer immer wieder vor einer unüberlegten Nachahmung gewarnt.

An die Stelle der Massen mußten gut ausgebildete, geschulte und versorgte Kader treten. Zielobjekt mußte die öffentliche Sicherheit und Ordnung sein, die den reibungslosen Ablauf des täglichen Lebens garantierte. Auf Grund des Vertrauens in diese Ordnung beteiligt sich der Staatsbürger am gesellschaftlichen, politischen und wirtschaftlichen Leben und wirkt an den Funktionen der jeweils zuständigen Einrichtungen — Gerichte, Verwaltungen, Parlamente — mit. Zeigt sich jedoch, daß diese Mitwirkung Gefahren mit sich bringt, daß die verantwortlichen Funktionäre nicht mehr geschützt werden können und daß auch der nur an untergeordneter Stelle in diesem Räderwerk Tätige Objekt des Terrors sein kann, ohne daß Polizei oder Rechtsprechung ihre Schutzfunktion ausüben können, dann bricht ein Gefühl der Unsicherheit und Verstörung auf. Das Sicherheitsbewußtsein schwindet, der Bürger gibt seine soziale Funktion auf: Er bleibt seinem Arbeitsplatz fern, das Versorgungs- und Sicherungssystem bricht zusammen. Das ist in der Tat am 10. 11. 1972 in Hamburg geschehen, als dort 19 Firmen Drohbriefe erhielten, in denen Bombenanschläge auf Verkehrsmittel angedroht wurden. Die Beschäftigten dieser Firmen erschienen an diesem Tage nicht zur Arbeit. Auch die „Kleine Anschlagstrategie für Norddeutschland" (s. u.) verfolgte diese Ziele. Hierbei wurde auch der Zeitfaktor berücksichtigt. Der Terrorist muß seine Aktionen in einem bestimmten Gebiet auf einen möglichst kurzen Zeitraum zusammendrängen, um sodann — wenn eine Massierung von Abwehrkräften erfolgt ist — sofort auszuweichen und seine Tätigkeit zu verlagern. Diese „Anschlagsstrategie" ist darauf abgestellt.

2. *Terrorismus in der Bundesrepublik Deutschland*

Die deutsche Terror-Szene wird — abgesehen von Einzelaktionen arabischer Guerillas — geprägt durch die „Rote Armee Fraktion (RAF)", die von Andreas Baader und Ulrike Meinhof getragen wurde.

Die Ziele der RAF umreißt Ulrike Meinhof in der Schrift „Rote Armee Fraktion — Das Konzept Stadtguerilla". Sie fordert darin zur revolutionären Umgestaltung der Gesellschaft und zur Anwendung aller legalen und illegalen Mittel einschließlich der bewaffneten Gewalt auf. Es sei Verdienst der Studentenbewegung gewesen, den Marxismus-Leninismus im Bewußtsein wenigstens der Intelligenz als diejenige politische Theorie rekonstruiert zu haben, ohne die politische, ökonomische und ideologische Tatsachen nicht auf den Begriff zu bringen seien. Auch habe man die provinzialistische Abkapselung der „alten Linken" durchbrechen können. Die Studentenbewegung habe sich jedoch als ungeeignet erwiesen, eine ihren Zielen angemessene Praxis zu entwickeln, jedoch bekenne sich die RAF zur Studentenbewegung als ihrer eigenen Vorgeschichte.

Die Schrift schließt mit den Sätzen:

„Die RAF organisiert die Illegalität als Offensiv-Position für revolutionäre Intervention. Stadtguerilla machen heißt, den antiimperialistischen Kampf offensiv führen. Die RAF stellt die Verbindung her zwischen legalem und illegalem Kampf, zwischen nationalem und internationalem Kampf, zwischen politischem und bewaffnetem Kampf, zwischen der strategischen und der taktischen Bestimmung der internationalen kommunistischen Bewegung. Stadtguerilla heißt, trotz der Schwäche der revolutionären Kräfte in der Bundesrepublik und Westberlin hier und jetzt revolutionär intervenieren. Sieg im Volkskrieg!"

In der Tat liegt die geistige Wurzel der RAF in der Studentenbewegung der 60er Jahre. Bei den vielen Straßendemonstrationen des Jahres 1967, die durch die antiautoritäre Studentenbewegung ausgelöst wurden, standen die Mitglieder der Berliner Kommune I (Kunzelmann, Fritz Teufel und Rudi Dutschke) im Vordergrund.

Sie versuchten — zusammen mit anderen radikalen Gruppen — die politische und gesellschaftliche Umformung herbeizuführen. U. a. wurde der Besuch des Schahs des Iran am 2. 6. 1967 zu einer Massen-Demonstration benutzt. Bei den sich daraus entwickelnden Krawallen wurde der Student Benno Ohnesorg durch einen Polizeibeamten in Ausübung der Notwehr getötet. Dieser Vorfall löste eine regelrechte „Demonstrationswelle" aus, in deren Verfolg es am 2. 4. 1968 in Frankfurt zu Bränden in zwei Kaufhäusern und am 11. 4. 1968 in Berlin zur Erstürmung der Niederlassung des Springer-Konzerns kam.

An den Kaufhausbränden waren vier Täter, darunter Gudrun Ensslin, Andreas Baader und Thorwald Proll beteiligt. Sie wurden am 4. 4. 68 festgenommen. Die Brandstiftung erfolgte offensichtlich in Anlehnung an den Brand eines Brüsseler Warenhauses am 22. 5. 1967 anläßlich einer Ausstellung amerikanischer Waren durch Vietnam-Kriegsgegner (bei diesem Brand kamen 251 Menschen ums Leben). Gudrun Ensslin trug bei ihrer Brandlegung einen Zettel bei sich, der darauf hinwies: „Ein brennendes Warenhaus vermittelt zum ersten Mal in einer europäischen Großstadt jenes knisternde Vietnam-Gefühl, das wir in Berlin bisher noch missen müssen." Thorwald Proll stellte in diesem Zusammenhang in einem Gedicht Fragen, die das spätere Programm der RAF zum Inhalt haben:

„Wann brennt das Brandenburger Tor?
Wann brennen die Berliner Kaufhäuser?
Wann brennen die Hamburger Speicher,
Wann brennt der Bamberger Reiter?
Wann pfeifen die Ulmer Spatzen aus dem letzten Loch?
Wann röten sich die Münchener Oktoberwiesen?"

Umfassender kann man ein Revolutionsprogramm, das der Zerstörung aller Lebens- und Kulturformen dient, nicht charakterisieren.

Die Frankfurter Kaufhausbrandstifter blieben in Haft bis zur Hauptverhandlung, sie wurden verteidigt von Otto Schily und Horst Mahler, unter dessen Teilnahme der Angriff auf das Berliner Springerhochhaus erfolgte (Anlaß hierzu war das Attentat auf Rudi Dutschke).

Die Brandstifter wurden schließlich zu je 3 Jahren Zuchthaus verurteilt, verblieben jedoch bis zur Berufungsverhandlung auf freiem Fuß. Als diese verworfen wurde, flüchteten Ensslin, Proll und Baader ins Ausland. Während Proll sich stellte, wurde Baader am 4. 7. 70 in Berlin festgenommen. Man beschloß die gewaltsame Befreiung, die durch Gudrun Ensslin inszeniert wurde. Sie gab sich als Lektorin eines Verlages aus, für den Baader arbeiten sollte. Zu diesem Zweck sollte er Literatur in einem Berliner Institut einsehen und erhielt die Erlaubnis, unter Bewachung dieses Institut aufzusuchen. Hier wurde er von Gudrun Ensslin sowie den inzwischen hinzugezogenen Frauen Ulrike Meinhof, Irene Goergens, Ingrid Schubert und Astrid Proll erwartet. Bei der gewaltsamen Befreiung — von der RA Mahler unterrichtet war — wurden drei Bedienstete z. T. schwer verletzt. Drei Tage später ging bei dpa ein Telegramm ein, das mit den Worten schloß: „Mit dem bewaffneten Widerstand beginnen! Die Rote Armee aufbauen!"

In dieser Zeit bröckelte die Studentenbewegung bereits ab. Man resignierte und trat den Marsch durch die Institutionen an oder wandte sich anderen politischen Gruppen zu. Nur ein sehr kleiner Teil — etwa die Berliner „Tupamaros", die „Bewegung 2. Juni", die „Haschrebellen", das „Sozialistische Patientenkollektiv" — erstrebt eine schnelle Zerschlagung der gegenwärtigen Gesellschaftsordnung. Der Kern der RAF aber ließ sich zunächst in Jordanien in den Ausbildungslagern der Palästinensischen Befreiungsarmee ausbilden und schulen. Am 9. 8. 1970 kehrten sie zurück. Nach mehreren Brandanschlägen in Berlin erfolgte am 29. 9. 70 der „Dreierschlag", ein gut geplanter Überfall auf drei Berliner Banken zur gleichen Zeit, der der RAF 217000 DM einbrachte. Einen Monat später wurde jedoch Horst Mahler, der führende Kopf der Gruppe, zusammen mit vier Frauen festgenommen, so daß nunmehr Baader der Anführer der RAF wurde, die sich nunmehr in einer Vielzahl von Terrorakten zur Geltung brachte. Durch Einbrüche wurden Blankopersonalausweise beschafft, weitere 17 Banküberfälle brachten das Geld für umfangreiche Waffenkäufe, es kam zum Schußwechsel mit Polizeibeamten, zwei Polizeibeamte wurden erschossen, mehrere schwer verletzt, auch Angehörige der RAF wurden getötet oder verletzt, einige wurden festgenommen oder stellten sich. Die Durchführung des geplanten politischen Konzepts mußte man jedoch vermissen. Der Versuch, die Arbeiterklasse aufzuklären und zu einer Mitwirkung zu motivieren, schlug fehl. Die Mitglieder der RAF mußten sich vielmehr vor der Polizei verbergen, sogenannte „konspirative Wohnungen" anmieten und ganz offensichtlich den Schwerpunkt ihrer Tätigkeit auf den Kampf gegen die Polizei verlagern. So kam es zu den Sprengstoffanschlägen des Jahres 1972, die sich gegen amerikanische Dienststellen in Frankfurt/Main und Heidelberg, gegen Polizeieinrichtungen in München und Augsburg, gegen einen Bundesrichter, der mit Ermittlungen beauftragt war und gegen das Hamburger Springer-Hochhaus richteten. 4 Tote und 41 Verletzte waren das Ergebnis, das zwar Furcht und Schrecken verbreitete (vor allem durch die Drohung der Bewegung 2. Juni, in Stuttgart Bombenanschläge im gesamten Stadtgebiet durchzuführen, wodurch eine Lähmung des gesamten öffentlichen und privaten Lebens zu verzeichnen war), die politischen Ziele aber nicht förderte, sondern lediglich eine sehr intensive Verfolgungstätigkeit der Polizei auslöste. Am 1. 6. 72 wurden Baader, Meins und Raspe in Frankfurt, am 7. 6. Gudrun Ensslin in Hamburg und am 15. 6. 72 Ulrike Meinhof festgenommen.

Damit war der Versuch, durch Terror die Revolution herbeizuführen, zunächst gescheitert. Denn der „Krieg" konnte nicht gegen die Zentren der multinationalen Konzerne geführt werden, die — nach Ansicht von Ulrike Meinhof — die Gesetze der technischen, wirtschaftlichen, militärischen und kulturellen Entwicklung in den Vereinigten Staaten, Japan und Europa bestimmen — er mußte sich zunächst gegen die Polizeiorgane richten, die die RAF und ihre verwandten Gruppen behinderten.

3. *Aktionen nach der Inhaftierung 1972*

Die Inhaftierung der Führungsgruppe ermöglichte jedoch eine Weiterführung der Arbeit in anderer und besserer Form. Die Inhaftierten konnten sich — ungestört und unbehindert durch Polizei-Aktionen — dem Neu-Aufbau ihrer Organisation widmen, wenn man nach dem Konzept der Verbindung illegaler Arbeit mit legaler Tätigkeit vorging. Die Trennung des Führungskaders von der Außenwelt durch die Gefängnismauern mußte überwunden werden, die bisherigen Mitkämpfer aktiviert und geleitet werden. Diese neue Organisation gliederte sich in

— den Führungsstab (inhaftiert)
— die illegalen Kommandogruppen
— das Informationssystem durch die Anwälte
— legale und illegale Unterstützer
— heimliche und offene Sympathisanten.

Durch Ausnutzung der Möglichkeiten, die die StPO bot, war es möglich, daß Baader z. B. zeitweise 22 Anwälte hatte und daß damit jeder Anwalt gleichzeitig auch Anwalt für die anderen Mitglieder der RAF — auch solcher, die in anderen Anstalten einsaßen — war. Bei den Zellendurchsuchungen Mitte 1973 konnten so 49 von den Inhaftierten verfaßte Zellenzirkulare und 52 von den Anwälten für die Gefangenen verfaßte Rundbriefe sichergestellt werden.

Durch Agitation und Propaganda, insbesondere den kollektiven Hungerstreik, dessen propagandistische Auswertung, durch die Gründung von Komitees im In- und Ausland unter Einbeziehung bisher außenstehender und daher unverdächtiger Personen und durch Demonstrationen sollten Verhältnisse erzwungen werden, die einerseits den bevorstehenden Prozeß verhinderten, andererseits aber eine Aktionseinheit illegaler Gruppen sowie der Unterstützer und Sympathisanten geschaffen werden. Der Wille zum Widerstand und zu weiteren Attentaten sollte gestärkt werden. Eine Reihe anderer anarchistischer und terroristischer Gruppen unterstützten die Aktionen der RAF oder nahmen an deren Vorhaben aktiv teil. Zu erwähnen sind hier insbesondere:

Bewegung 2. Juni	Rote Hilfe
Debus-Bande	Schwarze Hilfe
Gruppe Petra Schelm	Knastgruppen
Gruppe Ilse Jandt	Bewegung der revolutionären Linken
Rote Volksarmee	Illegale Gruppen Heidelberg, Hamburg und Frankfurt
Sprengstoffgruppe Hamburg	Münchener Gruppe
Komitees gegen die Folter	
Sozialistisches Patientenkollektiv	

Zur Durchführung der Aktionen wurde das bisherige taktische Konzept weiter ausgebaut. Es beruhte auf folgenden Prinzipien:

1. Kodierung wichtiger Aufzeichnungen und Befehle,
2. Beschaffung von Original-Blanko-Papieren zur Fertigung falscher Personal- und Wagenpapiere,
3. Beschaffung von Fahrzeugen, die als „Dubletten" liefen (d. h. ein Auto gleichen Fabrikates mit gleichen technischen Daten existierte auch legal und hatte einen unverdächtigen Halter),
4. Beschaffung von Waffen und Sprengstoffen,
5. Beschaffung von Geld durch Überfälle,
6. Beschaffung von Plänen und Unterlagen über Anlagen und Institutionen der Polizei, von Bundeswehr- und ausl. Armee-Einheiten, Versorgungsunternehmen, Verwaltungsstellen, Industrieeinrichtungen,
7. Beschaffung von Lichtbildern, Personenbeschreibungen und Verhaltensgewohnheiten von führenden Personen der Politik, Verwaltung, Justiz, Polizei,
8. Anmietung von konspirativen Wohnungen für die Vorbereitung und den Unterschlupf bei Aktionen.

Die Ziele der Terror-Gruppen — auch der mit der RAF zusammenarbeitenden Einheiten — waren insbesondere:

1. Die politisch-militärische Schulung der Kader,
2. Revolutionierung der Insassen von Strafanstalten für einen Aufstand,
3. Verbreiterung der Basis mit dem Ziele einer Volksfrontbewegung,
4. Attentate gegen Einrichtungen der Industrie und Wirtschaft, insbesondere gegen die multinationalen Konzerne,
5. Attentate gegen Einrichtungen der Polizei, Justiz und Bundeswehr sowie US.-Armee,
6. Anschläge gegen Versorgungseinrichtungen,
7. Entführung von Politikern als Geiseln zum Gefangenenaustausch,
8. Mordanschläge gegen Angehörige der Justiz und Polizei,
9. Einrichtung von Volksgefängnissen für entführte Richter, Staatsanwälte usw. als Geiseln,
10. Ausbildung militärischer Kader in Angola oder Mozambique,
11. Ausbildung einer Fliegergruppe (in Schweden), Einsatz kleiner Flugzeuge zu Bombenabwürfen auf wichtige Einrichtungen.

Die hier dargestellten Vorhaben konnten zum Teil verwirklicht werden, andere dieser Vorhaben scheiterten durch die Gegenaktionen der Polizei.

Insgesamt war die Aktivität der RAF und ihrer Schwester-Organisationen mit dem Zeitpunkt der Inhaftierung der Führung intensiver und erfolgreicher geworden. Ihre Gefährlichkeit hatte zugenommen, internationale Verbindungen sorgten für weltweite Wirkung. So konnten die geplanten Anschläge gegen den ITT-Konzern überall wie geplant durchgeführt werden:

16. 9. 1973	Zürich	8. 10. 1973	Essen
27. 9. 1973	Rom	6. 11. 1973	Boulogne
28. 9. 1973	New York	17. 11. 1973	Berlin
7. 10. 1973	Mailand	18. 11. 1973	Nürnberg
8. 10. 1973	Bagneux	10. 1. 1974	Rom
		24. 3. 1974	Essen (Versuch)

Insgesamt wurden 61 Brand- und Sprengstoffanschläge vom Juli 1972 bis Juli 1975 registriert, die auf das Konto deutscher Terror-Gruppen zurückzuführen waren; hinzu kamen 15 Raubüberfälle, sowie weitere Diebstähle u. ä. Straftaten. Die Aktionen gingen dann — nach einer kurzen Pause — ab September 1975 weiter. In diesen Zeitraum fielen auch die Ermordung des früheren Mittäters Schmücker wegen Verrats am 5. 6. 1974 und die Ermordung des Präsidenten des Berliner Kammergerichts von Drenkmann am 10. 11. 1974, der offenbar entführt werden sollte. Diese Entführung wurde am 27. 2. 1975 mit besserem Erfolg nachgeholt. Der Berliner CDU-Vorsitzende Peter Lorenz wurde in eins der „Volksgefängnisse" gebracht und gegen 5 bereits verurteilte Terroristen, die in den Jemen geflogen wurden, ausgetauscht.

Diese Probeentführung ermutigte am 24. 4. 75 dazu, die Deutsche Botschaft in Stockholm zu überfallen, um die darin befindlichen Botschaftsangehörigen als Geiseln für die gesamte RAF-Führung in Gewahrsam zu nehmen. Anders als im Falle Lorenz war hier jedoch der Tatort bekannt, und so wurde das Ersuchen abgelehnt. Die hierüber völlig überraschten Täter versuchten, kämpfend zu entkommen, konnten aber gefaßt werden. Ob die Teilsprengung des Gebäudes zufällig erfolgte oder von ihnen beim Verlassen ausgelöst wurde, blieb ungeklärt. Zwei der Geiseln mußten diesen Anschlag mit ihrem Leben bezahlen. Als Beispiel für die Verunsicherungsstrategie sei hier noch die „Kleine Anschlagsstrategie für Norddeutschland" wiedergegeben, die — angesichts der seit 1975 verstärkten Aktivitäten und Einengung des Mißbrauchs der StPO — in diesem Ausmaße nicht mehr angewandt werden konnte:

„1. Schritt:

a) Hamburg: Montag vormittag in den Kaufhäusern Karstadt, Kepa, Horten, Kaufhalle, Kaufhof der Hamburger Innenstadt jeweils 2 Brandsätze installieren, es müssen Taschenbrandsätze mit Säurezündern sein, die spätestens nach einer halben Stunde zünden.

b) Bremen: In der Nacht von Montag auf Dienstag einen Sprengstoffanschlag auf das spanische Konsulat verüben.

2. Schritt:

a) Bremen: Dienstag vormittag in den Kaufhäusern Hertie, Karstadt, Horten der Bremer Innenstadt jeweils zwei Brandanschläge wie unter 1. Schritt verüben.

b) Kiel: wie oben.

c) Hannover: Nachts Sprengstoffanschläge auf die Dresdner, Deutsche und Vereinsbank verüben. Die kleinen Sprengsätze an die Scheiben kleben.

3. Schritt:

a) Hamburg: Mittwoch nacht Brandanschläge auf Filialen des Springerkonzerns verüben.

b) Hannover: Nachts Sprengstoffanschlag gegen das Haus der Deutschen Industrie verüben.
Dann Ruhe. Nur Nervenkrieg führen. Telefonische Bombendrohungen gegen Springers Hauptquartier, Norddeutscher Rundfunk, Strafjustizgebäude durchgeben.

4. Schritt:

Hamburg, Hannover, Bremen:

In der Nacht von Sonntag auf Montag an den Außenmauern des Hamburger....., Bremer Blockland und Hannover Knast Sprengsätze anbringen und explodieren lassen. Dann vollständig zurückziehen. Mindestens zwei Monate lang keine Anschläge verüben und auch kein Nervenkrieg.

5. Schritt:

Hamburg, Hannover, Bremen:
Brandanschläge auf Bullenwagen verüben, Sprengstoffanschläge auf Bullenwagen.

6. Schritt:

a) Hamburg: In der gleichen Woche Sprengstoffanschlag gegen einen Rundfunkübertragungsmast und

b) Hannover: Sprengstoffanschläge auf einen Überlandleitungsmast.
Zurückziehen aus der Gegend. Nichts mehr machen, sich in Süddeutschland formieren."

Hier sind in geradezu „vorbildlicher" Weise die taktischen Konzepte der Stadt-Guerillas in die Praxis umgesetzt worden. In dem Augenblick, in dem die Beunruhigung am stärksten ist und die Gegenwehr des Staates verstärkt einsetzt, zieht sich der Stadt-Guerilla zurück und weicht aus.

4. *Internationale Zusammenarbeit*

Die Erfolge der RAF und ihrer befreundeten Gruppen, trotz der Inhaftierung der Führungskader den terroristischen Kampf gegen Einrichtungen der BRD zu aktivieren, führten zu Gegenmaßnahmen, bei denen dem Mißbrauch der StPO ein Riegel vorgeschoben und gleichzeitig der Einsatz der Polizei intensiviert, aktiviert und taktisch neu geordnet wurde. Damit erschöpften sich die Möglichkeiten der Terroristen, zumal nach und nach ihre aktiven Anhänger in Haft kamen.

Seit dem Sommer 1974 war jedoch eine Konsolidierung terroristischer Maßnahmen auf internationaler Ebene festzustellen. Südamerikanische, arabische, japanische, italienische, französische und türkische Terroristen haben Kontakte untereinander aufgenommen, es bestehen Verbindungen zur deutschen terroristischen Szene. In dieser internationalen Allianz besitzt der Venezolaner „Carlos" (Iljitsch Ramirez Sanchez) eine Führungsfunktion, Leiter der Logistik war der — inzwischen erschossene — Araber Murkabel. Sie unterhielten Kontakte zu den Lorenz-Entführern und inszenierten die Bombenanschläge gegen drei französische Zeitungen (3./4. 8. 1974), die Geiselnahme in der französischen Botschaft in Den Haag, das Attentat auf den Drugstore Saint-Germain des Pres (14. 9. 1974), die Bazooka-Anschläge gegen den Flughafen Orly und die Geiselnahme der arabischen Erdölminister (21. 12. 1975). Aus den Festnahmen und Ermittlungsberichten dieser Zeit ergibt sich ein nahezu nahtloses Zusammenwirken, um im weltweiten Maßstab Ziele des Terrorismus durchzusetzen, Häftlinge zu befreien (u. a. deshalb, weil man sie für neue Aktionen braucht) oder gar, um politische Ziele anderer Staaten zu durchkreuzen (etwa die Annäherung zwischen Israel und den arabischen Staaten durch die Geiselnahme v. 21. 12. 75). Dabei zeigt sich der Führungsanspruch bestimmter Persönlichkeiten (Carlos) oder Gruppen (der Palästinenser und der Japaner). Zugleich internationalisiert sich auch die Zielsetzung, die letztlich auf den „Kampf gegen den Imperialismus" (was immer man auch darunter versteht), letztlich aber auf den gesellschaftlichen Umsturz in allen West-Nationen gerichtet ist — wobei immer drängender die Frage sich erhebt, ob nicht doch Terror um des Terrors willen ausgeübt wird und psychotische Kriminelle lediglich v o r g e b e n, für irgendwelche angeblich politischen Ziele zu kämpfen. Der Kreis der Terroristen — auch deutscher Herkunft — ist inzwischen angereichert worden durch „echte" Kriminelle, durch völlig bindungslose Personen, durch Angehörige auch aus anderen Gesellschaftsschichten: Auch Handwerker, Arbeiter, Angestellte gehören zu den einzelnen Gruppen. Teilweise leben sie „legal", teilweise im Untergrund. Ihre Tätigkeit ist aggressiver geworden, doch fehlt die innere Geschlossenheit.

Taktische Fehler führen zur Entdeckung, die Abschottung läßt sich nicht mehr wie in früheren Jahren garantieren. Lediglich ein Kreis von etwa 1600—2000 Sympathisanten, der die Terroristen deckt, schützt und ihnen Hilfe leistet, garantiert eigentlich ihr Leben und Treiben.

Taktik und Technik der Terroristen zeigen vielfache Übereinstimmungen mit der Organisation der Mafia in den Vereinigten Staaten. Der Unterschied besteht darin, daß die Mafia eine Form kriminellen Lebens ist, die auf Dauer angelegt wurde — man arrangierte sich also mit den politischen und staatlichen Gewalthabern (Korruption, Infiltration), um so die staatliche Ordnung von innen her auszuhöhlen. Die Terroristen suchen derzeit jedoch die Auseinandersetzung mit der Staatsgewalt und den Wirtschaftseinrichtungen und nutzen die Möglichkeiten der Illegalität, um gewaltsam gegen diese Einrichtungen vorzugehen. Die vorhandene — oder auch nur vorgegebene — politische Auffassung ist ein Bindemittel, das die Gruppen zusammenhält — Gruppen, die nichts anderes als eine neuere Art organisierten Verbrechertums bedeuten. Denn schon zeigt sich der Zug zur Infiltration durch Eintauchen in eine legale Existenz, durch Arbeitsaufnahme unter falschen Namen, zeigen sich Erscheinungen wie plan- und ziellose Aktionen, die nur aufmerksam machen sollen auf die Existenz solcher Gruppen (Sprengmittel in Schließfächern), zeigt sich ein Nachwuchs an Mittätern, der mehr an der Aktion als an der politischen Verwertung der Aktion interessiert ist. So deutet manches auf neue Banden hin, deren bindungslose Mitglieder sich lediglich den Anschein der Unverwundbarkeit und Stärke geben, die im übrigen aber ihren Lebensunterhalt durch Banküberfälle und andere kriminelle Delikte bestreiten und sich auf Dauer hin entsprechend einrichten — vergleichbar den Räuberbanden des 18. Jahrhunderts, die vielfach nationale oder soziale Motive vorschoben, um ihre rein kriminelle Tätigkeit zu beschönigen.

Eine Unterscheidung ist schwierig. Denn es gibt hierbei keine zentrale Untergrundorganisation, es gibt vielmehr eine Vielzahl von mehr oder minder militanten Gruppen. Die Mitglieder dieser Gruppen gehören unterschiedlichen Bereichen an. In der Regel gehören zu einer solchen Gruppe

— aktive Terroristen, die mit falschen Legitimationspapieren in konspirativen Wohnungen leben,

— Terroristen, die als solche bekannt oder gesucht werden, und die mit falschen Papieren in die bürgerliche Welt integriert sind (was ihre Terrortätigkeit zwar behindern kann, aber nicht ausschließt),

— Unterstützer oder Sympathisanten, die als nicht erkannte Helfer Mitarbeiter einer Terrorgruppe sind. Zum Teil üben sie auch politische oder verwaltungsmäßige Tätigkeiten aus, die ihnen den Anschein staatsbejahenden Verhaltens geben.

Durch diese Gliederung kann terrorpolitischen Aktionen eine größere Bandbreite gegeben werden, die Tarnungsmöglichkeiten sind besser, die Beweisführung ist schwieriger. Ob letztlich eine Gruppe kriminelle Taten begeht, um lediglich ihre Existenz — zumindest der aktiven Terroristen — zu erhalten, oder ob sie im Zuge größerer Planungen mit anderen Gruppen zusammenarbeitet, um bestimmte Ziele zu erreichen, ist daher sehr schwer zu beurteilen.

5. Terror durch Chaoten

Ein anderes taktisches Vorgehen entwickelten jene Gruppen, die als „Chaoten“ bezeichnet werden. Sie gingen von der Auffassung aus, daß die Massen direkt mobilisiert werden müßten. Ihr Arbeitsfeld war daher die Straße, der Betrieb, die Hochschule, ihre Taktik die Massendemonstration. Nach diesem Konzept beteiligten sie sich an allen entsprechenden Demonstrationen, um die gewaltsame Auseinandersetzung mit den Kräften der Polizei herbeizuführen und so die jeweilige Demonstration umzufunktionieren. Besonders beliebt waren neben Streiks, Protestaktionen gegen Fahrpreiserhöhungen öffentlicher Verkehrsmittel und sonstige Bürgerinitiativen, auch Hausbesetzungen oder der Besuch ihnen mißliebig erscheinender Staatsgäste.

Hervorzuheben sind etwa die Demonstrationen während der Olympiade am 2. 9. 1972 in München, der Rathaussturm in Bonn am 10. 4. 1973, die Hausbesetzungen und daraus resultierende Massendemonstrationen in Hamburg und Frankfurt 1973 und 1974. Mehr als 50% dieser Aktionen seit 1971 ereigneten sich in den Städten Berlin, Frankfurt, Hamburg und München, 80—90% aller politisch motivierten Gewalttaten geschahen in Universitätsstädten. Für die Aktionen dieser Art wurde eine Einsatzleitung der Chaoten gebildet, die über Block- und Truppführer ihre Anordnungen weitergab. Das Begehen einzelner Straßen, die Bildung kleiner Gruppen (um die Polizeikräfte zu zersplittern) und der konzentrische Angriff auf die vorgesehenen Ziele wurde genau so vorprogrammiert wie die Ausrüstung der Teilnehmer (Schlagwerkzeuge, Kleidung mit Abpolsterungen), die Sammlung auf Versprengtensammelplätzen und die Bereitstellung von Ärzten, Sanitätern und Anwälten. Das jeweilige Verhalten bei polizeilichem Einschreiten wurde eingeübt, ein Alarmsystem sorgte für Unterrichtung und Alarmierung weiterer unterstützender Kräfte. Man kann von regelrechten Manövern sprechen, in denen bürgerkriegsänliches Verhalten geprobt wurde. Der Kern der Akteure gehört zu den illegalen Vereinigungen der sogenannten „Neuen Linken“, die ein buntscheckiges Bild der verschiedenartigsten Vereinigungen bietet.

F. Arabischer Terrorismus

Wegen seiner Bedeutung für die Bundesrepublik und Europa soll der arabische Terrorismus noch erläutert werden. 1914 siedelten etwa 80000 Juden in Palästina, die sich auf dem vom Jewish National Found aufgekauften Boden angesiedelt hatten. Ihr Anspruch auf eine Heimstätte dort (1896 von Herzl literarisch begründet) wurde durch die Balfour-Deklaration unterstützt. Gegen diese Siedlungspolitik richteten sich die arabischen Aufstände der Jahre 1919—1921, 1929, 1936—1939, die sich gegen die britische Besatzungsmacht wie gegen die jüdischen Einwohner richteten und die zu Gegenaktionen führten. Auf Grund des

UNO-Teilungsplanes für Palästina kam es zu kriegerischen Auseinandersetzungen, bei denen 700000 palästinensische Araber aus dem israelisch besetzten Lande flohen. Die Gründe für diese Flucht sind strittig. Aus diesen Flüchtlingen (insgesamt später 1350000 Menschen) bestehen die sog. „Palästinenser". Auf der ersten arabischen Gipfelkonferenz von 1964 in Kairo kam es zur Gründung der Palestine Liberation Organization — PLO —, die die Interessen dieser Flüchtlinge wahrnehmen sollte. Die PLO wird von den Führern der El Fatah-Bewegung beherrscht, einer Untergrundorganisation, die — über die nationalen Grenzen hinaus — alle Araber zu einer Befreiung Palästinas aufrufen soll. Nach dem Sechstagekrieg von 1967 nahm ihre Bedeutung unter ihrem Anführer Yassir Arafat erheblich zu. Sie propagiert den Guerilla-Krieg auf palästinensischem Boden.

Im Gegensatz hierzu forderte die Popular Front for the Liberation of Palestine — PFLP — den weltweiten Kampf gegen Israel und alle „imperialistischen Mächte", die Israel in irgendeiner Form unterstützten. Ihr Leiter George Habbash versteht sich als Lenin des Nahen Ostens. Daneben existieren weitere, noch radikalere Gruppen, wie die Popular Democratic Front for the Liberation of Palestine — PDFLP —, die einen Arbeiter- und Bauernrat in einem volksdemokratisch regierten Staat fordert, sowie ausgesprochene Terror-Gruppen, wie etwa der vielgenannte „Schwarze September" (so genannt zur Erinnerung an König Hussein von Jordanien, der 1970 den Fedajinaufstand zerschlug, indem er die Operationsbasis der Palästinenser auf seinem Staatsgebiet zerstörte). Es gibt darüber hinaus eine Zahl weiterer Terrorgruppen, die jeweils nur für bestimmte Zwecke und Operationen sich formieren, und dann wieder in ihre Anonymität zurücksinken. Man weiß nur, daß letztlich hinter den Terroranschlägen die PFLP unter ihrem Führer Habbash steht, während Arafat Terroraktionen außerhalb des eigentlichen „Kriegsgebietes" Palästina ablehnt und die Anerkennung als „Regierung" anstrebt.

Terroranschläge außerhalb Israels begannen nach der Niederlage der arabischen Staaten im Blitzkrieg des Jahres 1967. Die Planung dieser Terroranschläge lief darauf hinaus, Israel in der gesamten Welt anzugreifen und durch Sprengstoffanschläge und Entführungen regelrecht Krieg zu führen. Von dieser Kriegführung sollten auch alle die Staaten betroffen werden, die Israel unterstützen. Die Anschläge wurden eröffnet durch den Angriff auf ein startendes israelisches Flugzeug in Zürich (18. 2. 1969). Am 29. 8. 69 wurde eine US-Maschine auf dem Fluge von Rom nach Damaskus entführt (Anführerin Leila Chalid) und nach Verlassen der Passagiere in die Luft gesprengt. Am 8. 9. 69 wurden in Bonn, Den Haag und Brüssel Handgranatenanschläge gegen Botschaftsgebäude durch Kinder verübt (13—15 Jahre alt); 1970 sollte eine El-Al-Maschine in München entführt werden; in der Zeit vom 6. bis 9. 9. 1970 wurden 5 Verkehrsflugzeuge westlicher Staaten mit insgesamt 751 Menschen gekapert, 4 davon wurden in der jordanischen Wüste gesprengt. Die Terroristen verlangten die Freilassung der bisher inhaftierten Attentäter. Der gleichzeitig in Jordanien ausbrechende Bürgerkrieg führte zwar zu einer Schwächung der Guerillas (Hussein gewann den Kampf), doch durften diese in den von Israel besetzten Gebieten weiter Krieg führen. Als Antwort auf den Sieg des jordanischen Staatsoberhauptes bildete sich der „Schwarze September", der zunächst im November 1971 den jordanischen Ministerpräsidenten in Kairo ermorden ließ. Im Februar 1972 griffen die Anschläge auf die Bundesrepublik Deutschland über, zwei Sprengstoffattentate in Hamburg und ein weiteres in Holland richteten sich gegen Ölraffinerien und eine Israel beliefernde Firma. Kurz darauf wurden durch ein Kommando des Schwarzen September 5 Jordanier in Köln-Brühl ermordet. 16 Tage später (22. 2. 72) wurde eine Lufthansa-Maschine in Neu-Delhi entführt und zur Landung in Aden gezwungen. Gegen die Zahlung von 16 Mio DM befreite die LH die 188 Passagiere von der Drohung, mit der Maschine in die Luft gesprengt zu werden. Die Guerillas besetzten sodann am 8. 5. 72 eine belgische Maschine in Lod (Israel), wurden hier jedoch überwältigt und festgesetzt. Als Antwort heuerten die Guerillas drei japanische Terroristen an, die am 30. 5. 72 in Lod landeten und in der Ankunftshalle Handgranaten unter die aus diesem Flugzeug kommenden Passagiere warfen und mit MPi's auf diese das Feuer eröffneten. 26 Menschen wurden getötet, 2 der Terroristen wurden ebenfalls erschossen. Da Israel nun gezeigt hatte, daß es sich auf keinerlei Erpressungen einließ, wurde das Operationsfeld wieder in die westliche Welt gelegt; am 5. 9. 72 ereignete sich der Überfall auf das Israeli-Haus im Olympischen Dorf in München (alle 11 Geiseln wurden ermordet), die 3 festgenommenen Terroristen wurden durch die Kaperung einer LH-Maschine am 29. 10. 72 über Ankara und die Drohung der Sprengung frei gesetzt. Weitere Morde in Khartum und Nikosia sowie Entführungen und Geiselnahmen in Amsterdam, Paris, Dubai und Rom (17. 12. 73: 32 Menschen wurden getötet, um in Athen am 5. 8. 73 gefaßte Attentäter — Mörder von 3 Menschen — frei zu bekommen) schlossen sich an. Nach einigen Flugzeugentführungen des folgenden Jahres ebbte diese Welle ab; Aufsehen erregte wieder die Besetzung des Büros der OPEC-Staaten in Wien am 21. 12. 75, bei der 11 Ölminister der arabischen Staaten als Geiseln genommen wurden. Die Entführer — eine international gemischte Gruppe mit arabischen Terroristen unter Führung des Venezolaners „Carlos" — landete mit dem geforderten Flugzeug in Algerien. Offenbar bezweckten sie die Friedensverhandlungen zwischen Ägypten und Israel zu stören und andere arabische Länder zu warnen, auf solche Verhandlungen einzugehen.

Die Zusammenarbeit der arabischen Terroristen mit denen anderer Staaten setzte bereits 1974 ein. Murkabel, ein führender arabischer Terrorist, inszenierte bereits im August 1974 den Bombenanschlag gegen drei französische Zeitungen in Paris, die Geiselnahme in der französischen Botschaft in Den Haag (die zur Freilassung eines in Frankreich inhaftierten japanischen Terroristen führte, der offenbar für weitere Anschläge benötigt wurde) und die Attentate im Drugstore Saint Germain des Pres und auf dem Flughafen Paris-Orly (9. 74 und 1. 75). Murkabel selbst wurde im Juni 1975 in Paris festgenommen und bei einer Konfrontation mit „Carlos" erschossen.

Dieses Zusammenspiel mit Carlos, der wiederum Beziehungen nach Südamerika, Groß-Britannien, den japanischen und deutschen Terroristen besitzt, deutet auf eine weltweit sich formierende internationale Zusammenarbeit aller terroristischen Organisationen hin — gleichgültig, aus welchen Motiven und mit welchen Zielsetzungen der „Kampf" geführt wird.

G. Brandstiftung

Die Brandstiftung war seit jeher ein Gewaltdelikt par excellence. Das Feuer diente dem Krieg, der Revolution, dem Aufruhr, es unterstützte Mord und Raub, es bedeutete bewußte und gewollte Zerstörung. Der Brand löste Leidenschaften aus, änderte Besitzverhältnisse und förderte soziale Umwälzungen. Daran hat sich seit Jahrtausenden nichts geändert.

In allen Fällen erstrebt der Täter die gewaltsame Zerstörung des jeweiligen Objektes. Je nach seiner Ausgangssituation wünscht er, den Eigentümer empfindlich zu treffen oder sieht in der aufsehenerregenden Zerstörung das geeignete Mittel, auf seine Lage oder sein Anliegen hinzuweisen oder die eigenen Spannungen und Komplexe zu lösen.

Die Gewaltanwendung kann also zielgerichtet sein und soll eine bestimmte Person treffen, oder sie richtet sich gegen eine x-beliebige Person, weil es dem Täter lediglich auf die gewaltsame Zerstörung ankommt, wobei der Betroffene ihm gleichgültig ist. In allen Fällen wird in Kauf genommen oder sogar gewünscht, daß die Lebensführung des Opfers durch die Tat erheblich beeinträchtigt wird.

Die letzten Jahre verzeichnen eine erhebliche Zunahme der vorsätzlichen Brandstiftung. Die polizeiliche Kriminalstatistik weist folgende Zahlen aus:

Jahr	Bekanntgewordene Straftaten	Häufigkeitsziffer	Aufklärungsquote
1960	2132	3,8	56,2%
1962	2347	4,1	51,3%
1964	2909	5,0	50,5%
1966	2835	4,8	47,8%
1968	4019	6,7	44,5%
1970	4966	8,1	42,9%
1974	6009	9,7	38,9%

Leider sind aus den statistischen Unterlagen keinerlei Aufschlüsse darüber zu erhalten, welche Motive bei diesen Vorsatzbrandstiftungen vorlagen. Ein ungefähres Bild läßt sich nur aus den Veröffentlichungen in der Fachpresse und aus einer Analyse und Meldungen gewinnen. Ganz sicher ist dabei, daß die Fälle der Eigenbrandstiftung nicht mehr die Bedeutung besitzen, wie dies in den Jahren zwischen den beiden Weltkriegen der Fall war. Ordnet man die Einzelfälle, so ergibt sich nachstehendes Bild der verschiedenen Motivationen:

1. Brandstiftung aus politischen Gründen
2. Brandstiftung in Schädigungsabsicht
3. Brandstiftung aus Geltungsdrang
4. Brandstiftung aus Brandlust
5. Brandstiftung in Ausnahmesituationen
6. Brandstiftung aus Psychasthenie
7. Brandstiftung aus Gewinnsucht
8. Brandstiftung zur Straftatenverdeckung oder -ermöglichung
9. Brandstiftung durch Geisteskranke

Im einzelnen ergeben sich folgende Bilder:

1. Brandstiftung aus politischen Gründen

Politische Gruppen und Parteien haben seit jeher die Öffentlichkeit durch Brandstiftungen auf ihre Bestrebungen hinzuweisen versucht oder ihren Wünschen dadurch Nachdruck verschafft.

In unserem Zeitalter der Massenmedien lassen sich solche psychischen Zwänge mit potenzierter Wirkung durch Brandlegungen oder Explosionen auslösen. Die Staatsgewalt muß in jedem Falle auf derartige Straftaten reagieren, denn Brandlegungen lassen sich nicht verheimlichen oder vertuschen. Sie schrecken die Bevölkerung auf, man spricht über die Tat und die den Täter bewegenden Anschauungen. Gewöhnlich bekennen sich daher die Brandstifter zu ihrer Tat, sie wollen auf ihre Ideologie aufmerksam machen. In den ersten Jahren nach Beendigung des Weltkrieges 1914/1918 kam es vor allem im Freistaat Sachsen (dem ehemaligen Königreich) wiederholt zu politischen Brandstiftungen. Weltweites Aufsehen erregte 1933 die Reichstagsbrandstiftung des politischen Einzelgängers van der Lubbe. Die Synagogenbrände am 9. 11. 1938 — von den Organisationen der NSDAP angeordnet und durchgeführt — sind wohl ein einmaliges Ereignis, eine von der Staatsführung angeordnete Massenbrandstiftung als Zeichen einer beginnenden Vernichtungsaktion. In der Nachkriegszeit blieben derartige politische Brandstiftungen zunächst aus. Erst bei den politischen Unruhen in Frankreich, Italien und schließlich auch in der BRD in den sechziger Jahren zeigte es sich, daß politische Wirrköpfe, organisierte Anarchisten und moderne Revolutionäre sich dieses bewährten Mittels erinnerten und gern darauf zurückgriffen. Hierbei soll die Brandlegung jedoch sich nicht gegen die Interessen der Bevölkerung richten, sondern soll lediglich auf gewisse Mißstände hinweisen. Sie muß daher die Symbole der staatlichen Macht sowie unbeliebte Einrichtungen treffen. Sie kann sich auch gegen bestimmte Klassen oder Schichten der Gesellschaft wenden, die mit dem Staat identifiziert werden oder die als Unterdrücker angesehen werden. So sind denn seit eh und je in unruhigen Zeiten Einrichtungen der Polizei und Justiz, Gefängnisse und Ministerien, mitunter auch Einzelpersonen, die als Repräsentanten des Staates angesehen werden, Ziele und Objekte der Brandlegungen gewesen. Neuerdings sind als Brandobjekte auch Kaufhäuser in Betracht gekommen. Sie sind als Sinnbilder des Kapitalismus und eines verabscheuungswürdigen Konsumzwanges hingestellt worden.

Besonderes Aufsehen haben die Bombenanschläge auf das Polizeipräsidium Augsburg und das Bayerische Landeskriminalamt am 12. 5. 1972, auf den PKW eines Bundesrichters (U. R. bei den Ermittlungen gegen die Baader-Meinhof-Bande) am 15. 5. 1972 sowie auf das Springer-Hochhaus in Hamburg am 19. 5. 1972 erregt. Auch der Anschlag vom 24. 5. 1972 auf das Geheimdiensthaus des HQ der Amerikanischen Streitkräfte in Europa ging auf die gleiche Tätergruppe (Rote Armee Fraktion — Baader-Meinhof-Bande) zurück (s. a. Abschnitt „Terrorakte"). Diese rasche Folge von Terrorakten sollte die Bevölkerung verunsichern und ein Gefühl der Ohnmacht gegenüber der offenbar allmächtigen RAF erwecken. Die Festnahme der Anführer am 1. 6. 1972 ging auf die erheblich gesteigerte polizeiliche Aktivität zurück, die zwangsläufig durch die Bombenanschläge intensiviert wurde. Täter solcher Brandlegungen können gutgläubige Idealisten wie politische Wirrköpfe sein, unter ihnen finden sich aber auch machtbesessene oder gestrandete Persönlichkeiten. Unter Revolutionären findet sich auch immer der geschäftstüchtige Postenjäger. Mitläufer aller Art und Schattierung decken die eigentlichen Brandstifter und Terroristen, geben ihnen Obdach und Nahrung, beschaffen Bargeld und Ausweise, unterstützen mit falschen Alibis und versuchen, auch auf sonstige Weise den Gang der Ermittlungen zu hemmen. Auch Frauen finden sich regelmäßig — oft in führender Position — in solchen politischen Gruppierungen.

2. Brandstiftung in Schädigungsabsicht

Hier geht es ausschließlich um die Schädigung des Opfers, irgendwelche anderen Zwecke werden nicht verfolgt. In der Regel herrscht zwischen dem Täter und seinem Opfer Feindschaft. Die Gründe für diese Feindschaft können sehr unterschiedlicher Art sein, immer aber fühlt sich der Brandstifter seinem Gegner gegenüber unterlegen, das Gefühl der Ohnmacht beherrscht ihn. Um sich zu rächen, um seinem Feinde die Verachtung zu zeigen, bleibt daher nur die Brandstiftung übrig. Haß, Rache, Neid oder Eifersucht können ursächlich für diese Feindschaft sein. Wirtschaftlicher Erfolg, Reichtum, beruflicher Aufstieg, Glück in Ehe oder Familie rufen Neidgefühle hervor, besonders bei denen, die selbst vom Unglück verfolgt wurden oder aus eigener Schuld nicht recht vorankamen. Ist zudem das Verhältnis des vom Schicksal Begünstigten zu seinen Nachbarn kühl oder gespannt, so kommt es auch schon bei geringfügigen Reibereien zur Brandstiftung. Auch bei persönlichen Auseinandersetzungen zwischen Angehörigen verschiedener sozialer Schichten kann es zu einer Steigerung der Haß- und Rachegefühle kommen, die in der Brandstiftung ihre endgültige Ausprägung erhalten. Das kommt in Landgebieten mit der besonders hohen Brandgefährdung bäuerlicher Anlagen immer wieder vor. Rachebrandstiftungen von landwirtschaftlichen Arbeitskräften sind keine Seltenheit, und auch der enttäuschte Liebhaber oder Ehemann bedient sich mitunter dieses Mittels. Den veränderten Lebensbedingungen entsprechend, zündet allerdings der in der Großstadt wohnende Brandstifter nicht mehr Schuppen oder Scheunen an, sondern zerstört auf diese Weise das Auto seines Gegners, ihn damit des wichtigsten Statussymboles beraubend. Die durchaus begründete Furcht vor der Rachebrandstiftung ist auch der Grund dafür, daß der Landwirt kaum jemals einen Bettler oder Landstreicher abweist, sondern versucht, ihn zufriedenzustellen. Allzu leicht greift der Abgewiesene zum Streichholz. Rachebrandstifter zeigen indes ihre Feindschaft nicht immer offen, sie tarnen sich, heucheln Mitleid und helfen meist auch beim Löschen. In der Maske des Biedermannes oder hilfsbereiten Nachbarn zerstreuen sie so etwa aufkommende Verdachtsmomente. Tatwiederholungen sind die Ausnahme, die Regel ist der Einzelbrand. Der Rache ist damit Genüge getan, der Neid hat sein Opfer gefunden.

3. Brandstiftung aus Geltungsdrang

Der Wunsch nach Ansehen und Geltung führt oft zu wunderlichen Ergebnissen. Im ruhigen Gleichmaß verlaufen heute die Tage, Rang und gesellschaftliches Ansehen ergeben sich aus Beruf, Stellung und Einkommen. Der Aufschneider wird von dem Nachbarn bald durchschaut, seine Erzählungen halten der Nachprüfung nicht stand. So bedarf es anderer Mittel, um der Mitwelt zu beweisen, wessen man fähig ist. Eines dieser Mittel ist die Mitgliedschaft bei einem Schützenverein, ein anderes die Zugehörigkeit zu einer freiwilligen Feuerwehr. Hier kann man sich auszeichnen und bei Übungen, vor allem aber bei einem wirklichen Brande sich bewähren. Fehlt es an echten Bränden, so kommt der nach Ehren Geizende auf den Gedanken, nachzuhelfen. Um den Held des Tages zu spielen, um Mut und Einsatzfähigkeit zu beweisen, wird bedenkenlos das Eigentum mehr oder weniger unbekannter Menschen bewußt zerstört. In diesen Fällen ist es oft der Brandstifter selbst, der die von ihm gelegten Brände „entdeckt" oder den Alarm auslöst. Er ist auch beim Löschen der eifrigste. Es kommt ihm einzig darauf an, sich hervorzutun, um für längere Zeit Gesprächsstoff zu bieten. Auch der Wunsch, einmal wieder die Feuerwehruniform anziehen zu dürfen, ist schon Anlaß für Brandstiftungen gewesen. Vor allem in Dörfern und kleinen Gemeinden führen so Eitelkeit und Geltungsdrang zu erheblichen Schäden. In die Kriminalgeschichte eingegangen ist hier vor allem der Bürgermeister von Siebenlehen, der in den Jahren 1896—1906 dreiundvierzig Brände legen ließ, um seine Gemeinde durch Neubauten zu verschönen. Ähnlich dachte vor einigen Jahren ein Jungbauer, der kurz vor der Hochzeit stand. Da ihm die Braut erklärte, in seinen „alten Schuppen" werde sie als Frau nicht einziehen, brannte er den Hof ab. Mit dem Neubau gab sich die Frau zufrieden, die Hochzeit konnte dann stattfinden. Bei dieser Brandstiftungsgruppe muß man jedoch mit Wiederholungsbränden rechnen. Der einmal erworbene Ruhm verleitet dazu, sich immer wieder hervorzutun, um so immer wieder im Mittelpunkt des Geschehens zu stehen.

4. Brandstiftung aus Brandlust

Der Begriff des Pyromanen wurde zu Anfang dieses Jahrhunderts geprägt. Man schrieb ihm solche Brandstiftungen zu, die offenbar ohne vernünftige Motivation erfolgten oder die dem gesunden Menschenverstand als unnormal erschienen, und wollte sie mit einem besonderen Brandstiftungstrieb erklären. Um diese Zeit sprach man auch von einem Stehltrieb, der Kleptomanie, und meinte, daß es auch bei der Brandstiftung eine solche Manie gäbe. Der Pyromane sollte von einer krankhaften Sucht besessen sein, Brände zu legen, so daß mangels Zurechnungsfähigkeit ein schuldhaftes Handeln ausgeschlossen war. Die moderne Psychiatrie verneint jedoch solche Brandstiftungstriebe, dennoch findet sich immer noch der Begriff des Pyromanen. Es ist jedoch besser, hier von abartigen Personen zu sprechen, bei denen ein dranghaftes (nicht zwanghaftes) Verlangen vorliegt, Feuer zu legen, um durch die Flammen und das Zerstörungswerk Lustgefühle zu erleben. Unter Umständen sind diese Gefühle auch sexueller Natur. In manchen Fällen onaniert daher der Täter bei der Brandstiftung, in anderen Fällen erfolgt auch ohne solche Handlungen eine sexuelle Entspannung. Das gilt auch für weibliche Brandstifter. Diese Freude am Feuer hängt ohnehin wahrscheinlich mit dem Sexualleben zusammen, die Brandstiftung bildet eine unbewußte Ersatzhandlung. Die machtvoll brennende Flamme soll den Sexus und seine Gewalt symbolisieren. Brandlustige — dieser Ausdruck scheint richtiger zu sein — sind in der Regel Serientäter. Serien von zehn bis dreißig Bränden sind keine Seltenheit. Dabei kommt es nicht nur zu Brandstiftungen an Häusern, Scheunen oder sonstigen größeren Objekten. Auch kleinere Objekte genügen dem Brandlustigen durchaus. So sind auch Keller- und Dachstuhlbrandstiftungen durch Brandlustige bekanntgeworden. Das Treiben solcher Personen fällt immer erst nach einiger Zeit auf. Die ersten Brände mit unklarer Motivation geben zunächst keinen Anlaß, an das Treiben eines Brandlustigen zu denken — vor allem dann nicht, wenn die Objekte geschickt verteilt sind und sich über einen größeren räumlichen Bereich erstrecken. Man sollte daher immer dann, wenn technische Mängel ausscheiden, finanzieller Nutzen nicht in Betracht kommt und auch sonst kein Motiv erkennbar ist, das Treiben eines Brandlustigen in Erwägung ziehen. Mitunter kommen ganz eigenartige, sonderbare Brandlegungen vor. So warf ein solcher Täter in einer Großstadt brennende Lunten in offenstehende Schlafzimmerfenster. Sie wurden naturgemäß rasch bemerkt und gelöscht. Einige Zeit später wurden Autos angezündet, später wurden Mopeds und Krafträder mit luntenartigen Vorrichtungen bestückt, um sie in Brand setzen zu können. Schließlich hörten die Brände auf — kurz darauf aber schlich sich ein zunächst unbekannter Täter nachts in das Schlafzimmer eines Ehepaares ein, um beide Partner mittels eines Spatens gefährlich zu verletzen. Der nun ermittelte Täter kam auch für die Brandstiftungen der hier genannten Art in Betracht. In der Literatur wird erwähnt, daß diese sog. Pyromanen nach ihrer Verurteilung nicht wieder rückfällig werden. Über die Gründe lassen sich nur Mutmaßungen anstellen. Es steht dahin, ob ein „unbewußtes Strafbedürfnis" (Reick) gesättigt ist, ob der Täter wegen der Entdeckung seiner Leidenschaft sich unsicher fühlt oder ob nach einer Serie von Brandlegungen ein bestimmter Lebensabschnitt abgeschlossen wurde, so daß die Verurteilung den Schlußstein setzt. Es kann auch sein, daß die Brandstiftung nur dann innere Entlastung brachte, wenn sie unerkannt erfolgte. Fehlt diese Heimlichkeit künftig, so entfällt auch der Anreiz zur Tat. Zu dieser Kategorie der Brandstiftung aus Brandlust gehören auch die Brände durch Kinder. Sie entstehen als Ausdruck kindlichen Spiels. Aber auch Abenteuerlust, Übermut oder Neugier führen zu solchen Kinderbrandstiftungen. Im Grunde genommen ist ja der Wunsch, sich am Feuer freuen zu können, allen Menschen gemein. Die Flamme bildet den Mittelpunkt des sozialen Lebens, man sammelt sich um den Holzstoß, den Kamin, den Holzkohlengrill. So greift eben das Kind zum Zündholz auch immer dann, wenn der Wunsch nach besonderen gemeinsamen Erlebnissen auftaucht.

5. Brandstiftung in Ausnahmesituationen

Hier sind Brandstiftungen gemeint, die durch die Pubertät, die Menstruation oder emotionale Stauungen bedingt sind. Insbesondere die Pubertät scheint eine bedeutsame Rolle zu spielen. Gemessen am Anteil an der Gesamtbevölkerung ist die Brandstiftungskriminalität der Jugendlichen doppelt so hoch und die Heranwachsenden viermal so hoch wie die der Erwachsenen. Auch bei den Serienbrandstiftern werden oft heranwachsende oder jungerwachsende Täter festgestellt. Mitunter mag es sich um Brandlust handeln, in der überwiegenden Zahl der Fälle aber liegen Reifungskrisen vor. Der Lüneburger Serienbrandstifter, der wertvolle Bibliotheken und Museen in Brand setzte und einen Schaden von 3 Millionen DM verursachte, konnte weder ein Motiv für seine Taten angeben noch war ein solches erkennbar. Es dürfte sich hier um eine schwere Reifungskrise gehandelt haben, die Brandstiftung diente der Entladung spannungshafter Zustände. Unter den Tätern finden sich Personen mit ausgesprochenen Minderwertigkeitsgefühlen und Selbstwertkonflikten. Die Neigung zu unüberlegten, kurzschlußartigen Handlungen ist deutlich ausgeprägt, häufig stellt man Kontaktstörungen zum Elternhaus fest, die Täter fühlen sich unverstanden und zurückgesetzt. Bei weiblichen Jugendlichen fanden sich 14- bis 16-jährige Mädchen, die wiederholt zum Streichholz griffen, um ihre Spannungszustände zu entladen. Ähnliche Situationen treten in der Menstruation und im Klimakterium auf. In all diesen Fällen fehlt es indes an besonders auffälligem Verhalten vor der Tat. Wird die Tat entdeckt, so ist ihr damit ein Ende gesetzt, eine Wiederholung findet nicht statt. Die Entdeckung und Ermittlung wird mitunter als regelrechte Befreiung empfunden. Bereitwillig erfolgt das Geständnis, wiederholt wird auch von Selbstanzeigen berichtet. Brandstiftungen dieser Tätergruppe sind äußerst schwierig zu klären, da die Motive hier ebenfalls nicht ersichtlich sind und äußere Anlässe zur Tat in der Regel fehlen. Hinweise auf die hier erörterte Tätergruppe sind in der Praxis auch kaum zu erhalten.

6. Brandstiftung aus Psychasthenie

Hierunter sollen alle jene Täter zusammengefaßt werden, bei denen psychisch bedingte Spannungszustände und Krisen sonstiger Art zur Tat hinführen. Die Täter sind in einer Schwächesituation und fühlen sich ohnmächtig. Den Schwierigkeiten des Lebens und ihrer besonderen Situation sind sie nicht gewachsen, sie sind überfordert oder Psychoastheniker. Sie wollen Befreiung und Entspannung von ihrem Leidensdruck und wiederholen ihre Tat öfter, soweit die sie bewegenden Probleme sich nicht inzwischen anderweitig gelöst haben. So kommt es zu Brandlegungen aus Heimweh, Angst, Verzweiflung, aus Liebeskummer oder bei Schwierigkeiten in Schule und Beruf. Ein Gastwirtssohn legte in der väterlichen Gastwirtschaft dreimal Brände an, weil der auf Wunsch des Vaters gewählte Beruf ihm nicht zusagte. Bauernhöfe und Wohnhäuser gingen in Flammen auf, weil die dort beschäftigten Minderjährigen ihre Arbeitsstelle aufgeben wollten oder einfach Heimweh hatten. Ein trunksüchtiger Schlosser, der hierdurch stellungs- und wohnungslos geworden war, zündete dreimal Gebäude an, ein 22jähriges Mädchen legte zweimal Brände, weil ihr Liebhaber — ein wüster Rohling — von der Mutter nicht akzeptiert wurde. Auch hier sind Motive nur schwer erkennbar, werden aber offenbar, wenn die im Lebenskreis des Brandbetroffenen aufhältlichen Personen überprüft werden. Denn diese Schwächebrandstifter agieren ja in der nächsten Nachbarschaft.

7. Brandstiftung aus Gewinnsucht

In der kriminalistischen Literatur wird diese Gruppe am ausgiebigsten erörtert. Ihr kommt sicher eine große Bedeutung zu, denn bis auf Zeiten der Inflation lohnt sich eine solche Brandstiftung eigentlich immer. Nur darf nicht verkannt werden, daß die hier erörterten anderen Brandstiftungsgruppen im Laufe der letzten Jahre eine größere Bedeutung erhielten. Bedingt durch die Gesellschaftsstruktur und die vielfältigen Probleme menschlichen Zusammenlebens in der immer enger werdenden Welt nimmt dissoziales Verhalten immer mehr zu und entladen sich die Frustrationen eben auch mehr auf dem Gebiete der Brandstiftung. So kommt der Gewinnbrandstiftung nicht mehr die gleiche Bedeutung zu wie in früheren Jahrzehnten. Eschenbach unterschied zwischen der Pleitebrandstiftung und der Verbesserungsbrandstiftung. In beiden Fällen war der Eigentümer auch der Täter. Bei den Pleitebrandstiftern handelte es sich zumeist um Landwirte, selbständige Handwerker, kleine oder mittlere Unternehmer, die sich übernommen oder schlecht gewirtschaftet hatten. Die Versicherungssumme sollte ihnen über die Krise hinweghelfen. Der Verbesserungsbrandstifter wollte jedoch seinen alten Betrieb erneuern und ihn der fortgeschrittenen Technik anpassen. Es handelte sich also um aktive, fachlich tüchtige Personen, die mit der Zeit mitgehen und ihren an sich gut geleiteten Betrieb rentabler stellen wollten. So war die ungünstige Lage älterer Gebäude, ein veralterter Maschinenpark oder überhaupt eine ungünstige Lage schon Anlaß zu Verbesserungsbrandstiftungen. Stadtsanierungen und Straßenbauten gaben gleichfalls Anlaß, bisherige Betriebe abzubrennen und an anderer, attraktiverer Stelle neu aufzubauen. Wiederholungsfälle durch den selben Täter kommen nicht vor. Er hat durch den Brand sein Ziel erreicht und will nun weiter in Ruhe wirtschaften.[*] Allerdings eifern ihm die Nachbarn nach. So kann es dahinkommen, daß im selben Dorf alle älteren Höfe warm abgebrochen werden, um sie den Bedürfnissen der Neuzeit entsprechend wieder aufzubauen. Neben dieser Eigenbrandstiftung kommt auch die Fremdbrandstiftung aus gewinnsüchtigen Motiven vor. Der Eigentümer wirbt den eigentlichen Brandstifter an, so daß er selbst ein einwandfreies Alibi besitzt. So fühlt er sich völlig sicher. Der sog. Lohnbrandstifter dürfte eine Erscheinung außergewöhnlicher Notzeiten sein. Zwischen den beiden Weltkriegen gab es diesen Tätertyp. So kassierte in Pommern der Lohnbrandstifter Fechtner für jeden Brand 50,— bis 150,— Reichsmark. Er nützte hierbei bestehende bauliche Mängel aus oder zündete die Gehöfte dann an, wenn Gewitter anzogen. Die eigentliche Brandursache ließ sich daher nur schwer klären, zumal er mit seinen Mittätern bemüht war, durch Einreißen von Mauern und Schornsteinen die Brandaufklärung zu verhindern. Serienbrände gab es auch in Zeiten großer Arbeitslosigkeit, wie etwa zu Ende der zwanziger Jahre. Der Wiederaufbau sollte dem heimischen Handwerk helfen. So kam es in der Gegend von Stettin zu einer regelrechten Sammelstelle für Brandstiftungswünsche. Ein Sägewerksbesitzer sorgte für Aufträge, ein Bauunternhemer und ein Ziegeleibesitzer setzten die Brandstifterkolonnen in Stärke von 3—4 Mann ein. Auch hier dürfte es sich um eine Ausnahmeerscheinung handeln.

8. Brandstiftung zur Straftatenverdeckung oder -ermöglichung

Das wirksamste Mittel, Straftaten zu verdecken, ist die Brandstiftung nach der Tat. Radikal werden sämtliche Spuren vernichtet, der Täter hat Gewißheit, daß nichts Belastendes übrigbleibt. So erfreut sich diese Brandstiftung bei bestimmten Delikten und Tätern einer gewissen Beliebtheit. Es wurden schon Brände nach Diebstählen gelegt, um evtl. vorhandene Fingerspuren zu beseitigen oder den Diebstahl aus der anvertrauten Ladenkasse zu vertuschen. In der Betrugs- und Unterschlagungskriminalität werden mitunter Geschäftsunterlagen, insbesondere Kassenbücher und Buchführungsunterlagen vernichtet. Handelt hier der Täter noch aus Gründen der Vernunft und sachlichen Überlegung, so beim Mordbrand die anschließende Inbrandsetzung recht häufig auch aus emotionalen Antrieben. In der Vorstellung des Täters gehört das Feuer zum Mord dazu und soll die Tat vollenden und krönen. Man hat dann den Eindruck, als habe der Täter in einem regelrechten Vernichtungs- und Zerstörungsrausch gehandelt. Der Räuber Karl Masch (der von 1856—1864 sein Unwesen trieb) mag hierfür als Beispiel benannt werden. Im Affektzustand handelte 1924 der Prokurist Angerstein, der in Dillenburg innerhalb kürzester Zeit acht Morde an seinen Familienangehörigen und Bediensteten beging, um anschließend sein Haus in Brand zu setzen. Ähnliche Fälle wurden bereits aus dem vorigen Jahrhundert aus dem bäuerlichen Lebensbereich berichtet. Mord und Brandstiftung dienten dort der radikalen Lösung bestehender Familien- und Lebenskonflikte. Seltener ist die Brandstiftung zur Ermöglichung von Straftaten. Größere Bedeutung kommt ihr offenbar nur beim Vorgehen von Verbrecherbanden zu. So wird aus der Zeit der Hochblüte der deutschen Räuberbanden im 18. und 19. Jahrhundert berichtet, daß zur Erleichterung von Raub und Diebstahl in den angegriffenen Dörfern Brände gelegt wurden, um die Einwohner einzuschüchtern und unbehelligter rauben zu können.

In den Jahren 1945—1947 schlossen sich im damaligen besetzten Reichsgebiet zurückgebliebene Zwangsarbeiter zu Banden zusammen und überfielen hier Bauernhöfe und Dörfer, um Vieh zu rauben und Wertgegenstände zu stehlen. Auch hier wurden zunächst Brände gelegt, um die Opfer zu töten und jede Gegenwehr von vornherein auszuschalten. Aus den sechziger Jahren wurden Brandlegungen zum Zwecke der Einschüchterung und Erpressung aus Sizilien berichtet. Die Erpresser versandten anonyme Drohbriefe und ersuchten um Übersendung von Geld. Folgten die Adressaten diesen Wünschen nicht, so wurden sie erschossen oder ihr Anwesen niedergebrannt. Zur Erlangung größerer Versicherungssummen kommt es zunächst zum Morde, dem sich die Brandstiftung anschließt, um die wahre Identität des Opfers zu verschleiern. Erst dann sind die Voraussetzungen zum eigentlichen Erfolg geschaffen. Der Versicherungsgesellschaft wird der Tod des Versicherten angezeigt, um die beträchtliche Versicherungssumme zu erheben. So nahm der Kaufmann Tetzner in Bayern 1929 einen Wanderburschen in seinem Auto mit, erschlug ihn unterwegs, stattete ihn mit seinen eigenen Kleidungsstücken aus und verbrannte die Leiche einschließlich seines Autos. Die Frau beantragte die Auszahlung der Versicherungssumme von 140000,— RM. Im Jahre darauf kam im ostpreußischen Rastenburg der Möbelkaufmann Saffran auf den gleichen Gedanken. Gemeinsam mit seinem Prokuristen tötete er einen Landstreicher, schaffte ihn in sein Lager, setzte alles in Brand und verschwand nach Berlin.

In beiden Fällen gelang jedoch die Aufdeckung der wahren Ereignisse.

9. *Brandstiftungen durch Geisteskranke*

Nach den Erhebungen von Wagner kommt geisteskranken Tätern keine besondere Rolle in der Brandstiftungskriminalität zu. Schwere Fälle der Geisteskrankheit befinden sich in ständiger Verwahrung, leichtere Fälle stehen in der Obhut und Aufsicht der Familie. Die Gelegenheit zur Tat ist somit nur selten gegeben. Unter dem Material Wagners befanden sich überwiegend depressive Kranke, von den 600 geisteskranken Tätern waren nur zwei Epileptiker. 30 Personen waren hochgradig schwachsinnig. Auch Helmer kam zu gleichen Ergebnissen. Er stellt überdies fest, daß auch bei diesem Personenkreis die gleichen Motive vorkommen wie bei Gesunden. Habgier, Haß, Rache, Geltungsdrang kommen hier genauso gut als Tatmotive vor. Insoweit unterscheiden sich diese Taten nicht von denen gesunder Menschen. Als echte Brandstiftungen von Geisteskranken will Helmer nur solche Fälle gelten lassen, bei denen es sich um „geisteskrankhafte Beweggründe" handelt, bei denen also Motive nicht zu ergründen sind, weil sie in der krankhaften Seelenlage ihren Ursprung haben.

I. Monographien

H. v. Hentig: Zur Psychologie der Einzeldelikte. Tübingen 1954.

G. Helmer: Serienbrandstifter, Lübeck 1966.

K. Wagner: Geisteskranke und Psychopaten als Brandstifter, in „Brandermittlung und Brandverhütung", Wiesbaden 1962 (Hrsg. v. BKA).

G. Bauer: Moderne Verbrechensbekämpfung, Bd. I u. II. Lübeck 1970/1972.

G. Bauer: Raub und Räuber, Hamburg 1970.

G. Bauer: Die Aufklärung von Triebverbrechen minderjähriger Delinquenten, in: Kriminologische Gegenwartsfragen, Bd. 9. Stuttgart 1971.

W. Middendorff: Menschenraub, Flugzeugentführungen, Geiselnahme, Kidnapping. Bielefeld 1972.

W. Terpitz: Beschlüsse u. Materialien zur Bankensicherung 1972. Bonn 1972.

H. J. Kerner: Professionelles und organisiertes Verbrechen. Wiesbaden 1973.

F. Hacker: Terror. Wien 1973.

G. Bauer: Geiselnahme aus Gewinnsucht. Lübeck 1973.

J. Frenz: Kriminologie der Geiselnahme, o. J. (Berlin 1974).

H. J. Schneider: Viktimologie. Tübingen 1975.

G. Bauer: Aspekte der modernen Kriminalität. Bonn 1975.

II. Zeitschriftenaufsätze

G. Bauer: Jürgen Bartsch. ArchKrim. Bd. 144 (1969), S. 61.

G. Bauer: Der Serien-Notzüchter Bernhard N. ArchKrim. Bd. 147 (1971), S. 65.

F. Bschor: Formen menschlicher Aggressivität. Monatsschrift f. Kriminologie u. Strafrechtsreform. 54. Jahrg. (1971), S. 89.

F. Bschor: Zur Entwicklung der Gewaltkriminalität. MschrKrim. 54. Jahrg. (1971), S. 274.

F. Geerds: Gewaltkriminalität. Der Kriminalist. 1973, S. 123.

W. Middendorff: Neue Erscheinungsformen der Gewaltkriminalität. Kriminalistik. 1973, Heft 11.

W. Middendorff: Geiselnahme und Kidnapping. Kriminalistik 1972, Heft 12.

G. Bauer: Minderjährige Räuber. Praxis der Kinderpsychologie und Kinderpsychiatrie. 22. Jahrg. (1973), S. 151.

G. Bauer: Die Gewaltkriminalität aus der Sicht der Kriminalistik. Praxis der Kinderpsychologie und Kinderpsychiatrie. 22. Jahrg. (1973), S. 304.

G. Bauer: Die Entführungskriminalität. Die Polizei 1972. S. 189 der Beilage „Kriminalpolizeiliche Tagespraxis".

G. Bauer: Terrorakte und Geiselnahmen. Die Polizei 1974. S. 227ff. der Beilage „Kriminalpolizeiliche Tagespraxis".

S. Krefft: Kriminalität in der Luftfahrt. ArchKrim. Bd. 153 (1974), S. 84.

G. Bauer: Bedrohung ohne Risiko. Der Kriminalist 1974. S. 17.

III. Arbeitsmaterial

Bundeskriminalamt: Polizeiliche Kriminalstatistik der Jahre 1955—1974. Wiesbaden.

Bundesinnenministerium: Betrifft: Verfassungsschutz 1972 bis 1974. Bonn.

Bundesinnenministerium: Dokumentation über Aktivitäten anarchistischer Gewalttäter in der Bundesrepublik Deutschland. Bonn, o. J. (1974).

Innenministerium Rheinland-Pfalz: Dokumentation Baader-Meinhof. Mainz 1974.

GÜNTHER BAUER

REFORM DES STRAFVERFAHRENSRECHTS

A. Der bisherige Verlauf der Strafprozeßreform in der Bundesrepublik Deutschland

Die Strafverfahrensreform stand seit Beginn der Rechtsentwicklung in der Bundesrepublik Deutschland im Schatten der Reform des materiellen Strafrechts. Dies wird schon sehr deutlich, wenn man nur die bisherige Gesetzgebung im Bereich des formellen und materiellen Strafrechts, sowie den mit 1. 1. 1975 erreichten Reformzustand betrachtet.

Die Entwicklung des Strafprozeßrechts in der Bundesrepublik kann hier nur in ganz groben

Umrissen gezeichnet werden (vgl. eingehend Löwe-Rosenberg/Schäfer, Die Strafprozeßordnung und das Gerichtsverfassungsgesetz, 22. Aufl., Einleitung, Kap. 3, 4). Aufgabe des Gesetzes zur Wiederherstellung der Rechtseinheit auf dem Gebiet der Gerichtsverfassung, der bürgerlichen Rechtspflege, des Strafverfahrens und des Kostenrechts vom 12. 9. 1950 war es, die in den einzelnen Ländern nach 1945 auch auf dem Gebiete des Strafprozeßrechts eingetretene Rechtszersplitterung zu beseitigen und wieder eine einheitlich für das gesamte Bundesgebiet geltende Strafprozeßordnung zu schaffen. Angesichts dieser sehr drängenden Aufgabe bestand auch keine Zeit zu einer inhaltlichen Diskussion über einzelne in den Ländern unterschiedlich gehandhabte Einrichtungen. So war es praktisch nur möglich, zum einheitlichen Rechtszustand vor 1933 zurückzukehren. Dabei lag angesichts der verheerenden Entwicklung im dritten Reich von allem Anfang an das Hauptaugenmerk darauf, die rechtsstaatlichen Garantien des Strafverfahrens wieder herzustellen und auszubauen. Diese Zielsetzung hat weitgehend auch die gesamte Entwicklung des Strafverfahrensrechts bis heute bestimmt.

Die weitere Entwicklung bis zur kleinen Strafprozeßreform von 1964 verlief in ruhigen Bahnen und erlaubte deshalb die Konsolidierung des Strafverfahrensrechts in der strafrechtlichen Praxis. Neben wenigen, originär das Verfahren betreffenden Eingriffen in die StPO (wie z. B. der Wiedereinführung des erweiterten Schöffengerichts) stand die Anpassung an Veränderungen im Bereich des materiellen Rechts im Vordergrund. Erst das Strafprozeßänderungsgesetz vom 19. 12. 1964 verwirklichte eine Reihe von für vordringlich gehaltenen prozessualen Reformanliegen. Vorangegangen war ein Beschluß des deutschen Bundestages vom 24. 6. 1964, worin einstimmig eine Gesamtreform des Strafverfahrens befürwortet wurde. Jedoch gelangte dieser Beschluß bis heute nicht zur Ausführung, wobei auch immer deutlicher wurde, daß an keine Gesamtreform des Strafverfahrensrechts in absehbarer Zeit zu denken wäre; vielmehr ging die Entwicklung immer deutlicher und unausweichlicher in die Richtung von Teilreformen im Wege der Novellengesetzgebung. Auf dem zum 1. 1. 1975 erreichten Stand der Strafrechtsreform ist heute vollends deutlich, daß eine Reform des Strafverfahrensrechts nur in Teilschritten (wie auch im übrigen beim Besonderen Teil des Strafrechts) denkbar bleibt.

Die kleine Strafprozeßreform von 1964 diente insbesondere einer Verbesserung der Rechtsstellung des Beschuldigten. So wurde etwa die Untersuchungshaft in ihrem Anwendungsbereich erheblich eingeschränkt; gleichzeitig wurden die Voraussetzungen für ihre Verhängung verschärft, insbesondere der verfassungsrechtliche Grundsatz der Verhältnismäßigkeit voll angewendet. Weiter sollte die Rechtsstellung des Beschuldigten durch die Einführung des Schlußgehörs und der Schlußanhörung verbessert werden. Auch wurde der gerichtliche Eröffnungsbeschluß erheblich verändert. Seither lautet der Eröffnungsbeschluß nicht mehr dahin, daß der Angeklagte der ihm vorgeworfenen Tat hinreichend verdächtig erscheint; vielmehr läßt das Gericht die Anklage der Staatsanwaltschaft nur mehr zu und bestimmt einen Termin zur Hauptverhandlung. Auch wird der Anklagesatz in der Hauptverhandlung nicht mehr vom Vorsitzenden des Gerichts, sondern vom Staatsanwalt selbst verlesen. Da aber die Zulassung der Anklage weiterhin hinreichenden Tatverdacht voraussetzt (§ 203 StPO), ist die Reform in der Sache letztlich gering, wenn auch einzuräumen ist, daß der Eindruck der Identifizierung des Gerichts mit der Anklage für den Angeklagten erheblich abgeschwächt wurde.

Weitere Veränderungen der kleinen Strafprozeßreform betrafen die Stellung des Verteidigers (insbesondere das Recht auf Akteneinsicht und den Verkehr mit dem inhaftierten Beschuldigten), eine Ausweitung des Opportunitätsprinzips (§ 154a StPO) und Verbesserungen im Wiederaufnahmeverfahren, beim Rechtsmittelverfahren und bei der Richterablehnung.

Aufschlußreich ist, daß sich viele der in der kleinen Strafprozeßreform geschaffenen Neuerungen als recht kurzlebig erwiesen haben. So mußte die sehr weitgehende Liberalisierung des Rechts der Untersuchungshaft ab Beginn der siebziger Jahre in einzelnen Schritten zurückgenommen werden, so zunächst durch das Gesetz vom 22. 6. 1972 durch eine Ausweitung des Haftgrundes der Wiederholungsgefahr (der sich kaum mit den Zielen des strafprozessualen Ermittlungsverfahrens vereinbaren läßt) und durch weitere Eingriffe in das Recht der Untersuchungshaft in allerjüngster Zeit. Die 1964 ohne ausreichende — insbesondere auch empirische — Vorarbeiten geschaffenen Institute des Schlußgehörs und der Schlußanhörung wurden in der Praxis seither nie heimisch; sie wurden durch das erste Gesetz zur Reform des Strafverfahrens ersatzlos beseitigt.

Die weitere Entwicklung nach der kleinen Strafprozeßreform verlief bis 1973 wieder in relativ ruhigen Bahnen (vgl. dazu Kern-Roxin, Strafverfahrensrecht, 13. Aufl. 1975, S. 352). Veränderungen im Strafverfahrensrecht brachten in diesem Zeitraum insbesondere das 8. Strafrechtsänderungsgesetz vom 25. 6. 1968, das Einführungsgesetz zum Ordnungswidrigkeitengesetz vom 24. 5. 1968 und das Gesetz zur allgemeinen Einführung eines 2. Rechtszugs in Staatsschutzsachen vom 8. 9. 1969. Außerhalb der StPO, aber mit erheblicher Auswirkung auf das Strafverfahrensrecht im weiteren Sinne sind das Gesetz über die Entschädigung für Strafverfolgungsmaßnahmen vom 8. 3. 1971 und das Gesetz über das Zentralregister und das Erziehungsregister (Bundeszentralregistergesetz) vom 18. 3. 1971.

Entscheidend für den weiteren Verlauf der Strafprozeßreform wurde die im Jahre 1974 zu einem gewissen Abschluß gebrachte Strafrechtsreform. Mit dem Einführungsgesetz zum Strafgesetzbuch vom 2. 3. 1974 wurden die Voraussetzungen dafür geschaffen, daß der neue Allgemeine Teil in der Fassung des 2. Gesetzes zur Reform des Strafrechts vom 4. 7. 1969 zusammen mit zahlreichen im Einführungsgesetz vorgenommenen Veränderungen im Besonderen Teil zum 1. 1. 1975 in Kraft treten konnte. Dieses weitgehend umgestaltete Strafrecht (insbesondere im Bereich der Rechtsfolgen der Tat) machte zunächst eine Anpassung zahlreicher strafprozessualer Vorschriften an das veränderte materielle Recht notwendig; diese Anpassung ist im Einführungsgesetz erfolgt. Jedoch beschränkte sich das Einführungsgesetz im strafprozessualen Bereich keinesfalls auf eine Anpassung, sondern bewirkte auch zahlreiche weitere Veränderungen der StPO. So wurde insbesondere in § 153a StPO n. F. ein neuartiges Mittel zur Ahndung bestimmter Fälle der Bagatellkriminalität geschaffen.

Eine von vornherein eigenständig prozessuale Zielsetzung verfolgte das erste Gesetz zur Reform des Strafverfahrensrechts (1. StVRG) vom 9. 12. 1974 mit einem Ergänzungsgesetz vom 20. 12. 1974. Die Zielsetzung dieses Gesetzes ist die Beschleunigung der Strafverfahren. Die überlange Dauer der Strafverfahren ist einer der heute am stärksten beklagten Mängel des gesamten Strafverfahrensrechts mit zahlreichen unerfreulichen Auswirkungen, die von dem durch den längeren Zeitablauf nach der Tatbegehung oft getrübten Wert der Beweisaufnahme im einzelnen Verfahren bis zum negativen Eindruck in der Bevölkerung über das rasche Funktionieren der Strafrechtspflege insgesamt reichen. Ist dieses Reformanliegen völlig unbestreitbar, so ist es doch gerade hier zweifelhaft, ob sich der vom Gesetzgeber erwünschte Effekt durch Einzelkorrekturen überhaupt erreichen läßt. Die Eingriffe des Gesetzgebers in das bisherige Strafverfahrensrecht waren dabei durchaus gravierend. So wurde insbesondere die gerichtliche Voruntersuchung völlig abgeschafft, desgleichen die Schlußanhörung und das Schlußgehör, die sich beide nicht bewährt hatten. Eine Straffung vor allem des Ermittlungsverfahrens verspricht sich der Gesetzgeber insbesondere dadurch, daß er die Ermittlungstätigkeit ganz bei der Staatsanwaltschaft konzentriert. Auch Zeugen und Sachverständige sind nun verpflichtet worden, Ladungen der Staatsanwaltschaft Folge zu leisten und vor dieser auszusagen; nur das Recht der Vereidigung ist dem Richter auch insoweit vorbehalten geblieben. Über die Effizienz dieser gesetzgeberischen Maßnahmen läßt sich derzeit noch nichts sagen; auf die Verlagerung von Befugnissen auf die Staatsanwaltschaft ist später nochmals in anderem Zusammenhang zurückzukommen (u. C 2).

Weitere Regelungen des 1. Strafverfahrensreformgesetzes lassen sich nicht mehr einheitlich auf den Gesichtspunkt der Verfahrensbeschleunigung beschränken, sondern greifen allgemein für erforderlich gehaltene Reformpunkte auf. Zu nennen sind hier etwa die Verlängerung und Effektuierung der Frist des § 275 StPO für die Urteilsabsetzung, Verlängerungsmöglichkeiten für die Verfahrensunterbrechung im Rahmen des § 229 StPO, der endgültige Abschied vom Schwurgericht, das nunmehr lediglich als Bezeichnung für eine bestimmte große Strafkammer weiterlebt, die sich in der Besetzung und im Tagungsrhythmus nicht von sonstigen Strafkammern unterscheidet. Weiterhin wurde im Gesetz zur Ergänzung des 1. StVRG die Verteidigerausschließung für bestimmte Fälle gesetzlich geregelt und insoweit die längst fällige Konsequenz aus einer Entscheidung des Bundesverfassungsgerichts (Bd. 34, 293) gezogen. Die in den §§ 138a ff. StPO enthaltene Neuregelung hat dabei allerdings schon in kürzester Zeit zu erheblichen Unsicherheiten bei der Anwendung geführt. Auch die Regelung (§ 146 StPO), wonach es keinen gemeinschaftlichen Verteidiger für mehrere Beschuldigte mehr gibt, ist für viele Fälle der Alltagskriminalität wenig sinnvoll, da hier keineswegs immer ein Interessenkonflikt bei der Verteidigung mehrerer Angeklagter durch einen Verteidiger entstehen muß.

Betrachtet man die — hier nur in ganz groben Zügen gezeichnete — Entwicklung des Strafverfahrensrechts in der Bundesrepublik und läßt man dabei die Änderungen außer Betracht, die lediglich der Anpassung von Veränderungen des Strafrechts gedient haben, so drängt sich als Bilanz die Feststellung auf, daß die eigentliche Strafprozeßreform noch nicht stattgefunden hat. Die originären Eingriffe in das Strafverfahrensrecht tragen über weite Strecken den Charakter der aus der drängenden Notwendigkeit des Tages ohne größere Perspektive geschaffenen Augenblicksregelung. Dafür sind ebenso die zahlreichen Rücknahmen von Neuregelungen aus der kleinen Strafprozeßreform als auch insbesondere das völlig unausgereifte Ergänzungsgesetz vom 20. 12. 1974 symptomatisch. Die bisherige Bilanz der Strafprozeßreform ist jedenfalls höchst ernüchternd und weist das Strafprozeßrecht doch insgesamt gesehen als Stiefkind der gesamten bisherigen Strafrechtsreform aus. Dieser aufs Ganze gesehen enttäuschende Verlauf der Reformarbeiten ist heute Faktum, und eine Diskussion über eine möglicherweise falsche Prioritätensetzung hat letztlich nur mehr historisches Interesse.

Auf die gesamte Strafverfolgungstätigkeit des Staates bezogen lassen sich materielles und formelles Strafrecht nur als zusammengehörige Wirkungseinheit erfassen. Der schwächere Teil bestimmt dabei die Gesamtleistungsfähigkeit der Verbrechensbekämpfung. Damit muß der heute deutlich feststellbare Rückstand der Strafverfahrensrechtsreform gegenüber der Strafrechtsreform zwangsläufig zu einer Verlagerung der Reformbemühungen führen: in der weiteren Rechtsentwicklung wird die Reform des Strafverfahrens damit zwangsläufig im Vordergrund stehen.

Auch Österreich befindet sich insoweit in derselben Situation. Zwar ist hier die Strafrechtsreform noch weiter vorangeschritten, weil zum 1. 1. 1975 ein insgesamt erneuertes Strafgesetzbuch (also im Gegensatz zur BRD auch mit einem völlig erneuerten Besonderen Teil) in Kraft getreten ist, die eigenständige Strafprozeßreform steht aber ebenso aus wie in der BRD. Auch hier hat der Gesetzgeber mit dem Strafprozeßanpassungsgesetz vom 11. 7. 1974 nur die notwendige technische Angleichung der Strafprozeßordnung an das veränderte materielle Recht geschaffen, aber bisher keine Gesamtreform des Strafverfahrensrechts in Angriff genommen. Auch hier läßt sich deshalb eine Verlagerung der Reformbemühungen von der verwirklichten Strafrechtsreform zur ausstehenden Strafprozeßreform erwarten. Auch die Hauptreformanliegen decken sich in beiden Ländern weitgehend (vgl. u. C), wenn auch besonders in bezug auf das Vorverfahren tiefergreifende Unterschiede in der Einschätzung der Stellung der Staatsanwaltschaft und der gerichtlichen Voruntersuchung bestehen, wobei sich aber in allerjüngster Zeit in Österreich die Stimmen für eine Abschaffung oder mindestens Einschränkung der letzteren mehren (vgl. Bertel, Grundriß des österreichischen Strafprozeßrechts, 1975, 103).

B. Die Strafprozeßreform im kriminalpolitischen und kriminologischen Gesamtzusammenhang

1. Straftheorie und Strafrechtsgestaltung als Reformbasis

Wenn es im folgenden um eine Standortbestimmung der Strafprozeßreform im Rahmen der gesamten Kriminalpolitik und um das Aufzeigen der jeder Prozeßreform vorgegebenen Bezugspunkte geht, so steht an erster Stelle die Abhängigkeit des Strafverfahrensrechts von der Ausgestaltung des materiellen Strafrechts. Das Strafverfahren dient ja dazu, die in ihren einzelnen Voraussetzungen im Strafrecht festgelegte Straftat in einem geordneten gerichtlichen Verfahren festzustellen und die im materiellen Recht für zulässig erklärten Rechtsfolgen zu verhängen. Insoweit ist die Aufgabe des Strafverfahrens notwendigerweise auf die Realisierung des materiellen Rechts bezogen. Daraus ergibt sich zwangsläufig eine Abhängigkeit des Strafverfahrensrechts von der Ausgestaltung des materiellen Rechts. Diese Abhängigkeit darf man aber von vornherein nicht zu einseitig nur als eine solche des Verfahrensrechts vom materiellen Recht sehen; vielmehr handelt es sich auch hier um das zweiseitige Zusammenwirken dieser Rechtsbereiche. Denn auch umgekehrt gilt: das materielle Recht darf nur solche Regelungen treffen, die im Verfahrensrecht mit den dort gegebenen Mitteln durchsetzbar sind. Dabei ist im materiellen Recht eine Tendenz zur Komplizierung der getroffenen Regelungen erkennbar, die auch ihre Ausstrahlung auf das formelle Recht hat und weiter zunehmend haben wird. Je mehr die Merkmale einzelner Straftatbestände komplexe normative Wertungsvorgänge oder die Hinzuziehung von Sachverständigen zu ihrer Ausfüllung notwendig machen, desto schwieriger wird auch die Anwendung solcher Tatbestände im gerichtlichen Verfahren.

Die Abhängigkeit des Strafverfahrensrechts vom materiellen Recht beginnt bereits bei der Bestimmung der Aufgabe des Strafrechts. Die Straftheorie (und diese ist ja wiederum Teil der allgemeinen Staatsauffassung und der Bestimmung der Staatsaufgaben) stellt bereits die Weichen auch für das Strafverfahrensrecht. So erfordert etwa ein Strafrechtssystem, das auf dem Prinzip der persönlichen Verantwortlichkeit jedes mündigen Staatsbürgers aufbaut und die Strafzone in genau umrissenen Straftatbeständen festlegt, ein völlig anderes Prozeßrechtssystem als es etwa ein reines Maßnahmenrecht i. S. der sozialen Verteidigung Grammaticas verlangen würde. Damit ist zunächst zu fragen, welche Basis für die Strafprozeßreform wir insoweit in dem ab 1. 1. 1975 geltenden Strafrecht vorfinden. Ergebnis der Strafrechtsreform ist unzweifelhaft ein Tat-Täterstrafrecht, bei dem wir zwar im Sanktionensystem eine eindeutige Verlagerung auf die individuelle Anpassung der eingesetzten Sanktionen an den einzelnen Straftäter finden, bei dem aber gleichzeitig — und dies ist in rechtsstaatlicher Hinsicht auch ganz unverzichtbar — eine konsequente Beibehaltung des Straftatsystems vorliegt. Dieses im materiellen Recht vorgezeichnete Tat-Tätersystem ist die Grundlage für alle Reformbemühungen auch im Strafverfahrensrecht. Dies bedeutet, daß das Strafverfahren sowohl zur rechtsstaatlich einwandfreien Tatfeststellung geeignet sein muß, als auch eine täterorientierte Zumessung der Sanktionen zu ermöglichen hat.

Betrachten wir das geltende Strafverfahrensrecht unter diesem Gesichtspunkt, so ist unverkennbar, daß das gegenwärtige Strafverfahrensrecht eindeutig besser auf die Tatfeststellung als auf die täterorientierte Sanktionenbestimmung zugeschnitten ist. Daß dem so sein muß, ist auch nach der historischen Entwicklung einleuchtend. Im Grunde ist das heute praktizierte Modell des

Strafprozesses noch voll der im 19. Jhdt. verwirklichte Typus eines rechtsstaatlich-liberalen Prozesses mit Einbau demokratischer Garantien (etwa bei der Öffentlichkeit und der Laienrichterbeteiligung). Das Verfahren ist darauf zugeschnitten, in rechtsstaatlich einwandfreier Weise die begangene Straftat festzustellen, wobei der Angeklagte nicht mehr als Untersuchungsobjekt, sondern als Prozeßsubjekt mit starken Verteidigungsmöglichkeiten betrachtet wird. Die erst später einsetzende Revolutionierung des Sanktionensystems mit der Entwicklung eines Maßnahmensystems, der Betonung der Täterkomponente und der Hervorhebung der individualpräventiven Zielsetzung bei allen im Strafverfahren eingesetzten Sanktionen war in diesem Prozeßmodell ursprünglich nicht mitbedacht und konnte deshalb bis heute auch nicht systemgerecht voll in dieses Prozeßmodell integriert werden. Wichtige Verfahrensgrundsätze, die für die Tatermittlung durchaus sinnvoll sind (wie z. B. Mündlichkeit oder Laienrichterbeteiligung), sind für die Sanktionenbemessung durchaus von zweifelhaftem Wert. Nicht zuletzt hieraus resultiert auch die Forderung nach einer Zweiteilung der Hauptverhandlung (vgl. dazu näher u. C 3). Vor allem in den letzten Jahren hat sich im Zuge einer sich stürmisch entwickelnden Strafzumessungswissenschaft zunehmend das Prinzip der Gleichrangigkeit von Straffrage und Schuldfrage herausentwickelt. Gerade viele Forderungen der Strafzumessungslehre drängen nach prozessualen Konsequenzen, da sich die heute durchgängig im Gesetz geforderte täterorientierte Bemessung der Rechtsfolgen der Tat nur schwer im heutigen Strafprozeßrecht ausreichend verwirklichen läßt.

Dies macht ein Blick auf die Strafziele deutlich. Bei den Maßregeln der Besserung und Sicherung (§§ 61ff. StGB) ergibt sich die ausschließlich individualpräventive Ausrichtung dieser Sanktionen schon aus der Grundüberlegung, daß es hier um die Bannung der sozialen Gefährlichkeit des Täters geht. Wenn auch aus der gesetzlichen Regelung der §§ 46ff. StGB eine ähnlich klare Aussage dem Gesetz selbst nicht zweifelsfrei zu entnehmen ist, so ist doch auch hier die starke Akzentverlagerung auf die Individualprävention unverkennbar (vgl. § 46 Abs. 1 S. 1, § 56 Abs. 1 und § 47 Abs. 1 StGB). Der Schuld ist demgegenüber eine Begrenzungsfunktion und der Generalprävention (in der Einengung der Verteidigung der Rechtsordnung) eine Korrekturfunktion zugewiesen. Diese im materiellen Recht eingetretene Verlagerung auf die Individualprävention zeichnet die Weiterentwicklung des Strafverfahrensrechts vor. Mit den heutigen prozessualen Möglichkeiten ist aber die Erfassung der Täterpersönlichkeit, die Voraussetzung jedes richtigen Gebrauchs der Individualprävention ist, nur ungenügend möglich; auch die hier häufig gebotene Zusammenarbeit zwischen Sachverständigen und Gericht ist im heutigen Verfahrensrecht keineswegs optimal gewährleistet. Nach der Strafrechtsreform muß man der Resozialisierungsidee einen bevorzugten Stellenwert sowohl im Bereich der Vollzugs- als auch der Strafziele einräumen. Dann ist aber unabweisliche Konsequenz, daß schon die Gestaltung des Strafverfahrens selbst im Dienste dieses Zieles stehen muß.

Das heutige Strafprozeßmodell steht seiner Entstehung und seiner Weiterentwicklung nach ganz im Zeichen liberaler rechtsstaatlicher Ausrichtung. Durch eine lange Entwicklung ist seither die rechtsstaatliche Komponente unverzichtbarer Bestandteil der Strafprozeßgestaltung geworden. An diesem Erbe ist uneingeschränkt festzuhalten; seine Weiterentwicklung ist auch heute noch aktuelle Aufgabe. Aber dem heutigen Strafprozeßmodell fehlt noch stark die soziale Komponente. Das schon auf Verfassungsebene bestehende Spannungsverhältnis zwischen rechtsstaatlich liberalem und sozialem Gedankengut strahlt naturgemäß ins Strafrecht und ins Strafverfahrensrecht aus. Hier ist ein entscheidender Nachholbedarf vorhanden und hier müssen auch erst klare, in Gesetzesform überführbare Vorstellungen herausgearbeitet werden. Das Sozialstaatsprinzip stärker als bisher zur Geltung zu bringen, wird deshalb die Hauptaufgabe der zukünftigen Strafprozeßentwicklung sein.

Die Entwicklungslinien sind auch insoweit schon sichtbar, wenn auch nicht im einzelnen durchgezeichnet. Das materielle Strafrecht hat sich von der — mit dem liberal-rechtsstaatlichen Gedankengut durchaus vereinbaren — Repression und insbesondere vom reinen Tatvergeltungsdenken abgewendet und dem Gesichtspunkt der Sozialisation des straffällig gewordenen Staatsbürgers zugewendet. Diese heute noch nicht abgeschlossene, aber klar vorgegebene Entwicklung wurde aus zahlreichen Quellen gespeist: sozialen Gerechtigkeitsvorstellungen und einer veränderten Sicht der Staatsfunktionen ebenso wie von zahlreichen empirisch gewonnenen Einsichten der Kriminologie in die sozialen und individuellen Entstehungszusammenhänge des Verbrechens. Diese „Sozialisationsaufgabe des Strafverfahrens" (Kern-Roxin aaO. S. 11) wird wahrscheinlich zur wichtigsten Weichenstellung der zukünftigen Entwicklung des Strafverfahrensrechts werden.

2. Die Bedeutung der Rechtsvergleichung für die Strafprozeßentwicklung

Gerade im Bereich des Strafverfahrens hatte die Rechtsvergleichung stets eine große Rolle gespielt (vgl. eingehend Jescheck, Rechtsvergleichung als Grundlage der Strafprozeßreform, in: Probleme der Strafprozeßreform, 1975, S. 7ff.). Betrachtet man die historische Entwicklung des

Strafverfahrensrechts im deutschen Sprachraum, so scheint es so, daß die eigenständigen nationalen Beiträge zur Entwicklung des Strafprozesses eher gering waren und die entscheidenden Impulse aus anderen Rechtsordnungen kamen, so aus dem mittelalterlichen italienischen Strafprozeß und später aus dem französischen und englischen Strafprozeß. Auch heute steht bei der Diskussion um die Strafprozeßreform der Blick auf Verfahrensgestaltungen im Ausland im Vordergrund des Interesses, vor allem nach dem anglo-amerikanischen Vorbild (vgl. dazu eingehend Herrmann, Die Reform der deutschen Hauptverhandlung nach dem Vorbild des anglo-amerikanischen Strafverfahrens, 1971; näher dazu u. C 3). Diese Bedeutung der Rechtsvergleichung gerade für das Strafverfahren hängt sicher mit dem allgemeinen Aufschwung zusammen, den gerade die Strafrechtsvergleichung nach dem 2. Weltkrieg in Deutschland erlebte.

Die Rechtsvergleichung kann aber immer nur dann fruchtbare Impulse für die eigene Rechtsentwicklung geben, wenn man dabei exakt die unterschiedlichen rechtlichen, kulturellen und sozialen Bedingungen der jeweiligen nationalen Rechtsordnung mit in Rechnung stellt. Das Strafverfahrensrecht wird oft als angewandtes Verfassungsrecht bezeichnet; gemeint ist damit, daß sich die Grundlinien des Strafverfahrensrechts schon im jeweiligen Verfassungsrecht vorgezeichnet finden, schon weil für jede Rechtsordnung die Gestaltung des Strafprozeßrechts die Probe aufs Exempel dafür ist, wie das Verhältnis von Staat und Individuum grundsätzlich gesehen und verfassungsrechtlich ausgestaltet wird. Schon von dieser Grundtatsache her sind der Übernahme von im Ausland bewährten Gestaltungsformen in die eigene Rechtsordnung Grenzen gesetzt. Hinzu kommt, daß man eine rechtliche Regelung nicht von ihrem sozio-kulturellen Hintergrund isolieren kann, wenn man ihre wahre Leistungsfähigkeit beurteilen will. Dies machte etwa die Behandlung des Themas „Die Entschädigung des durch eine Straftat Verletzten" auf dem letzten internationalen Strafrechtskongreß in Budapest (1974) deutlich: während sich über die Anerkennung der Entschädigung als öffentliche Aufgabe bei bestimmten Straftatbeständen relativ leicht eine Einigkeit erzielen ließ, war die Beurteilung des Adhäsionsverfahrens sehr kontrovers. In den Ländern, in denen es bestand, wurde es höchst unterschiedlich beurteilt; die Beurteilung hing dabei weit weniger von der rechtlichen Ausgestaltung des Adhäsionsverfahrens selbst, als vielmehr von dem Zusammenspiel mit der gesamten Rechtsordnung, insbesondere der Ausgestaltung des Zivilverfahrens ab. Wir finden auch insoweit die aus der Kriminologie wohlbekannte Erfahrung bestätigt, daß sich Forschungsergebnisse nur mit großem Vorbehalt und bei Berücksichtigung aller unterschiedlichen Faktoren der jeweiligen Rechts- und Sozialordnung vergleichen und übertragen lassen.

Angesichts dieser Grenzen der rechtsvergleichenden Betrachtung im Bereich des Strafverfahrensrechts wird deutlich, daß es heute nicht um die Übernahme völlig vom deutschen Strafverfahren abweichender Prozeßmodelle gehen kann, sondern immer nur darum, Vergleichsmaterial für mögliche Einzelgestaltungen im Gesamtablauf des Strafverfahrens zu gewinnen. Insoweit wird sich auch zeigen, daß für die u. C zu behandelnden Reformschwerpunkte internationales Vergleichsmaterial besonders notwendig ist.

3. *Die Notwendigkeit empirischen Wissens*

Schon beim Gesichtspunkt der Rechtsvergleichung hat sich gezeigt, daß sie sinnvollerweise nicht ohne Kenntnis der tatsächlichen Geschehensabläufe und Gegebenheiten in der zum Vergleich herangezogenen Rechtsordnung betrieben werden kann. Auch bei der Beurteilung des Funktionierens der eigenen Rechtseinrichtungen ist es völlig unverzichtbar, ausreichendes empirisches Wissen hierüber zu besitzen. Im Gesamtverlauf der bisherigen Strafrechtsreform ist immer wieder schmerzlich deutlich geworden, wie sehr an vielen kriminalpolitischen Brennpunkten noch ausreichend abgesichertes empirisches Wissen fehlt. Zwar folgt aus den empirisch gewonnenen Einsichten nie automatisch die kriminalpolitische Entscheidung, jedoch ist andererseits keine fundierte kriminalpolitische Entscheidung denkbar, die nicht auf der ausreichenden Kenntnis der tatsächlichen Zusammenhänge und Gegebenheiten aufbauen kann. Nur ein ausreichendes empirisches Wissen ermöglicht eine solide kriminalpolitische Entscheidung. Dies gilt selbstverständlich auch für den Gesamtkomplex der Strafprozeßreform.

Erst in jüngster Zeit ist von zahlreichen empirischen Einzeldisziplinen Material über die tatsächlichen Geschehensabläufe und Zusammenhänge im Strafverfahren zusammengetragen worden. Hier können dafür nur einige Beispiele genannt werden. Insbesondere soziologischen Untersuchungen verdanken wir einen etwas näheren Einblick in die im Laufe des Strafverfahrens stattfindenden Selektionsvorgänge, die zu einer Überdenkung des Legalitätsprinzips führen müssen (vgl. Zipf in Peters-Festschrift 1974, 487). Zwar ist das Dunkelfeld von einer Aufhellung noch weit entfernt, aber zahlreiche kriminologische Untersuchungen (Opfer- oder Täterbefragungen) haben uns doch so viel Einblick gegeben, daß wir die (in der Strafverfolgung zu bewältigende) Kriminalität nicht als eine feststehende Größe, sondern als eine weitgehend von der Ausgestaltung der Verfolgungsmaßnahmen abhängige Variable anzusehen beginnen, woraus sich wiederum wichtige Konsequenzen für das Legalitätsprinzip, aber auch für die gesamte Ausgestaltung des Vorverfahrens ergeben.

Weitere soziologische Untersuchungen vermitteln uns einen Einblick in das Rollenverhalten der Verfahrensbeteiligten im Strafverfahren, woraus sich wichtige Schlußfolgerungen für die Ausgestaltung der Hauptverhandlung ergeben können. Individual- und sozialpsychologische Untersuchungen geben uns wenigstens partielle Einblicke in das Verhalten des Richters im Prozeß der Überzeugungsbildung, sowie bei der Festsetzung der Rechtsfolgen der Tat; andere Untersuchungen dieser Art lassen uns den Beweiswert einzelner Beweismittel genauer erkennen, so etwa den Einsatz des Eides als Mittel der Wahrheitsfindung oder überhaupt die aussagepsychologische Beurteilung von Zeugenaussagen. Leider fehlen noch weitgehend systematisch angelegte Untersuchungen über das Funktionieren einzelner Rechtsinstitute, so z. B. über das Einstellungsverhalten der einzelnen Staatsanwaltschaften oder über positive und negative Funktionen der Berufung. Vorbildlich ist hier aber die eindrucksvolle Untersuchung von Peters über die „Fehlerquellen im Strafprozeß" (Bd. I 1970; Bd. II 1972; Bd. III 1974).

Die Auswertung der vorliegenden empirischen Untersuchungen im Rahmen der Strafprozeßreform ist derzeit noch stark erschwert. Die zumeist nur kleinere Ausschnitte behandelnden Untersuchungen lassen nur schwer ein Gesamtbild über das tatsächliche Funktionieren eines bestimmten prozessualen Instituts zu; die oft fehlende Verallgemeinerungsfähigkeit von Forschungsergebnissen ist in kriminalpolitischer Hinsicht ebenso ein Problem wie die Schwierigkeit, einzelne Forschungsergebnisse miteinander in Einklang zu bringen. Schon deshalb ist es sehr zu begrüßen, daß in der Strafprozeßlehre allmählich eine Disziplin heranwächst, die sich um eine „systematische Erforschung der Prozeßtatsachen" (Kern-Roxin aaO. 7) bemüht; besonders Peters (→ Lit. Verz.) hat sich um die Entwicklung dieser Disziplin verdient gemacht und damit der gesamten Strafprozeßreform wesentliche Impulse zur Einbeziehung allen empirisch verfügbaren Wissens gegeben.

4. *Die Effektivität der Strafverfolgung*

Die Strafverfolgungstätigkeit einschließlich der gerichtlichen Aburteilung muß sich ebenso wie jede andere staatliche Tätigkeit auch einer Effektivitätskontrolle unterziehen lassen. Dies erscheint um so notwendiger, als in den letzten Jahren zunehmend deutlich die Besorgnis der Bevölkerung bezüglich eines wirksamen Schutzes vor Kriminalität sichtbar wurde. Hier ist in erster Linie die friedensstiftende Funktion des Strafverfahrensrechts angesprochen. Sicher ist es eine wichtige Aufgabe, den einzelnen Straffall in prozeßordnungsgemäßer Weise der richtigen Sachentscheidung zuzuführen. Aber nicht nur diese korrekte Einzelentscheidung, sondern die Gesamtverantwortung bezüglich des Fertigwerdens mit der Gesamtkriminalität ist Aufgabe aller Strafverfolgungsorgane. In dieser Hinsicht stellt die Strafprozeßreform die Aufgabe, Regelungen und Institutionen zu schaffen, die gegenüber dem Phänomen der Gesamtkriminalität die Aufrechterhaltung des inneren Rechtsfriedens und das Gefühl der Rechtssicherheit bei der Bevölkerung bewahren. Hierbei geht es primär um die Ausgestaltung des Ermittlungsverfahrens mit einer möglichst zweckmäßigen Funktionsteilung zwischen Polizei und Staatsanwaltschaft (mit dem wichtigen Ziel einer Erhöhung der Aufklärungsquoten) und eines Ausschöpfens aller Möglichkeiten der Verbrechensvorbeugung.

Natürlich gilt dieser Gedanken der Effektivität und Praktikabilität nicht nur bezüglich der Bekämpfung der Kriminalität insgesamt, sondern auch für die konkrete Verfahrensgestaltung im einzelnen. Dies gilt für alle Verfahrensstufen von der Einleitung des Ermittlungsverfahrens bis zum Abschluß des Rechtsmittelverfahrens. Möglichkeiten für praktikablere Verfahrensgestaltungen dürften dabei bei allen u. C näher zu besprechenden Reformschwerpunkten zu finden sein.

Im Rahmen der Effektivität der Strafverfolgung kommt ein besonderer Stellenwert der Verfahrensbeschleunigung zu (vgl. o. A). Die überlange Dauer vieler Strafverfahren blockiert in verhängnisvoller Weise die Gesamtleistungsfähigkeit der Strafverfolgungsorgane. Die rasche Aufklärung und Aburteilung von Straftaten ist gerade in generalpräventiver Sicht von eminenter Bedeutung. Ansatzmöglichkeiten zur Verfahrensbeschleunigung gibt es sowohl im institutionellen als auch im personellen Bereich. Da bei letzterem wenigstens derzeit kein Anlaß zum Optimismus im Hinblick auf eine nennenswerte Erweiterung des personellen Ausbaues der Strafverfolgungsorgane vorhanden ist, kommt einer Zeiteinsparung durch Verbesserung und Rationalisierung des Arbeitsstils große Bedeutung zu. Hier liegt auch eine bisher zu wenig beachtete Aufgabe innerhalb der juristischen Ausbildung und Fortbildung (vgl. u. C 5).

C. Einzelne Reformschwerpunkte

1. *Veränderung der Gerichtsorganisation in Strafsachen*

Der Rahmen dieses Beitrags läßt es nur zu, einzelne Schwerpunkte der heute schon erkennbaren Reformdiskussion herauszugreifen, wobei die Auswahl auch notwendigerweise subjektiv gefärbt sein muß. Weiter muß hervorgehoben werden, daß die einzelnen Gesichtspunkte zwar einzeln betrachtet werden können; dabei darf aber nie der Gesamtzusammenhang zwischen allen einzelnen Reformgesichtspunkten außer Betracht bleiben. Dies zeigt sich schon beim ersten hier zu besprechenden Gesichtspunkt, nämlich der Ausgestaltung der Gerichtsorganisation sehr deutlich, weil hier ein unübersehbarer Zusammenhang mit dem für wünschenswert gehaltenen Rechtsmittelsystem (vgl. u. 4) besteht.

Eine Umgestaltung der Gerichtsorganisation in Strafsachen führt in den weiteren Zusammenhang der gesamten Justizreform. Gerade hier stehen aber deutliche Fragezeichen vor der politischen Realisierbarkeit. Selbstverständlich ist es hier nicht möglich, den Gesamtaspekt der großen Justizreform zu erörtern. Die Überlegungen müssen sich darauf beschränken, was für die Aufgaben der Strafrechtspflege wünschenswert erscheint. Dies läßt sich schlagwortartig dahin formulieren: ein dreistufiger Gerichtsaufbau und ein zweistufiger Verfahrenszug. Die Forderung nach einem dreistufigen Gerichtsaufbau hat freilich die Konsequenz, die erstinstanzlichen Spruchkörper beim Amtsgericht und beim Landgericht einem einheitlichen erstinstanzlichen Gericht zuzuweisen. Als erstinstanzlicher Spruchkörper wären dann der Einzelrichter, das Schöffengericht (ein Berufsrichter und zwei Laienrichter) und die Strafkammer (drei Berufsrichter, zwei Laienrichter) vorzusehen. Gegen alle erstinstanzlichen Entscheidungen würde es nur ein Rechtsmittel geben (vgl. näher u. 4). Über das Rechtsmittel würde grundsätzlich das Oberlandesgericht entscheiden; der Bundesgerichtshof wäre stärker als bisher auf die Wahrung der Rechtseinheit hin in seiner Tätigkeit auszurichten, wofür die Vorlagepflicht erweitert werden könnte (vgl. u. 4). Insbesondere die Zulassung eines zweistufigen Verfahrenszuges verspräche einen Gewinn an Verfahrensbeschleunigung, zumal dieses einheitliche Rechtsmittel stärker der heutigen Revision als der Berufung entsprechen müßte (sog. erweiterte Revision, vgl. näher u. 4).

2. *Klare Funktionstrennung bei den Strafverfolgungsorganen*

Sowohl unter dem Gesichtspunkt der Verfahrensbeschleunigung als auch unter dem Erfordernis klarer Zuständigkeiten und Befugnisse wirkt es sich nachteilig aus, wenn eine zu starke Funktionenüberschneidung in einzelnen Verfahrensabschnitten besteht. Besonders das Ermittlungsverfahren bietet hier in zweierlei Hinsicht zur Beanstandung Anlaß. Zum einen ist die Funktions- und Arbeitsteilung zwischen Staatsanwaltschaft und Polizei nicht optimal gestaltet und zum anderen stellt die Zuständigkeitsverteilung zwischen Staatsanwaltschaft und Gericht im Vorverfahren ein Problem dar. Im erstgenannten Komplex ist so lange kaum eine befriedigende Lösung zu finden, als de jure die Staatsanwaltschaft Herrin des Ermittlungsverfahrens ist, de facto aber die Polizei die Ermittlungen weitgehend in eigener Regie führt. Der zweite Komplex ist im deutschen Strafverfahrensrecht durch das erste Strafverfahrensreformgesetz weitgehend einer befriedigenden Lösung zugeführt worden, während im österreichischen Strafverfahrensrecht hier wohl ein Diskussionsschwerpunkt in den nächsten Jahren zu erwarten ist (vgl. Bertel, Grundriß des österr. Strafprozeßrechts, 1975, 103).

Ein weiterer unter diesem Gesichtspunkt (Anklageprinzip!) seit jeher neuralgischer Punkt ist das Zwischenverfahren mit dem Eröffnungsbeschluß. Die gesamte Problematik positiver oder negativer Funktionen des Eröffnungsbeschlusses kann hier naturgemäß nicht ausgebreitet werden. Sicher ist nur, daß der in der kleinen Strafprozeßreform 1964 geschaffene Kompromiß (Zulassung der Anklage durch das Gericht; Verlesen des Anklagesatzes durch den Staatsanwalt in der Hauptverhandlung) die Diskussion um diesen Punkt nicht zum Verstummen bringen konnte. Hier wären zunächst empirische Untersuchungen darüber nützlich, in welchen Fällen der Eröffnungsbeschluß tatsächlich eine Schutzfunktion zu Gunsten des Angeklagten erfüllt. Sicher dürfte weiterhin auch sein, daß gerade unter den Gesichtspunkten der Beschleunigung und der Praktikabilität die Schaffung einer eigenen Eröffnungszuständigkeit außerhalb des erkennenden Gerichts nicht in Betracht kommt. Ob der Verzicht auf jeglichen gerichtlichen Eröffnungsbeschluß tragbar ist, könnte erst eine umfassende kriminalpolitische Diskussion im Rahmen der Strafprozeßreform ergeben, wofür empirisches Material sehr wichtig wäre.

3. *Umgestaltung der Hauptverhandlung*

Kernstück des Strafverfahrens ist die mündliche Hauptverhandlung, die dementsprechend auch einen deutlichen Schwerpunkt in der Strafprozeßreformdiskussion darstellt. Veränderungen gegenüber dem derzeitigen Rechtszustand werden vor allem in zweifacher Hinsicht erwogen: eine Zweiteilung der Hauptverhandlung (sog. Schuldinterlokut) und Veränderungen bei der Beweisaufnahme, insbesondere beim Zeugenbeweis (sog. Kreuzverhör).

Die Forderungen nach einer Zweiteilung der Hauptverhandlung gehen insbesondere auf die Entwicklung der Strafzumessungslehre zurück. In dem Umfang, in dem der Zumessungsakt der Rechtsfolgen der Tat ständig an Bedeutung gewonnen hat und die Straffrage zum gleichrangigen Prozeßthema neben der Schuldfrage wurde, mußte fast zwangsläufig die Forderung auftauchen, der Deliktfolgenverhängung einen eigenen Abschnitt in der Hauptverhandlung nach der Bejahung der Schuldfrage zuzuweisen. Schon die Charakterisierung des heutigen materiellen Strafrechts als „Tat-Täterstrafrecht" legt ja prozessuale Konsequenzen dergestalt nahe, die Feststellung der Straftat und die Zumessung der täter-adäquaten Rechtsfolgen auch in der Hauptverhandlung deutlich voneinander abzusetzen.

Diese Forderung wird durch zahlreiche Gesichtspunkte untermauert. Da die Verhängung der Rechtsfolgen der Tat heute eine weitgehende Erforschung der Täterpersönlichkeit erforderlich macht und die dafür notwendigen Ermittlungen unter Umständen weit in die persönliche Privatsphäre des Angeklagten eindringen müssen, ist es ein Gebot des Schutzes des Angeklagten, solche Ermittlungen erst nach Bejahung der Schuldfrage zuzulassen. Auch können in diesem zweiten Abschnitt teilweise abweichende Verfahrensgestaltungen zweckmäßig sein; so ist z. B. das Öffentlichkeitsprinzip in diesem zweiten Abschnitt in der Regel hemmend und bewirkt leicht eine unnötige Bloßstellung des Angeklagten. Die weiter häufig diskutierte Frage, ob im zweiten Verfahrensabschnitt die Richterbank anders zusammengesetzt sein könnte, insbesondere durch Sachverständige ergänzt werden könnte, ist bei Abwägung aller Argumente zu verneinen. Dem steht das Gebot des gesetzlichen Richters wohl ebenso entgegen wie die Erfahrung, daß das sich stets komplizierende Strafzumessungsrecht nur vom Strafjuristen anwendbar ist. Sehr wohl erscheint es aber möglich, hier im zweiten Verfahrensabschnitt aufgelockerte und erweiterte Kooperationsmöglichkeiten zwischen Gericht und Sachverständigen zu erproben.

In verfahrenstechnischer Hinsicht wirft die Zweiteilung der Hauptverhandlung schwierige Rechtsfragen vor allem im Hinblick auf die folgenden drei Problemkreise auf: die Abgrenzung der Verfahrensabschnitte, die Bindungswirkung der Entscheidung der Schuldfrage für den zweiten Verfahrensabschnitt und der Anwendungsumfang für ein solches Schuldinterlokut. Daß sich die Abgrenzung zwischen beiden Verfahrensabschnitten keinesfalls von selbst versteht, zeigen schon die beiden heute im Raum stehenden Begriffe des Tatinterlokuts und des Schuldinterlokuts. Vor allem geht es um die Frage, wieweit neben der Feststellung der rechtswidrigen Straftat auch Merkmale der Schuld (i. S. der 3. Verbrechensaufbaustufe der Straftat) noch dem ersten Verfahrensabschnitt zuzuweisen sind. Denn gerade Probleme der Schuldfähigkeit weisen bereits enge Berührungspunkte mit Strafbemessungsfragen auf. Am zweckmäßigsten dürfte es deshalb sein, die Schuldfähigkeit (aber auch nur diese) bereits zur zweiten Verfahrensstufe zu nehmen.

Eine weitgehende Übereinstimmung scheint sich dahingehend anzubahnen, daß die Entscheidung im ersten Verfahrensabschnitt nicht selbständig, sondern nur zusammen mit dem die Instanz abschließenden Urteil aus dem zweiten Verfahrensabschnitt anfechtbar sein soll. Eine andere Lösung würde das Verfahren erheblich komplizieren und verlängern und damit in unlösbaren Widerspruch zu anderen wichtigen Reformzielen, insbesondere dem Beschleunigungsgebot, treten. Keine ähnliche Einmütigkeit ist darüber festzustellen, inwieweit ein solches zweigeteiltes Verfahren überhaupt Anwendung finden soll. Da das Schuldinterlokut jedenfalls die Tendenz zur Verfahrensverlängerung in sich trägt und ihm auch die Praxis wohl überwiegend eher Ablehnung entgegenbringt, sollte — jedenfalls für den Anfang — der Anwendungsbereich eher eng gezogen werden. Man sollte das Schuldinterlokut auf die Strafsachen beschränken, in denen wirklich eine eingehende Persönlichkeitserforschung des Angeklagten geboten ist. Dies sind hauptsächlich diejenigen Fälle, die zu Freiheitsstrafe oder zur Verhängung einer mit Freiheitsentzug verbundenen Maßregel der Besserung und der Sicherung führen können. Welche Regelung man hier am zweckmäßigsten trifft, ist noch nicht im einzelnen ausdiskutiert.

Dies gilt noch im größeren Ausmaße von der zweiten für die Umgestaltung der Hauptverhandlung grundlegenden Erwägung, nämlich einer Übernahme von Elementen des anglo-amerikanischen Strafverfahrens in die Hauptverhandlung. Kernpunkt der Kritik am gegenwärtigen Rechtszustand ist die Überlegung, daß der Richter bei der Durchführung der Hauptverhandlung, insbesondere der Zeugenbefragung, überfordert und zu sehr auf die Rolle des Inquirenten fixiert sei. Auch hier fehlen uns wieder empirische, insbesondere psychologische Untersuchungen, die uns näheren Aufschluß über die Gefahr der Voreingenommenheit und Überlastung des heutigen Gerichtsvorsitzenden geben könnten. Ob und unter welchen Bedingungen das Kreuzverhör der Leitung der Vernehmung durch den Gerichtsvorsitzenden überlegen ist, könnten nur groß angelegte und vergleichende empirische Untersuchungen ergeben. Unter diesem Vorbehalt stehen auch die folgenden weiteren Überlegungen.

Selbst wenn man eine Überlegenheit des Kreuzverhörs zur Ermittlung der Wahrheit feststellen könnte (was aber wahrscheinlich bereits das heute vorhandene und praktizierbare Forschungsinstrumentarium weit überfordert), bliebe mindestens in mittelfristiger Sicht die Gefahr, daß eine solche Reform zu Lasten des Beschuldigten ginge, da kaum von einer faktischen Waffengleichheit zwischen Staatsanwalt und Strafverteidiger gesprochen werden könnte. Jedoch werden letztlich all diese nur schwer verifizierbaren Gesichtspunkte von einer anderen Überlegung verdrängt:

der Resozialisierungscharakter auch schon des Strafverfahrens dürfte eine Übernahme des Kreuzverhörs ausschließen, das seinerseits zu sehr auf die Kampfsituation im Gerichtssaal fixiert ist. Im übrigen läßt sich schon im geltenden Verfahrensrecht eine Art Wechselgehör praktizieren, das es jedenfalls erlaubt, ausreichende Erfahrungen zu sammeln, das aber vielleicht selbst schon das Optimum der Zeugenvernehmung darstellt: zunächst veranlaßt der Gerichtsvorsitzende den Zeugen zu einer zusammenhängenden Darstellung seiner Wahrnehmungen über das Beweisthema (wobei der Vorsitzende — besonders bei unbeholfenen Zeugen — selbstverständlich sachleitend eingreifen darf), dann stellen Staatsanwalt und Verteidiger ihre aus ihrer Sicht zur Ergänzung für notwendig gehaltenen Fragen (wobei die Reihenfolge von Staatsanwalt und Verteidiger variabel gehalten werden kann) und abschließend stellt der Gerichtsvorsitzende (oder andere Mitglieder des Gerichts) die i. S. der amtswegigen Aufklärungspflicht noch für erforderlich gehaltenen Fragen.

4. Die Reform des Rechtsmittelrechts

Eine Umgestaltung des Rechtsmittelrechts ist wohl der derzeit am meisten diskutierte Reformschwerpunkt, wenn sich auch hier sofort Unsicherheit einstellt, wenn man ins Detail geht. Immerhin scheint weitgehende Einigkeit über die Richtung der Reform zu bestehen: Abschaffung der Berufung und Konzipierung eines einheitlichen Rechtsmittels, das im wesentlichen der heutigen Revision entsprechen soll, aber erweiterte Angriffsmöglichkeiten bezüglich der tatsächlichen Feststellungen aufweisen müßte (sog. erweiterte Revision). Die Forderung nach Abschaffung der heutigen Berufung resultiert daraus, daß hier die negativen Punkte bei weitem überwiegen: Erschwerung der Beweisaufnahme mit zunehmendem Abstand vom Tatgeschehen; erhebliche Verlängerung der Dauer des Strafverfahrens ohne spürbaren Gewinn an inhaltlicher Richtigkeit der Entscheidung; Entwicklung zu einer Art „Rabattinstanz"; Entwertung der ersten Tatsacheninstanz durch das Nachschalten einer zweiten Tatsacheninstanz mit voller Beweisaufnahme. Die Verwendung der Berufung ist auch im geltenden Recht schon insoweit zwiespältig, als bei den leichteren Strafsachen eine zweite Tatsacheninstanz in Form der Berufungsinstanz eingebaut ist, während bei den schweren Strafsachen, die am Landgericht beginnen, seit jeher nur die Revision zur Verfügung steht.

Damit freilich die Revision die Funktion des einzigen gegen erstinstanzliche Entscheidungen in Strafsachen gegebenen Rechtsmittels erfüllen kann, bedarf es einer erheblichen Veränderung gegenüber dem bisherigen Rechtszustand. Der Zuschnitt der Revision ausschließlich als Rechtsrügeinstanz müßte eine Erweiterung dahingehend erhalten, daß in gewissem Umfang die Unvollständigkeit oder deutliche Fehlerhaftigkeit der tatsächlichen Feststellungen angegriffen werden kann. Hier beginnen nun freilich die Schwierigkeiten im Detail, weil bisher keine griffigen Kriterien dafür erarbeitet wurden, wie eine solche Grenzziehung innerhalb des Angriffs auf die tatsächlichen Feststellungen prägnant erfolgen könnte. Hier besteht ein deutlicher Nachholbedarf an rechtsdogmatischer Klärung (vgl. aber jetzt insbes. die Arbeiten von Fezer → Literaturübersicht).

Eine weitere Reformvorstellung in diesem Bereich setzt sich mit der Frage auseinander, ob der ersten Instanz ein vereinfachtes Verfahren („Strafbescheidsverfahren") bei leichteren Strafsachen vorgeschaltet werden soll, bei dem zunächst eine Entscheidung (Strafbescheid) in einem vereinfachten Verfahren vor einem Einzelrichter ergehen würde, das erst auf Anfechtung durch den Betroffenen hin ins ordentliche Strafverfahren überführt würde. Die hier angesprochene Problematik ist vielgestaltig. Zunächst leuchtet die Überlegung sehr ein, weil damit die Erledigung vieler kleiner Straftaten in schneller Weise verbunden sein könnte. Aber auch die Nachteile sind gravierend. Zunächst besteht ja die Möglichkeit rascher Erledigung bereits im Verfahren nach § 153a StPO und im Strafbefehlsverfahren; es ist nicht leicht auszumachen, welche Fälle daneben zur Erledigung im Strafbescheidsverfahren geeignet wären. Hinzu käme aber auch die Gefahr einer gewissen Entwertung des Verfahrens vor dem Einzelrichter; auch bedürften die sich gegebenenfalls daraus für das Ordnungswidrigkeitenverfahren ergebenden Konsequenzen einer eingehenden Diskussion. Die kriminalpolitische Entscheidung wird dadurch erschwert, daß hier auch Rechtsvergleichung und empirische Untersuchungen kaum Entscheidungshilfen erbringen können. Bei einer Gesamtabwägung des pro und contra erscheint es daher derzeit zweckmäßiger, zunächst die Erfahrungen mit § 153a StPO auf breiter Basis abzuwarten.

In dem vorgeschlagenen Verfahrensaufbau mit einem dreistufigen Gerichtsaufbau und einem zweistufigen Verfahrenszug wäre die dritte Instanz (der Bundesgerichtshof) viel stärker als heute auf die Rechtseinheitsfunktion hin ausgerichtet. Über eine Neukonstruktion der Vorlagepflicht an den Bundesgerichtshof hinaus könnte man hier noch einen eigenständigen Rechtsbehelf in die Erwägung einbeziehen, der bisher in der Strafprozeßreform in Deutschland nicht näher diskutiert wurde, der aber im österreichischen Strafverfahrensrecht seit langem beheimatet ist und mit gutem Erfolg angewendet wird: die dem Generalprokurator beim Obersten Gerichtshof (würde dem Generalbundesanwalt entsprechen) zustehende Nichtigkeitsbeschwerde zur Wahrung des Gesetzes nach § 33 Abs. 2 östStPO. Mit dieser Wahrungsbeschwerde kann der Generalprokurator gegen Urteile der Strafgerichte, die auf einer Verletzung oder unrichtigen Anwendung des Gesetzes beruhen, sowie gegen jeden gesetzwidrigen Beschluß oder Vorgang eines Strafgerichtes, der zu seiner Kenntnis gelangt, eine Nichtigkeitsbeschwerde zur Wahrung des Gesetzes, und zwar auch dann noch erheben, wenn der Angeklagte oder der Ankläger in der gesetzlichen Frist vom Rechtsmittel der Nichtigkeitsbeschwerde keinen Gebrauch gemacht haben. Dieser außerordentliche Rechtsbehelf, der eine Durchbrechung der Rechtskraft gestattet, zielt auf die Überwachung der richtigen Gesetzesanwendung und damit auf die Wahrung der Gesetzeseinheit ab und ist deshalb auch ein probates Mittel, um eine divergierende Rechtsanwendung rasch einer klärenden höchstrichterlichen Entscheidung zuzuführen. Gerade in der oben skizzierten Reform des Rechtsmittelsystems könnte ein solcher Rechtsbehelf eine bedeutsame Rolle spielen.

5. *Die Bedeutung von Ausbildung und Fortbildung*

Der im vorhergehenden Text nur höchst bruchstückhaft skizzierte, in der Prozeßreform anzustrebende organisatorische und institutionelle Rahmen ist sicher im großen Umfang, aber nicht ausschließlich für die Qualität der Strafrechtspflege ausschlaggebend. Was aus einem Gesetz, insbesondere einer Verfahrensordnung, in der Alltagspraxis wird, hängt zu einem großen Teil von der Einsatzbereitschaft und dem Ausbildungsstand der dabei tätig werdenden Staatsorgane ab. Gerade in einer Zeit sich häufender und in rascher Folge ablösender Reformen wird hier eine Grenze für das durch Gesetz Erreichbare sichtbar, die in jede rechtspolitische Betrachtung einbezogen werden muß. Für die Strafprozeßreform wird es daher darauf ankommen, bei allen beteiligten Strafverfolgungsorganen, insbesondere auch bei Staatsanwälten und Richtern die Einsicht in die Notwendigkeit der Reform zu fördern, und sie durch Ausbildung und Fortbildung in den Stand zu versetzen, geleistete Reformarbeit auch mit Leben zu erfüllen. So könnte etwa die Qualität der Wahrheitsfindung über jede gesetzliche Regelung entscheidend dadurch beeinflußt werden, daß der Richter ausreichend Kenntnis und Erfahrung über die Möglichkeiten und Grenzen aussagepsychologischer Grundtatsachen und Methoden hat. Auch das Problem der Zusammenarbeit zwischen Richtern und Sachverständigen dürfte sich — über sicher notwendige institutionelle Verbesserungen hinaus — nur auf diese Weise voranbringen lassen. Auch die beste Strafprozeßreform ist eben letztlich in der Alltagspraxis nur das wert, was die beteiligten Rechtspflegeorgane aus ihr zu machen vermögen. Auch aus dieser Sicht heraus wird deutlich, daß ein permanente Fortbildung eine immer wichtiger werdende Aufgabe der Justizverwaltungen darstellt.

D. Die Zukunft des Strafverfahrensrechts

Das Schicksal der Strafprozeßreform läßt sich heute nicht mit ausreichender Sicherheit überblicken. Sicher scheint bei einer kurz- bis mittelfristigen Betrachtung zu sein, daß es zu keiner Totalrevision des geltenden Strafverfahrensrechts kommen wird, sondern daß die Strafprozeßreform nur in Teilschritten vorankommen kann. Auch über die dabei einzuhaltenden Prioritäten besteht derzeit nur wenig Klarheit. Wahrscheinlich dürfte sein, daß die Reform des Rechtsmittelrechts Vorrang vor einer Reform der Hauptverhandlung eingeräumt erhält. Jedenfalls erscheint vom erreichten Stand der Strafrechtsreform aus ein Fortschreiten auch der Prozeßreform unbedingt notwendig; es geht darum, das Tat-Täterstrafrecht auch verfahrensrechtlich voll anwendbar zu machen. Betrachtet man Strafrecht und Strafprozeßrecht als aufeinander bezogene Wirkungseinheit, so erscheint es auf längere Dauer nicht akzeptabel, ein fortschrittliches Strafrecht in einem rückständigen Strafverfahrensrecht praktizieren zu müssen, um ein Wort von Hans Dahs (NJW 70, 1705) aufzugreifen. Auch erschiene es sehr sinnvoll, die jetzt gebotene Konsolidierungsphase beim materiellen Recht zu Reformschritten im Bereich des Strafverfahrensrechts zu nutzen.

Weiterführende Literatur
(Auswahl)

G. Fezer: Die erweiterte Revision — Legitimierung der Rechtswirklichkeit? 1974.

G. Fezer: Möglichkeiten einer Reform der Revision in Strafsachen. 1975.

E.-W. Hanack: Das Legalitätsprinzip und die Strafrechtsreform. Festschrift für Gallas. 1973, 339.

E.-W. Hanack: Der dreistufige Aufbau der Strafgerichtsbarkeit im Entwurf eines Ersten Justizreformgesetzes. Festschrift für Schwinge. 1973, 183.

H. Jung: Straffreiheit für den Kronzeugen? 1974.

G. Kaiser: Strategien und Prozesse strafrechtlicher Sozialkontrolle. 1972.

O. R. Kissel: Der dreistufige Aufbau in der ordentlichen Gerichtsbarkeit. 1972.

K. Peters: Der Strafprozeß in der Fortentwicklung. 1970.

K. Peters: Strafprozeßlehre im System des Strafprozeßrechts, in Festschrift für Maurach. 1972, 453.

H. Zipf: Kriminalpolitik. Eine Einführung in die Grundlagen. 1973.

H. Zipf: Kriminalpolitische Überlegungen zum Legalitätsprinzip, in Festschrift für Peters. 1974, 487.

Sammelbände:

Probleme der Strafprozeßreform, Berliner Gastvorträge von Jescheck (Rechtsvergleichung als Grundlage der Strafprozeßreform), Dünnebier (Reform der Untersuchungshaft?), Roxin (Die Reform der Hauptver-

handlung im deutschen Strafprozeß), Tröndle (Zur Reform des Rechtsmittelsystems im Strafverfahren) und Peters (Die Reform des Wiederaufnahmerechts), Sammlung Göschen, Bd. 2800. 1975.
Denkschrift der Bundesrechtsanwaltskammer zur Reform des Rechtsmittelrechts und der Wiederaufnahme des Verfahrens im Strafprozeß (unter Mitarb. von Hanack, v. Gerlach und Wahle). 1971.
Reform der Rechtsmittel in Strafsachen, Bericht (bearb. v. Fezer) über die Entstehung der gegenwärtigen Rechtsmittelvorschriften und die Bemühungen um ihre Reform. Hrsg. v. Bundesministerium der Justiz. 1974.

Stand: 1. 7. 1975 HEINZ ZIPF

STRAFZUMESSUNG

1. Allgemeine Hinweise

Strafzumessung ist der Vorgang, bei dem die Strafe nach Art, Höhe und Modalitäten festgesetzt wird. Sie beginnt mit der gesetzlichen Anordnung des Strafrahmens, der Variationsmöglichkeiten im weiteren Ablauf des Vorgangs eröffnet. Nur in besonderen Fällen ist die Strafgröße festgelegt (absolute Strafandrohung). So ist bei Mord (§ 211 StGB) und Völkermord (§ 220a I Z. 1 StGB) allein die lebenslange Freiheitsstrafe angedroht. Inwieweit bei der Tötung eines Menschen eine absolut angedrohte Strafe ausgesprochen wird, hängt von dem angewandten Tatbestand ab. Die Grenzen zwischen Körperverletzung mit Todesfolge, Totschlag und Mord sind infolge der Dehnbarkeit des Vorsatzbegriffes (bedingter Vorsatz!) und der im Gesetz verwandten unbestimmten Tatbestandsmerkmale flüssig. Es läßt sich nicht ausschließen, daß Vorstellungen über die als gerecht empfundene Strafe sich bei der Tatbestandanwendung auswirken. Diese auch sonst denkbare Rückbeziehung von Strafe und Tatbestand bedarf noch näherer Untersuchungen.

Zuweilen stellt das Gesetz bei einem Tatbestand nicht nur einen, sondern mehrere Strafrahmen zur Verfügung. Technisch geschieht das durch ein gleichgeordnetes Nebeneinander (Freiheitsstrafe oder Geldstrafe) oder durch eine Gegenüberstellung von Normalfällen und Ausnahmefällen oder Fällen mit besonderen benannten oder unbenannten leichteren oder schwereren Umständen. Die nähere Bestimmung der Strafgröße innerhalb des gesetzlichen Strafrahmens kann in der Festsetzung einer bestimmten Strafhöhe oder in der Anordnung einer Zeitspanne (unbestimmte Strafe, § 19 JGG) erfolgen. Aber auch die bestimmte Strafe kann beweglich gestaltet werden (Grundsatz der Reaktionsbeweglichkeit). So kann die verhängte Strafe zur Bewährung ausgesetzt werden, wobei der Widerruf der Aussetzung offensteht. Die Vollstreckungsdauer kann infolge der Aussetzbarkeit eines Strafrestes (§ 57 StGB) variabel sein. Einem auf die Täterpersönlichkeit und auf Resozialisation ausgerichteten Strafrecht entspricht die Variabilität der Strafe. Das hat zur Folge, daß die im Urteil verhängte Strafdauer nicht die wirkliche Vollzugsdauer darstellt. Die Vollzugsdauer ergibt sich erst aus einer ergänzenden Entscheidung. Nach § 57 StGB ist jede zeitige Freiheitsstrafe von drei Monaten unbestimmt. Nach deutschem Strafrecht liegt die Ergänzungsentscheidung in der Hand des Richters. Die Zuständigkeit für derartige Entscheidungen im Freiheitsvollzug ist im Erwachsenenverfahren der Strafvollstreckungskammer und im Jugendverfahren dem Vollstreckungsleiter übertragen. Der vollzugsnahe Richter soll in Zusammenarbeit mit den Strafvollstreckungsorganen die Strafe näher ausgestalten. Aus rechtsstaatlichen Gründen entfällt die Möglichkeit, diese Entscheidungen in die Hand von nichtrichterlichen Verwaltungs- und Vollzugseinrichtungen zu legen.

2. Die Wissenschaft von der Strafzumessung

Das Schrifttum über die Strafzumessung ist — entgegen einer immer wieder aufgestellten Behauptung — äußerst umfangreich. Juristen, Kriminologen, Soziologen, Psychologen und Psychiater haben sich immer wieder um die Klärung und Regelung dieses Vorgangs bemüht.

Schon Sauer hat 1921 umfassend die rechtlichen Grundlagen der Strafzumessung dargestellt. Von ihm bis zu Bruns (1974) zieht sich eine lange Kette von gründlichen Abhandlungen in Monographien, Aufsätzen, Lehrbüchern und Kommentaren. Dabei geht es materiellrechtlich um den rechtlichen Charakter der Strafzumessung, die Wertungsgesichtspunkte, die für die Beurteilung maßgebliche Wertungsrichtung und Wertungsschwere und die Grenzen richterlicher Subjektivität. In prozessualer Hinsicht stehen im Mittelpunkt die Gewinnung der Strafzumessungstatsachen, die Anwendung der allgemeinen Beweiswürdigungsregeln auf das gewonnene Material, die Rationalisierung des Strafzumessungsvorgangs und seiner schriftlichen Fixierung sowie die Revisibilität der Strafzumessung. Die Strafprozeßlehre versucht, sowohl die der Wertung zugrunde liegenden Tatsachen aufzuhellen als auch den Bewertungsvorgang selbst zu verdeutlichen. Dabei bedarf es der Zusammenarbeit des Juristen mit Kriminologen, Soziologen, Psychologen und Psychiatern. Die verschiedenen Wissenschaftsrichtungen befassen sich mit dem Wertungsvorgang als solchem und der wertenden Person. Die vielseitigen Probleme der Strafzumessung sind spekulativ und empirisch der Betrachtung zugänglich. Das empirische Material wird aus Aktenuntersuchungen, (zufälliger und geplanter, außenstehender und teilnehmender) Beobachtung, Befragung anhand tatsächlichen und fiktiven

Materials, Statistik und Auswertung von juristisch ausger chteten Quellen (z. B. Entscheidungssammlungen) gewonnen. Neuerdings bemühen sich um die Strafzumessung mathematische und technische Methoden. Sie suchen zur Erzielung einer Vereinheitlichung und Rationalisierung allgemeingültige Grundlagen herauszustellen. Ob derartige Bemühungen im Ansatz richtig sind, ist ebenso offen wie die Frage, ob sie praktikabel sind.

3. *Die Uneinheitlichkeit der Strafzumessung*

Der Strafzumessungsvorgang läßt sich weder durch eine juristisch wertende noch durch eine faktische Deutung allein richtig erfassen. Die faktischen Umstände beeinflussen die rechtliche Betrachtungsweise wie umgekehrt rechtliche Vorstellungen sich auf den tatsächlichen Vorgang auswirken. Die Trennung beider Betrachtungsweisen führt zu unrichtigen rechtlichen Vorstellungen. Das auf das Leben bezogene Recht kann sich den Tatsächlichkeiten und den sich aus ihnen ergebenden Möglichkeiten nicht entziehen. Das zeigt sich an einer der umstrittensten Rechtsfragen, nämlich bei dem Problem der ideellen Einheitsgröße der zu verhängenden Strafe. Die eine Seite (vor allem Bruns, Spendel), meist heute als herrschende Lehre bezeichnet, ist der Ansicht, daß nur die Verhängung *einer* Strafgröße im Einzelfall dem Recht entspreche.

Die Gegenauffassung (Engisch, Peters) ist der Auffassung, daß innerhalb eines gewissen Strafrahmens mehrere Strafgrößen rechtens sind. Diese letztere Ansicht beruft sich zunächst darauf, daß erfahrungsgemäß die Verschiedenheit der Strafzumessung feststeht, wobei es unmöglich ist, der einen oder anderen Strafgröße den Vorrang zu geben. Dem Problem läßt sich nicht dadurch ausweichen, daß man beim Vergleich von Straftaten auf die Verschiedenartigkeit des Vorgangs und der sie tragenden Persönlichkeit hinweist (so die Rechtsprechung bei der Beanstandung verschiedener Strafen bei gleichartigen Fällen), denn ganz offensichtlich sind Delikte verschiedener Täter nach Tatschwere und Persönlichkeit durchaus vergleichbar. Gerade im Strafvollzug werden derartige Erwägungen von Personal und Gefangenen angestellt. Daß selbst bei ein und derselben Strafsache die Strafen unter Umständen sehr stark voneinander abweichen, zeigt sich bei Vergleichen zwischen den Anträgen der Staatsanwaltschaft und dem Urteil des Gerichts oder beim Nebeneinanderstellen von Urteilen in erster Instanz und in der Berufungsinstanz oder von Urteilen nach Aufhebung in der Revisionsinstanz oder im Wiederaufnahmeverfahren bei gleichbleibender Sachverhaltsfeststellung. Aufschlußreich sind auch die verschiedenen Strafzumessungen im Falle irrtümlicher Doppelverurteilungen.

Die Verschiedenheit der Strafmaße könnte freilich nur als ein unvermeidliches Übel angesehen werden, das aber der Rechtsidee nicht entspricht. Eine solche Auffassung beruht auf einer statischen Betrachtungsweise. Sie übersieht die Dynamik des Strafzumessungsvorgangs. Er ist nicht nur zu einem weiten Stück unkontrollierbar, sondern in gewissem Rahmen dem Richter zur Verfügung gestellt. Dieser tritt dem Beschuldigten als ein in der persönlichen Verantwortung stehender sachverständiger Beurteiler gegenüber. Er legt seiner Beurteilung die seiner Erkenntnis und seiner Überzeugung entsprechenden Angemessenheits- und Zweckmäßigkeitswertungen zugrunde. Gesichtspunkte und Maßstäbe lassen sich von individuellen Meinungen nicht völlig loslösen. Zwischen Richter und Beschuldigtem besteht eine personale Beziehung. Der Beschuldigte sieht sich nicht einer rechnenden Maschine, sondern einem Mitmenschen gegenübergestellt. Dieser beschließt nach einer bestimmten Ordnung über sein Schicksal. Damit lastet das Urteil auf dem Richter. Der Beschuldigte wiederum trägt das Risiko seines Richters. Der Grundsatz: nullum crimen sine lege, nulla poena sine lege enthält in seinen Bestandteilen Verschiedenes: hinsichtlich des Tatbestandes eine Auslegungsschranke, hinsichtlich der Strafe eine Ermächtigungsgrundlage. Sowohl der Wirklichkeit als auch der Rechtslage nach handelt es sich bei der Strafzumessung nicht ausschließlich um Rechtsanwendung, sondern zu einem Teilstück um Ermessensanwendung aufgrund einer gesetzlich umschriebenen Ermächtigung. Von dieser Grundvorstellung wird bei den weiteren Erörterungen ausgegangen.

4. *Möglichkeiten der Anpassung*

Trotz Anerkennung der Rechtmäßigkeit verschiedener Strafgrößen bei der Reaktion auf eine Straftat bedarf es im Interesse einer gewissen Gleichmäßigkeit des Versuchs innerhalb des gesetzlichen Strafrahmens einen engeren Rahmen zu finden, der die für den Einzelfall rechtmäßigen Strafgrößen enthält. Der gesetzliche Strafrahmen umschließt eine Skala, die den vielfältigen Gegebenheiten der denkbaren Einzelfälle, sowohl nach der sachlichen als auch persönlichen Seite umfaßt. Bei der konkreten Strafzumessung ist jedoch ein Rahmen zu finden, der dem Einzelfall bei *dieser* Sachlage und bei *dieser* Persönlichkeit entspricht. Die Lösung dieses Problems kann auf verschiedene Weise erfolgen:

1. Der Gesetzgeber könnte die gesetzlichen Strafrahmen enger fassen. Eine Herabsetzung der oberen Grenze des Strafrahmens würde aber bedeuten, daß die schwerstwiegenden Fälle nicht mehr angemessen beantwortet werden könnten. Eine Heraufsetzung der Mindestgrenze würde

dazu führen, daß die leichteren Fälle zu hoch bestraft würden. Der Gesetzgeber könnte weiterhin die einzelnen Tatbestände in näher umschriebene mildere und schwerere Formen mit entsprechenden Strafrahmen zerlegen. Aber eine derartige Aufspaltung der Tatbestände ist dem Gesetzgeber bei der Vielfalt der Geschehensmöglichkeiten, des Unrechtsgehaltes der konkreten Taten, des Verschuldens und der Persönlichkeitsgegebenheiten kaum möglich, ganz abgesehen davon, daß die meisten Tatbestände in so viele Unterformen aufgelöst werden müßten, daß das Strafgesetzbuch völlig unübersichtlich werden würde.

2. Der Gesetzgeber könnte Anweisungen zur richterlichen Strafzumessung geben.

a) Er könnte das Mittel oder das Drittel der Höchststrafe als Ausgangspunkt der Strafzumessungserwägungen vorschreiben. Dieser Weg ist ebenfalls nicht gangbar. Der Schwere nach liegen die Straftaten nicht in dem Mittel oder Drittel des Strafrahmens. Die meisten Fälle, die unter einen Tatbestand fallen, sind „leichtere Fälle", die sich vom kriminologischen Kerngehalt des Deliktes weit entfernen. Es ist daher ein zu Unrecht gegen die Gerichte erhobener Vorwurf, daß sie in der überwiegenden Anzahl der Fälle „mildernde Umstände" annehmen oder in die mildere Strafart überwechseln. Diese Tendenz der Rechtsprechung, wie sie Exner schon 1931 festgestellt hat, entspricht durchaus der kriminologischen Wirklichkeit.

b) Der Gesetzgeber kann sich in den Strafzumessungsvorgang in der Weise einschalten, daß er bestimmte Gegebenheiten als Bewertungsgesichtspunkte vorschreibt, sie unter Umständen als taterschwerend oder mildernd kennzeichnet und so zur Annahme milderer oder schwerer Strafrahmen oder einer entsprechenden Berücksichtigung innerhalb der Rahmen hinführt. Diesen Weg beschreitet das StGB in §§ 40—46, 51—56. Grundlage für die Zumessung der Strafe ist die Schuld des Täters. Die Wirkungen, die von der Strafe für das künftige Leben des Täters in der Gesellschaft zu erwarten sind, sind zu berücksichtigen (§ 46 I StGB). Welche Gesichtspunkte bei Erreichung dieses Doppelziels (Schuldausgleich, Resozialisierung) in Rechnung zu stellen sind, kann das Gesetz nur beispielsweise aufführen. Als „namentlich" in Betracht zu ziehende Umstände erwähnt es die Beweggründe und Ziele des Täters, die aus der Tat sprechende Gesinnung und der bei der Tat aufgewendete Wille, das Maß der Pflichtwidrigkeit, die Art der Ausführung und die verschuldeten Auswirkungen der Tat, das Vorleben des Täters, seine persönlichen und wirtschaftlichen Verhältnisse sowie sein Verhalten nach der Tat, besonders seine Bemühungen um die Wiedergutmachung des Schadens (§ 46 II). Nach § 48 I StGB führt bei Vorsatztaten der Rückfall zu einem Strafrahmen mit einer erhöhten Mindeststrafe von 6 Monaten, wenn dem Täter im Hinblick auf die Art und Umstände der Straftaten vorzuwerfen ist, daß er sich die früheren Verurteilungen nicht hat zur Warnung dienen lassen. Das Gesetz geht von einer erhöhten Schuld und Resozialisierungsbedürftigkeit aus. Inwieweit der Rückfall sich innerhalb der gesetzlichen Strafrahmen auswirkt, richtet sich nach der allgemeinen Strafzumessungsvorschrift des § 46 StGB. Hinsichtlich der Abgrenzung der beiden Hauptstrafen: Freiheitsstrafe und Geldstrafe verfolgt das StGB die Tendenz, kurze Freiheitsstrafen zu vermeiden. Dem dienen § 38 (Mindestmaß ein Monat) und § 47 (Freiheitsstrafe unter 6 Monaten nur in Ausnahmefällen). Eine Freiheitsstrafe unter 6 Monaten darf nur verhängt werden, wenn besondere Umstände, die in der Tat oder in der Persönlichkeit des Täters liegen, die Verhängung einer Freiheitsstrafe zur Einwirkung auf den Täter oder zur Verteidigung der Rechtsordnung unerläßlich machen. Allerdings dringt die kurze Freiheitsstrafe durch das Tor der Ersatzfreiheitsstrafe wieder ein (§ 43 StGB). Der Gesetzgeber hat sich leider nicht zu dem von der Strafvollzugskommission gemachten Vorschlag (Tagungsberichte der Strafvollzugskommission 1. Bd. 1967, S. 60, 146f.) durchringen können. Danach sollte eine Ersatzfreiheitsstrafe unter 6 Monaten nur vollstreckt werden, wenn sich im Zusammenhang mit einer anderen Freiheits- oder Ersatzfreiheitsstrafe eine Summe von wenigstens 6 Monaten ergibt.

Außer den unmittelbar die Strafzumessung berührenden Regelungen kommt auch solchen Bestimmungen für die richterliche Strafzumessung Bedeutung zu, die für die Grundtendenzen strafrechtlicher Reaktion Auskunft geben. Das gilt vor allem für die Regelung der Strafaussetzung zur Bewährung (§ 56 I StGB), der Aussetzung des Strafrests (§ 57 StGB), der Verwarnung mit Strafvorbehalt (§ 59 StGB) und der Maßregeln der Besserung und Sicherung (§§ 61ff.). Die Gesamtheit der Bestimmungen über die Reaktion auf Straftaten ergibt gegenüber dem bisherigen Strafrecht ein unmittelbar erkennbares Fundament für den Strafzumessungsvorgang.

3. Eine Anpassung der Strafzumessung kann auch durch richterliche Übereinstimmung erfolgen. Ihr können Empfehlungen, die von der Wissenschaft, von richterlichen Tagungen oder Besprechungen ausgehen, zugrunde gelegt werden. Rechtsprechungstabellen könnten veröffentlicht werden. Eine Angleichung kann auch durch ein Taxensystem („Jeder Messerstich neun Monate Freiheitsentzug") erfolgen. Schließlich können sich innerhalb eines Gerichts oder eines Umkreises (Strafzumessungsgeographie) infolge längerer

Übung eine gewisse Gleichheit in den Beurteilungsgesichtspunkten und Beurteilungsmaßstäben ergeben. Soweit solche Anpassungen im Einzelfall die hinreichende Berücksichtigung von Tat und Täter nicht ausschließen, sind Bedenken nicht zu erheben. Je weniger eine Tat durch die Persönlichkeit gekennzeichnet ist, je stärker die objektiven Umstände die Tat charakterisieren, um so weniger Einwände lassen sich gegen Empfehlungen erheben. Das gilt vor allem für die Vielheit von Verkehrsdelikten. Gerade das Tagesbußensystem bei der Geldstrafe eröffnet gerechte Straffindungen. Je stärker jedoch die Tat durch die Persönlichkeit des Täters bestimmt wird, um so weniger sind generelle Empfehlungen und Wegweisungen möglich. Das Taxensystem kann bei schwereren Straftaten zu erheblichen Ungerechtigkeiten führen.

Anpassungstendenzen können sich auch aus rein äußeren Umständen ergeben. Die Zahl der an sich möglichen Strafgrößen verringert sich aus der psychologisch zu erklärenden Tendenz, für die Strafhöhe sich an gewisse Strafgrößen zu halten. Je höher die Strafe ausfällt, um so mehr Einzelgrößen fallen aus. Eine Strafe von einem Jahr einem Monat und sechs Tagen kommt als Einzelstrafe nicht vor (Peters 1932, 92; Rolinski 1969; Schöch 1973, 39). Man spricht hier neuerdings von „Prägnanztendenz".

5. Die Anwendung der gesetzlichen Bewertungsgrundlagen und Bewertungsgesichtspunkte

1. Aus den heute geltenden Bestimmungen ergibt sich gegenüber dem früheren Rechtszustand eine Festlegung der für die Strafzumessung maßgeblichen Strafzwecke. Nur solche Strafzwecke können bei der Strafzumessung verfolgt werden, die mit dem Schuldausgleich und der Resozialisierung verknüpft werden können. Generalpräventive Gesichtspunkte haben daher keinen Raum mehr. Soweit in §§ 47 I, 56 III StGB die Rede von der Verteidigung der Rechtsordnung ist, ist dieser Begriff sicherlich auch generalpräventionell zu verstehen. Er berührt jedoch nur die Frage der Anwendung der Freiheitsstrafe unter 6 Monaten und der Vollstreckung der Freiheitsstrafe von mindestens 6 Monaten, nicht aber bestimmt sich nach ihm die Strafhöhe. Abgesehen von diesen Sonderfragen scheiden generalpräventionelle Gesichtspunkte aus. Ihnen wird in der gesetzlichen Strafandrohung Rechnung getragen. Nur in begrenztem Umfang dient die Strafe dem Sicherungszweck. Um ihn zu erreichen, stellt das Gesetz vornehmlich Maßregeln zur Verfügung. Sicherungsgesichtspunkte können aus § 46 StGB selbst nicht entnommen werden. Dennoch begründet die Vorschrift keine reine Schuld- und Wiedereingliedrungsbemessung. Die Schuld ist nur die Grundlage und Resozialisierung ein nur zu berücksichtigender Umstand. Aus den in § 46 I StGB angeführten Einzelgesichtspunkten ergeben sich Erwägungen, die teils das Unrecht (Maß der Pflichtwidrigkeit), teils die Persönlichkeit, aber eben nicht nur in ihrer Schuldverknüpfung, teils den Tatvorgang betreffen. Die Ortsbestimmung der einzelnen Gesichtspunkte wird dadurch erschwert, daß das Gesetz zwar den Begriff der Schuld anführt, aber gerade dieser Begriff in Rechtsprechung und Wissenschaft äußerst verschieden verstanden wird. Wer Schuld als persönlich zu verantwortendes Versagen auffaßt, wird die Frage, inwieweit die Beweggründe, die Gesinnung oder der Wille, die in der Tat zum Ausdruck kommenden Umstände Schuld und Schuldgrad bestimmen, trotz grundsätzlicher Anerkennung der Schuld im einzelnen nicht beantworten können. Das zwingt dazu, das Maß des objektiven Abweichens von dem zu Erwartenden und Gebotenen in Rechnung zu stellen. Das bedeutet aber nicht mehr einen echten Schuldausgleich, sondern Tatausgleich auf der Grundlage einer ethisch und rechtsphilosophisch angenommenen Schuld. Der Tatmaßstab ist Vergeltung. Wenn auch der Begriff der Vergeltung heute wenig Anklang findet, ist er doch aus dem Gesetz nicht eliminiert noch überhaupt eliminierbar. Weder der Schuldgedanke noch der Resozialisierungsgedanke führt zu einer bestimmbaren Strafgrößenordnung. Diese wird durch ein Verhältnismäßigkeitsurteil unter Verwendung der im Gesetz angeführten Gesichtspunkte sowie sonstiger Daten aus Schuld und Wiedereingliederungsziel gewonnen. Der Sühnegedanke ist im Gesetz nicht erwähnt. Sühne bedeutet die Loslösung von Schuld und Unrecht durch Aufsichnehmen des Leidens. Sie ist eine persönliche Leistung zur Gewinnung geistig-seelischer Freiheit. Sie hängt somit mit Schuld und Persönlichkeitsgestaltung eng zusammen. Sühne hat es weniger mit Vergeltung als mit Spezialprävention zu tun. Ob sie verwirklicht wird, hängt wie bei allen individualisierenden Strafzwecken vom Täter ab. Wegen ihres hohen ethischen Charakters kann der Gedanke der Sühne nur bei schweren Straftaten in Betracht kommen. Im Rahmen der nach § 46 StGB anzustellenden Erwägungen können auch Sühneerwägungen angestellt werden.

Die Regelung der Strafzumessung im Strafgesetzbuch bringt zwar eine einheitliche Ausgangssituation. Jedoch kommen je nach den Umständen der Tat weitere nichtbenannte Umstände zur Anwendung. Die einzelnen gesetzlichen Gesichtspunkte führen zu weiteren Untergesichtspunkten. So schieben sich in die Art der Ausführung und der verschuldeten Auswirkungen der Tat die Erkenntnisse der Viktimologie ein. Die in Betracht kommenden Umstände können allgemeiner oder besonderer jeweils auf den einzelnen Tatbestand ausgerichteter Art sein. In letzterer Hinsicht harrt immer noch der Besondere Teil der Strafzumessung der Lösung. Wichtige Vorarbeiten sind auf Teilgebieten geleistet, so vor allem für die Straßenverkehrsdelikte von Kaiser und Schöch. Trotz aller Anpassung an Gesetz und Rechtsprechung bleibt eine Verschiedenheit in den anzuwendenden Gesichtspunkten bestehen. Noch uneinheitlicher ist die Wertung der Gesichtspunkte, vor allem in ihrer Gesamtabwägung (§ 46 II StGB).

6. Der Bewertungsvorgang

Die Berücksichtigung der Ziele und Gesichtspunkte der Strafzumessung geht in einem Akt vor sich. Der einzelne Gesichtspunkt wird nicht punktuell gewertet. Es findet keine Addition, Subtraktion und Summierung statt. Die Strafe wird vielmehr in einer Gesamtabwägung gefunden. Dabei mögen manche Umstände stärker ins Gewicht fallen als andere. Dem einen oder anderen kommt, selbst wenn er im Urteil erwähnt ist, unter Umständen überhaupt keine Bedeutung zu. Daraus ergibt sich die Fragwürdigkeit eines Verfahrens, in dem die Fehlerhaftigkeit der Strafzumessung aus einem Einzelumstand hergeleitet wird, sofern dessen Einfluß nicht offensichtlich ist. Das gilt beispielsweise von der in § 46 III StGB ausdrücklich erwähnten und in Rechtsprechung und Schrifttum vielfach behandelten Doppelbewertung. Es handelt sich um den Fall, daß ein Tatbestandsmerkmal oder der gesetzliche Grund bei der Strafzumessung nochmals auftaucht, wie beim Totschlag die Tötung eines Menschen, beim Meineid die Gefährdung der Rechtspflege. Solche Hinweise bedeuten in aller Regel ein Gesamturteil über die Schwere der konkreten Tat. Ebensowenig bringen § 50 StGB (Verbot der Doppelberücksichtigung von Milderungsgründen) oder Bemühungen, bei Tateinheit die Strafe im Additionsverfahren zu erhöhen, wirkliche Lösungen. Selbst bei Tatmehrheit wird in der Parxis die Strafe zunächst meist einheitlich gefunden und erst dann zerlegt. Dieses Verfahren entspricht einem persönlichkeitsbezogenen Strafrecht.

Bedenken bestehen auch gegen die Praktikabilität der Spielraumtheorie. Sie beruht ebenfalls auf der Vorstellung einer stufenweise vor sich gehenden Strafzumessung. Es soll zunächst aufgrund des Schuldausgleichs- und Resozialisierungsgedankens ein Rahmen gefunden werden, innerhalb dessen nach weiteren Zweckgesichtspunkten die nähere Strafgröße bestimmt wird.

Aufgabe der Strafzumessungslehre ist es zu untersuchen, wie der Einzelgesamtakt der Strafzumessung zustande kommt und inwieweit es möglich ist, ihn zu objektivieren und, soweit das nicht möglich ist, den von einem gewissen Punkt ab rein subjektiven Bewertungsvorgang sachbestimmt entstehen zu lassen. Soll die Gesamtbewertung nicht willkürlich sein, so bedarf der sich im Richter abspielende Vorgang der Sachbindung.

Die objektiven Grundlagen des Strafzumessungsvorgangs ergeben sich einmal aus der einzelnen Sache (Tat), sodann aus der sachgebundenen Bewertung.

a) Aus dem Tathergang sind die Strafzumessungstatsachen zu gewinnen, d. h. jene Umstände, die überhaupt erst eine Strafzumessung ermöglichen. Solche Tatsachen können in der Tat selbst, in den Verhältnissen vor und nach der Tat, aber auch in der Persönlichkeit und ihrer Entwicklung liegen. Ansätze in dieser Richtung bringt § 46 StGB. Doch bleibt vieles unklar und unsicher.

Die Tat liegt in dem Lebensgang eingebettet Sie kann ein einmaliges Herausfallen aus einer dem Recht entsprechenden Lebensführung sein. Sie kann persönlichkeitsfremd sein. Sie kann aber auch ein in das Lebensbild sich einfügendes Ereignis sein. Einzeltatschuld kann Ausdruck einer Lebensführungsschuld sein. Einzeltatschuld und Lebensführungsschuld sind keineswegs Gegensätze. Die stärkere Verwurzelung der Tat in der Persönlichkeit führt zu verstärkter Betonung präventiver Gedanken, vor allem der Resozialisierung. Die in der Tat zum Ausdruck kommende Täterhaltung ist bestimmt durch Anlage, Umwelt (soziale Bezüge), Lebensereignisse, Auseinandersetzung mit den ihn bedrohenden Kräften, dem Bösen, und den Fähigkeiten zur Formung seiner Persönlichkeit. Die Tat ist äußerst vielfältig verwurzelt. Dadurch wird nicht nur die Bestimmung des Schuldmaßes, sondern auch die Prognose erschwert. Bei dem Prognoseurteil sind auch die Auswirkungen des Strafvollzugs mitzuberücksichtigen. Sie hängen einmal von der Strafempfänglichkeit und Strafempfindlichkeit des Verurteilten ab, sodann aber auch von den Möglichkeiten des Strafvollzugs. Diese lassen sich aber nicht nur generell erfassen, sondern werden auch durch die Verhältnisse der einzelnen Vollzugseinrichtungen bestimmt. Demnach müßte der Richter die allgemeinen Vollzugsprobleme und den speziellen Vollzugshergang kennen. Das ist jedoch beides nicht der Fall. Selbst ein Richter, der über die allgemeinen Strafvollzugsverhältnisse Bescheid weiß, weiß nicht, in welcher Anstalt und in welcher konkreten Einrichtung die Strafe oder Maßregel vollzogen wird.

Die Untersuchungen über die Fehlerquellen im Strafprozeß lassen erkennen, wie vielen Ungewißheiten bereits die Feststellung der objektiven Vorgänge und der subjektiven Tatelemente (Vorsatz, Schuldfähigkeit) unterworfen ist. Die Persönlichkeitskenntnis, die Beziehungen Tat-Persönlichkeit und die künftige Persönlichkeitshaltung liegen in noch weit höherem Maß im dunklen. Je weiter sich die Strafzumessungstatsachen vom äußeren Vorgang entfernen, je mehr sie im Persönlichkeitsbereich liegen, um so schwieriger werden Ermittlung und Bewertung.

In welchem Rahmen sich die Ermittlungen der Strafzumessungstatsachen zu erstrecken haben, hängt vom Verhältnismäßigkeitsgrundsatz ab. Er wird bestimmt durch die Bedeutung der Tat und die zu bestimmende Reaktion. Der Kreis der heranzuziehenden Tatsachen ist weder geschlossen noch festliegend.

Wie die Sachverhaltsfeststellung stößt auch die Ermittlung von Strafzumessungstatsachen an rechtliche Grenzen. Auch sie unterliegt Beweisverboten. Grenzen der Ermittlung werden durch das Grundgesetz errichtet. Ermittlungen und Untersuchungsmethoden, die die Menschenwürde antasten oder in Grundrechte eingreifen sind unzulässig. Wichtige Erkenntnismöglichkeiten werden durch das Bundeszentralregistergesetz, vor allem §§ 49, 50, ausgeschlossen. Auf diese Weise wird die angemessene und richtige Reaktion unter Umständen sogar verhindert.

b) Bei der Bewertung der Strafzumessungstatsachen geht es um Richtung und Gewicht. Je nach der Deliktsart kann dieselbe Tatsache mildernd oder strafschärfend wirken. Alkoholgenuß kann bei dem einen Delikt, so beim Sittlichkeitsdelikt, strafmildernd, bei anderen, so beim Straßenverkehrsdelikt straferhöhend wirken. Auch bei ein und derselben Straftat kann ein Gesichtspunkt sich verschieden auswirken. Schlechte Erziehungsverhältnisse oder verminderte Schuldfähigkeit verringert den Schuldvorwurf, kann aber das Sicherungsbedürfnis vermehren oder erhöhte Strafdauer unter dem Resozialisierungsgesichtspunkt erfordern. Inwieweit ein Gesichtspunkt überhaupt in die Bewertung einfließt, hängt von den Umständen der Tat ab. So kann Rückfall den Schuldvorwurf oder die Resozialisierungsnotwendigkeit begründen und die Strafe erhöhen oder aber für die Bewertung ohne Bedeutung oder nur unter einem bestimmten Aspekt (Schuld, Gefährlichkeit, Resozialisierung) von Bedeutung sein. Mit welchem Gewicht eine Strafzumessungstatsache in Ansatz zu bringen ist, hängt je nach dem Zielansatz von sozialethischen und kriminologischen Gesichtspunkten ab. Schuld, Resozialisierung, Sicherung haben völlig verschiedene Bewertungsgrundlagen. Auch hier müssen wiederum in gegenseitiger Abwägung die Gewichte verteilt werden.

So notwendig und wichtig die Sachbindung des Richters bei der Strafzumessung auch ist, so übt sie doch nur eine begrenzte Wirkung aus. Schon das Was der Wertung läßt vieles offen und ist nur vom Einzelfall her unter einem Bewegungsraum richterlicher Auswahl genauer bestimmbar. Erst recht ist das Wie der Strafzumessungswertung generell nicht bestimmbar. Die Begrenzung des Ermessens bei der Bestimmung des Beweisumfangs, selbst bei der Beweiswürdigung, ist mit Rücksicht auf die Gesetze der Logik und der Kriminalistik leichter zu bestimmen als die Beschränkung der Freiheit der richterlichen Strafzumessung. Was der Richter für seine Entscheidung für erforderlich hält und wie er wertet, ist zu einem wesentlichen Teil rechtlich nicht umschreibbar. Schon die Frage, ob eine bestimmte Strafhöhe milde oder schwer ist, wird von dem einzelnen Richter verschieden beantwortet.

7. *Richterpersönlichkeit*

Ist der Bewertungsvorgang weithin ein persönlicher Entscheidungsakt, so drängt sich die Frage auf, welche Umstände für die Bestimmung des Strafmaßes beim Richter maßgeblich sind. Mit der Beantwortung dieser Frage befassen sich Richterpsychologie und Richtersoziologie. Dabei handelt es sich keineswegs um Fragestellungen, die erst neuester Zeit sind. Bendix hat sich schon vor mehr als 60 Jahren mit Fragen der psychologischen Grundlagen richterlicher Entscheidungstätigkeit befaßt. Ich selbst habe schon 1932 auf den Zusammenhang von Richterpersönlichkeit und Strafzumessung hingewiesen. Die Fragestellung erfordert nach wie vor eine Antwort, freilich losgelöst von Ideologie und Voreingenommenheit. Wie bei jedem Menschen beruhen die Wertungen auch beim Richter auf seinen Anlagen, vor allem seinem Charakter, seiner Erziehung, Bildung und Ausbildung, seinen Erfahrungen und Erlebnissen, seiner Persönlichkeits- und Lebensgestaltung. Die Fähigkeit, zuzuhören und sich in andere hineinzuversetzen, bewahrt ihn vor Voreingenommenheit. Politische, weltanschauliche und soziale Auffassungen können sich auswirken. Entscheidend ist aber wiederum, wie der Richter sie verarbeitet hat. Vor Vereinfachungen muß gewarnt werden. Es kann ein Richter objektiv sehr strenge sittliche Vorstellungen haben, subjektiv jedoch sehr nachdrücklich davon durchdrungen sein, daß der Mensch in der Gebrochenheit lebt, daß er dem Bösen ausgesetzt ist und auch in der Verurteilung der Mitmenschlichkeit bedarf. Ebensowenig kann der Mangel richterlicher Strafzumessung aus Schichtengegensätzen hergeleitet werden. Abgesehen davon, daß der Angeklagte bei einer ganzen Anzahl von Delikten aus denselben Schichten stammt wie der Richter (so bei Straßenverkehrsdelikten, Amtsdelikten, u. U. auch Sittlichkeitsdelikten), braucht die verschiedene Schichtzugehörigkeit kein Anlaß zu einer unsachlichen Wertung zu sein. Der Schichtfremde kann sogar möglicherweise sachlicher urteilen als der Schichtzugehörige, zumal die Tat des Fremden ihn in seinem Wertgefühl weniger berührt. Anhänger der Meinung, das richterliche Verhalten werde durch die Schicht, aus der der

Richter stammt, bestimmt, übersehen zudem, daß sich nicht von der Schichtzugehörigkeit, sondern eine gewisse (durchaus zu begrüßende) Anpassung von der Berufs- und Gerichtszugehörigkeit ergibt. Durch diese vollzieht sich der schon behandelte Anpassungsvorgang. Es bildet sich durch wechselseitige Einflüsse und Übung eine zwar nicht bindende, aber doch in gewissem Umfang wirkende einheitliche Grundlage. In ihr kommen auch Gesellschaftsauffassungen zur Geltung, da der Richter selbst Glied der Gesellschaft ist. Inwieweit das Laienrichtertum sich auswirkt, wäre noch näher zu überprüfen. Jedenfalls ist die richterliche Strafzumessung auch ein von außen bestimmter Vorgang. Alles das kann im Einzelfall nicht verhindern, daß eine Strafe übermäßig hoch ausfällt. Selbst Voreingenommenheiten und Stimmungen können nicht ausgeschlossen werden. Ihnen läßt sich nur durch Selbstdisziplin des Richters, durch eine geeignete juristische und kriminologische Ausbildung und eine sorgfältige Persönlichkeitsauswahl begegnen. Die Lösung kann nur von der Berufsethik gefunden werden.

Umstände, die dem Richter vielfach nicht zum Bewußtsein kommen, können sich auch aus der Hauptverhandlung ergeben. Es kann von Bedeutung sein, mit welcher Unmittelbarkeit und Lebendigkeit der Sachverhalt vor dem Gericht ausgebreitet wird. So kann ein Zeuge den Sachverhalt mehr oder weniger eindringlich darstellen. Das Ergebnis eines Unfalls kann durch Lichtbilder verdeutlicht werden. Der Staatsanwalt kann in mehr oder weniger mitreißender Weise den Belastungsgründen Geltung verschaffen. Die Art und Weise der Verteidigung des Angeklagten, dessen geschicktes oder ungeschicktes Verhalten, kann Wohlwollen oder Mißfallen des Gerichts herbeiführen. Der Verteidiger kann Wogen aufwühlen oder glätten. Sicherlich können solche Umstände auch der Sache dienen. Sie können aber auch das Ergebnis negativ beeinflussen. Zu den das Strafmaß leicht beeinflussenden strafzumessungsfremden Gründen kann die Tatsache und Dauer der Untersuchungshaft gehören.

Es können sich bei der Strafzumessung sachliche und unsachliche Gründe miteinander vermengen. Der Richter braucht sich der Unsachlichkeit nicht einmal bewußt zu werden. Selbst wenn er die ihm maßgeblich erscheinenden Gesichtspunkte in Betracht zieht, besteht nicht einmal die Sicherheit, daß es gerade diese Gesichtspunkte sind, die das Strafmaß entscheidend bestimmt haben. Darin liegt die Fragwürdigkeit der im Urteil erwähnten Strafzumessungsgründe, deren Mitteilung nach § 267 III S. 1 StPO vorgeschrieben ist. Es kann durchaus vorkommen, daß die rational möglicherweise erst bei der schriftlichen Urteilsabfassung gewonnenen Strafzumessungsgründe nicht die wirklichen Strafzumessungsgründe sind.

8. Kontrolle der Strafzumessung

Eine Kontrolle der Strafzumessung findet in der Rechtsmittelinstanz statt. Im Berufungsverfahren ergeben sich keine besondere Probleme, da hier die Strafzumessung in gleicher Weise wie in der Vorinstanz vor sich geht. Anstoß erregt der sog. „Berufungsrabatt". Geringfügige Änderungen bei gleichbleibendem Sachverhalt sind manchmal tatsächlich nicht recht verständlich. Jedoch kann eine andere Bewertung durch das Berufungsgericht daran liegen, daß die von der Vorinstanz im Urteil angegebenen Gründe Ergänzungen oder Berichtigungen finden. Nicht selten lassen sich Gesichtspunkte erst einführen, wenn ein Urteil mit Gründen vorliegt. Gerade dieser Umstand mag eine geänderte Strafzumessung in der Berufungsinstanz erklären. Ist auch die Strafzumessung des Berufungsgerichts selbständig, so ist, falls der Angeklagte allein oder der Staatsanwalt zu seinen Gunsten Berufung eingelegt hat, das Verbot der Schlechterstellung (reformatio in peius) zu beachten.

Der Angriff auf die Strafzumessung kann mittelbar dadurch erfolgen, daß das Urteil als Ganzes in Frage gestellt wird. Haddenhorts (1971) hat in seiner Untersuchung über die Folgewirkungen der Verfahrensrüge festgestellt, daß 19,7% der Verfahren bei erfolgreicher Verfahrensrüge in der neuen Hauptverhandlung mit zum Teil erheblichen Änderungen im Strafmaß abgeschlossen worden sind. Durch die bloße Strafzumessungsrevision kann der Strafausspruch jedoch auch unmittelbar angegriffen werden. In diesem Fall muß ein Rechtsfehler im Strafzumessungsvorgang dargetan werden.

Wer, wie Bruns die Strafzumessung für einen Rechtsakt mit einem bloßen Beurteilungsspielraum hält, rügt einen Subsumtionsfehler. Wer den Vorgang für einen Ermessensakt hält, beanstandet einen Ermessensfehler. Ob sich daraus wirklich praktische Verschiedenheiten ergeben, erscheint fraglich. Nach beiden Auffassungen kann vor allem folgenden Fehlern begegnet werden:

a) Anwendung einer gesetzlich nicht vorgesehenen Strafe (Freiheitsentzug, obwohl nur Geldstrafe vorgesehen). Falsche Gesetzesanwendung, Ermessensbetätigung innerhalb eines gesetzlich nicht vorgesehenen Rahmens.

b) Übersehen des Vorhandenseins mehrerer Strafrahmen. Nichtbeachtung mehrerer Möglichkeiten als Rechtsanwendungsfehler und als Ermessensfehler infolge Nichtbeachtung des wirklich vorhandenen Ermessensraums.

c) Fehlerhafte Berücksichtigung oder Nichtberücksichtigung von Strafzwecken, Nichtheranziehung gesetzlich vorgeschriebener oder sonst sachbezogener Gesichtspunkte oder Berücksichtigung gesetzlich nicht zulässiger oder sachunerheblicher Umstände. Fehler in der Subsumtion oder fehlerhafte Ermessensanwendung.

d) Verwertung von Gesichtspunkten in falscher Richtung oder in sachunrichtiger gegenseitiger Abwägung. Auch hier führen die grundlegenden Theorien zu keinem anderen Ergebnis.

e) Falscher Bewertungsmaßstab. Zunächst kommen Übermaß und Untermaß in Betracht. Das Strafmaß ist offensichtlich unverständlich, unhaltbar und mit der Gerechtigkeit nicht vereinbar. Das bedeutet nach der einen Auffassung eine falsche Subsumtion, nach der anderen Auffassung einen Ermessensmißbrauch. Mit Recht weist Bruns jedoch auch auf die Fälle hin, in denen der Mangel nicht offensichtlich ist, die Strafe aber außerhalb des bei den Gerichten allgemein üblichen Rahmens liegt. Die Revisionsrechtsprechung neigt dazu, den Strafausspruch nicht zu beanstanden und die Verantwortung für das Strafmaß dem Tatrichter zu überlassen. Es läßt daher eine Strafmaßrüge mit der Begründung, die Strafe sei gegenüber den sonstigen Strafen zu hoch oder zu niedrig, nicht zu. Dieser Standpunkt ist nicht richtig. Er verstößt gegen die gleichmäßige Anwendung des Rechts. Er überliefert den Strafausspruch einem nach außen erkennbar hervorgetretenen Subjektivismus. Sicherlich läßt sich die subjektive Auffassung des Richters nicht ausschließen. Das soll auch nicht geschehen. Aber der Subjektivismus darf sich nur in einem gewissen, noch erträglichen Maß auswirken. Wo solche Grenzen erkennbar überschritten sind, ist die objektive Grundlage der Rechtsprechung gefährdet. Das Revisionsgericht soll und kann nicht soziologische vergleichende Urteilsstudien betreiben. Jedoch kann es feststellen, daß das erkannte Strafmaß erkennbar außerhalb der in der Revisionsinstanz gewonnenen Erkenntnisse über übliche und annehmbare Strafgrößen liegt. Im Grund ist der Kern jeder Strafmaßbeanstandung das zu hohe oder zu niedrige Strafmaß. Häufig ist es möglich, einen bestimmten Grund beizubringen, so daß es einer bloßen Bewertungsrüge nicht bedarf. Schließt man die allgemeine Bewertungsrüge aus, so werden die möglicherweise schwerstwiegenden Fälle aus dem Revisionsbereich ausgeschieden, dagegen wird möglicherweise Mängeln, die sich letzten Endes in einer Gesamtbewertung nicht auswirken, eine übermäßige Bedeutung zugemessen. Auch hier zeigt sich wiederum, daß der Darstellungsrüge eine höhere Bedeutung zukommt als der Inhaltsrüge. Sicherlich kann der falsche Inhalt oftmals nur durch die Darstellung erkannt werden. Auf der anderen Seite kann die richtige Darstellung jedoch auch Fehler in sich bergen, die allein aus dem Bewertungsergebnis deutlich werden. Stellt man entscheidend auf die Darstellungsrüge ab, so verschiebt sich die Revision von einer Abwägungsprüfung auf eine bloße Urteilsabfassungsprüfung.

Auch bei der Strafmaßrevision kann es Rügen fehlerhaften richterlichen Verhaltens geben. Hervorzuheben ist die Aufklärungsrüge. Sie beruht darauf, daß sich dem Gericht hätte aufdrängen müssen, bestimmte Strafzumessungstatsachen zu klären, insbesondere bestimmte Zeugen oder Sachverständige zu vernehmen. Auch spezielle Verfahrensfehler, wie Mängel hinsichtlich der Vereidigung, falsche Gerichtsbesetzung, zu Unrecht erfolgte Abweisung eines Ablehnungsantrages können eine Strafmaßrevision begründen.

Ist die Entscheidung rechtskräftig, so kann sie nach § 363 StPO nicht im Wege des Wiederaufnahmeverfahrens zum Zwecke der Änderung des Strafmaßes angegriffen werden. Selbst wenn das Gericht zu Unrecht wichtige Strafzumessungstatsachen, wie z. B. verminderte Schuldfähigkeit, schwerwiegendes Fehlverhalten des Opfers, unberücksichtigt gelassen hat und eine erhebliche Änderung des Strafmaßes angebracht wäre (z. B. eine zeitige Freiheitsstrafe weit geringeren Umfangs oder eine zeitige Freiheitsstrafe statt einer lebenslangen), ist eine Wiederaufnahme nicht möglich. Eine Änderung kann nur im Gnadenverfahren erfolgen. Der Widerstand der Gnadenträger gegenüber Urteilsberichtigungen läßt praktisch freilich wenig Hoffnung für den Betroffenen.

9. *Die Hauptverhandlung als Zentralstelle*

Je schwieriger die Rechtskontrolle ist, um so mehr kommt es auf die Sicherung einer zuverlässigen Strafzumessung in der Hauptverhandlung an. Beweiswürdigung und Strafzumessung sind die beiden neuralgischen Punkte eines Eindringens eines mit der Rechtsstaatlichkeit nicht vereinbaren richterlichen Subjektivismus. Sicherlich kann dieser, wie schon betont wurde, nicht ausgeschlossen werden. So entsteht das Problem der Verknüpfung von Objektivität und Subjektivität. Die Frage ist, inwieweit kann dort, wo die Subjektivität des Richters unentbehrlich ist, dennoch Objektivität als Grundlage gesichert werden. Das kann zunächst einmal durch eine hinreichende Juristenausbildung in der Strafzumessungslehre und der dazu erforderlichen außerjuristischen Kenntnisse erfolgen. Darüber ist schon beim Problem der Anpassung gesprochen worden. Der Objektivierung können weiterhin Verfahrensvorschriften dienen. Daß die Verpflichtung zur Angabe der wesentlichen Strafzumessungsgründe nicht allzuweit führt, ist ebenfalls schon betont worden. Wichtiger erscheint mir, die Bedeutung der Strafzumessungsbehandlung vor Gericht herauszustellen.

Die Hauptverhandlung hat es mit dem Schuldspruch und Strafausspruch zu tun. Die Erörterung der Strafzumessungstatsachen tritt in aller Regel gegenüber der Untersuchung der Täterschaft und der Schuld zurück. Daß auch der Schuldspruch fehlerhaft sein kann, wird an den Untersuchungen über die Fehlerquellen im Strafprozeß deutlich. An der Sorgfältigkeit dieser Untersuchungen kann daher kein Abstrich gemacht werden. Vielmehr ist es erforderlich, jedenfalls in schwerwiegenden Sachen, in denen mit Freiheitsstrafen zu rechnen ist, die Untersuchung zur Reaktion nicht weniger eingehend zu gestalten. Als ein wesentliches Ermittlungsorgan hat die StPO in ihrer neuesten Fassung die Gerichtshilfe eingeführt. Die Untersuchung zur Reaktion kann in einer einheitlichen Hauptverhandlung (u. U. mit einer Unterbrechung) oder aber in einer formal zweigeteilten Verhandlung stattfinden. In der Reformdiskussion spielt das Problem der Zweiteilung der Hauptverhandlung (Blau, Fischinger, Peters 1975, Weiterführung bei Horn 1973) eine erhebliche Rolle.

Der Wandel des Tatstrafrechts zum Täterstrafrecht, in Wirklichkeit die Umgestaltung des Strafrechts zu einem stärker persönlichkeitsbezogenen Tatstrafrecht, macht ohnehin Überlegungen notwendig, die der Strafzumessung zugute kommen.

Lehrbücher, Monographien, Festschriften

E. Altavilla: Forensische Psychologie, 2 Bd. (hrsg. von G. Bohne — W. Sax). Graz-Wien-Köln 1955.
G. Aschaffenburg: Das Verbrechen und seine Bekämpfung, 3. Aufl. Heidelberg 1923.
S. Bader: Soziologie der deutschen Nachkriegskriminalität. Tübingen 1949.
J. Baumann: Strafrecht Allgemeiner Teil, 7. Aufl. Bielefeld 1975.
L. Bendix: Zur Psychologie der Urteilstätigkeit des Berufsrichters (hrsg. von M. Weiss). Neuwied-Berlin 1968.
E. Blankenburg (Hrsg.): Empirische Rechtssoziologie. München 1975.
G. Bohne: Zur Psychologie der richterlichen Überzeugungsbildung. Köln 1948.
H.-J. Bruns: Strafzumessungsrecht. Gesamtdarstellung, 2. Aufl. Köln-Berlin-Bonn-München 1974.
H. Buerschaper: Soziale Strafrechtspflege. Juristische, psychologische und soziologische Probleme der Strafzumessung und des Strafvollzugs. Leipzig 1929.
H. Dahs: Handbuch des Strafverteidigers, 3. Aufl. Köln-Marienburg 1971.
H. Dahs — H. Dahs: Die Revision im Strafprozeß. München 1972.
H. Ch. Dechêne: Verwahrlosung und Delinquenz. Profil einer Kriminalpsychologie. München 1975.
E. Dreher: Über die gerechte Strafe. Theoretische Untersuchung für die deutsche strafrechtliche Praxis. Heidelberg 1947.
E. Dreher: Strafgesetzbuch, 36. Aufl. München 1976.
H. Drost: Das Ermessen des Strafrichters. Berlin 1930.
H. Dubs: Analytische Bewertung als Grundlage richterlicher Strafzumessung. Festgabe zum Schweizerischen Juristentag Basel 1963.
K. Engisch: Wahrheit und Richtigkeit im juristischen Denken. München 1963.
K. Engisch: Auf der Suche nach der Gerechtigkeit. Hauptthemen der Rechtsphilosophie. München 1971.
F. Exner: Gerechtigkeit und Richteramt. Leipzig 1922.
F. Exner: Studien über die Strafzumessungspraxis der deutschen Gerichte. Leipzig 1931.
F. Exner: Kriminologie, 3. Aufl. Berlin-Göttingen-Heidelberg 1949.
G. Fezer: Möglichkeiten einer Reform der Revision in Strafsachen. Tübingen 1975.
W. Frisch: Revisionsrechtliche Probleme der Strafzumessung. Köln-Berlin-Bonn-München 1971.
F. Geerds: Die Kriminalität als soziale und als wissenschaftliche Problematik. Recht und Staat H. 315/316. Tübingen 1965.
H. Göppinger: Kriminologie, 2. Aufl. München 1973.
R. Graßberger: Die Strafzumessung. Wien 1932.
R. Graßberger: Psychologie des Strafverfahrens, 2. Aufl. Wien 1968.
K. Haag: Rationale Strafzumessung. Köln-Berlin-Bonn-München 1970.
W. Haddenhorst: Die Einwirkung der Verfahrensrüge auf die tatsächlichen Feststellungen im Strafverfahren. Karlsruhe 1971.
E. Heinitz: Die Individualisierung der Strafen und Maßnahmen in der Reform des Strafrechts und des Strafprozesses. Berlin 1960.
H. Henkel: Die „richtige" Strafe, Recht und Staat, Heft 381/382. Tübingen 1969.
H. Henkel: Strafverfahrensrecht, 2. Aufl. Stuttgart-Berlin-Köln-Mainz 1968.
Th. Hertz: Das Verhalten des Täters nach der Tat. Berlin-New York 1973.
R. v. Hippel: Gefahrenurteile und Prognoseentscheidungen in der Strafrechtspraxis. Berlin-New York 1972.
E. Horn: Die strafrechtlichen Sanktionen. München 1975.
H. J. Jescheck: Lehrbuch des Strafrechts, Allg. Teil. Berlin 1972.
G. Kaiser: Verkehrsdelinquenz und Generalprävention. Tübingen 1970.
G. Kaiser: Kriminologie. Eine Einführung in die Grundlagen, 2. Aufl. Karlsruhe 1973.
H. J. Kerner: Verbrechenswirklichkeit und Strafverfolgung. München 1973.
R. König (Hrsg.): Handbuch der empirischen Sozialforschung, Bd. 1—4. Stuttgart 1973, 1974.
D. Krauß: Die strafrechtliche Problematik kriminologischer Ziele und Methoden. Eine Untersuchung am Beispiel der psychologischen und psychiatrischen Sachverständigen. Frankfurt a. M. 1971.
R. Lange: Das Rätsel Kriminalität. Was wissen wir vom Verbrechen? Frankfurt a. M. 1970.
K. Larenz: Methodenlehre der Rechtswissenschaft, 2. Aufl. Berlin-Göttingen-Heidelberg 1969.
H. D. Laum: Die richterliche Strafbemessung bei fahrlässigen Tötungen und Körperverletzungen im Straßenverkehr, Diss. Bonn 1960.
H. Leferenz: Aufgaben einer modernen Kriminologie. Juristische Studiengesellschaft, Heft 76. Karlsruhe 1967.
Leipziger Kommentar Strafgesetzbuch, 9. Aufl. (hrsg. von Ph. Baldus — G. Willms). Berlin 1970—1974.
B. v. Leistow: Berechenbares Strafmaß, Diss. München 1972.
H. Lewrenz — H. J. Bochnik u. a.: Die Strafzumessungspraxis bei Verkehrsdelikten in der Bundesrepublik Deutschland. Eine multifaktorielle statistische Analyse von 6803 Urteilen. Schriftenreihe der Deutschen Akademie für Verkehrswissenschaft, Bd. 6. Hamburg 1968.
W. Lorenz — G. Gleissner: Bankraub in der Bundesrepublik Deutschland, Bd. II. Stuttgart 1972.
R. Maurach: Deutsches Strafrecht. Allgemeiner Teil, 4. Aufl. Karlsruhe 1971.
J. Meyer: Dialektik im Strafprozeß. Tübingen 1965.
E. Mezger — H. Blei: Strafrecht I, Allgemeiner Teil, 14. Aufl. München 1970.
W. Middendorff: Beiträge zur Verkehrskriminalität. Bielefeld 1972.
K.-D. Opp — R. Peuckert: Ideologie und Fakten in der Rechtsprechung. Eine soziologische Untersuchung über das Urteil im Strafprozeß. München 1971.
A. Plack: Plädoyer für die Abschaffung des Strafrechts. München 1974.
D. Peters: Richter im Dienst der Macht. Stuttgart 1973.

K. Peters: Die kriminalpolitische Stellung des Strafrichters bei der Bestimmung der Strafrechtsfolgen. Berlin 1932.
K. Peters: Grundprobleme der Kriminalpädagogik. Berlin 1960.
K. Peters: Strafprozeß, 2. Aufl. Karlsruhe 1966.
K. Peters: Fehlerquellen im Strafprozeß, 3 Bde. Karlsruhe 1970, 1972, 1974.
K. Peters: Der neue Strafprozeß. Karlsruhe 1975.
H.-M. Pfersich: Die Strafzumessung im Lichte der modernen amerikanischen Schule. Bonn 1956.
W. Pitschel: Die Praxis in der Wahl der Geldstrafe. Krim. Abh. H. 8. Leipzig 1929.
R. Rabl: Strafzumessungspraxis und Kriminalitätsbewegung. Krim. Abh. H. 25. Leipzig 1936.
K. Rolinski: Die Prägnanztendenz im Strafurteil. Eine Untersuchung zur Bevorzugung und Benachteiligung von Strafhöhen und über die Bedeutung von Merkmalen der Täterpersönlichkeit für die Strafzumessung auf statistischer Grundlage. Kriminologische Schriftenreihe, Bd. 37. Hamburg 1969.
E. Rosenfeld: Die richterliche Strafzumessung. Vergleichende Darstellung, Allg. T. 3. Berlin 1908.
H. J. Rudolphi — E. Horn — E. Samson — H. L. Schreiber: Systematischer Kommentar zum Strafgesetzbuch, Bd. 1, Allgemeiner Teil. Frankfurt a. M. 1975.
W. Sarstedt: Die Revision in Strafsachen, 4. Aufl. 1962.
W. Sauer: Grundlagen des Strafrechts. Berlin-Leipzig 1921.
W. Sauer: Kriminalsoziologie. Berlin-Grundewald 1933.
W. Sauer: Allgemeine Strafrechtslehre. Berlin 1949.
D. Schäfer: Die besonderen Strafzumessungsgründe bei den Vermögensdelikten, Diss. München 1950.
F. Schaffstein: Jugendstrafrecht, 5. Aufl. Stuttgart-Berlin-Köln-Mainz 1975.
J. Schiel: Unterschiede in der deutschen Strafrechtsprechung. Eine Untersuchung an Hand von Urteilen der Schöffengerichte und Strafkammern in Koblenz, Frankfurt und München aus den Jahren 1962/63. Krim. Schriftenreihe Bd. 38. Hamburg 1969.
E. Schmidhäuser: Strafrecht Allg. Teil, 2. Aufl. Tübingen 1975.
L. Schmidt: Die Strafzumessung in rechtsvergleichender Sicht. Berlin 1961.
H. J. Schneider: Viktimologie. Berlin 1975.
H. Schöch: Strafzumessungspraxis und Verkehrsdelinquenz. Kriminologische Aspekte der Strafzumessung am Beispiel einer empirischen Untersuchung zur Trunkenheit am Steuer. Stuttgart 1973.
A. Schönke — H. Schröder: Strafgesetzbuch, 18. Aufl. bearbeitet von Th. Lenckner — P. Cramer — A. Eser — W. Stree. München 1976.
D. Schubert — V. May: Bankraub in der Bundesrepublik Deutschland, Bd. 1. Stuttgart 1972.
E. Seelig — H. Bellavič: Kriminologie, 3. Aufl. Darmstadt 1963.
K. Soergel: Erscheinungsformen und Strafzumessung bei der Brandstiftung an Hand von Akten aus dem Landgerichtsbezirk Freiburg i. Br., Diss. Freiburg 1949.
G. Spendel: Zur Lehre vom Strafmaß. Frankfurt a. M. 1954.
U. Stock: Die Strafe als Dienst am Volk. Der Ausgleichsgedanke in seiner Bedeutung für das Strafrechtssystem. Tübingen 1933.
L. M. Stoecklin: Untersuchung über das Gewicht der einzelnen Strafzumessungsgründe. Analyse der Basler Gerichtspraxis (1961—1963). Basel-Stuttgart 1971.
G. Stratenwerth: Tatschuld und Strafzumessung, Recht und Staat, H. 406, 407. Tübingen 1972.
W. Stree: Deliktsfolge und Grundgesetz. Tübingen 1960.
W. Stree: In dubio pro reo. Tübingen 1962.
G. Warda: Dogmatische Grundlagen des richterlichen Ermessens. Köln-Berlin-Bonn-München 1962.
H. v. Weber: Die richterliche Strafzumessung. Schriftenreihe der Juristischen Studiengesellschaft, Heft 24. Karlsruhe 1956.
R. Weimar: Psychologische Strukturen richterlicher Entscheidung. Basel-Stuttgart 1969.
H. Welzel: Das deutsche Strafrecht, 11. Aufl. Berlin 1969.
H. Zipf: Die Strafmaßrevision. München 1969.
H. Zipf: Kriminalpolitik. Eine Einführung in die Grundlagen. Karlsruhe 1973.

Zeitschriftenaufsätze, Abhandlungen in Sammelwerken

(Auswahl. Es wird auf die eingehenden Schrifttumsverzeichnisse in den Lehrbüchern und Monographien, insbesondere auf Schöch, Strafzumessungspraxis und Verkehrsdelinquenz verwiesen.)

J. Andenaes: Strafzumessung. ZStrW 69 (1957) 651.
K. S. Bader: Das Ermessen des Strafrichters. JZ 1955, 525.
J. Baumann: Grenzen der individuellen Gerechtigkeit in: Summum ius summa iniuria. Tübingen 1963, 117.
J. Berkemann: Die richterliche Entscheidung in psychologischer Sicht. JZ 1971, 537.
G. Blau: Die Teilung des Strafverfahrens in zwei Abschnitte. Schuldspruch und Strafausspruch. ZStrW 81 (1969), 31.
E.-O. Bruckmann: Vorschlag zur Reform des Strafzumessungsrechts. ZRP 1973, 30.
H.-J. Bruns: Zum Revisionsgrund der — ohne sonstigen Rechtsfehler — „ungerecht" bemessenen Strafe. Bedarf es zur vollen revisionsgerichtlichen Strafzumessungskontrolle der Einführung der „Urteilsrüge"? Engisch-Festschr. 1969, 708.
H.-J. Bruns: Alte Grundfragen und neue Entwicklungstendenzen im modernen Strafzumessungsrecht. Welzel-Festschr. 1974, 739.
H.-J. Bruns: Zum „Toleranzbereich" bei der revisionsgerichtlichen Kontrolle des Strafmaßes. Henkel-Festschr. 1974, 273.
E. Dreher: Zur Spielraumtheorie als der Grundlage der Strafzumessungslehre des Bundesgerichtshofes. JZ 1967, 41.
E. Dreher: Gedanken zur Strafzumessung. JZ 1968, 209.
K. Engisch: Besprechung von Warda, Dogmatische Grundlagen des richterlichen Ermessens. ZStrW 75 (1963), 640.
K. Engisch: Karl Peters und der Ermessensbegriff. Peters-Festschr. 1972, 15.
H. Fischinger: Die Teilung des Strafverfahrens in zwei Abschnitte. Schuldspruch und Strafausspruch. ZStrW 81 (1969), 49.
W. Frisch: Ermessen, unbestimmter Begriff und Beurteilungsspielraum. NJW 1973, 1345.
G. Grünwald: Tatrichterliches Ermessen bei der Strafzumessung. MDR 1959, 713, 808.
Th. Grunau: Strafzumessung und Strafvollzug. Krebs-Festg. 1969, 139.
W. Hassemer: Die rechtstheoretische Bedeutung des gesetzlichen Strafrahmens. Radbruch-Gedächtnisschrift 1968, 281.
W. Hassemer: Strafbemessung, Strafvollzug und die „Gesamte Strafrechtswissenschaft" in: A. Kaufmann, Die Strafvollzugsreform. 1971, 53.
E. Horn: Tatschuld-Interlokut und Strafzumessung. ZStrW 85 (1973), 7.
E. Horn: Wider die „doppelspurige" Strafzumessung. Schaffstein-Festschr. 1975, 241.
H. Jagusch: Strafzumessungsempfehlungen von Richtern im Bereich der Straßenverkehrsgefährdung? NJW 1970, 401.
G. Kaiser: Praxis der Strafzumessung und der Sanktionen im Verkehrsrecht. Krim.Gegenwartsfr. H. 10 (1972), 92.
K. Lackner: § 13 StGB — eine Fehlleistung des Gesetzgebers? Gallas-Festschr. 1973, 117.
D. Lang — Hinrichsen: Bemerkungen zum Begriff der „Tat" im Strafrecht, unter besonderer Berücksichtigung der Strafzumessung, des Rücktritts und der tätigen Reue, beim Versuch und der Teilnahme (normativer Tatbegriff), Engisch-Festschr. 1969, 353.

R. Lautmann: Rolle und Entscheidung des Richters. Eine soziologische Problemstellung. Jahrb. f. Rechtssoziologie u. Rechtstheorie, Bd. 1 (1970), 381.
Th. Lenckner: Strafe, Schuld und Schuldfähigkeit, Handb. d. forens. Psychiatrie (hrsg. von H. Göppinger — H. Witter), Bd. I (1972), 3.
H. Mannheim: Über Gleichmäßigkeit und Systematik in der richterlichen Strafzumessung. ZStrW 42 (1921), 40.
W. Middendorff: Die Prognose im Strafrecht und in der Kriminologie. ZStrW 72 (1966), 105.
W. Middendorff: Internationales Kolloquium über Strafzumessung. ZStrW 80 (1968), 1030.
W. Middendorff: Das Maß des Richters. Eine vorläufige Bilanz zur Diskussion um die Strafzumessung Blutalkohol. 1970, 257.
H. Müller-Dietz: Strafzumessung und Behandlungsziel. MDR 1974, 1.
H. Otto: Personales Unrecht, Schuld und Strafe. ZStrW 87 (1975), 539.
D. Peters: Die Genese richterlicher Urteilsbildung und die Schichtverteilung der Kriminalität. Krim. Journal 2 (1970), 210.
K. Peters: Praxis der Strafzumessung und Sanktionen. Krim. Gegenwartsfr. H. 10 (1972), 68.
S. Quensel: Kurzfristige Freiheitsstrafen? Möglichkeiten einer rationalen Kriminalpolitik. v. Hentig-Festschr. 1967, 287.
F. Schaffstein: Spielraumtheorie, Schuldbegriff und Strafzumessung nach den Strafrechtsreformgesetzen. Gallas-Festschr. 1973, 99.
F. Schaffstein: Kriminologie und Strafrechtskommentare. Henkel-Festschr. 1974, 215.
E. Schmidhäuser: Über die Praxis der Gerichte, die richterliche Verantwortung in der Strafrechtsanwendung zu verschleiern. Henkel-Festschr. 1974, 229.
H. Schöch: Möglichkeiten und Grenzen einer Typisierung der Strafzumessung bei Verkehrsdelikten mit Hilfe empirischer Methoden. Krim. Gegenwartsfr., H. 10 (1972), 128.
H. Schöch: Strafzumessung. Kleines kriminologisches Wörterbuch (hrsg. von G. Kaiser, F. Sachs, H. Schellhoss) 1974, 334.
H. Schöch: Grundlage und Wirkungen der Strafe. Zum Realitätsgehalt des § 46 Abs. 1 StGB. Schaffstein-Festschr. 1975, 255.
H. Schröder: Gesetzliche und richterliche Strafzumessung. Mezger-Festschr. 1954, 415.
Seebald: Ausgeglichene Strafbemessung durch tatrichterliche Selbstkontrolle. GA 1974, 193.
G. Spendel: Zur Entwicklung der Strafzumessungslehre. ZStrW 83 (1971), 203.
U. Stock: Zur Neuregelung des Strafvollzugs gegenüber Erwachsenen und zum Strafmaß. v. Weber-Festschr. 1963, 407.
H. Tröndle: Gedanken über die Strafzumessung. GA 1968, 298.
H. Tröndle: Das Problem der Strafzumessungsempfehlungen. Wider ihre Gegner — für ihre Kritiker. Blutalkohol 8 (1971), 73.
A. Wimmer: Strafzumessungstatsachen im Prozeß. Das gerechte und menschliche Strafmaß. Revisibilität der Strafzumessung. Justizbl. f. d. Oberlandesgerichtsbezirk Köln 1947, 137.
A. Wimmer: Strafgrenzen und Revisibilität. SJZ 1948, 64.
A. Wimmer: Die rechtlichen Einschränkungen der Strafzumessungsfreiheit. DRZ 5 (1950), 268.
R. Zippelius: Die Verwendung von Typen in Normen und Prognosen. Engisch-Festschr. 1969, 224.

KARL PETERS

FSC
www.fsc.org
MIX
Papier | Fördert
gute Waldnutzung
FSC® C083411

Kolibri 360 GmbH
Ferdinand-Jühlke-Straße 7
99095 Erfurt, Deutschland
produktsicherheit@kolibri360.de